राग भोपाली

[व्यंग्य संग्रह]

राग भोपाली

शरद जोशी

संकलन

नेहा शरद

राजकमल प्रकाशन

ISBN : 978-81-267-1752-1

मूल्य : ₹895

पहला संस्करण : 2009
दूसरा संस्करण : 2025

प्रकाशक : राजकमल प्रकाशन प्रा.लि.
1-बी, नेताजी सुभाष मार्ग, दरियागंज
नई दिल्ली-110 002
शाखाएँ : अशोक राजपथ, साइंस कॉलेज के सामने, पटना-800 006
पहली मंजिल, दरबारी बिल्डिंग, महात्मा गांधी मार्ग, प्रयागराज-211 001
1, अनमोल सोराबजी सन्तुक लेन, धोबी तलाव, मरीन लाइंस, मुम्बई-400 002
वेबसाइट : www.rajkamalprakashan.com
ई-मेल : info@rajkamalprakashan.com

मुद्रक : विकास कम्प्यूटर एंड प्रिंटर्स
ट्रॉनिका सिटी-201 102

RAAG BHOPALI
by Sharad Joshi
Compilation by Neha Sharad

भूमिका

'ताल में ताल भोपाल का ताल, बाकि सब तल्लईयाँ हैं,
रानी में रानी कमलापति, बाकि सब गध्धईयाँ हैं!'

कमला पार्क के तालाब की सीढ़ियों पर कूदते हुए मैं और मेरी परम प्रिय सहेली गुड्डो ज़ोर-ज़ोर से यही दोहराते थे। वहीं दूसरी ओर चाँदनी रात को निहारते हुए मम्मी-पापा, पारिवारिक मित्र और कलाकार आशा मिश्रा और उनके पति रमेश मिश्रा नाटकों की रिहर्सल्स् के बाद वहीं आकर घंटों बैठे बतियाते रहते थे। फिर रमेश अंकल मुझे और गुड्डो को तालाब में नीचे की ओर जाने वाली सीढ़ियों पर ले जाते थे जहाँ हम एक-एक लकड़ी, तलवार की तरह उठाकर घूमते थे क्योंकि रमेश अंकल के हिसाब से कभी भी सफ़ेद घोड़े पर सवार कमलापति तालाब से बाहर निकल आ सकती है, हमारे सामने...

न जाने कितने क़िस्से, कितने पारिवारिक, परिचित-अपरिचित मित्र! पापा-मम्मी, दो बहनें और हमें चाहने वाला लगभग पूरा शहर!

आज पलट कर देखती हूँ तो मम्मी-पापा के साथ गुज़ारा वह समय लेखकों, कवियों, चित्रकारों, नाट्यकर्मियों के संग जो बचपन बीता वो मुझे आज भी एक दन्त-कथा, परी-कथा जैसा ही कुछ लगता है।

लेकिन ये पापा ही थे जो इस तालाब की थाह ले चुके थे। उस दलदल से परिचित थे जो जलकुम्भी और कमलों के नीचे था। चाँदनी का मज़ा लेते हुए, अंधेरी रात और उसके सन्नाटे को महसूस कर सकते थे। तालाब के मगरमच्छों से कई बार सामना भी हुआ उनका।

पुस्तक तैयार करते हुए कुछ लेख जैसे 'होना दर्ज़ी एसोसिएशन का शहर भूपाल में' हमारे पास नहीं हैं, याद आये...

बहुत से जाने-अनजाने नाम हैं, चेहरे हैं जो मेरे जीवन का हमेशा ही हिस्सा रहेंगे—हमारे जीवन का!

—सभी के शुक्रगुज़ार हैं!

—नेहा शरद

अनुक्रम

राग भोपाली

भोपाल : रात की बाँहों में

"क्या हसीन शहर है ख़ाँ, कि यों किसी साले ने ट्रे पर सजा कर ऊपर उठा दिया हो!" मुझे शायर की बात याद आती है। शामला पर आती तेज़ हवा में खड़ा मैं टी. टी. नगर से पिपलानी तक चली गई रोशनी की अटूट सरहद देख रहा हूँ। ट्रे पर वक़्त के ख़ानसामा ने अलग-अलग रक़ाबियाँ सजा कर रख दी हैं। हर एक रक़ाबी का अपना रंग है और अलग मज़े देती है। एक बड़ी रक़ाबी में शहर, आसपास दो रक़ाबियों में शाहजहाँबाद और जहाँगीराबाद। एक रक़ाबी में सजा-सँवरा अहमदाबाद, जिसे नवाब के हाथ लगे। एक रक़ाबी में टी.टी. नगर, कांग्रेस सरकार का बनाया और एक रक़ाबी में हैवी इलेक्ट्रीकल्स की बस्ती व कारखाना जिसे सेंटर ने भिजवाया। अल्ला-क़सम बड़ा हसीन शहर है कम्बख़्त!

कमला पार्क की बेंचों पर बैठे दो बूढ़े बात कर रहे हैं। लेडी अस्पताल पर चार बुरक़े बस का इन्तज़ार कर रहे हैं। डिलाइट की लॉन पर बिछी टेबल से कोहनी टिकाए कोई नज़्म गुनगुना रहा है। टी.टी. नगर के बिजली के खम्भों के नीचे खड़े दो बाबू दफ़्तरों की कुछ फ़ाइलों का क़िस्सा बता रहे हैं। दर्ज़ियों की दुकानों पर लतीफ़े चल रहे हैं। होटलों में दस पैसे दे कर केरम खेला जा रहा है। बस स्टैंड पर पिपलानी से आए पंजाबी जोड़ों की मुस्कुराहटों से लेकर हमीदिया अस्पताल में नर्स को कराह कर आवाज़ लगाते मरीज़ों तक भोपाल की रात बिखरी है। अँधेरा है कि जैसे किसी ख़ातून ने बुर्क़ा डाल लिया और उजाला है, चमक है कि जैसे किसी ने कुछ देर को नक़ाब हटाई।

शामला पर खड़ा मैं इस ट्रे को देख रहा हूँ। बड़ा तालाब और छोटा तालाब दो कटोरों की तरह इस ट्रे में रखे हैं। ताल तो भोपाल ताल और सब तलैया! पहले जब दोनों ताल एक थे तब और भी सुखद लगता होगा, क़सम से। भोपाल में गुज़री रातों के बिखरे दृश्य सब मेरे मन में एडिट होकर जुड़ गए हैं। कई अजनबी कथाएँ, भूली हुई ग़ज़लें, लतीफ़ें, बहसें, चर्चे, सिलसिले कि यूँ, कि यूँ, कि यूँ...एक तागा-सा पिरोइए और मज़े लीजिए मन-मन में, बिना टिकट! शबे-मालवा पर इसी मारे तो गुज़रे लोग क़ुर्बान थे। वाह, क्या कहने हैं साहब!

जब से अहद होटल टूट गया है, बैठने की जगह नहीं रही। रात ज्यों-की-त्यों है, पर सभी शायर, सभी बुद्धिवादी परेशान हैं। देर रात तक एक निरन्तर महफ़िल

चलती थी। हिन्दुस्तान का हर बड़ा अदीब वहाँ आया था। भोपाल में सब क़िस्म के होटल हैं : ताँगे वालों के होटल, मौलवियों के होटल, हॉकी-खिलाड़ियों के होटल, बाबुओं के होटल और पत्रकारों के! पर 'अहद' टूटने के बाद से कवि, लेखक सब बिखर गए। कोई दर्ज़ी की दुकान पर बैठा है, कोई घीमुस्क वाले की, कोई रेडीमेड कपड़ों की। भोपाल में रात सबकी अपनी होती है। आवारगी को इज़्ज़त बख़्श दी गई है। सब घर से बाहर रहते हैं। औरतें बुरक़ों में इधर-से-उधर जाती हैं। धीरे-धीरे दुकानें भी बन्द होने लगती हैं, पर कोई घर नहीं जाता। अब दुकानों के पटिए ख़ाली हो गए बैठने के लिए!

'काँ जाएँ साऽब! अभी कोई घरों पे जाने का वक़्त है!'

सबके अपने-अपने पटिए हैं। कुछ पटियों का भोपाल के राजनीतिक इतिहास में महत्त्व रहा है। जितने ग्रुप हैं, उतने पटिए हैं, या कहिए, जितने पटिए हैं, उतने ग्रुप हैं। यहाँ की राजनीति को 'पटिया पोलिटिक्स' कहते हैं। स्थानीय राजनीति के सिद्ध और आचार्य, हारे हुए और फ्रस्ट्रेटेड—सभी इन पटियों से सम्बद्ध हैं। 'अजी वे जो आज बँगलों में हैं, कल पटियों पर थे और इंशाअल्लाह, फिर पटियों पर नज़र आएँगे।' कोई भी फ्रस्ट्रेटेड स्वर यह कहता सुनाई देगा। यहाँ लतीफ़ों का जन्म होता है, ख़बरों को अफ़वाहों के पंख लगते हैं और अफ़वाहों को ज़मीन मिलती है कि ख़बरें बनें।

मैं शामला पर खड़ा सोच रहा हूँ कि शायद डिलाइट की लॉन पर दोस्त लोग आ बैठे होंगे। क्यों नहीं वहीं चला जाऊँ!

डिलाइट की लॉन की हरियाली सुहागिन है। हर रात वहाँ लोग आते हैं और देर तक बैठे रहते हैं। ठेकेदार और शायर दोस्त हो जाते हैं। बोतलें मैत्री की नाजुक मीनारें हैं, जिनके इर्द-गिर्द क़हक़हे और संजीदगी फूटती है। रूखे बालों वाला एक शायर अपनी गर्दन कन्धों की तरफ़ झुकाते हुए काली शेरवानी के बटन खोलता है और आँखों में भोपाल ताल-सी गहराई और चमक लाते कहता है :

दर्द से चेहरे की ताबानी बढ़ी
घर जला तो आसमाँ रौशन हुआ।

और टेबल के आसपास बैठे सभी लोग वाह-वाह कर बैठते हैं।

डिलाइट के बाहर टैक्सियाँ खड़ी हैं। ड्राइवर अपने दोस्तों के साथ बैठे सिनेमा छूटने का इन्तज़ार कर रहे हैं। उनके मुँह में पान है और वे काग़ज़ पर लगा चूना उँगलियों से चाट रहे हैं। भोपाल के ताल में कैल्शियम कम है और पान वाले उसकी पूर्ति का उत्तरदायित्व लिये हैं। साइकिल पर यार लोग जा रहे हैं और हैंडल पर चूना लगा है। हॉकी खेल रहे हैं रशीद भाई और स्टिक पर चूना चिपकाए हैं, मौक़ा लगा और चाट लिया। भोपाल में है क्या—! गर्दा, ज़र्दा और पर्दा! धूल, तम्बाकू और बुर्क़े वाली औरतें!

हैरानी होती है कि बुर्क़ों में ये औ़रतें कहाँ आती-जाती हैं! चार-पाँच के झुंड और कभी कोई अकेली। यह रिवाज है। मियाँ रात को पार्टियों पर बैठै हैं, मुशायरे में गए हैं, कव्वालियाँ सुन रहे हैं और बीवियाँ रिश्तेदारों के घरों पर गई हैं। रात के साथ सामाजिक ज़िन्दगी का पृष्ठ खुलता है, बौद्धिक ज़िन्दगी का पृष्ठ खुलता है और रूमानी ज़िन्दगी का पृष्ठ खुलता है।

मैं शामला पर खड़ा सोच रहा हूँ। मेरे पास से एक ताँगे वाला गाता हुआ गुज़र गया। ताँगे वालों में पहले कई सुरीले कंठ थे। टुन्ना जब गाता गुज़रता था, तीर-सा चलता था दिल पर। अब वक़्त बदल रहा है, पर ताँगे वालों की मस्ती ज्यों-की-त्यों है। दिलीप कुमार बैठा है भोपाल के ताँगों में कभी। उन्हें फ़क्र है। परदों में ढकी ख़वातीन इधर-उधर जाती हैं इन ताँगों से। बड़े शरीफ़ हैं ये लोग। इन्हें ज़िम्मा दे दीजिए आज रात के ऐश का और आपके कमरे पर चीज़ लाएँगे दस रुपए में कि तबीयत हरी हो जाए। उस दिन एक ताँगे वाला बता रहा था—अभी-अभी एक औरत ताँगा-स्टैंड पर आ गई थी। किसी आदमी से बात करवा दो। दस भी नहीं, पाँच रुपए सही। बच्चे भूखों मर रहे हैं। मर्द की तीन महीने से नौकरी नहीं है। मैंने कहा, भाग जा। आख़िर एक रुपया देना पड़ा।

भोपाल में सौन्दर्य का दर्जा सबसे ऊपर माना जाता है। शायर ने मुझसे कहा था एक बार—'जनाब, अगर ये चेहरों से बुरक़े हट जाएँ न, तो शहर भूपाल में चकाचौंध हो जाए। पावर-हाउस की ज़रूरत नहीं। सिर्फ़ चेहरों के उजालों से काम चल सकता है।' मैं हँस दिया। यहाँ के लोग कम्बख़्त हर वाक्य को सूत्र बनाते हैं और हर घटना को लतीफ़ा कर देते हैं। हर तीसरा आदमी शायरी से ताल्लुक़ रखता है। शहर में पत्थर सन्नाइए तो एक-तिहाई लोग हाथ जोड़ कर कहेंगे—'हमें नहीं मारिए, हम नज़्म कहते हैं।' इनमें सभी क़िस्म के शायर हैं। वे जो कहते हैं कि ज़िन्दगी रात के गेसू देखते गुज़री, सुबह के सुर्ख़ ओठ कभी देख न सके और वे जो घर से आधी रात को निकली प्रौढ़ा को देख ठेठ भोपाली में फिसल पड़े :

इंधेरी शिब में बीया जो हीटी
पाँच-पिच्चीस की जाने हीटी
बढ़के उनको मैंने जो छेड़ा
तो मेरी उनकी पीचाने हीटी

इस वक़्त भी अँधेरी शब है और बीया अपने घर से हीट रही होंगी और घायल होने वाले घायल हो रहे होंगे। भोपाल ख़ूबसूरती की मंडी रहा है। नवाब थे तो सौन्दर्य को यहाँ संरक्षण मिला और ऐश की सामन्तवादी बैंक में कई चाँद-से मुखड़े डिपॉज़िट हुए। जब पहले कभी बेगमों का राज था तब हसीन और क़द्दावर जवानों की क़द्र थी। लोग बड़ी शान से कहते हैं—भोपाल की मिलिटरी बड़ी ख़ूबसूरत मिलिटरी थी

साहब! क्या-क्या सजीले जवान थे! आज वे लोग बूढ़े हो गए हैं, मगर चेहरे पर वही तेज है कि देखने वाला झुक जाता है।

मैं शामला पर घूमता पोलिटेकनिक के होस्टल की चमकती खिड़कियाँ देख रहा हूँ। एक ज़माने में रोज़ शाम इस शामला पर कारों का सैलाब उमड़ता था। अब वे सब कारें पुरानी हो गईं। शहर के रईसों के घर खँडहरों में बदलने लगे। राजधानी बनी तो जान आई। मकानों से नई दुकानें निकलीं। दस रुपए की जगह दो सौ की हो गई। सामन्तवादी जागीरदार अब किराया वसूल करते हैं। अपनी पुरानी कार को दुरुस्त करवा या जीपों में भोपाल के तंग रास्ते चीरते चले जाते हैं या शिकार को निकल जाते हैं—बेरसिया रोड पर। ग़रीब जैसे तब थे वैसे अब भी हैं।

तालाब पर भीषण अन्धकार हो या चाँदनी, भोइयों की नाव को चैन नहीं। दिन भर जो भुट्टे सेंकते रहे, चपरासी और नौकर रहे, रात के अन्धकार में मछलियाँ पकड़ते हैं। स्थिर पानी पर अन्धकार में नाव खड़ी है और मछली के लिए काँटा पड़ा है। मछली से उन्हें कुछ अतिरिक्त आमदनी हो जाती है और तलैया की बस्ती में बच्चे और बीवी चैन से सो पाते हैं या शायद जागते रहते हैं, क्योंकि दारू पीने के बाद बाप की बड़बड़ाहट अभी कम नहीं हुई। दूर कहीं मीलाद शरीफ़ का पाठ हो रहा है। अँधेरे को चीरते स्वर हवा में तैर रहे हैं।

मैं शामला से उतर आया हूँ और हमीदिया कॉलेज के बस स्टैंड पर खड़ा हूँ। आज शायद टैगोर हॉल में कोई सांस्कृतिक कार्यक्रम है, तभी वहाँ इतनी भीड़ है। होस्टल की लड़कियाँ वापस लौट रही हैं, वक़्त काफ़ी हो गया। ऑफ़िसर्स की कारें क्लब से आ रही हैं। मैं बस का इन्तज़ार कर रहा हूँ। कुछ समय में बाज़ार भी बन्द हो जाएगा। लखेरापुरा में चूड़ियों के लिए फैले हाथ, इब्राहीमपुरे में कपड़ा देखती आँखें और लोहाबाज़ार में नई चप्पल पहनते पैर—सब अब घर लौटेंगे।

बस नहीं आती, मैं पैदल चल दिया। यहाँ से कमला पार्क तक पैदल जाना अच्छा लगता है। मालवा के पठार का आख़िरी छोर है भोपाल। ज़मीन ऊँची-नीची है। कुछ ऊँचाई पर जाओ और सारा शहर दीख जाता है। रात को ये राहें अच्छी हैं पर दिन को नहीं, जब सचिवालय के बाबुओं और चपरासियों का कारवाँ यहाँ से जाता है। वे इसी राह लौटते भी हैं। बस का ख़र्च बचा लेते हैं इस तरह। इस वक़्त टी.टी. नगर के क्वार्टर्स में अपनी थकी पिंडलियों में दर्द लिये वे सो रहे होंगे। यहाँ के रास्ते थका देते हैं, साइकिल वालों का दम फूलता है।

देर रात साइकिल पर दफ़्तर से लौटता एक परिचित मिल जाता है।

"अब आ रहे हो!"

"हाँ, ऑडिट आने वाला है न! साहब ने कहा—सब चेक कर लो। कुछ फ़ाइलें घर भी लाया हूँ। रात को निबटाऊँगा।"

"बड़ा काम है!"

"चलता है जी!"

"मैंने सुना, तुम्हारा तबादला होने को था?"

"अरे, हो जाए सुसरा, हमार पिंड छूटे।"

मैं हँस देता हूँ। नागपुर से, रीवा से, ग्वालियर से आकर लोग बसे हैं यहाँ। भोपाल से इनकी दूरी अभी पूरी तौर से कम नहीं हुई। एकाकी क्षणों में अपना-परायापन अनुभव करते हैं और उसे तोड़ने के लिए कहीं-न-कहीं जूझे रहते हैं। पिपलानी और गोविन्दपुर में जो बस्ती है, उसमें तो अधिकांश पंजाब और दक्षिण के हैं। भोपाल की ज़िन्दगी और संस्कृति से वे मिल नहीं पाते। उनके अपने क्लब हैं, कार्यक्रम हैं और रात बिताने के अपने तरीक़े। भोपाल उनके लिए एक बाज़ार-भर है, जहाँ उन्हें ख़रीदने आना पड़ता है। भोपाल की लतीफ़ागोई और हुस्न-परस्ती से वे दूर हैं। सामन्तवाद की सुस्ती और मस्ती से दूर उनमें मशीन-युग की तेज़ी है। अच्छा है कि ऐसा है। वे काहिली से दूर हैं, जिसकी वजह से भोपाल की रातें लम्बी हो जाती हैं। उन्हें सुबह उठना है और दफ़्तर या कारख़ाने जाना है। इन भोपालियों को सुबह उठना है...ऐं, क्या सुबह उठना है? ख़ूब याद दिलाया कि सुबह उठना है।

महाकवि जिगर ने भोपाल की आत्मा को पहचाना था। तब क़ाहिलों का एक क्लब बना था, जिसकी सदस्यता का शुल्क था एक तकिया। इस तकिया क्लब में यह नियम था कि सोया हुआ आलसी बैठे हुए आलसी को और बैठा हुआ आलसी खड़े हुए आलसी को हुक्म दे सकता है। जिगर इस क्लब के संस्थापकों में से थे। उसके कई पुराने सदस्य आज भी शहर में सुस्त हैं। (एक्टिव कहना ग़लत होगा।) क्लब के सदस्य तकिया लेकर आते थे और दूर से ज़मीन पर रेंगते-सरकते क्लब के कमरे में प्रवेश करते थे। अगर कोई खड़ा दिख जाता तो सोए आलसी हुक्म की बौछार कर देते—'मियाँ, मेरे घर से खाना ले आओ। भाई, बीड़ी का एक बंडल लाना। जनाब, यह हुक्का सुलगा दीजिए।' इस डर से कोई खड़ा नहीं होता था।

मुझे लगता है कि वह क्लब आज भी चल रहा है। आज भी खड़े होने में डर लगता है। आज भी सोया हुआ आलसी बैठे हुए आलसी को और बैठा हुआ आलसी खड़े हुए आलसी को हुक्म दे रहा है। सब सोए हैं। जिगर ने भोपाल की रात को सच्चे अर्थों में पहचाना था। रात, जहाँ सामन्तवाद की छाया आज भी गहरी है। वही यारबाज़ी, देर से घर लौटने का रौब। हर बीवी समझती है कि उसका मियाँ इस शहर की तोप है। हर माँ समझती है कि उसका बेटा सिकन्दर है। कहीं जंग जीत रहा होगा। सिकन्दर तकिया हाथ में ले क्लब के कमरे की ओर रेंग रहा है।

कमला पार्क से मैं तलैया की तरफ़ चला जाता हूँ। एक जगह चार-पाँच व्यक्ति बैठे एक शायर की नज़्म सुन रहे हैं। घर की खिड़की से स्वर आते हैं :

आजा रक़ीब मेरे तुझको गले लगा लूँ
मेरा इश्क बेमज़ा था, तेरी दुश्मनी के पहले।

सुन कर आनन्द आ जाता है। मैं पंक्तियाँ गुनगुनाता गिन्नौरी के पास से बुधवारे की तरफ़ बढ़ता हूँ। मछली मार्केट की टाट पर लगी दुकानें उठ गई हैं और मांस के टुकड़े बीनती बिल्लियाँ घूम रही हैं। मैं आगे बढ़ता हूँ, उसी तरह गुनगुनाता। भारत टॉकीज़ के पास एक पान खाता हूँ। स्कूटर पर अपनी परिचिताओं को बिठाए कुछ युवक गुज़र जाते हैं। मेरी गुनगुनाहट बन्द हो जाती है। भोपाल के लोग रक़ीबों पर नज़्म ही लिखते रहेंगे और रक़ीब हैं कि गढ़ फ़तह कर लेंगे। पिपलानी के ट्रेनीज़, मेडिकल, इंजीनियरिंग के छात्र भी तेज़-तर्रार हैं, जिनके भविष्य उज्ज्वल हैं। जो शुरू में रक़ीब थे, अब हीरो हो रहे हैं। भोपाल की रातों में छिपा सौन्दर्य सामन्ती सीमाओं को तोड़ रहा है। वह मॉडर्न हो रहा है। नई पीढ़ी, जो गर्ल्स कॉलेज में जाती है, शेरो-शायरी के जंजाल में नहीं आती। शायर कहे, सौ बार कहे—'तेरा हुस्न कुछ नहीं था, मेरी शायरी से पहले।'—न हो हुस्न, न हों वे नाज़ो-अन्दाज़, न हों वे बुर्क़े, न हों वे चाँद की उपमाएँ, वे गेसू, वे नाज़ुक कन्धे, वे लम्बे इन्तज़ार, आँखों का मिलना और घायल होने की परम्परा। सबका वक़्त गया। अब हमीदिया बस स्टैंड पर उतरते हुए कोई छात्रा स्टेथेस्कोप लगाए मेडिकल फ़ोर्थ ईयर के छात्र की ओर मुस्कुरा कर देखती है तो जहाँगीराबाद वापस लौट रहे मौलाना का दमा बढ़ जाता है। उन्हें लगता है, उनकी पीठ अब ज़्यादा झुक गई है। मन करता है, घर न लौटें और अहमदाबाद में नवाब की क़ब्र के पास बनी इजिप्शियन मीनार पर चढ़ें और आवाज़ लगा कर अतीत को पुकारें। क्या सब झूठ था, सब झूठ था?

भोपाल दो हिस्सों में बँट गया—पुराना भोपाल और नया भोपाल! रात भी दो तरह की है—पुरानी रात, जो घिसे रिकॉर्ड की तरह आज भी दुहराई जाती है, और नई, जिसे रंग मिला पर आकार नहीं, संगीत मिला पर शब्द नहीं। पर तस्वीर तेज़ी से बदल रही है। रात अपना पुराना बुर्क़ा हटा रही है, और गेसू के बिखराव पर किसी मॉडर्न हेयर स्टाइल का प्रभाव है।

अब रात काफ़ी हो चुकी है। टेक्सटाइल मिल की पाली बदली है। कई लोग पैदल और साइकिलों पर मेरे पास से गुज़र रहे हैं। रेल का फाटक बन्द है, शायद कोई मालगाड़ी आ रही है। मैं सिकन्दरिया सराय के पास से होता स्टेशन पहुँच जाता हूँ। प्लेटफ़ॉर्म पर बिला वजह चक्कर लगाने के बाद यहाँ-वहाँ आँखें अटकती हैं। जनता दो घंटे लेट है। भोपाल से जाने वाले दो यात्री ट्रेन के आलस से परेशान हैं—"ये जनता भी बड़ी धीरे आती है ख़ाँ! जाने कहाँ-कहाँ रुकती हुई। कोई भी हरा-भरा दरख़्त दिखा कि ठिठक कर खड़ी हो गई।"

"आख़िर आना भी तो उसे भूपाल है। अगर वक़्त से आ जाए तो एक भी पेसेंजर नहीं मिले। कौन पहुँचता है जल्दी स्टेशन पर!"

मुझे हँसी आ जाती है। मैं चाय पीने लगता हूँ और पेटी पर बैठे युवक की ओर देखता हूँ, जिसकी गोद में उसकी नवविवाहिता पत्नी सिर टिकाए सो रही है।

कोई मास्टर है शायद। अपनी औरत को भी शिक्षा-विभाग में काम दिलवाने भोपाल आया होगा।

ब्रिज पार कर मैं अल्पना टॉकिज के पास आ जाता हूँ। सेकेंड शो छूट चुका है। क्वालिटी, कॉफ़ी हाउस सभी बन्द हो गए। बस स्टैंड की पान की दुकानें अपना पटिया धो रही हैं और बुर्क़े वाली एक बुढ़िया सिगरेट का पॉकेट ख़रीद रही है।

एक टैक्सी वाले से मैं पूछता हूँ—"टी.टी. नगर चलोगे?"

"चला चलूँगा। आप तशरीफ़ रखें।"

मैं दरवाज़ा खोल कर तशरीफ़ रखता हूँ।

"एक मिनट तकलीफ़ तो होगी, ज़रा मीटर डाउन कर दीजिए।" वह मुझसे कहता है।

मैं टैक्सी से उतरता हूँ और मीटर गिराता हूँ, फिर अन्दर बैठ जाता हूँ। ड्राइवर जो मलमल का कुरता पहने है, स्टियरिंग से टिका सिगरेट पीता रहता है। तीन-चार मिनट व्यर्थ की प्रतीक्षा में बीतते हैं कि टैक्सी अब चले, अब चले। फिर वह गाड़ी स्टार्ट करता है। उसका एक दोस्त पास आकर बैठ जाता है। वह चल देता है।

"मैं सोच ही रहा था जनाब कि आज टी.टी. नगर की तफ़रीह की जाए। इसी वक़्त आप भी आ गए तो मैंने कहा, यह ठीक रहा, इन्हें भी छोड़ देते हैं।" ड्राइवर कहता है।

"बहुत-बहुत शुक्रिया!" मैं अहसान में दबा जवाब देता हूँ। जानता हूँ कि भोपाल में हर टैक्सी वाला यों रौब रखता है जैसे निजी कार घुमा रहा है। वक़्त की बात है कि उसकी कार टैक्सी हो गई या उसका पुराना मकान किराये पर उठ गया, या उसके घर के लोग...!

मैं लौट रहा हूँ। पुल पुख़्ता, मुर्ग़ी बाज़ार, लाल परेड और एम.एल.ए. रेस्ट हाउस, सब धीरे-धीरे गुज़र रहे हैं। गवर्नर हाउस पर लाल बत्ती चमक रही है। अरेरा हिल्स का सेक्रेटेरिएट मुझे धुँधला लगता है। रौशनपुरा की सड़क पर गाय-ढोर पसर कर बैठे हैं।

मुझे लगता है, मैं जल्दी आ गया हूँ। अभी मीलाद-शरीफ़ चल रहा होगा। वह महफ़िल, जहाँ ग़ज़लें गाई जा रही थीं, टूटी नहीं होगी। कमला पार्क की बेंच सूनी नहीं हुई होंगी। अभी 'इंधेरी शिब' बक़ाया है, जो बीया हीटी थी सो लौटी नहीं। शायद वह ताँगा स्टैंड पर हाथ फैलाए ताँगे वाले से रुपया ले रही हो। सद्दे मियाँ की महफ़िल के लतीफ़े अभी चल रहे हैं और नौकर निकाह की तैयारियों में जुटे हैं। साक़ी झुक-झुक कर सोडे की ख़ाली बोतलें बटोर रहा है। पटियों पर अभी चर्चा शेष है।

टाट का गन्दा पर्दा हटा कर चाँद झाँकता है, अभी मियाँ लौटे नहीं। वह दोनों बच्चों पर चादर ढक देती है।

खाँसते हुए मौलवी साहब सोचते हैं, अज़ान के वक़्त में तो अभी देर है न!

फ़रिश्तों की एक रात

वे शहर के बीच में बने एक बड़े से पुल के समीप उतरे। उस समय रात थी और ठंड। पुल के समीप कुछ लोग आग जलाए ताप रहे थे। फ़रिश्तों ने उन्हें देखा। पहले उन्हें लगा मानो वे किसी गाँव में उतर आए हैं, मगर तभी उनकी नज़र उस बड़े से पुल और ऊँचे मकानों की ओर गई। वे जहाँ उतरे थे, वहीं पास में एक लकड़ी-कोयला बेचने वाले की दुकान थी और तापने वाले लोग वे ही थे जो दिन भर उस दुकान पर लकड़ियाँ चीरते थे, कोयला तौलते थे। तापने वालों में से एक व्यक्ति ने उन सफ़ेद वस्त्र पहने फ़रिश्तों की ओर देखा और धीरे से कहा—"राजनीतिक कार्यकर्ता वोटरों की टोह में घूम रहे हैं।"

"घूमने दो!" दूसरे ने कहा और सिर झुकाए आग तापता रहा।

फ़रिश्ते समीप से गुज़र गए।

वे दोनों किसी के भेजे हुए नहीं थे और न उनका कोई उद्देश्य था। वे बहुत साधारण से फ़रिश्ते थे जो अपनी दुनिया में ऊब जाने के बाद तफ़री के लिए इधर आ गए थे। वे प्रायः आते रहते थे। कभी किसी गाँव या किसी शहर में उतर कर वे भटकते थे। यों ही।

शहर की सड़कों पर मरकरी की बत्तियों का काफ़ी सारा उजाला था। दीवारों पर पोस्टर और उन पोस्टरों पर और पोस्टर चिपके हुए थे। नारे लिखे हुए थे, गालियाँ लिखी हुई थीं और चुनाव-चिह्न बने हुए थे। फ़रिश्तों ने देखा, उन्हें कुछ समझ में नहीं आया। "ये चिह्न कैसे हैं, क्या कोई नया धर्म फैला है?" एक फ़रिश्ते ने पूछा।

"ऐसा ही लगता है," दूसरे ने कहा।

"हम पहले आए थे तब तो यहाँ के लोग उन्हीं धर्मों के नाम पर लड़ रहे थे।"

सड़क के मोड़ पर फ़रिश्तों ने कुछ बच्चों का झुंड खड़ा देगा। वे बहुत बोर अनुभव कर रहे थे, इधर-उधर कंकड़ फेंक रहे थे और गालियाँ बक रहे थे।

"तुम सब इतनी रात गए यहाँ क्या कर रहे हो?" एक फ़रिश्ते ने उन बच्चों से पूछा।

"हम नेता का इन्तज़ार कर रहे हैं," बच्चों ने कहा।

"क्यों?"

"हम दिन भर उसे वोट डालने के लिए नारे लगाते रहे हैं। उसने कहा था कि मेरे नाम के नारे लगाओगे तो मैं तुम्हें चॉकलेट दूँगा। हम स्कूल नहीं गए और सारा दिन उसका शोर करते रहे। वह अभी तक नहीं आया।"

"अगर वह चॉकलेट लेकर नहीं आया तो कल हम उसके खिलाफ़ प्रचार करेंगे," दूसरे बच्चे ने कहा।

फ़रिश्तों ने उन बच्चों को कुछ चॉकलेट दिये।

"तुम किस पार्टी के हो?"

फ़रिश्तों ने जवाब नहीं दिया और आगे बढ़ गए। रात के उस शान्त वातावरण में बच्चे फिर नारे लगाने लगे। दुकान के बाहर पटिए पर सोता हुआ एक आदमी बड़बड़ाया—'वोट दो, वोट दो, चैन से सोने भी नहीं देते।'

सामने से कुछ लोगों का एक जुलूस आ रहा था। सब के हाथों में एक-एक दीपक था। वे चुप थे, उन्हें कुछ नहीं कहना था।

"आप लोग कौन हैं, कहाँ जा रहे हैं?" फ़रिश्तों ने एक दीपक वाले व्यक्ति से पूछा।

"चुप रहो, यह अनुशासन का प्रश्न है। हम इन दीपकों को वोटों के पास ले जा रहे हैं। हमने काफ़ी प्रतीक्षा की, मगर वोट दीपक के पास आ नहीं रहे हैं।"

"वोट क्या पतंगे हैं?"

"तुम दोनों विरोधी दलों के लगते हो। हम तुम्हें चुनाव के बाद देखेंगे।"

जुलूस शान्ति से आगे बढ़ गया। फ़रिश्ते कुछ देर वहीं खड़े रहे और जुलूस को जाते हुए देखते रहे। फिर आगे बढ़ गए। उन्हें कुछ समझ में नहीं आया।

"इस शहर में कुछ अजीब हो रहा है।"

"बिल्कुल अजीब।"

तभी पास के मकान से दो शख़्स तेज़ी से बाहर आए। एक ने दूसरे से कहा—"अभी पाँच सौ दिये हैं बाकी बाद में देंगे। आज रात से काम शुरू हो जाना चाहिए। उसका प्रचार अब नहीं करना है। सारे वोट अब फोड़ कर दूसरे को डलवाना है।"

"हम लोगों से क्या कहेंगे?"

"कहेंगे कि हम तानाशाही के खिलाफ़ प्रजातन्त्र के समर्थन में हैं।"

"मगर वह तो हम कह चुके हैं?"

"हूँ, ख़ैर, हम कहेंगे कि हम भ्रष्टाचार और बेरोज़गारी के खिलाफ़ सुयोग्य प्रशासन की स्थापना चाहते हैं।"

"कल तक हम समाजवाद का नारा देते थे?"

"सुबह वे कुछ रुपए और भिजवाएँगे हमारे पास। अब तक हम सिर्फ़ समाजवाद के लिए कह रहे थे, मगर अब हमें सच्चे समाजवाद के लिए कहना है। या वे चाहेंगे तो हम समाजवाद के नारे को ही थोथा करार दे देंगे। सुबह रुपयों के साथ वे हमें कुछ नारे भी भेजेंगे। तब तक हमें रात-भर में पुराने पोस्टर उखाड़ देने हैं।"

वे दोनों आगे बढ़ गए। फ़रिश्ते भी एक गली में मुड़ गए, जो लगभग सुनसान थी। मगर यों सुनसान भी नहीं थी। फ़रिश्तों ने देखा कि एक शख़्स सीढ़ी लगा कर एक मकान की खिड़की पर चढ़ रहा है। सीढ़ी छोटी थी, जैसी आम तौर पर पोस्टर चिपकाने के काम आती है। फ़रिश्तों ने देखा कि वह शख़्स चोरी की नीयत से खिड़की के जरिए मकान में घुस रहा है और उसे रोकना चाहिए।

"तुम कहाँ घुस रहे हो सीढ़ियाँ लगा कर?" फ़रिश्ते ने उससे पूछा।

"मैं राजनीतिक कार्यकर्ता हूँ, महिलाओं से वोटों के लिए सम्पर्क कर रहा हूँ। जानते नहीं, कल चुनाव है। तुम कौन-सी पार्टी के हो?"

फ़रिश्ते आगे बढ़ गए। वह शख़्स सीढ़ी से चढ़ने लगा।

वह रात फ़रिश्तों के लिए नए अनुभवों की रात थी। उन लोगों ने मनुष्य जाति को जिस रूप में देखा, वैसा उन्होंने पहले नहीं देखा था। गलियों, सड़कों और चौराहों पर भटकते हुए उन्होंने अजीब से लोग, अजीब से जुलूस और एक षड्यन्त्रों वाली खुसपुसाहट देखी जो उन्हें पहले नज़र नहीं आई थी। उस गली से आगे बढ़ने पर उन्हें एक मोटा-सा व्यक्ति मिला जो शहर के चुनाव में खड़ा था।

"आप लोग कौन है?" उस मोटे-से व्यक्ति ने पूछा।

"हम फ़रिश्ते हैं।"

"आप से मिल कर बड़ी ख़ुशी हुई हालाँकि वोटर-लिस्ट में आपका नाम नहीं है। बात यह है कि पिछले दिनों मेरा आम मूड यह है कि जिससे मिल रहा हूँ, मिल कर ख़ुशी ही हो रही है। यों आप मेरी एक मदद कर सकते हैं!"

"कैसी मदद?" फ़रिश्तों ने पूछा।

"बात यह है कि मैंने वोटरों से वादा कर दिया है कि अगर जीत गया तो इस शहर के पास एक नदी न होने की कमी दूर कर दूँगा। इस शहर में आजकल एक नदी की ज़रूरत है। आप बताइए कि यह कैसे हो सकता है? मुझे यहाँ एक नदी चाहिए।"

फ़रिश्ते परेशान से सोचते रहे, फिर बोले—"यह हम नहीं कह सकते क्योंकि नदियाँ और उनकी धाराएँ तो निश्चित हैं। नई नदी कैसे पैदा की जा सकती है?"

"मैं तो वोटरों से वादा कर चुका हूँ।"

"ऐसा वादा तो ईश्वर भी नहीं करेंगे।"

"उन्हें कौन चुनाव में खड़े होना है!"

फ़रिश्ते चुप हो गए।

"ख़ैर, कोई बात नहीं। कोई ज़रूरी है कि वादा पूरा ही किया जाए। मेरे पहले जीते उम्मीदवार ने इस समतल शहर को एक पहाड़ी स्थान में बदलने का वादा किया था तो उसे कहाँ पूरा किया!" उस व्यक्ति ने कहा और दोनों फ़रिश्तों से हाथ मिला कर आगे बढ़ गया।

फ़रिश्तों के पास से तभी एक व्यक्ति शेर पर सवार गुज़रा।

"क्या शेर सवारी के लिए इस्तेमाल होने लगे?" फ़रिश्तों ने पूछा।

"यह मेरा चुनाव-चिह्न है," उस व्यक्ति ने कहा—"मैं इस पर बैठ कर घूम रहा हूँ और प्रचार कर रहा हूँ।"

"दो माह के लिए सही, कुछ काम-धन्धा तो मिला। मैं तो बेकारी से ऊब गया था।" शेर ने कहा और अपने पान-सने दाँत बाहर निकाल दिये। अपने चुनाव के उम्मीदवार मालिक से आज्ञा माँग उसने वहीं सुस्ताने के लिए एक बीड़ी पी। फिर मालिक को अपनी पीठ पर बैठा दहाड़ता हुआ चल दिया।

फ़रिश्ते घूम रहे थे। एक स्थान पर उन्हें कुछ लोगों की भीड़ नज़र आई। एक वोटर के इर्द-गिर्द अनेक उम्मीदवार खड़े हुए थे। वह वोटर चिल्ला-चिल्ला कर कह रहा था—"मैं तुम लोगों में से किसी पर भरोसा नहीं करता। तुम सब झूठे हो। तुम्हारे जो भी वादे हों, काग़ज़ पर लिख कर दो और नीचे दस्तख़त करो। मैं उस काग़ज़ को पास रखूँगा और चुनाव के बाद वे पूरे नहीं हुए तो तुम्हें देख लूँगा।"

"हमने घोषणा-पत्र छपवाए हैं, उन्हें क्यों नहीं पढ़ते?" एक उम्मीदवार ने कहा।

"मैं छपी चीज़ों पर भरोसा नहीं करता।" वोटर चिल्लाए—"मुझे लिखित में दीजिए, दस्तख़त करके।"

उम्मीदवारों में सब उसे छोड़ कर आगे बढ़ गए, केवल एक व्यक्ति रुका रहा।

"क्या तुम मुझे लिखित में आश्वासन देने को तैयार हो? यदि देते हो तो मैं तुम्हें वोट दूँगा!" वोटर ने उससे कहा।

"तैयार हूँ," वह बोला।

"यह लो काग़ज़-क़लम। सारे वादे लिखो, दस्तख़त करो।"

"तुम ही लिख लो। मैं दस्तख़त कर दूँगा।"

"क्या लिखूँ?"

"जो मर्ज़ी आए।"

"मतलब?"

"जिससे तुम्हारा दिल ख़ुश हो, वे ही मेरे वादे। मुझे तुम्हारा वोट चाहिए। वादे कुछ भी रहें, क्या फ़र्क़ पड़ता है!"

रात बीत रही थी। इस समय फ़रिश्ते रेल की पटरी के पास से जा रहे थे। वहाँ फ़रिश्तों ने देखा कि एक शख़्स आत्महत्या कर रहा है और दूसरा उसे रोक रहा है।

"मुझे मर जाने दो, मुझे मत रोको। मैं रेल से कटना चाहता हूँ।"

"मैं तुम्हें मरने नहीं दूँगा। तुम मेरे वोटर हो।"

"मैं मरना चाहता हूँ।"

"चुनाव तक तुम ऐसा नहीं कर सकते। तुम मेरे वोटर हो। तुम्हारा मेरे प्रति कुछ फ़र्ज़ है। तुम्हें ज़िन्दा रहना है। चुनाव के लिए, प्रजातन्त्र के लिए तुम्हें ज़िन्दा रहना

है। तुम्हें वोट देना है। मुझे जिताना है, यह न भूलो। चुनाव के बाद तुम निर्णय के लिए स्वतन्त्र हो। मैं तुम्हें नहीं रोकूँगा।"

और फ़रिश्तों ने देखा कि वह शख़्स उस आत्महत्या करने वाले के गले में हाथ डाल उसे रेल पटरी से हटा कर खींच ले गया।

सुबह हो रही थी। फ़रिश्ते शहर के अन्तिम छोर पर आ गए थे। लोग घरों से निकल रहे थे। नारे उठने लगे थे। मजमे जुट रहे थे। तभी फ़रिश्तों ने देखा, एक घर के सामने भीड़ जमा है। वहाँ एक बछड़ा गाय का दूध पी रहा था जिसे देख कर राजनीतिक कार्यकर्ता गरज रहे थे।

"यह बछड़ा गाय का दूध क्यों पीता है?" वे चिल्लाए।

"यह मेरी गाय है, यह उसका बछड़ा है, समझे! वह दूध पीता है। तुम्हें इससे मतलब?" घर के मालिक ने कहा।

"यह चुनाव-प्रचार है। तुम लोगों को चुनाव-चिह्न की याद दिला रहे हो।"

"अगर तेरी औरत दिन-भर घर के बाहर बैठ चरखा चलाएगी तो हमारा बछड़ा भी घर के बाहर ही अपनी माँ का दूध पीएगा। कर ले क्या करता है!"

फ़रिश्तों की समझ में नहीं आया। उन्होंने एक व्यक्ति से पूछा। उसने कहा कि ये लोग पुराने कांग्रेसी-नए नेता हैं। पहले भी लड़ते थे, आजकल भी लड़ते हैं।

फ़रिश्ते शहर से बाहर आ गए। वे आसमान में उड़ने लगे ताकि धूप चढ़ने के पहले अपनी दुनिया में लौट जाएँ। ऊपर उठ कर उन्होंने शहर के बाग़ की ओर देखा जिसमें कई प्रकार के फूल खिले हुए थे। वहीं एक लड़का एक सुन्दर लड़की के पीछे जा रहा था। फ़रिश्तों को अच्छा लगा। फिर वे लड़का-लड़की बातें करने लगे। फ़रिश्ते थोड़ा नीचे आए और उनकी बातें सुनने लगे।

"तुम रोज़ मेरा पीछा क्यों करते हो? आख़िर तुम चाहते क्या हो?" लड़की ने कहा।

"मैं...मैं तुम्हारा वोट चाहता हूँ," लड़के ने शरमाते हुए कहा।

"इसके लिए तुम्हें इन्तज़ार करना होगा।"

"मैं करूँगा," लड़के ने दृढ़ता से कहा।

"मैं अभी बीस वर्ष की नहीं हुई।"

"मैं भी अभी नहीं हुआ," लड़के ने कहा और वह आगे बढ़ कर उस लड़की के साथ चलने लगा।

फ़रिश्तों ने सिर उठाया और वे ऊपर उठने लगे। आज उन्हें पहली बार लगा कि शायद यह दुनिया बहुत समझदार हो गई है और वे ही बेवकूफ़ हैं जो बिना कुछ समझे हुए वापस हो रहे हैं। ज़मीन से नारे उठ रहे थे। दूर से पृथ्वी ऐसी लग रही थी मानो किसी दीवार पर अनेक रंगों के सच्चे-झूठे पोस्टर चिपके हों! वे दोनों धीरे-धीरे विलीन हो गए।

राजनीतिक मंच पर परेशान हैमलेट

पिछले दिनों हमारे राज्य में बड़े पैमाने पर गम्भीर राजनीतिक चिन्तन हुआ। शुरू हुआ तो होता ही चला गया। इसमें राजनीति समझने वालों ने तो ज़ोर-शोर से हिस्सा लिया ही, मगर उन भले लोगों ने भी, जो किसी मामले में ज़्यादा सोच-विचार के आदी नहीं हैं, समस्या की गहराई को एक स्तर तक समझा और जहाँ मौक़ा लगा, अपनी राय देने से नहीं चूके। पान की दुकानों, दफ़्तरों, घरों, होटलों, यहाँ तक कि सिनेमा के मध्यान्तरों में भी लोग गम्भीर राजनीतिक चर्चा करने लगे। उन्हें ऐसा करते हुए रोकना मुश्किल काम था। इधर ऐसा करते हुए रोकना मुश्किल काम था।

इधर देश की सीमा पर पाक फ़ौजें अड़ गईं तो लगने लगा कि लड़ाई आजकल में शुरू हो जाएगी। मगर ऐसे में भी हमारे राज्य में विषम परिवर्तन नहीं हुआ और चिन्तन-क्रम जारी रहा। जिस दिन केन्द्रीय सरकार ने 70 करोड़ के कर लगाए, उस दिन भी चर्चा का विषय नहीं बदला अन्यथा सदैव कर लगते ही लोग अफ़सोस करने लग जाते हैं। स्पष्ट है कि इस समय हमारा राज्य वैचारिक संकट में बुरी तरह फँस गया है। ऐसी नाजुक घड़ी आज तक नहीं आई। इसका सबसे ज़्यादा दिमाग़ी बोझ पड़ा हमारे मुख्यमन्त्री पर।

आप हमारे मुख्यमन्त्री को जानते हैं कि वह अत्यन्त कोमल, सुन्दर और घने बालों वाले व्यक्ति हैं और कई बार उन्हें देख कर लगता है कि इन्हें राजनीति छोड़ कर कला या फ़िल्म जैसे किसी मीठे क्षेत्र में चले जाना चाहिए क्योंकि यहाँ उनके लिए कुछ करने को है नहीं और वहाँ वह काफ़ी कुछ कर लेंगे। वह काफ़ी हद तक सभ्य और मृदुभाषी हैं। इस सबके बावजूद वह राजनीति में हैं, यह उनका कमाल है। राज्य में बड़े पैमाने पर वैचारिक मन्थन के इस गम्भीर प्रहर में उनकी हालत हैमलेट की तरह हो गई, जो विचारों में डूबा रहता था और किसी निर्णय तक नहीं पहुँच पाता था। अब यह हैमलेट के लिए बड़ी उबाने वाली स्थिति है कि वह एक बात को ही सोचता रहे और कुछ तय न कर पाए। साथ ही यह हैमलेट का नाटक देखने वाले दर्शकों के लिए ज़्यादा उबाने वाली स्थिति है कि वे हॉल में उपस्थित होकर भी मंच पर परेशान खड़े हैमलेट की न कोई मदद कर सकते हैं और न सलाह ही दे सकते हैं। इस सारी ऊब के साथ चिन्तन जारी है। नतीजा कुछ नहीं है।

ऊपरी तौर पर समस्या यों है कि मन्त्रिमंडल से कुछ भ्रष्ट मन्त्री निकाले जाने हैं। परन्तु इसके साथ एक गहरा सैद्धान्तिक प्रश्न विचारकों को खा रहा है कि क्या इसीलिए कि हमारे कुछ साथी भ्रष्ट हैं, हमें उन्हें अपने से दूर कर देना चाहिए?

ज़रा सोचिए! मन्त्री प्रायः भ्रष्ट होते हैं और प्रायः मन्त्रिमंडलों में कमोबेश यह स्थिति बनी रहती है। आरोप लगते रहते हैं, जवाब दिये जाते हैं। लेकिन इतनी-सी बात पर मन्त्रिमंडल तो बदला नहीं जाता? इस विषय में दो विचारधाराएँ काम कर रही हैं। एक यह कि यदि भ्रष्ट मन्त्रियों को हटा दिया जाएगा तो पार्टी की इमेज सुधरेगी जो आगे आने वाले चुनावों की दृष्टि से उपयोगी साबित होगी। लेकिन इसके विपरीत दूसरी धारणा यह है कि यदि भ्रष्ट मन्त्रिगण हटा दिए गए तो इससे पार्टी की इमेज बिगड़ेगी, एकता गड़-बड़ होगी। मन्त्री चाहे भ्रष्ट हों या कैसे हों, वे हमारे साथी हैं, राज्य के आदरणीय नेता हैं और वे बने रहना चाहिए। ख़ास कर चुनाव तक तो कोई फेरबदल नहीं किया जाना चाहिए। ज़रा सोचिए, कितना नाजुक और पेचीदा सवाल है! आप अगर मुख्यमन्त्री के ज़िम्मेदार पद पर हों तो समाज, पार्टी और देश के हित में क्या करेंगे? मेरे ख़्याल से आप भी हैमलेट हो जाएँगे।

प्रश्न है कि क्या केबिनेट में परिवर्तन के लिए मन्त्रियों का भ्रष्टाचार पर्याप्त कारण होगा? हैमलेट इस सवाल को लिये मंच पर घूम रहा है। वह दिल्ली जाता है, फिर आता है, वापस चला जाता है। फिर आता है, फिर चला जाता है। बड़े ऊँचे पैमाने पर कार्यवाही जारी है। वहाँ वह बड़े नेताओं से मिलता है, और गम्भीर बातचीत हो रही है। शायद अभी भी चल रही हो।

जनता उन सब विषयों पर ज़्यादा विचार करती है जिन पर उसे विचार करने को कहा नहीं जाता। इस मामले में मुख्यमन्त्री ने अपील नहीं की मगर जनता लगी हुई है, जैसे राजनीति कोई कुटीर-उद्योग हो कि सब लगे हुए हैं दिन-रात! कुछ राजनीति में डूबे हुए लोगों का ख़्याल है कि अगर भ्रष्ट मन्त्री को हटाना ही पड़े तो उन्हें इतने ससम्मान हटाना चाहिए कि जैसे उन्हें किसी ऊँचे पद पर प्रमोट किया जा रहा हो! उनके बारे में कहा जाए कि इन महानुभाव की असीम प्रतिभा के लिए मन्त्रिमंडल छोटा क्षेत्र है, अब इन्हें पार्टी और समाज की सेवा के लिए स्वतन्त्र किया जा रहा है। इससे भ्रष्ट मन्त्री और ईमानदार दल दोनों की इमेज सुधरेगी।

पिछले दिनों मुझे अनेक गम्भीर चिन्तकों से इस विषय में चर्चा करने का सौभाग्य प्राप्त हुआ। अलग-अलग मत सुनने को मिले। एक महानुभाव ने कहा—"भ्रष्ट होना मन्त्री की निजी विशेषता है, उसका अपना मामला है। मन्त्रिमंडल समाज का प्रतिनिधित्व करने वाला संगठन है। समाज की मूल प्रकृति है, व्यक्ति को उसको उसके समस्त गुण-अवगुण सहित अपने में समाहित करना चाहिए। अतः स्वाभाविक यही है कि भ्रष्ट व्यक्ति मन्त्रिमंडल में बना रहे।"

दूसरे सज्जन ने कहा—"जब राष्ट्र और दल के सामने समाजवाद जैसा महान लक्ष्य है तब कुछ भ्रष्ट मन्त्रियों को हटाने जैसी छोटी बातों में समय नष्ट करना राज्य के मन्त्रिमंडल को शोभा नहीं देता।"

तीसरे ने कहा—"जब भ्रष्टाचार होना ही है तब मन्त्रियों के परिवर्तन से क्या अन्तर पड़ता है!"

और एक चौथे सज्जन का विचार था—"यदि पूरे में से एक-दो भ्रष्ट मन्त्री हटा दिए जाएँ तब कोई हर्ज नहीं। इसमें नुकसान कम और लाभ ज़्यादा है। चुनाव के बाद वे फिर मन्त्रिमंडल में लिये जा सकते हैं। पार्टी बड़ी चीज़ है। वह यदि मज़बूत रहे, तो भ्रष्टाचार के लिए भविष्य में काफ़ी अवसर मिलेंगे। परिवर्तन करने में ग़लत कुछ नहीं। भ्रष्ट मन्त्रियों को न हटाने के आदर्शवादी दृष्टिकोण को छोड़ कर पार्टी के हित में व्यावहारिक दृष्टिकोण अपनाना चाहिए, अर्थात् फ़िलहाल उन्हें हटा देना चाहिए।"

पाँचवें ने कहा—"जब देश इतने संकटों से गुज़र रहा हो तब दो-चार मन्त्रियों के भ्रष्ट होने से क्या अन्तर पड़ता है?"

छठे ने सलाह दी—"यदि मन्त्रिगण भ्रष्ट होने के बावजूद अपने कार्य में कुशल हैं, अर्थात् अपना विभाग ठीक से देख रहे हैं तो उन्हें नहीं हटाया जाना चाहिए।"

गरज यह कि जितने मुँह, उतने विचार। चिन्तन का काम चालू है। सब लगे हुए हैं। कुछ लोगों ने उन तथाकथित भ्रष्ट मन्त्रियों से भी बात की। उन्होंने ईमानदारी से सीधा जवाब दिया कि 'हम तो सिपाही हैं, पार्टी जैसा हुकुम करेगी, वैसा ही करेंगे। अगर मन्त्री बने रहे तो ठीक, अन्यथा हमारे जैसे कर्मठ लोगों के लिए सेवा के अनेक अवसर हैं।'

सेवा से उनका क्या तात्पर्य है, उन्होंने स्पष्ट नहीं किया।

कोई बात नहीं। फ़िलहाल नज़ारा यह है कि मंच पर हैमलेट परेशान घूम रहा है कि मन्त्रिमंडल में परिवर्तन करूँ या न करूँ? भ्रष्टाचार गौण प्रश्न है, असली समस्या है परिवर्तन की। किया जाए या नहीं किया जाए! दर्शक हॉल में बैठे उसे देख रहे हैं और परेशान हैं। बताइए, यदि आप हैमलेट होते तो क्या करते?

गरज के मारों का तीर्थ नगर

अगर कोई दोस्त या परिचित इन्दौर, ग्वालियर या जबलपुर से आकर सुबह-सुबह अख़बार की कॉपी के साथ आपके घर में प्रवेश कर जाए या विजय ग्रांड या कैपिटल में ठहरे और दोपहर को फ़ोन कर कहे—पहचाना या नहीं, तो आश्चर्य नहीं कीजिए, क्योंकि यह भोपाल है और गरज के मारों का यही मक़्का-मदीना है। अगर वह पहली भेंट में बाछें खिला कर गले लगे और बीवी-बच्चों के दर्शनों को उतावला हो जाए तो ताज्जुब नहीं, क्योंकि यह भोपाल है। यहाँ के आदमी से दोस्ती बनाए रखना हर ज़िला और तहसील के आदमी की मजबूरी है। अगर वह मिलने पर बताए कि वह महज मिलने चला आया था तो जान लीजिए कि वह झूठ कह रहा है क्योंकि यह भोपाल है, और यहाँ कोई बेमतलब चक्कर नहीं काटता।

भोपाल में बसे हैं तो एक गुण आप में होना चाहिए कि मौक़े पर चार काम करवा सकें, क्लर्क और सुपरिंटेंडेंट से काग़ज़ निकलवा उसके प्रस्ताव पता लगा लेने, फ़ाइल को धक्का लगवाने, अंडर सेक्रेटरी से अपनत्व से सम्बन्ध बनाने और डिप्टी सेक्रेटरी के कमरे में घिघियाने की कला आपको आनी चाहिए। अपने लिए और अपने उन दूर के मित्रों और रिश्तेदारों के लिए हर भोपाल वासी को मौक़े पर मन्त्री या राज्यमन्त्री का पुछल्ला पकड़ना आना चाहिए। अगर तबादला कराने के लिए पौआ ज़रूरी है तो आपके पास किसी मन्त्री या सचिव के रूप में होना चाहिए और अगर प्रमोशन के लिए पुल की ज़रूरत हो तो एक पुल पुख़्ता की व्यवस्था होनी चाहिए।

भोपाल का आदमी जातिवाद और क्षेत्रीयता के जाने-अनजाने संगठन का सक्रिय सदस्य जाने-अनजाने ही हो जाता है। ग्वालियर का आदमी ग्वालियर वाले का और रीवा का आदमी रीवा वाले का काम करवाता रहता है। कान्यकुब्ज भोपाली कान्यकुब्ज जबलपुरी का तबादला रुकवाने के लिए कान्यकुब्ज रायपुरी का सहयोग ले लेता है। भोपाल में रहने वाले का यह फ़र्ज़ है कि वह काम निकाल लेने की प्रणाली में पारंगत हो और दूसरों की मुसीबत में काम आए। यहाँ अपने आदमियों के कई क्लब हैं और भोपाली होने के नाते आपको उन क्लबों को बनाए रखना ज़रूरी है।

बाहर से दोस्त या रिश्तेदार आता है तो कई बार रिश्वत के रुपए साथ लाता है। भोपाल स्थित हितचिन्तक होने के नाते आपका फ़र्ज़ है कि उसे ठीक से गाइड

करें कि किसे कितना देने से कैसे काम होगा। इस नेक राष्ट्रीय गतिविधि के शुभ अवसर पर आप स्वयं उपस्थित रहें, यह परम आवश्यक है। बाहर से परिचित आता है, आपको ख़र्च की ज़रूरत नहीं, वह ख़ुद ख़र्च करेगा। आपका फ़र्ज़ सिर्फ़ यह देखना है, उसका समय व्यर्थ नष्ट न हो, उसका रुपया ग़लत जेबों में न गिरे और उसकी बीयर का उपयोग सुपात्रों के द्वारा हो।

स्तर अलग-अलग हैं। तबादले के ही नहीं ऊँचे स्तर हैं, जहाँ ऊँचे काम होते हैं। प्रश्न यही है कि आप किस स्तर पर उपयोगी हैं। जिस स्तर के आप भोपाली हैं, उस स्तर के व्यक्ति दूर ज़िलों से दर्शन को आएँगे।

महानता से थोड़ी दूर

हमारे देश में यह एक मान्यता है कि साहित्यिक कहलाने के लिए आवश्यक नहीं है कि कुछ लिखा ही जाए।

सबकी यही मान्यता नहीं है, पर बहुतों की है।

जिसे तुलसी, सूर और प्रेमचन्द पर बिना पढ़े बोलना आता है, जिसे सभापति का नाम प्रस्तावित करना, धन्यवाद देना या स्वयं अध्यक्ष बनने पर किसी तरह अज्ञान ढँकने की क्षमता जिसमें है, जो चुनावों को जीतने के तरीक़े जानता हो, जो चुनी हुई साहित्यिक गालियाँ और 'कला, कला के लिए' जैसे प्रसिद्ध वाक्य बोल सकता है—वह अपने को साहित्यिक कहने और प्रचार करने का अधिकारी है।

हिन्दी में सेवक बन जाना स्वामित्व प्राप्त करने का सर्वश्रेष्ठ मार्ग है।

इसी तरह से अच्छे कलाकार बनने के लिए भी आवश्यक नहीं है कि अच्छी कला का सृजन किया जाए।

साहित्य के साधक कहाए जाने के लिए दो-तीन रचना बहुत हो जाती है।

हिन्दी में ऐसे नालायक हैं जो चार कविताएँ लिख कर अपने को निराला के बाद दूसरे नम्बर मानते हैं, अथवा बड़ा भारी प्रयोगशील कहते हैं।

बड़े कलाकार बनने के लिए एक मार्ग यह भी है कि जितने बड़े-बड़े कलाकार हैं, उन्हें गालियाँ दो, उन्हें नीचा दिखाने की कोशिश करो, उनके खिलाफ़ प्रचार करो। जैसे किसी ने कहा—'यशपाल अच्छे लेखक हैं।'

'गन्दा लिखता है। प्रतिभा अवश्य है।' धीरे से कह दिया।

जैसे किसी ने कहा—'वीरेन्द्र मिश्र के गीत बड़े अच्छे हैं।'

'कुछ अच्छे हैं, बाकी तो व्यर्थ हैं।'

'आपने गीतम् पढ़ी है?'

'देखी थी, वही पुरानी रचनाएँ हैं। सुना, बिक नहीं रही है।'

'नहीं, बिकी तो बहुत है। आप आजकल क्या लिख रहे हैं?'

'लिखा है थोड़ा। निराला की 'अनामिका' पढ़ी है?'

'नहीं।'

'फिर तो उसे नहीं समझोगे! बात यह है, यह उससे अच्छी बन गई है।'

इतने में डाकिया आता है और अस्वीकृत रचनाएँ लौटा जाता है।

'आपकी रचनाएँ लौट आईं?'

'नहीं, यह मैंने वापिस बुलवा ली। पारिश्रमिक सम्बन्धी मतभेद है।'

रात को कवि-सम्मेलन में वे ही अपनी तीन साल पुरानी रचना पढ़ते हैं। 'हूट' होते हैं। उठ जाते हैं। मंच पर बैठे जब कोई बड़ा अच्छा कवि कोई प्यारा गीत गाता है, तो एकाएक हँस कर 'डिस्टर्ब' करते हैं। उनके सिखाए-पढ़ाए मित्र अच्छी कविताओं और जमती कविताओं पर बीच में उठ जाते हैं।

वहाँ बैठे वे बुराइयाँ और मज़ाक किया करते हैं।

अँधेरी रात को वे अपनी कविता न जमने का दुख लेकर लौटते हैं। पास आते मित्र से कहते हैं–'आज जनता उस चीज़ को समझ नहीं सकी।'

'हाँ।'

''मुझे 'कल्पना' में बुला रहे हैं, भवानी मिश्र की जगह पर।''

'अवश्य जाइए।'

'मुझे स्वीकार नहीं है। इस जगह से इतना प्रेम हो गया है कि छोड़ा नहीं जाता। अच्छा, जनता में मेरी माँग थी। चिटें आ रही थीं।'

'वो तो मैं भेज रहा था।' मित्र कहता।

वे निराला की परम्परा को मानने वाले धीरे-धीरे आगे बढ़ जाते।

तुम छले गए मुक्तिबोध

मरा हुआ कवि व्यवस्था के लिए बड़ा उपयोगी साबित होता है। जीते जी वह जिस व्यवस्था को कोसता रहा, घुट-घुट कर जिसके खिलाफ़ उसने कविताएँ लिखीं, बयान दिये, उसके मरने के बाद वही व्यवस्था उसके नाम का सहारा ले बाज़ार में भीड़ का यश लूटती है। कवि मरने के बाद ऐसे सब लोगों के लिए बड़े काम की चीज़ बन जाता है। मरा हुआ हाथी सवा लाख का होता है, जीते जी चाहे उसने आपके सम्मान में कभी सूँड़ न उठाई हो।

मरा हुआ मुक्तिबोध, नारकीय कष्टों से गुज़रने के बाद अब स्वर्गीय मुक्तिबोध, मध्यप्रदेश सरकार के सांस्कृतिक झंडे पर लटका हुआ है और उस झंडे के तले नेता, अफ़सर, छुटभैये, तथाकथित बुद्धिजीवी, जनता के टैक्स पर पेरेसाइट का सुख भोगते साहित्यकार एक-दूसरे को मधुर-मधुर कोहनियाँ मारते मुस्काते खड़े हैं। कितने काम की चीज़ है मुक्तिबोध! उसका नाम लेकर प्रतिभाहीन पिलपिले कवि लेफ्टिस्ट होने का ऐयाशी भरा गौरव जीते हैं। उसकी समीक्षा कर या अपनी समीक्षाओं में उसका जिक्र कर आलोचक सतह से उठता हुआ आलोचक हो जाता है। उसकी रचनाओं का संकलन भर कर देने से सम्पादक कहाने का लाभकारी गौरव मिलता है। उस पर आयोजन कर देना, यारो, रिश्तेदारों से मिलने-मिलाने, खाने-पिलाने का एक ज़ोरदार बहाना, कितना आनन्द दे रहा है! मरा हुआ मुक्तिबोध उर्फ स्वर्गीय मुक्तिबोध झंडे से लटका हुआ आज कितने स्वार्थों को सैद्धान्तिक रीढ़ प्रदान कर रहा है! बजट फूँकने का एक भावनात्मक बहाना देता है। आओ, श्राद्ध पक्ष के बामनो, हर लॉन पर दारू तुम्हारी प्रतीक्षा कर रही है। तर्पण करो यजमान, चुल्लू भर-भर के, जय बोलो उस गुज़रे हुए कवि की, पैसा फूँकने का साहित्यिक अनुष्ठान जारी है। बँगले के बाहर तार पर बैठे स्थानीय कौवे लपलपाई निगाहों से देख रहे हैं। तुम्हें भी मिलेगा, तुम्हें भी मिलेगा। अभयमुद्रा में हाथ उठा कर कहता है सरकारी अश्वमेध का वाजपेयी पुरोहित, सबको मिलेगा।

झंडे पर लटका मुक्तिबोध देख रहा है—पूरे जीवन चाय का कप, बीड़ी का बंडल और कविता पूरी कर पाने का मुन्तज़िर। मुक्तिबोध देख रहा है अस्पताल में उसके बिस्तर के पास कुछ देर खड़े हो जाने का कैसा दाम वसूल कर रहे हैं बाबू लोग!

साहित्य, संस्कृति और सरकार के ये बाबू लोग। जीवन-भर समझता रहा कि स्वार्थ, शोषण और व्यवस्था के इन बड़े-बड़े भवनों के नीचे गलियारे हैं जो आपस में जुड़े हुए हैं, जिनसे लोग आते-जाते हैं और गुप्त सभाएँ कर षड्यन्त्रों की रूपरेखाएँ बनाते हैं। वह नहीं जानता था कि साहित्य और कला के भवन के नीचे भी वैसे गलियारे हैं जो उसी तन्त्र से जुड़े हुए हैं। उसके मरने के बाद ये गलियारे उसके नाम पर जीवन्त हो जाएँगे। व्यवस्था अपनी साख जमाने के लिए, यश लूटने के लिए उसके ही नाम का इस्तेमाल कर लेगी। नहीं जानते थे बेचारे मुक्तिबोध कि एक दिन उसके ही ख़ून से लिखी रचनाएँ उसकी ही पत्नी को भेंट कर व्यवस्था अख़बारों में छापने के लिए अपने ताज़े फ़ोटू खिंचा लेगी। ज़िन्दगी-भर जो माध्यम बन न सका, वह कवि मरने के बाद कैसा माध्यम बन गया उन्हीं लोगों का छला गया मुक्तिबोध बुरी तरह स्वार्थों से भरी इस नक़ली, नाटकीय दुनिया में। उस पर एक न समझ में आ पाने वाली अजीब फ़िल्म बना कर जेब में रुपया डाल कर लौट गया एक फ़िल्म वाला अपने शहर। अमूर्तता के अपने ही बनाए मकड़ीजाल में फँसे तथाकथित समझदार दर्शक उसे देख तालियाँ बजाने लगे बिना यह जाने कि उनके हाथ भी कठपुतली के हाथों की तरह हैं, जो ऊपर से बँधी डोर की मजबूरी में तालियाँ बजाती हैं। तुम छले गए मुक्तिबोध! और तुम किस तरह छले गए! इसकी फ़िल्म कभी नहीं बनेगी। कोई कभी नहीं बनाएगा। सर्वहारा के कवि को आने वाली पीढ़ियाँ नक़ली सरकारी आयोजनों और नासमझ फ़िल्मों से पहचानेंगी। कितनी ट्रेजेडी है नीच मुक्तिबोध, तेरे साथ! तू दो पाटों के बीच ख़ुद फँस गया जैसा कि तूने अपनी कविता में लिखा था। तेरे शव पर चढ़ बौने अपनी ऊँचाइयाँ बढ़ा गए। सब सतह से उठ गए तेरी मिट्टी के ढेर पर पैर रखकर। तेरे दुश्मन, तेरे दोस्त। तुझे पिलाई हर चाय की स्मृति को सरकारी काउंटर पर दारू की बोतल और क्रॉस्ड चेक में भुना लिया उन लोगों ने जिनके बारे में तुझे ज़िन्दगी-भर यह भ्रम रहा कि वे तेरी कविता को समझते और जीते हैं। तेरे जाने के बाद तेरे चाहने वाले, तेरी कविताओं का समझदार सम्पादन करने वाले उसी व्यवस्था में अफ़सर बने, नेता बने और वही सब करने लगे जिसके खौफ़ और आतंक में तूने कविताएँ लिखी थीं। उन्हें तेरा नाम और तेरी कविताओं का जिक्र बड़ा उपयोगी साबित हुआ तेरे मरने के बाद। दक्षिणपन्थी तेरा नाम लेकर वामपन्थी हो गए और वामपन्थी तेरा नाम लेकर दूसरे वामपन्थी के सिर चढ़ गए। तूने किसकी साख बढ़ाई, तुझे नहीं पता। किसे फ़ायदा पहुँचाया, तू नहीं जानता। वे तुझे जानते हैं या नहीं, यह बात भी बेमानी है। मेला कमेटी को यह जान कर क्या करना कि समाधि किसकी है? उन्हें तो तम्बू और माइक वाले के बिल में अपने कमीशन से मतलब। हर कविता पूरी कर मुक्तिबोध, तुम समझते थे कि एक अंकुर फूटा है। वह अंकुर अब एक ध्वजा बन गया है कवि। जिसे लेकर वे ही लोग शोभायात्रा निकाल रहे हैं, जिन्होंने इस धरती को बंजर किया। वे पूरे ताम-झाम के

साथ उन अंकुरों को सिर पर उठा बंजर ज़मीन पर उछल-नाच रहे हैं। वे जानते हैं कि अंकुर ख़तरा है बंजर के लिए। उसे उखाड़ने की बदमाशी पर लोग चौंक सकते हैं। वे समीक्षा की भाषा में मन्त्र बोलते हुए, पूरे गाजे-बाजे और शोर-शराबे से अंकुर को उखाड़ सिर पर उठा नाचते हैं। यह है वह अंकुर जो बंजर में क्रान्ति लाएगा। लोग हर्ष और भावुकता से देख रहे हैं—अंकुर का कैसा सम्मान हो रहा है!

तुम बुरे छले गए मुक्तिबोध! अगर इन सुनहरे और नाटकीय आयोजनों से तुम्हारी आत्मा प्रसन्न हो रही है तो मैं कहूँगा, तुम्हारी आत्मा मूर्ख है। ऐसा कहने के लिए मुझे क्षमा करना मुक्तिबोध!

इस बसन्त में भोपाल

समाचार-पत्रों में निराला जयन्ती के आयोजनों की ख़बरें छपने लगीं तो पता लगा कि बसन्त आ गया। सुनने में नहीं आई पर कोयल ज़रूर बोली होगी। सुनने में आई शोभा गुर्टू और गुलाम मुस्तफ़ा। बसन्त आया, इसका एक प्रमाण यह भी है कि भोपाल में 'बसन्त बहार' के संगीत-नृत्य कार्यक्रम का आयोजन हो गया। उद्‌घाटन किया मुख्यमन्त्री प्रकाशचन्द सेठी ने। वे बोले कि कला साहित्य की सरकारी परिषदें बड़ा अच्छा काम कर रही हैं। सुन कर अच्छा लगा। वास्तविकताओं से अपरिचित हों, पर उन्हें कम-से-कम संस्थाओं के नाम तो याद हैं। उनका कथन ऐसा था जैसे कांग्रेस की स्थिति सुदृढ़ है। जबलपुर के वोटरों का चेहरा पढ़ने श्री केशवदेव मालवीय दिल्ली से आए। वे पंडित द्वारिका प्रसाद मिश्र का चेहरा पढ़ कर लौट गए। पराजय का दोषी कौन है? भावुकता के प्रथम दौर में सभी कांग्रेसियों ने ख़ुद को दोषी बताया। पर बाद में इस नतीजे पर पहुँचे कि असली गुनहगार स्वयं वोटर है जिसने वोट नहीं दिये। पर लोग अपने वासन्ती मूड में इन बातों पर नहीं विचार रहे। वे महादेवी वर्मा के भाषण को याद कर रहे हैं। उनके भाषण के लिए बड़ा हॉल प्राप्त नहीं हो सका। काफ़ी लोग निराश बाहर रहे। यह हिन्दी भाषी राज्य की राजधानी है कम्बख़्त! इसे अफ़सरों और उच्च मध्यमवर्ग का डंक लग चुका है। मराठीभाषी महाराष्ट्र की राजधानी बम्बई में महादेवी का स्वागत नगर के विराट हॉल षण्मुखानन्द में हुआ था। खचाखच भरा था। हिन्दी भाषी राज्य की सरकार को क्या पता, शहर में कौन आया है! सरकारी ख़र्च पर महादेवी के लिए क्या एक सम्मान नहीं जुट सकता था? पर महादेवी का दोष है कि वे वृद्ध हैं, दिल्ली में नहीं रहतीं। पद, प्रतिष्ठा, सम्मान की राजनीति में नहीं हैं। वे किस काम की? मध्यप्रदेश शासन को पता नहीं कि वे मध्यप्रदेश में जन्मी हैं। ऐसा बसन्त आया है। महादेवी असुविधा के एक कँटीले कुंज में कूक कर चली गईं। अफ़सरों को चाहे न भाया हो उनका आना, लोगों को अच्छा लगा। भीड़ अपेक्षा से अधिक थी। उन्होंने इस बसन्त में महादेवी, गुर्टू और मुस्तफ़ा को बुलाने वालों को बधाई दी।

न्यू मार्किट में कॉफ़ी हाउस के इर्द-गिर्द स्पिरिट '75 की रंगीन चहल-पहल है। पुलिस परेड ग्राउंड से एम.ए.सी.टी. तक युवकों के समूह आते-जाते नज़र आते हैं। स्टेडियम पर गावस्कर, घावरी, पटौदी खेल रहे हैं। वहाँ भी भीड़ है दर्शकों की। ऐसे

में अपने छोटे-से घर के अहाते में बैठ स्तम्भ लिखना किसे अच्छा लग सकता है? कल एक मित्र ने कहा—चलो, विधान सभा चलें, रंग देखेंगे। मैंने इन्कार कर दिया। कल उससे अधिक रोचक दृश्य मैंने विधान सभा के समीप तालाब पर देखा। यद्यपि पानी अपेक्षाकृत गन्दा था, कमल-पत्रों से ढका था, पर कोई तीन सौ बगुले वहाँ थे। वे चुपचाप खड़े थे। कोई हलचल नहीं थी। भोपाल में उस जगह इतने पक्षी मैंने एक साथ कभी नहीं देखे। एक समय था, भोपाल के विराट ताल के किनारे सारे संसार से पक्षी आते थे। दोस्त मोहम्मद ख़ाँ जब यहाँ चिड़ियों का शिकार करने आया था तभी उसे यह जगह पसन्द आई थीं। आज राजधानी है, बगुले भर आते हैं। शेष पंछी उड़ गए। यदि रास्ते में भटकते बुच साहब से मुलाक़ात हो गई तो मैं उनसे निवेदन करूँगा—यदि तालाब के आसपास वृक्ष-कुँज बनाने से पंछी लौट कर आ सकते हों। ऐसा न हो कि उलटे कमला पार्क की चिमगादड़ें यहाँ भी लटकने लगें?

इसी बसन्त में विधान सभा में बैठ सरकार ने भाव बढ़ाने के लिए नए कर लगाए। उसे पता नहीं, बाहर कैसी हवाएँ बह रही हैं। भगवान महावीर की स्मृति के वर्ष में हिंसक कांडों की चर्चाएँ होती रहीं। राज्यभर के प्रोफ़ेसरों का एक मील लम्बा जुलूस भोपाल की सड़कों पर वेतन-वृद्धि के नारे लगाता पूरी दोपहर घूमता रहा। डी-लिट, पी-एच.डी. विद्वान, कवि, लेखक, राज्य के बुद्धिवादियों का, गुरुजनों का स्वागत करने, उनसे बातचीत करने शासनतन्त्र का कोई व्यक्ति ख़ाली नहीं था। पद्मश्री वाकणकर भी उस जुलूस में थे। इन सबके लिए पुलिस खड़ी थी डंडे लिये। ये प्रोफ़ेसर अपने महाविद्यालयों में मन्त्रियों के स्वागत व भाषण के लिए दिन-रात परेशान रहते हैं, पर आज इस संस्कारहीन सरकार का कोई व्यक्ति भोपाल आने पर इनसे बातें करने नहीं आया। प्रशासन की ऊँची नाक का सवाल था। यदि ये जन-नेता प्रबुद्ध वर्ग से बातें नहीं कर सकते तो किससे करेंगे? सो, इस बसन्त में राज्य का बुद्धिजीवी सड़क पर जुलूस बना कर आ गया। उसका भाग्य भी आम आदमी से जुड़ा है। अनेक कवि मित्रों को उस दिन जुलूस में देखा। सोच रहा हूँ, इस बसन्त में वे क्या लिखेंगे?

जिस सुबह श्रीमती महादेवी वर्मा आईं, उस दिन अन्तर्राष्ट्रीय महिला वर्ष के आरम्भ की रैली थी। महिला जागृति की अग्रणी लेखिका नगर में थी पर इस शासन को समझ नहीं आया कि रैली को सम्बोधित करने के लिए उनसे अधिक उपयुक्त कौन हो सकता है? पर किसी ने उस रैली के लिए महादेवी जी को आमन्त्रण नहीं दिया। हिन्दी भाषी राज्य के शासन के सांस्कृतिक बजट में महादेवी की उस सभा के लिए एक हार का प्रावधान नहीं था। इस तालाबों वाले शहर में प्राध्यापकों के जुलूस के लिए पाँच-छह पुलिस गाड़ियाँ थीं, पर हलक़-भर पानी के लिए परेशानी थी। हार्दिकता का जल सूख रहा है, प्रशासन का कँटीला बंजर उभर रहा है। इस बसन्त में, ऐसे बसन्त पर क्या लिखा जाए!

राजेन्द्र माथुर के प्रथम गुरु

राजेन्द्र माथुर के प्रथम गुरु थे ठाकुर नाहर सिंह। उनके मामा। इन्दौर में हिन्दी साहित्य समिति के पास से एक गली गई है जिसके दोनों ओर तब बँगले और फ्लैट बने थे। ठाकुर नाहर सिंह धार राज्य के दीवान रह चुके थे और अपने बच्चों की अच्छी पढ़ाई की उन्हें बड़ी चिन्ता रहती थी। वहाँ फ्लैट लेने के मूल में लक्ष्य यही था कि बच्चों की पढ़ाई हो सके। बड़े लड़के सुरेन्द्र डेली कॉलेज से मैट्रिक कर चुके थे और छोटे नरेन्द्र भी। पुष्पा पढ़ रही थी। इस खिलन्दड़ी और मस्त टीम के पाँचवें सदस्य बने माथुर, जो धार से मैट्रिक करके आ चुके थे और होल्कर कॉलेज के हॉस्टल में दिन गुजार चुके थे। उनका नाम था राजेन्द्र माथुर, जिन्हें घर के सब लोग प्यार से रज्जू बाबू कहते थे। उनका यह नाम भी धीरे-धीरे मित्रों में फैलने लगा। हम सब उन्हें माथुर या रज्जू कहते थे।

ठाकुर नाहर सिंह बड़े अनुभवी कृषिविद् थे और प्रायः आस-पास के क्षेत्र के बड़े किसान या उद्योगपति काम आरम्भ करने पर या अटक जाने पर उनकी सलाह लेते थे। घर में एक जमावड़ा बना रहता था। लोग ठाकुर साहब से मिलने आते रहते थे। यहाँ ठाकुर से अर्थ वैसा सामन्तवादी न लिया जाए क्योंकि न वे व्यवहार से और न विचार से वैसे थे। वे राष्ट्रीय समस्याओं पर आधुनिक विचार रखते थे और गहरा मनोमन्थन भी करते थे। उनकी इस प्रक्रिया में साउंड बोर्ड का काम छोटे से रज्जू बाबू का था, जो उस समय प्रथम वर्ष या द्वितीय वर्ष विज्ञान के छात्र थे।

ठाकुर नाहर सिंह चलते-फिरते प्रश्न करते और माथुर को उसका सोच-समझ कर उत्तर देना पड़ता था। प्रश्न कुछ इस प्रकार होते थे कि बड़े खेत उचित हैं या छोटे-छोटे खेत। देश के भविष्य के लिए क्या नीति अपनानी चाहिए। इस समस्या के कई पक्ष थे और माथुर को सोच-समझ कर उत्तर देना पड़ता था। ग़लत उत्तर देने पर प्रश्न और बहस चालू रहती थी। फिर वे कोई और प्रश्न करते। अतिसिंचन से किन परम्परागत उत्पादनों और खेतियों पर क्या असर पड़ेगा। उसी समय उत्तर देना आवश्यक नहीं था, आप दो-तीन दिन बाद भी सोच-समझ कर उत्तर दे सकते थे। इसी तरह कई प्रश्न ग्रामोद्योग या बजट आदि को लेकर चलते रहते थे।

ठाकुर नाहर सिंह बड़े आकर्षक और दबंग व्यक्तित्व के थे, पर उनके चेहरे पर हल्की मुस्कान और उनका सेन्स ऑफ़ ह्यूमर कभी कम न होता था। राजेन्द्र माथुर को गुत्थी में उलझा, पहेली में फँसा उन्हें बड़ा आनन्द आता था और उन्हें यह भी विश्वास था कि रज्जू अवश्य उसका हल खोज लेंगे। ठीक हल खोजने पर रज्जू बाबू को मार्क मिलते थे। जैसे पहले उन्हें बन्दरनायके के नाम से बुलाया जाता, बाद में उन्हें कर्नल नासेर या अलीशस्त्रों अमिद जोजो के नाम से बुलाया जाता। मामा ठाकुर नाहर सिंह हर सात-आठ दिन में राजेन्द्र माथुर का नया नाम कर देते। और उस नाम से बुलाने पर राजेन्द्र माथुर उत्तर भी दे देते।

सब कुछ मामा-भानजे के बीच मज़ाक-सा चलता था, पर मज़ाक था नहीं। धीरे-धीरे राजेन्द्र माथुर देश के जीवन की ठोस वास्तविकताओं को गहराई से समझ रहे थे। यह सब कविता के अध्ययन के साथ चल रहा था। विचार भी, शब्द भी।

वर्षों बाद हम दिल्ली में सम्पादकीय टेबल पर देखते हैं कि राजेन्द्र माथुर किसी भी विषय की यथोचित पड़ताल पर सम्पादकीय टिप्पणी लिख देते थे। आश्चर्य होता था। पर उन टिप्पणियों के बीज पता नहीं कब से राजेन्द्र माथुर के हँसते-खेलते किए अध्ययन के भाग थे। मैंने विचारों की वह क्रिया और अन्तर प्रक्रिया मामा-भानजे के बीच वर्षों पूर्व देखी थी।

राजनीतिक कविता और कवियों की राजनीति

क्रान्ति शब्द पिछले वर्षों में विनोबा की देशी खरल में घुट-घुट कर ऐसा पिलपिला और प्राणहीन हो गया है कि कवियों के फूँक मारने के बावजूद दम नहीं ले रहा। उस पर कसर थी तो सरकार ने हरित क्रान्ति शुरू कर दी। एक ज़माना था, क्रान्ति सिर्फ़ लाल होती थी और इसमें कोई दीगर 'शेड' मसलन उसे गुलाबी करने की कोशिश करना ग़लत समझा जाता था। मगर बाज़ार का नियम है कि चलने वाला माल धीरे-धीरे हर रंग में मिलने लगता है। यहाँ तक कि हरी क्रान्ति भी मिलने लगी और सावन के अन्धे, जिनकी इतिहास में कभी कोई भूमिका नहीं रही, एकाएक अग्रणी हो गए। इतिहास शब्द भी इस लाजवाब शिक्षा-प्रणाली की असीम अनुकम्पा से अर्थहीन हो गया। 'हिस्ट्री-जॉगरफ़ी बड़ी बेवफ़ा, रात को रटी दिन को सफ़ा' का जो दर्द है वही समझ सकते हैं, जो एक समूची रचनात्मक रात बीत जाने के बाद प्रातः उपलब्ध बेवफ़ाई की आन्तरिक पीड़ा को सहने की सामर्थ्य रखते हैं। अगर किसी शख़्स ने इतिहास को कुंजी के रूप में, सौ में से तैंतीस अंक के परीक्षाई अर्थ में समझ रखा है तो उसे मार्क्स या टॉमनबी के अर्थों में समझाना कठिन है। मगर हिन्दी कवि ऐसे शब्दों का इफ़रात से उपयोग करने लगे हैं। इसे कहते हैं कि मजबूरी इंसान से क्या नहीं कराती, अथवा आवश्यकता आविष्कार की अम्मा है।

जब यह स्पष्ट हो गया कि बड़ी मुश्किल है दुनिया का सँवरना चूँकि वह तेरी (या किसी अन्य कन्या की) ज़ुल्फ़ के पेंचोख़म नहीं है, तो कवियों ने अपना एक कोमल पैर राजनीति के कैक्टस कानन में बड़े नाज़ो-अन्दाज़ से रखा और परम्परागत शैली में बदलते समय को मुजरा किया। मगर राजनीति शब्द भी क्रान्ति और इतिहास की तरह इधर ख़ाली-पीली बूम मारने वाला हो गया। पंचायत और नगरपालिका चुनाव, ज़िले के अर्द्ध-साप्ताहिक और साप्ताहिक की ख़बरों तथा विश्वविद्यालय के सब्ज़ी-बाज़ारधर्मी सिंडीकेट के टंटों-झगड़ों में राजनीति शब्द ऐसा चालू हो गया है कि शरीफ़ आदमी आज बिना आँख मारे उसका उच्चारण नहीं कर सकता। मँजे अगदी चीप! अब हमारे दिल्ली-इलाहाबाद के पाएदार कवि (स्थापित के अर्थों में) तो इतने

डाउन कम-से-कम कविता के क्षेत्र में नहीं हुए कि वैसा-का-वैसा इस्तेमाल राजनीति शब्द का करने लगें। कल तक उन्हें ऐसी बिच्छू-शब्दावली सख़्त नापसन्द रही है। यथार्थ के मामले में वे कभी साँप-मणिधर से नीचे नहीं आए। उन्होंने भीड़ को भीड़ बोला, भेड़ बोला और जो बोला, कवि के ठसके से बोला—कर लो, क्या करते हो, क्योंकि 'वाद' उनका उनके बाप का। मगर वक़्त आ ही जाए तो क्या करना और कैसा करना। कवि लोग ने नाक पर कपड़ा रख नाली से राजनीति शब्द उठाया, धोया-पोंछा, थोड़ा पॉलिश मारा, चमकाया और इस क़ाबिल बनाया कि सफ़ेद चादर पर ऊँची नाक के लोग जब संगोष्ठी करें तो बनारसी पान और ज़र्दे की सुबास में कम-से-कम ज़ोर देकर उसे बोल तो सकें। ऐसा करते समय उनके छायावादी 'एस्थेटिक्स' पर आँच तो न आए। संयम के साथ चालीस दिनों का नियमित कोर्स लेने के बाद हालत सुधरी और राजनीति और उससे सम्बन्धित सारी सड़क-छाप शब्दावली वैसा ही मज़ा देने लगी जैसे किसी कन्या की ज़ुल्फ़ को पेंचोख़म। वह शख़्स जो सड़क पर नंगा गुज़रने के पूर्व महिलाओं से क्षमा माँग रहा था, बदले माहौल में पोस्टर लपेट कर आगे बढ़ गया। पोस्टर पर कांग्रेसी नेताओं के ख़िलाफ़ इबारत अंकित थी। दूसरे के एक्सपोज़र से अपना एक्सपोज़र ढँकने की यह चेष्टा कविता में नया मोड़, नई स्ट्रेटेजी सिद्ध हुई।

राजनीति शब्द स्त्रीलिंग है। उसकी अदाएँ पुंश्चली की-सी। साहित्य पुराना पुल्लिंग, मगर अब उसमें कमरकसी संकटमोचन झलक नहीं दिखती। इसके बदले एक खस्ता समर्पित भाव कि हम जो भले-बुरे सो तेरे, बहुत नसाए अब नसाने का मूड नहीं। राजनीति अपने में प्रौढ़, सत्तर घाट का कोकाकोला पी हुई, पुराने सिद्धान्तों के नक़ली उपकरणों से कसी-उठी, पत्रकारों की उपस्थिति में नौ सौ चूहों का विराट लंच ग्रहण कर चुनाव के समय हज जाने को तत्पर। साहित्य लालची ख़ानसामा-सा उसकी टेबल के पास टिप की प्रतीक्षा में झुका हुआ। तख़्त पर सज्जित डनलपपिलो पर लेटी राजनीति आत्मसन्तोष के ख़र्राटे भर रही, उसका फूला भ्रष्ट शरीर नैतिक ऊँचाइयों को हीन सिद्ध कर रहा, उसकी पतली टाँगें संस्कृति तक फैली हुईं। वह ग़ैर-ज़िम्मेदार पहलू बदलती है, हर दिशा में नैन मटकाती है। साहित्य उसकी सुविधार्थ अपने आग्नेय कोण से खिसक कर धीरे-धीरे वायव्य कोण में आ बैठा है। क्या मज़ा है! उसी मंच पर (चाहे वह शासन का हो या विरोध का) उसी ताल-संगीत पर राजनीति के प्रमुख नर्तक से कुछ दूर पर खड़े हो कमर मटकाने से कलाकार का निजी अहं तुष्ट होता हो, मगर दर्शक के लिए वह सब कुछ एक ही नज़ारा बन जाता है। वह जो पहले देखता था, आज भी वही देखता है। हिन्दी का कवि बीस वर्षों में अवसरवाद से नव अवसरवाद तक चला है। राहत, सुविधा, पद, सम्मान और अधिकार के लोभ में

आज़ादी के तुरन्त बाद प्रगतिवाद को नकार प्रकृति के झाड़-पत्तों, हरी घास, चूड़ी के टुकड़ों और रंगे नाख़ूनों, अधूरे चाँद और चीवर धारे बुद्ध के शरणम् जाने वाली पीढ़ी और इस आम चुनाव के परिणामों में कांग्रेस को डगमगाती देख विद्रोह की बोली बोलने वालों में बुनियादी अन्तर कौन-सा है? वह अवसरवाद था या नव अवसरवाद है? एक प्रतिष्ठान का जहाज़ डूबने पर कविता के चूहे समन्दर में कूद पड़े और नए जहाज़ की तलाश में लहरों से संघर्ष कर रहे हैं। यह विद्रोह तभी तक है जब तक पुराना जहाज़ नहीं डूबता और नया नज़र नहीं आता। अगर पुराना जहाज़ नहीं डूबा तो ये समाजवाद के नाम पर फिर लौट आएँगे और अगर डूब गया तो ये ग़ैर-कांग्रेसवाद के नाम पर नए जहाज़ में विद्रोही मुखौटा लिए चढ़ जाएँगे। संशय की इन घड़ियों में इसी कारण ये अधिकतर भाषा बदलते मुहावरे की बातें कर रहे हैं और राजनीतिक शब्दावली को रहस्यवादी अन्दाज़ में उपयोग कर क्रान्ति के भ्रम पैदा कर रहे हैं। इनकी कविता एक ऐश और दूसरे ऐश के बीच इंटरवल की कविता है।

कुछ वर्ष पूर्व हमारे शहर में एक दिल्ली वाले कवि आए थे। इस पिछड़े प्रान्त में बाहर से कोई पियादा भी आए तो वज़ीर का फ़र्जी भ्रम लिए आता है। अनेक चर्चाओं, संगोष्ठियों की वैचारिक जूठन में अपने हीन भाव की कड़वी तेजस्विता लिए वह हमारे बीच चिन्तक के अन्दाज़ में जुगाली करने लगा। टिटहरी-सा मुँह खोल उसने फतवाया कि मैं नहीं समझता कि राजनीति का साहित्य से कोई सम्बन्ध हो सकता है या साहित्य राजनीति को प्रभावित करता है। साहित्य के लिए राजनीति कोई मतलब नहीं रखती। वह देर तक ऐसा ही टुकड़ा-टुकड़ा बोलता रहा। उसके भाषण पर शुद्ध कलाकार-स्वातन्त्र्य की 'आग मार्क' मोहर लगी थी। हम सब इस कस्बागुणी नगर के पढ़े-लिखे अभिभूत हुए। हम कभी साहित्य की दिली-गहराइयाँ नहीं समझ पाते। हमें नहीं पता, कौन किस एम्बेसी की दारू पीकर बहक रहा है। माइक की उगालदानी में अपनी वैचारिक पीक उगल कर वह चला गया और हमें गम्भीर कर गया। यह तब की बात है जब दिल्ली में नेहरू-शास्त्री का ज़माना था। सबको लगता था कि कांग्रेस अपनी गद्दी पर 'फिक्सर' लगा कर बैठी है। दीगर पार्टियों से साहित्यकार का इश्क़ पिछले दरवाज़े से यदा-कदा होता था। गलियों में बौद्धिक रोमांस करने वाले चौड़ी सड़क पर कुँवारियों-सा पावित्र्य और सदा सुहागिन भाव बनाए रखते और जो चौड़ी सड़कों पर राजनीतिक यथार्थ की बातें करते, वे महज नारेबाज़, सतही, सस्ती लोकप्रियता के चक्कर में फँसे हुए कहलाए जाकर बदनाम होते। विश्वविद्यालय या महाविद्यालय की दीवार का सहारा लेकर खड़ा हिन्दी का समीक्षकनुमा शख़्स ऐसे नारेबाज़ों को लात मार कर भगा देता। ठंडे छायावादी आग्रह थे कि राजनीति का पानी कविता के दूध में नहीं मिलना चाहिए। कहा जाता कि 'व्यंग्य मत बोलो' क्योंकि वह पत्रकारिता है, साहित्य नहीं। फिर हुआ आम चुनाव। जनभावनाएँ अख़बारों की हेडलाइन बन गईं। सत्ता को पहला हार्ट-अटैक हुआ और

उसे ऑक्सीजन पर रखा गया। इस बदले नज़ारे को यारों ने भाँपा। जनता जब फिजाँ बदलने पर ही तुली हुई है तो हम बुद्धिवादी क्यों न ज़ोर मार कर सारा सेहरा ख़ुद बाँधें। वही कवि, जो हमारे शहर में राजनीति को कविता के लिए व्यर्थ मानता था, दिल्ली में बैठा अपनी कविताओं में अख़बारी शब्दावली की थिगली लगाने लगा। ख़बर, जुलूस, नेता, नारा, शोर, अख़बार, कसी हुई मुट्ठियाँ, प्रेस कॉन्फ्रेंस, माइक, जनता, पोस्टर, बयान, झंडा, अकाल, चीख़, सभा, कुर्सी, गोली, इतिहास, सड़क, संघर्ष, पुलिस जैसे रूखे शब्द कविता में आने लगे। कल तक जिन बातों से साहित्य की शाश्वत ऊँचाई पर ख़तरा लगता था, आज वे प्यारी लगने लगीं। सामयिकता महत्त्वपूर्ण तत्त्व हो गया। जब फ्री-लांस कवि (दूतावासों के यतीमख़ानों पर आश्रित) कान में पत्रकारिक-शब्दावली का मोरपंख खोंस विरोधी दल के दफ़्तर के सामने नृत्य करने लगा तो दफ़्तरधर्मी साहित्यकार भी तोताचश्मी चिन्तन में व्यस्त हो गया। दफ़्तरी नैतिकता का आग्रह है कि जब यह निश्चय हो जाए कि बॉस बदलने ही वाला है और नया जल्दी आने वाला है तो पुराने बॉस के प्रति थोड़ा आक्रोश, थोड़ी अनुशासनहीनता का प्रदर्शन कर खरी-खरी कहने लगो ताकि नए आने वाले के दिल में जगह बना सको। बीस साल पुरानी बॉस कांग्रेस बदल रही है तो नौकरों की कविताओं ने मिज़ाज बदला। उन्हें एकाएक चारों तरफ़ लाठी, गोली की आवाज़ें सुनाई दीं, आदमी अपमानित होता दिखा। जो अफ़सरों के चरणों में पड़े 'कैरियर' बना रहे थे, उन्हें प्रजातन्त्र याद आया। सूट में छिपा कलाकार फड़का और गुलगुली रचनाओं से हट कर तोता-मैना की बाज़ारू साफ़गोई पर उतर आया ताकि सनद रहे और जब ग़ैर-कांग्रेसी सरकार बने, काम आए। ऐसे अवसरवाद से निस्सरित कविता की भाषा और शिल्प की विवेचना वेश्या की कत्थक कला पर निर्विकार वाह-वाह करने के नाटक के अतिरिक्त क्या है?

मगर कविता का तथाकथित समीक्षक 'वाह-वाह' की कला का छँटा हुआ उस्ताद है। उसकी शोहरत हर मज़लिस में है। कदर स्नॉब की स्नॉब जानता है। बीयर के साथ भारी लंच डकारने के बाद अकाल पर रिपोर्ताज़ तैयार करने वालों से ऐसे समीक्षक का घुटा याराना है। आँखों-ही-आँखों में संवाद हो जाते हैं। राजनीतिक कविता के मूल में कवियों की राजनीति को भुलाकर वह करता है मानव निर्यात की बात। इधर नए मुहावरे और नक़ली आक्रोश की तलाश में कवियों ने अख़बार पढ़ना आरम्भ कर दिया है। कितना ऐतिहासिक था वह क्षण जब कवि ने अपने कोमल पावन करों से अख़बार छुआ! वे भोली आँखें—जो बरसों से युकलिप्टस, गुलाब, कैक्टस, नारी की भरी-पूरी देह, मुख-पृष्ठ, कविता-संकलन, कॉफ़ी के कप, अपनी डायरी, दूसरों की बुश्शर्ट, सुघढ़ पीठ, खुली कमर, फैले केश, रिजेक्टेड दर्शन और आईने के अतिरिक्त कुछ भी देखने की आदी नहीं थी—राज्यों के राजनीतिक समाचार देखने लगी, दुनिया की ख़बरें जानने लगी। आश्चर्य नहीं कि एक दिन राजनीतिक

शब्दावली से लबरेज कविता ख़त्म करने के बाद एक कविनुमा पत्रकार ने अपने पास बैठे साथी से पूछा, "क्यों, वियतनाम और वियतकांग एक ही जगह का नाम है या अलग-अलग है?" उत्तर में उसके साथी ने, जो ख़ुद उग्र और राजनीतिक चाल की कविता लिखता था, ठीक उत्तर देने में असमर्थता व्यक्त करते हुए कहा, "भैया, मैं तो 'राज्य' और 'विज्ञान' की सामग्री देखता हूँ, तुम उस 'विदेश' वाले से पूछ लो। तुम कहो तो मैं पूछकर बताऊँ?"

"रहने दो, जल्दी नहीं। हम तो साहित्य वाला हिस्सा देखते हैं। हमें क्या करना!" जवाब में कवि बोले।

अफ़सरी मुस्कान

इस महान देश में ऐसे महान अफ़सर हुए हैं, जो अपने कार्यकाल में कभी नहीं मुस्कुराए। रिटायर होने के बाद मुस्कुराए हों तो पता नहीं, पर वेतन तो उन्होंने इसी बात का लिया कि मुस्कुराया न जाए। उन्होंने गम्भीर निर्णय न लिए हों, पर वे सदा गम्भीर रहे। उनकी पत्नियों ने उन्हें सुहागरात के बाद कभी मुस्कुराते नहीं देखा। चेहरे पर एक स्थायी भाव उस मरीज़ का-सा बना रहता था, जिसे केस्टर ऑयल या कब्ज़ियत की कोई अन्य दवा लेना ज़रूरी है पर वह ले नहीं रहा। आम आदमियों और स्टाफ़ को यह सन्देह रहता था कि साहब शाम को क्लब में जाकर मुस्कुराता होगा। पर प्रत्यक्षदर्शी ख़ानसामाओं का कहना था कि साहब वहाँ भी नहीं मुस्कुराता। इस तरह भारतीय जनता की एक पूरी पीढ़ी अपने साहब लोगों का मुस्कुराना देखने के लिए तरस गई और समाप्त हो गई। फिर वे अफ़सर भी नहीं रहे। उन्हें अन्तिम बार सड़क चलती पब्लिक ने बँगले के लॉन पर चाय पीते देखा था। फिर वे कहाँ विलुप्त हो गए, पता नहीं चला।

इन दिनों अफ़सर हो जाना जीवन की चरम उपलब्धि थी और गम्भीर अफ़सरों पर पूरी सरकार टिकी रहती थी। जो लड़का मन-ही-मन अफ़सर बनने का इरादा रखता था, वह कॉलेज में पढ़ते समय ही मुस्कुराना बन्द कर देता था। वह जानता था कि दाँत निपोरने से अफ़सरी नहीं मिलती। पेट का सवाल है।

इतिहास के प्रति जिज्ञासा रखने वाले जानना चाहेंगे कि इन अफ़सरों के ख़ानदान में मुस्कान की स्थिति क्या थी। हिन्दी और बांग्ला में पतले उपन्यास लिखने वालों के वर्णन पढ़ने से पता लगता है कि ऐसे अफ़सरों की पत्नियाँ सामाजिक प्रसंगों में हँसमुख हुआ करती थीं। ग़रीबों के देश में मुस्कुराते व्यक्ति को दयालु समझा जाता है। सहृदय भी। अतः आप पाएँगे कि इन पतले उपन्यासों में अफ़सरों की पत्नियाँ अनेक कोमल और मानवीय विशेषणों से सज्जित की गई हैं। मैं इस दिशा में आगे नहीं बढ़ूँगा, क्योंकि स्त्रियों का मामला है। कई अध्याय खुलेंगे। फ़िलहाल मेरा वह विषय नहीं है।

अफ़सरों के गम्भीर और नकचढ़े बने रहने का कारण तब की ऐतिहासिक परिस्थितियाँ थीं। अठारह सौ सत्तावन ने अंग्रेज़ों की हँसी-मुस्कान ग़ायब कर दी थी। वे समझ गए थे कि इन दाँत दिखाने वालों के देश पर राज करना मज़ाक नहीं है।

पता नहीं, कब ये लोग हँसते-हँसते विद्रोह कर दें! भारत में एक मुहावरा था कि उसने हँसते-हँसते प्राण दे दिए। अंग्रेज़ों को ऐसी स्थिति से डर लगता था। छेड़छाड़ करने को वे माइंड करते थे। भारतेन्दु-मंडल के कवि-लेखक ऐसे उँगली करने के अवसर छोड़ते नहीं थे। पर बाद में अफ़सरी और गम्भीरता का प्रशिक्षण आरम्भ हुआ। प्रोफ़ेसर ने जिस अफ़सर बनने के उम्मीदवार छात्र को मुस्कुराते देखा, उसी को डाँटा। अच्छे अफ़सर बनना है, तो सीरियस रहो। सिर्फ़ इंग्लैंड में ही नहीं, भारत में भी अफ़सरों के प्रशिक्षण में थोबड़ा चढ़ाए रखना कम्पलसरी हो गया। हँसना एकस्ट्रा-कैरीक्यूलर-एक्टीविटी हो गई। बाद में तो यह हो गया कि आधी अफ़सरी तो कंस जैसा मुँह बना लेने से हो जाती है। यह अफ़सरी का छायावादी युग था।

भारतीय अफ़सरी के इतिहास में मुस्कान की स्थिति में आज़ादी के आसपास तेज़ी से परिवर्तन आया। हुआ यह कि सन् चौदह के प्रथम विश्वयुद्ध से द्वितीय विश्वयुद्ध तक अंग्रेज़ों के चेहरे पर जो ख़ुश्की थी, वह हिटलर की पराजय के बाद ग़ायब हुई। लॉर्ड लिनलिथगो, वेवेल, चर्चिल के गम्भीर चेहरे पीछे हटे और पहली बार माउंटबेटन मुस्कुराता हुआ हिन्द की ज़मीन पर उतरा। वह बिस्तरा गोल करके आया था और गोल स्थिति में ही चला गया। उस समय का फ़ोटोग्रॉफ़िक इतिहास साक्षी है कि अंग्रेज़ वायसराय मुस्कुराता नज़र आता था और भारतीय नेताओं की शक्लें सूख-सूख कर छुहारा हो रही थीं। आला अंग्रेज़ अफ़सर को हँसता देख भारतीय अफ़सर कुछ दिनों बड़े पसोपेश में रहा। उसे समझ नहीं आ रहा था कि वह क्या करे—खूसट बना रहे या दाँत निपोरे! नौकरी की सुरक्षा कैसा चेहरा बनाए रखने में है! उन दिनों अफ़सरों की हालत भी बेयरा, ख़ानसामा या चपरासी से अधिक नहीं थी। अंग्रेज़ सीधा कांग्रेस के नेताओं से संवाद स्थापित कर रहा था। बीच में कोई हिन्दुस्तानी अफ़सर नहीं था। उसकी स्थिति फ़ाइलें सँभालने और कार का दरवाज़ा खोलने वालों से अधिक नहीं रह गई थी। भारत का आई.सी.एस. अफ़सर, जो अंग्रेज़ियत के मामले में अंग्रेज़ों से ज़्यादा अंग्रेज़ था, सत्ता-परिवर्तन के उस ऐतिहासिक मौसम में यह समझ नहीं पा रहा था कि साम्राज्य का भार उसके कंधे पर है, तो यह क्या हो रहा है। उससे बिना सलाह लिए बाला-बाला यह अंग्रेज़ अपना राज ब्लडी इंडीयन्स को दे रहा है, जिन पर इतने दिनों हम कलक्टर-कमिश्नर बने लाठियाँ चलाते और वॉरंट थमाते रहे। हिन्दुस्तानी अफ़सर के लिए खींसें निपोरने के अलावा कोई चारा न था। मजबूरी में ही सही, उसके होंठों पर हास्य का उदय हो रहा था। उसकी ख़ुश्क छवि टूट रही थी। अंग्रेज़ को भी जाना था, तो वह मुस्कुरा कर विदा ले रहा था, ताकि हम उसके काले करम भूल जाएँ। भारतीय अफ़सर भी मुस्कुरा रहा था, यद्यपि अन्दर-ही-अन्दर उसकी इन्द्रियाँ भय से विस्फारित भी हो रही थीं।

अंग्रेज़ भी अजब जात का था। उधर इंग्लैंड में तो वह 'पंच' नामक हास्य-पत्रिका से लॉर्ड और लेडियों की गम्भीरता और ऊँची अदाओं का मज़ाक बनाता था। वह

वुड हाउस के उपन्यास पढ़ता, चार्ली चैपलिन और लॉरेल हार्डी पर मज़े ले-ले हँसता, बर्नाड शॉ को उसकी टाँग खींचने की प्रवृत्ति पर दाद देता और हिन्दुस्तान में आते ही वह सीरियस चेहरा बना लेता। उसने भारत में नकचढ़े लोगों की एक ऐसी जमात खड़ी कर दी थी, जिनकी हँसने-मुस्कुराने में नानी मरती थी। दाँत निकालना बदतमीज़ी की श्रेणी में आ गया। इसीलिए आम भारतवासी ने महसूस किया कि यह जात ही अलग है। हम कोई और हैं, अफ़सर कोई और है।

आज़ादी मिलने के हफ़्ते-दस दिनों तक अफ़वाह यह थी कि कांग्रेसी नेता जैसे ही बॉस बनकर सरकारी दफ़्तर में घुसेगा, वह पहला काम यह करेगा कि इन अंग्रेज़नुमा भारतीय अफ़सरों के पृष्ठभाग पर एक लात मारेगा और उसे बाहर निकाल देगा। पर कांग्रेसी नेता की टाँग दफ़्तर में घुसने के पहले ही काँप रही थी। दंगे हो रहे थे, बजट में तंगी थी, हमले का डर था, गवर्नमेंट चलानी थी। बड़े साहबों ने जब देखा कि राज गोपालाचार्य से राजेन्द्र बाबू तक उनसे नरमी से पेश आ रहे हैं, तो उसकी खिसकी हुई फूँक वापस लौटी। अफ़सर जो नितम्बों में काँटे गड़ते-से महसूस कर रहा था, फिर कुर्सी पर जमकर बैठा और अपनी हुक्के जैसी शक्ल को ज़्यादा गम्भीर बनाने लगा—जबड़े कसे, त्यौरियाँ चढ़ीं, दाँत रहस्यलोक में चले गए, नाक लाल होने लगी। नथूने फूले और गालियों की देवी जिह्वा पर आ विराजी। चले गए अंग्रेज़, अब हमहूँ अंग्रेज़ हैं। सतर कर देंगे एक-एक डामिस को। अब हमरी गौरमंट है। शटाप यू फूल, वॉय आर यू स्माइलिंग रास्कल एंड ऑन हू?

हास्यरस ने दुम दबाई और सोचने लगा कि क्या करें? कहाँ घुस जाएँ? आज़ादी मिल गई थी, मगर हँसने की नहीं। मुस्कुराने की नहीं। उसे अभी कई नव अंग्रेज़ों से लड़ना बाकी था। वातावरण मनहूसियत प्रधान था। अफ़सर कद्दू की तरह कुर्सी पर बैठा था। उसे गम्भीरता के नए लाभ समझ आ रहे थे। गम्भीर रहकर आप बड़ी गम्भीरता से भ्रष्टाचार कर सकते हैं। कोई आप पर शक नहीं करेगा। आप शक्ल से बड़े न्यायप्रिय और सही निर्णय लेने वाले लगेंगे। आप जिसे चाहें, उसे निर्माण और सप्लाई का ठेका दें। देश विकास कर रहा है। ज़िम्मेदार और भरोसे के लोगों की ज़रूरत है। थोड़ा मुटाओ, थोड़े गहन-गम्भीर लगो, फिर देखो—कैसे बड़े विभाग आपको सँभालने को मिलते हैं! देश को अनेक कमिश्नरों, सचिवों, निदेशकों की आवश्यकता है। आयोग बैठने हैं। क्या मज़ाक करने वाले इन गम्भीर पदों पर बैठेंगे? योजनाएँ बन रही हैं। परदेसों में राजदूत बनकर जाना है। ये कोई हाहा-हूहू करना नहीं है। अफ़सर ने देश की परिस्थिति और आवश्यकता को समझा और अवसर की गम्भीरता को भाँप स्वयं गम्भीर हो गया। चेहरे की मुस्कान डिसमिस हो गई।

मगर हाय री भारतीय जनता! अब वह नेताओं पर हँसने लगी—उनके कपड़ों पर, भाषा पर, जीवन शैली पर। उनके पाखंडों पर, मोटे पेट पर और छोटी-छोटी मूर्खताओं पर। उसने बड़े सालों तक अंग्रेज़ों को लाल मुँह का बन्दर कहकर हँसी

उड़ाई थी। अब उसे सत्ता में नाना प्रकार के पशु दिखाई पड़ने लगे। कोई अरना भैंसा-सा नेता है, तो कोई शुद्ध भेड़िया है। इधर नेताओं की धोतियाँ खींचने का वातावरण बना, इधर प्रजातन्त्र की स्थापना ने चुनाव लड़ने की मजबूरी पैदा की। इस वैतरणी को पार किए बिना सत्ता का स्वर्ग नहीं मिलता। अब वे दिन नहीं रहे थे, जब नेता के विचार और मिज़ाज को देख जनता अपना रुख़ निश्चित करती थी। अब वे दिन आ गए थे, जब जनता का मूड देख कर नेता अपना बयान बदलते थे। हर नेता के लिए लोकप्रिय होना अनिवार्य था। और लोकप्रियता के लिए चेहरे पर एक अदद मुस्कान ज़रूरी थी। कसे जबड़ों का युग समाप्त हो गया। जैसे-जैसे तोंदें बढ़ने लगीं, बत्तीसी बाहर आने लगी। मुस्कान का लेबल लगाए बिना नेतृत्व की किसी भी ब्रांड का भारतीय राजनीति के बाज़ार में टिकना मुश्किल ही था। एक तरफ़ से नक़ली मुस्कानें थीं, दूसरी तरफ़ पब्लिक की शुद्ध हँसी। और सौभाग्य से उसे हँसने लायक सामग्री और पात्र भी मिलते गए। अलग-अलग आकार-प्रकार और डिजाइन के। लोकल नेताओं से अखिल भारतीय स्तर तक।

अफ़सर ने देखा तो फिर सनाका खा गया। क्या करे? मुस्कुराए कि नहीं मुस्कुराए! मन्त्री तो मुस्कुरा रहा है। कुछ लोकप्रियता तो हमारे लिए भी ज़रूरी है, अन्यथा तबादला हो जाएगा। जब नीचे वाला दाँत निपोर रहा हो, तो आप गम्भीर रह सकते हैं, मगर जब ऊपर वाला दाँत निपोर रहा हो, तो क्या करें? हें-हें नहीं करेंगे, तो काम नहीं चलेगा। पर साथ ही अपने योग्य प्रशासक होने की छवि भी बनाए रखनी है, इसलिए थोड़ा 'हें-हें' किया और फिर होंठ भींच लिए। स्माइल लाकर फ़ौरन समेटी। ये सारी अदाएँ अस्तित्व की ज़रूरी एक्सरसाइज हो गईं। बाबू के सामने त्यौरियाँ चढ़ा रहे हैं, तभी सामने से पत्रकार आ गया, तो फ़ौरन बाछें खिल गईं, दाँत खिल गए। और पत्रकार किसी बड़े अख़बार से आया हो, तो ख़ुद समूचे खिल गए। चपरासी को आदेश दे रहे हैं कि कोई एम.पी. दिख गया। फ़ौरन घिघियाया-सा चेहरा बनाया और मुस्कुराने लगे।

इस तरह मुस्कुराने की स्थिति लाने तक कोई पचास वर्ष का लम्बा इतिहास है। मनहूसियत का यह अफ़सरी हिमालय बड़ी मुश्किल से इधर कुछ पिघलता-सा नज़र आता है। जनता ने अफ़सर को आदमी बनाने के इस पूरे दौर में क्या-क्या नहीं सहन किया। होना-जाना अब भी कुछ नहीं है, मगर बात तो की जा सकती है।

मगर देखिए, दुर्भाग्य की मुस्कुराहट शुरू हुई, तो निश्छलता ग़ायब हो गई। मुस्कान में स्वार्थ जुड़ गए। अफ़सर अब दोमुँहा हो गया, नेता की तरह। एक मुँह तो नक़ली था ही, दूसरा भी नक़ली।

इसलिए अब इस समूचे उच्च वर्ग की मुस्कान पर मुस्कुराने और खिल्ली उड़ाने का युग आरम्भ हुआ है। एक अफ़सर है, दाँत निपोरता है। स्वागत में ही नहीं, किसी को पीड़ित देख कर भी उसकी दन्तपंक्ति उभर आती है। उसे देख हास्यरस के

समर्थकों की भी इच्छा होगी कि इसके जबड़े पर घूँसा मारा जाए। वह हँसी है, पर ग़लत जगह पर स्थापित हो गई है। वह डिप्लोमेटिक नहीं है, धूर्त हँसी है। प्रदूषित हँसी है। उसे शुद्ध करना भी ज़रूरी कर्म है। यह हास्य में व्यंग्य की भूमिका है। इस देश में हास्य रस साधारण जन के स्तर पर हज़ारों वर्षों से सुरक्षित रहा है। इसी के सहारे लोग पता नहीं कितनी मुसीबतों से गुज़र लिए। 'यूनान, मिस्र, रोमां संब मिट गए जहाँ से, कुछ बात है कि हस्ती मिटती नहीं हमारी।' हँसते रहकर ही तो हमने अपनी हस्ती क़ायम रखी है। बार-बार आदमी को कुछ और बन जाने से रोका है। सभ्यता ने हर अकबर के क़रीब एक बीरबल और हर नेता के क़रीब एक कार्टूनिस्ट खड़ा किया है। ज़रूरी है। यह संसार उल्लू के पट्ठों के हाथ में है। उनकी बखिया उधेड़ते रहना आवश्यक है। आप किसी को नेता बनाओ तो वह मार्कोस बन जाएगा। डॉक्युमेन्टरी के ये नायक सब कार्टून फ़िल्म के हीरो हैं। ये अपने पर डॉक्युमेन्टरी बनवाते रहें और आप इन पर कार्टून बनाते रहिए, यह रस्साकशी जारी रहनी चाहिए। पहाड़िया छायावाद से निपटने गए थे, हास्य रस ने पहाड़िया को निपटा दिया। सही समय पर 'हें-हें-हें-हें' करो, तो इतिहास बदल जाता है। मोरारजी को जिस पेय ने शक्ति दी, उसी पेय की चर्चा मात्र उन्हें कमज़ोर करने के लिए पर्याप्त हुई। इतिहास की कचरा पेटी में हास्य रस के कारण कई चरित्र फिंक कर जमा हो जाते हैं। भीड़ में एक गुस्ताख़ चाहिए, जो चिल्ला कर कहे कि राजा नंगा है। पूरा जुलूस गड़-बड़ा जाएगा। राजा का नंगापन तो ख़ैर स्पष्ट है ही, उसे न दिखने वाला कपड़ा बेचने वाले का धन्धा भी समाप्त होगा। हास्य रस में लिपटी असभ्यता का बड़ा महत्त्व है मित्रो!

मुस्कुराने के इतिहास में होली का भी यही महत्त्व है। इसी दिन हम उल्लू को उल्लू और गधे को गधा कह सकते हैं। बाकी पूरे वर्ष उसे सलाम करना पड़ता है। करना ही पड़ेगा। वह विशेषज्ञ है, अफ़सर है, शपथ लेकर कैबिनेट में आया है। उसे सलाम कैसे नहीं करेंगे?

बादलो, बरसो!

बादलो, बरसो! मध्यप्रदेश की आश्वासनों से तृप्त होने वाली धरती को इस समय वास्तव में जल की बूँदों की आवश्यकता है। उपचुनावों में हुए झूठे अहंवादी भाषणों ने आकाश को गन्दा कर दिया है, दीवारों पर अर्थहीन पोस्टर लगे हैं और नेताओं की कारों तथा कार्यकर्ताओं की जीपों की धूल से सब परेशान हो गए हैं। बादलो, बरसो और इन सबकी सफ़ाई कर दो। हर विधान सभा क्षेत्र पर बरसो ताकि अकाल और सूखा न पड़े और किसी नेता को नेताई छाँटने का अवसर न मिले। बादलों का बरसना जनता के लिए और बरसना नेता के लिए वरदान साबित होता है। वह तुरन्त मौक़ा देख मैदान में कूद पड़ता है और शासन के खिलाफ़ चीख़ने लगता है। तुम बरसकर उस दुष्ट को अवसर मत दो।

हे जगजीवन राम के रंग के बादल, इस समय मध्यप्रदेश का राजनीतिक भविष्य कोर्ट की देहरी पर सिर झुकाए बैठा अनिश्चय की घड़ियाँ गिन रहा है। निर्णय होगा और आसमान में बिजली चमकेगी। तब पता नहीं हे श्यामवर्णी बादल, कि श्यामाचरण शुक्ल की सरकार बदलेगी या नहीं। इस समय राज्य के किसान आसमान की ओर तथा राज्य के नेतागण कोर्ट की ओर आशाभरी नज़रों से देख रहे हैं। जिस तरह काले और सफ़ेद बादल कई बार पास-पास शोभा देते हैं, उसी तरह आजकल सफ़ेद कपड़ों का नेता और काले कोट का वकील एक-दूसरे के गले में हाथ डाल घूम रहे हैं। हे बादल, तुम जज साहब के चोगे की तरह फैल कर छा जाओ और मध्यप्रदेश की धरती के साथ न्याय करो।

हे बादल, ख़ूब बरसो। हर स्कूल और कॉलेज पर बरसो। परीक्षार्थियों के हाथों से पिटे शिक्षकों के घावों को मरहम प्रदान करो और उन्हें इतना आत्मबल दो कि वे साहस से कक्षाओं में घुस सकें। तुम बरसते हो और हड़तालों के दिन आ जाते हैं। शिक्षा मन्त्री के घिराव का वार्षिक पर्व आरम्भ हो जाता है। छात्र नए विषय, नई कक्षाएँ और नई सुविधाओं की माँग करने लगते हैं, मानो इस वर्ष अध्ययन का गम्भीर इरादा हो! तुम बरसते हो और कॉलेजों में चुनाव की बेला आरम्भ हो जाती है, उम्मीदवार खड़े होने लगते हैं और नेता उभरने लगते हैं। तुम बरसते हो और छात्राएँ रंगीन वस्त्रों में प्रवेश लेने लगती हैं। तुम्हारी छाया में सीटियाँ, आवाज़ें, नारे

और भाषण सभी पनपने लगते हैं। पक्षी चहचहाते हैं, मेंढ़क टर्राते हैं। मोर नाचते हैं, हीरो अपने बुश्शर्ट बदलते हैं। नदियों में बाढ़ आती है और युवा वर्ग नए सुन्दर चेहरों से परिचय बढ़ाने लगता है। तुम हर कॉलेज में फिसलन बढ़ाने के लिए बरसो। तुम ज़मीन इतनी गीली कर दो कि परिचय के पौधे पनपने लगें।

हे गरजने में माहिर बादल, मध्यप्रदेश में समाजवाद आसमान से टपका और तेंदू पत्ते में अटककर वहीं लटक गया। इसे धरती पर उतारो। हे बादल, बिड़ला जी के बाँसों का ही नहीं, ग़रीब की साँसों का भी ध्यान रखो। राष्ट्रीयकरण या तो बैंकों का होता है या तेंदू पत्तों का। बीच में प्राइवेट स्वार्थों का ऊबड़-खाबड़ मैदान है जिस पर बेकार लोगों की जमात बैठी है। नर्मदा नदी नहीं रही, अब दो राज्यों में खींचतान का रस्सा हो गई है। इसे फिर से नदी में बदलो और काम-धन्धे की फ़सल उत्पन्न करो। हरित-क्रान्ति के नाम पर काफ़ी काग़ज़ काला हो गया। तुम बरसोगे और जैसे ही ज़मीन हरी-भरी हुई, सरकार हरित-क्रान्ति का क्रेडिट टेबल पर ऊँघते हुए ले लेगी। पैसे वाला किसान राष्ट्रीयकृत बैंक के दरवाज़े खटखटाने लगेगा। मगर मेरे यार, उनका क्या होगा जिनके पास ज़मीन नहीं है और जो भूमिहीन कहलाते हैं? कब तक वे आश्वासनों की गोलियाँ चूसते रहेंगे और जुलूस निकालेंगे? संसोपा वाले चीख़ते रहेंगे और मुख्यमन्त्री अपनी केबिनेट सहित नगरों में घूमते रहेंगे। हे बादल, यों गरज जैसे विधान सभा के बाहर जुलूस के लोग गरजते हैं और शासन को नए सुधारों के लिए मजबूर कर। जनता के असन्तोष के प्यालों में सिंधिया और जनसंघ का कॉकटेल तैयार हो चुका है और मध्यप्रदेश की परिवर्तनकर्ता-राजनीति बहक रही है। श्यामाचरण शुक्ल आईने में अपना रूप और जवानी निहारते आत्ममुग्ध अवस्था में बैठे हैं और उनका आईना पकड़ने वालों की जेबें गाँधी छाप नोटों से भर रही हैं। मध्यप्रदेश की राजनीति का यह दिलीप कुमार कब तक अपनी काली ज़ुल्फ़ों पर हाथ फेरता यहाँ-वहाँ घूमता रहेगा? हे बादल, इस हुस्न के परीज़ादे को कर्म की प्रेरणा दे, निर्णय की शक्ति दे, इसे आत्ममोह से मुक्त कर। अपने धीर-गम्भीर स्वरों में इसे समझा कि ये अभिनेतानुमा जवानी और लीडरी चार दिनों की अनइंश्यूअर्ड चाँदनी है, इसमें जो कर लिया वही क्रेडिट है। निष्कर्म की आरामकुर्सी पर बैठ कलेक्टरों का मुँह मत देखता रह। कब तक सम्मान और अभिनन्दनों की खीर चाटता रहेगा, कुछ करके दिखा कि तेरी जवानी को मंच पर ही नहीं, राज्य के इतिहास में भी जगह मिले! क़स्बे और शहर के नेता अभिनन्दन में कुशल हैं। चेहरा बना कर वे बहुतों को मंच पर बिठा चुके और उनके क़रीब बैठ अपना सम्मान बढ़वा चुके। ऐसे कई सम्मान और अभिनन्दन से लदे मुख्यमन्त्री इतिहास के घूरे पर पड़े हैं और अपने दिन फिरने की प्रतीक्षा कर रहे हैं। जो मुख्यमन्त्री बने राज्य के जंगलों में शेर मारते थे, वे विधान सभा के कमरे में बैठे मक्खियाँ मार रहे हैं। हे बादल, अतीत

से सबक न लेने वाले इन कांग्रेसियों को थोड़ी सद्‌बुद्धि दे ताकि यह कलंक हम पर न लगे कि डूबते को हमने बचाया नहीं।

बादलो, बरसो! हर कलेक्टोरेट, संचालनालय और सचिवालय पर बरसो और इस तबादला-कुशल प्रशासन की फ़ाइलों की धूल को साफ़ करो। फ़ाइलों के पहाड़ पर बरसो, रुके हुए सेंक्शन्स पर बरसो, प्रतिवेदन और प्रस्तावों पर बरसो, सरक्यूलर और मेमोरेंडम पर बरसो, ऑर्डर्स और उनके केंसलेशन पर बरसो। अफ़सरों की खोपड़ी और चश्मों पर बरसो, उनके चपरासियों और जीपों पर बरसो, बँगलों और डाक-बँगलों पर बरसो, बीयर की बोतलों और ब्रिज और रमी की टेबलों पर बरसो, आया पर बरसो, ड्राइवर पर बरसो, ख़ानसामा पर बरसो, साहब की प्लेट पर रखे मुर्ग़ े पर बरसो, सरकारी पोल्ट्री पर बरसो, ग्राम-सेविकाओं पर बरसो, एस.टी.ओ. के प्रोग्राम पर बरसो, चमचों पर बरसो, एश-ट्रे पर बरसो, भाइयों-भतीजों पर बरसो, जाति-रिश्तेदारों पर बरसो, पीए पर बरसो, स्टेनो पर बरसो, टूर प्रोग्राम पर बरसो। बहा दो, कीचड़ में लथपथ कर दो, इन्हें अपने हाथों अपने पाजामे निचोड़ने के लिए मजबूर कर दो।

हे बादल, ऐसे बरसो कि इस वर्षा में राज्य का रंग बदले, फुहार हो, जनता को फुहेरी आए और नेता की चप्पलें घिसें, टूट जाएँ।

चमचागिरी का यह मुबारक़ दौर

क्या यों भी सियासत में कोई
बे-नामो निशां हो जाता है,
हम हैं कि अभी तक ज़िन्दा हैं
दुनिया है कि भूली जाती है।

कल तक जो मन्त्री और मुख्यमन्त्री थे, एकाएक पटरियों पर आ जाते हैं। कल तक जो बँगलों में बिराजते थे, उन्हें आज ढूँढ़े से भी रहने को मकान नहीं मिलता। कल तक जिनके आँगन में कार रहती थी आज उनके दरवाज़े गैया भी मुँह नहीं मारती। मुझे लगता है। हिन्दुस्तान हँसी-मज़ाक करने वालों का देश है। जिसे हम नियति का व्यंग्य कहते हैं, वह दरअसल जनता करती है। कल तक जिसे नेता बना सिर पर बिठाया था, उसे चुनाव में ऐसी उलटनी देती है कि बेचारा समझ नहीं पाता कि सत्य क्या है और सपना क्या था! जो कुर्सी दान देता था, वह बैठने की जगह भीख माँगने लगता है। साया साथ नहीं देता, चमचे चले जाते हैं। बेचारा मोहताज़ बना राजमार्ग से हट कर फ़ुटपाथ पर आ जाता है और कल तक जो उसके नाम का नारा लगाते थे, वे किसी दूसरे की जय-जयकार बोलते आगे बढ़ जाते हैं।

ये दौरे बद जिसे
आज़ाद कहते हैं जहाँ वाले
बलाएँ आम इतनी हैं
कि मसिहाई का दम निकले।

जिसने मसिहाई का दम भरा उसी की दुर्गत हुई। इस दौर में कोई आराम से रहा है तो सिर्फ़ चमचे आराम से रहे। रक़ाबियाँ बदल गईं, फूट गईं, टुकड़े-टुकड़े हो गईं मगर चमचा शायद हमेशा सलामत रहा। वह एक रक़ाबी से कूदा और दूसरी में चला गया और वहाँ चमचागिरी करने लगा।

मेरे राज्य में कांग्रेस गई और संविद आई (और कांग्रेस चली गई) तो लोगों ने कहा—क्रान्ति हो गई। मैंने कहा—यारो, इसमें क्रान्ति क्या हुई कि मुख्यमन्त्री की

जगह मुख्यमन्त्री आया और मन्त्री की जगह मन्त्री, तो लोगों ने कहा कि अब सेट बदलेगा। मुझे भी भरोसा हुआ कि अब सेट बदलेगा। शायद पुराने चमचों की जगह नए चमचे आएँ। नए मन्त्री और उनके साथ नए-नए चमचे। वे लोग जो नन्हे-बड़े टेंडर खुलवाने में ज़ोर लगाते हैं और टुच्चे तबादलों के लिए प्रेशर डलवाते हैं, अब बदल जाएँगे और उनकी जगह दूसरे लोग आएँगे जो दूसरों के टेंडर खुलवाएँगे, कुछ और तबादले करवाएँगे। पर मैं ग़लत था। चमचे नहीं बदले। कुछ दिनों में मैंने देखा कि वे ही लोग वातावरण पर छाए हैं और बागडोर उनके हाथ में है। कांग्रेस या संविद, उनकी चमचागिरी चालू है और उनके मज़ों में कमी नहीं आई। रक़ाबियाँ बदली हैं, चमचे नहीं बदले।

कल मैंने एक पुराने मन्त्री को देखा जो बस स्टॉप पर धूप में खड़ा बस का इन्तज़ार कर रहा था। मुझे दया आ गई। अगर मेरे पास एक कार होती तो मैं तुरन्त जेब से निकाल उसके सामने रख देता और कहता–'प्यारे, बैठ जा।' मुरझाया चेहरा लिए वह भूतपूर्व मन्त्री बस स्टॉप पर खड़ा था। सरकारी गाड़ियाँ उसकी ओर बिना देखे गुज़र जाती थीं। उन गाड़ियों में चमचे बैठे हुए थे।

मुझे लगा, गम्भीरतापूर्वक लगा कि यह शख़्स मन्त्री न होकर एक सामान्य चमचा होता तो आज़ादी के बाद इसका कैरियर कितना शुद्ध होता और कितने बेखटके गुज़रती। खादी के ढीले लिबास में काँपते शरीर को ले इस धूप में वह यहाँ नहीं खड़ा रहता बल्कि किसी मन्त्री के बँगले में सोफ़े पर पैर फैलाए ठहाके लगाता होता। इस देश में चमचों का कैरियर ज़्यादा सुरक्षित है। जब भी तब्दीली होगी, सत्ता बदलेगी, ये पुराने आकाओं को त्यागकर नए आकाओं के बग़ल में बैठ जाएँगे। इतिहास की हवा टोपियाँ उड़ाएगी पर इन नंगों का क्या बिगाड़ लेगी। ताज्जुब नहीं, ये लोग ख़ुद टोपी उड़ाने में मददगार साबित हों। जिसको उठाया, उसी को पछाड़ने में आगे रहे। इनकी ही चोट से मारा जाए।

देखा जो तीर खा के कमीगाह की तरफ़
अपने ही दोस्तों से मुलाक़ात हो गई।

कुछ कहना चाहता है पर विधान सभा में नहीं, अपने कक्ष में आपको बुलाकर। सब गूँगे हैं और गुड़ खाने में व्यस्त हैं! गुड़ बराबर वितरित होता रहे तो शब्द अपने-आप निरर्थक हो जाएँगे और गूँगों में अभिव्यक्ति की कुलबुलाहट समाप्त हो जाएगी। कुछ दिनों बाद पाँच दिनों का सत्र भी व्यर्थ लगेगा, लम्बा बोर! विधान सभा की सार्थकता लॉबी में है और लॉबी की आत्मा हर जगह विद्यमान है। मन्त्री, सचिव, विधायक और कलेक्टर के इस चतुष्कोण का महत्त्व विधान सभा से कहीं अधिक है। सभी प्रश्नों के उत्तर इस चतुष्कोण में बन्द हैं। यह चतुष्कोण बना रहे, फिर विधान सभा से क्या मतलब! कोई बाम्बी पूजने क्यों जाए जब पुंगी बजा कर

नाग अपने आँगन में बुलाया जा सकता है। सत्र का छोटा कर देना बेहतर है। जब यह भावना मन से हट जाए कि टाँगों में कुछ छुपाने को है तो मिनी स्कर्ट उचित है। सिद्धान्तों का लम्बा लहँगा पहन फिर बार-बार उसे उठाना, जनता की नज़र बार-बार टाँगों पर जाए, इससे बेहतर है मिनी साड़ी पहनो और घूमो। छोटा सत्र बुलाओ और प्रजातन्त्र को जल्दी निपटाओ। क्या रखा है! शब्द ब्रह्म हैं तो होंगे, अर्थ माया है और हमें अर्थ से मतलब है, माया से मतलब है। विधान सभा में सिर्फ़ शब्द होंगे, निराकार, बेकार, ब्रह्म होगा, मगर उसके अर्थ, उसकी माया विधान सभा के बाहर फैली है। बस, वही असली क्षेत्र है, वहीं सब कुछ है, कुछ भी होने-करने की सार्थकता वहीं है तो फिर कोई विधान सभा में क्यों जाए? शब्द-जाल में फँसे, वक़्त गँवाए!

शासन ने काफ़ी किया कि उसने पाँच दिनों का विधान सभा सत्र बुलाया। जिसने मिनी पोशाक पहनी हो, उसका इस हेतु आभार माना जाना चाहिए कि आख़िर उसने कुछ पहना तो। न पहनती तो आप क्या कर लेते? जनता शासन की आभारी है कि वह प्रजातन्त्र की तूफ़ानी आत्मा, प्याले में ही सही, सुरक्षित रखे तो है। पाँच दिन का सही विधान सभा हो तो रही है। मगर मेरा एक नम्र सुझाव है कि जब विधान सभा एक नन्हे पोर्ट फोलियो में बदल ही रही है तो इसे क्यों न जगह-जगह उठा कर घूमा जाए? अगर यह सरकार का जादू है तो यह क्यों न हर नगर में दिखाया जाए? यह क्यों सिर्फ़ भोपाल में हो? विधान सभा को एक चलते-फिरते आयोजन के रूप में बदल दिया जाए। कभी इन्दौर, कभी रायपुर, जबलपुर, रीवा, सतना, सागर—सभी जगह ऐसे दो-तीन दिनों के नन्हे-मुन्ने सत्र बुलाए जाएँ। सब देखें। व्यवस्था भी हो जाएगी। चार-पाँच दिनों के सत्र के लिए न विधान सभा भवन चाहिए और न विधायक, न विश्राम गृह। कहीं भी तम्बू तन जाएगा। एक भवन मिल जाएगा। (कलेक्टर पर छोड़ दीजिए, वह सब इन्तज़ाम कर देगा।) जगह-जगह सत्र हों और हवा में प्रजातन्त्र की ख़ुशबू बसे। क्या मज़ा रहे! जब विधान सभा पाँच अध्याय की सत्यनारायण की कथा है, तो क्यों न हर मोहल्ले में हो? सबको प्रसाद मिले, सबको आचमन मिले। त्रिशूल पर नींबू लगा लिया जाए और उसे घुमाया जाए। यदि प्रजातन्त्र मन्त्री जी की शेरवानी की जेब में लगा रूमाल है तो वह कहीं भी जेब से निकाल कर लहराया जा सकता है। नगरी-नगरी सिर पर प्रजातन्त्र की गगरी रख सरकार घूमे, लोग दर्शन करें और ठुमकती आगे बढ़ जाए!

यह शुभारम्भ है। जब कोई वस्तु छोटी होती है, उसका आकार छोटा होता है तो उसकी गति, उसकी वेलोसिटी बढ़ जाती है। इसे भोपाल में बाँधे न रख हवा में तिराया जा सकता है। यह नैया लहर-लहर ठुमकती सारा तालाब घूम सकती है। प्रजातन्त्र नन्हा हो गया है, तो इसे उँगली पकड़ घुमाओ, सैर कराओ, इसकी झाँकी

निकालो। इस बेज़रूरत मगर औपचारिक अनिवार्यता को सभी देखें। आशिक का जनाज़ा है, ज़रा धूम से निकले।

ग़ालिब की पंक्ति में हेर-फेर करके कहूँ तो :

कौन काम बन्द है,
प्रजातन्त्र ख़स्ता के बग़ैर।
रोइए ज़ार-ज़ार क्यूँ,
कीजिए हाय-हाय क्यूँ।

मूरत अपना मन्दिर तलाशती हैं

हमारे पुरखे इस बात से डरते थे कि कहीं इस महान देश में ऐसा वक़्त न आ जाए कि हर लल्लू जगधर पूजा जाने लगे। कृषि सभ्यता से विकसित लोगों के दिमाग़ का ठिकाना नहीं, आव देखा न ताव और पूजा करने बैठ गए। इस मामले में हम ज़रूरत से ज़्यादा उदार हैं। इसीलिए हमारे पुरखों ने पूरे तैंतीस करोड़ देवताओं का सेन्सस किया और एक फ़ाइनल लिस्ट तैयार कर दी जिसे ज़रूरत पड़ने पर डायरेक्टरी की तरह देखा जा सके। इस तैंतीस करोड़ की लिस्ट में हर क़िस्म के व्यक्ति के मिज़ाज के अनुकूल देवता मिल जाता है। व्यवस्था यह है कि अगर एक बार हर भारतवासी यह निश्चित कर ले कि उसका अपना अलग देवता होगा तो इस तैंतीस करोड़ में से अपने लिए एक वह बख़ूबी खोज सकता है, अर्थात् कम-से-कम देवताओं के अभाव में तो किसी के नास्तिक होने का प्रश्न नहीं उठता। जब देवता अधिक हैं तो मूर्तियाँ ज़्यादा हैं। मैंने देखा है कि जितने मन्दिर हैं उससे कहीं अधिक मूर्तियाँ हैं। आपने भी देखा होगा। अक्सर मन्दिरों में नज़र आता है कि एक मुख्य मूर्ति अन्दर ठाठ से सजी-सँवरी बैठी रहती है जिसका नियमित पूजन होता है, चढ़ावे चढ़ते हैं, मगर चार-पाँच मूर्तियाँ बाहर उपेक्षित-सी पड़ी रहती हैं। कोई भी फुरसत में उन्हें भले ही पूज-पाज दे अन्यथा सब मुख्य मूर्ति को पूज आगे बढ़ जाते हैं। वे उपेक्षित मूर्तियाँ आवास की समस्या से परेशान वहीं बैठी रहती हैं और जिसके सिर पर छत न हो भैया, चाहे वह देवता ही क्यों न हो, उसे इस ज़माने में कौन पूछता है!

इधर इन स्मगलरों की बलिहारी जो मूर्तियाँ ग़ायब करने में लगे हैं। मूर्तियाँ चुराकर विदेश रवाना करो और पैसा कमाओ। वे कम्बख़्त जो काले धन्धों में फँसे पिछले वर्षों से मन्दिर आना भूल चुके थे, फिर से 'भक्त' हो रहे हैं। मन्दिरों का चक्कर काटते हैं, पुजारी का दिल जीतने को मन्दिर में भारी चढ़ावा चढ़ाते हैं और मौक़ा लगते ही एक मूर्ति बग़ल में मार चल देते हैं। किसी विदेशी को बेचेंगे और डॉलर कमाएँगे।

विदेशों में मूर्तियाँ कमरे की सजावट के काम आती हैं। बुद्ध और नटराज ही नहीं, सभी देवता। देश में यहाँ-वहाँ बिखरे गणेश, पार्वती और कृष्ण वहाँ जाकर ठिकाने से लगे। यों वहाँ पूजन होता है न मान-मनौती मगर भारतीय भगवान तो प्रेम के भूखे हैं। प्रेम से कोई अमेरिकी रईस भी अपने कमरे में रखेगा तो रह लेंगे, क्रोधित नहीं होंगे, स्मगलर को श्राप नहीं देंगे।

जो श्रेष्ठ और सुन्दर है, वह सब जा रहा है। बदले में डॉलर आ रहे हैं। जो बात मूर्तियों के बारे में है, वही आदमी के बारे में। हर क़िस्म की मूरत तेज़ी से विदेश की दिशा में खिसक रही है। जो पढ़ा-लिखा तेज़-तर्राट है, धीरे से 'स्मगल' हो विदेश खिसक लेता है। वहाँ किसी कोने में अपनी जगह खोज लेता है, उनकी सजावट का हिस्सा बन जाता है। वह काफ़ी दिनों इस भारत में उपेक्षित बाहर पड़ी मूरत-सा धूल खाता पड़ा रहा, मगर कब तक? कब तक वह दूसरे को पूजता, चढ़ावा स्वीकार करता देखता रहे, एक 'देवता' के लिए सुरक्षित गजटेड पोस्ट, भारी वेतन की भेंट, अलाउंस और ज़माने भर की नक़्शेबाज़ी और दूसरा आवेदन पत्र लिए दर-दर भटके, अपमानित हो। कोई उससे बात करने को ख़ाली नहीं। ऊब कर वह आशाभरी नज़रों से विदेश की ओर देखने लगता है। कैसे ख़ुद को उठाए और वहाँ स्थापित कर दे। जहाँ चाह, वहाँ राह। उसे कौन रोक सका है!

मूर्तियाँ विदेश जा रही हैं। जो पत्थर की हैं, वे विदेश जा रही हैं। जो हाड़-मांस की हैं, वे विदेश जा रही हैं। जिसे विज्ञान आता है, वह खिसक रहा है। जिसे कला आती है, वह खिसक रहा है। जिसे कुछ नहीं आता, वह खिसक रहा है—एक मुट्ठी डॉलर के लिए, दो वक़्त मक्खन लगी रोटी के लिए! या महज ऐश के लिए कि ज़िन्दगी चार दिनों की है तो क्यों न उसे ऊँचे धरातल पर नष्ट की जाए! हिन्दुस्तान में सड़ाने से क्या फ़ायदा। इसलिए खुराना हो या पार्सिस खम्बाता, केरल की लड़कियाँ हों या पनचक्की वाले रामसिंह का छोटा भाई जग्गी—सभी सोचते हैं, विदेश निकल जाएँ।

सितार सीखने वाले छोकरे अमेरिका जाने के लालच में रियाज कर रहे हैं। रविशंकर ने विदेश में जो ज़मीन तलाशी है, उस पर खेती करेंगे और फ़सल काटेंगे। सितार कम सीख रहे हैं मगर कुर्ते की बाँहें समेटने की कला और लम्बे बाल सँवारने की शैली ज़्यादा सीख रहे हैं। इस मामले में वे रविशंकर से आगे हैं। नृत्य करने वाली लड़कियाँ इस उम्मीद में पैर पटक रही हैं कि कल ये ही पैर न्यूयॉर्क, लन्दन और पेरिस में थिरकेंगे। साहित्यकार लोग एम्बेसी में ताक-झाँक कर पता लगा रहे हैं कि कहीं विज़िटिंग प्रोफ़ेसर का जुगाड़ जम जाए तो खिसक लें। हीरो वही है जो निकल गया हाथ पसारे हुए, आँखों में आशा लिये हुए और इस जानी-पहचानी भारतीय आवाज़ के साथ कि एक मुट्ठी डॉलर का सवाल है भाई, है कोई सखि का लाल।

केरल की लड़कियाँ भी जनमने के तुरन्त बाद अपना मुँह पश्चिम की ओर कर लेती हैं और माता-पिता के धकाए उसी दिशा में बह जाती हैं। नन का काम करने के लिए, भिक्षुणी, परिव्राजिका और तपस्विनी ('नन' के हिन्दी समानार्थक) बनने के लिए भी उन्हें एक विदेश ज़रूरी होता है। वे यह काम यहाँ नहीं कर सकतीं। तपस्या भी विदेश में होगी, योग भी विदेश में होगा। स्वामी जी ने अंग्रेज़ी सीखी, भगवा पहना और चले विदेश को। योग और भोग सभी की वहीं पराकाष्ठा है। बल्लेबाज़ वहीं के मैदान में चव्वा मारने की सोचता है। उनके विकेट के पीछे हाथ बाँधकर खड़े हो गएं और जीवन को सफल बना लिया। जो चले गए हैं, उनके ठाठ के क़िस्से सुनाए जाते हैं। जो जा रहा है, उसे बधाई दी जाती है। आश्चर्य नहीं, किसी दिन लोग अपने मोहल्ले के मन्दिर के सामने झुककर कहें—हे देवता, यहाँ इस देश में क्यों पड़ा है, व्यर्थ? किसी स्मगलर के कन्धे पर लद विदेश क्यों नहीं चला जाता? हमें डॉलर मिल जाएँगे और तेरा कैरियर बन जाएगा।

पार्किन्सन जैसा अर्थशास्त्री चाहे तो इस मामले में एक सिद्धान्त घोषित कर सकता है। वह उसकी शैली में होगा 'मूर्तियाँ अपना मन्दिर तलाश लेती हैं', अर्थात् यदि आप अपने देश की 'मूर्तियों' को उपेक्षित डाल दें तो वे इस भरोसे वर्षों प्रतीक्षा नहीं करेंगी कि एक दिन आप दयावन्त होकर उनके लिए मन्दिर बना देंगे। वे धीरे से उठेंगी और फिर स्मगलर की उँगली पकड़ विदेश की राह लग लेंगी। चाहे वह स्मगलर कोई पादरी ही क्यों न हो जो उन्हें विदेश में 'नन' बनाने के लिए ले जाए। वे खिसक लेंगी धीरे से। खुराना भी देश में अनुसन्धान शाला खुलने की प्रतीक्षा में शोध करने को रुका नहीं रहेगा। वह चला जाएगा। मन्दिर के अन्दर बैठी मूर्ति बाहर उपेक्षित पड़ी मूर्ति का भविष्य निश्चित कर देती है। यहाँ मुझे अर्थशास्त्र का एक और सिद्धान्त फड़कता नज़र आता है कि ख़राब सिक्का अच्छे सिक्के को मार्केट से बाहर कर देता है। पत्थर पर सिन्दूर लगे देवता जब पूजे जाने लगें तब सुन्दर, कलात्मक मूर्तियाँ निरर्थक हो जाती हैं और उन्हें कचरे पर फेंका जा सकता है। वे विदेश नहीं जाएँगी तो क्या करेंगी?

हमारे देश से ब्रेन ड्रेन हो रहा है, बुद्धि पश्चिम की ओर बह रही है। शरीर पश्चिम की ओर बह रहे हैं। सौन्दर्य पश्चिम की ओर बह रहा है।

मुझे इस मामले में गहरा षड्यन्त्र नज़र आता है। ये यूरोप, अमेरिका वाले हमारी मूर्तियाँ मँगवा रहे हैं चोरी से और दूसरी ओर हिप्पियों को भेज हमारी पूजा-पाठ की प्रणाली का पता लगवा रहे हैं।

प्रभात के पन्थी

आप कल्पना कीजिए कि एक दिन लश्कर की कोर्ट वाली सड़क की एक गली में बन्द प्रेस के धूल-भरे वातावरण में फूँक-फूँक कर हाथ रखते हुए कुछ गीतकार जाते हैं। वहाँ पर झाड़ू से जगह साफ़ करते हैं, टाइप जमाते हैं, मशीन ठीक करते हैं।

मोहन पाटल भागा-दौड़ी कर रहा है, जगदीश 'सलिल' अपने शहंशाहे इश्क़ के नाम पर मशीन का पहिया घुमा रहे हैं, वीरेन्द्र मिश्र प्रूफ़ पढ़ रहे हैं, प्रदीप जोशी 'मधु' बुलाने पर आते नहीं हैं, 'सरोज' जहाँ अटक गए, वहीं अटक गए और देवकी जोशी फ़ोटो देने में नखरे और इन्कार कर रहे हैं और एक किताब छपती है। दीपावली को आलोकन गीत-दीयों की लड़ी प्रकाशित करता है। सोच-समझ कर नाम रखा : 'प्रभात के पन्थी।'

इसके एक कवि हैं मुकुट बिहारी 'सरोज', जिसकी प्रारम्भिक रचनाएँ चोरी चली गईं, चाय की दुकान का सबसे बड़ा ग्राहक, साँवला मज़बूत बदन, गम्भीर आवाज़, जैसे सबका बड़ा भाई हो! कवि-सम्मेलन में इसका स्वर तैरता है और श्रोता के मन व बुद्धि को चोट मारता है—'सोने का रनिवास पसीने के दीपों से जल गया, किसी देव का पुण्य किसी पापी पत्थर को मिल गया! इस पत्थर को देव समझने वाले हर इंसान को, नई तरह से परिभाषित करना होगा श्मशान को।'

फिर हैं देवकीनन्दन जोशी—इन्दौर में रहकर गद्य और लश्कर में सोहबत और असर से गीत लिखता है—और यह सिगरेट का बड़ा ग्राहक है! अपने प्रति कठोर और गीतों के प्रति कोमल, गुनगुनाता है—'आज मन रोने-जैसा है, कहीं कुछ होने जैसा है।' 'खजूर अधलेटी-सी अँगड़ाई लेती है', 'बदली की मोटाई पर न्यौछावर पिघला सोना, सपनीली धाराएँ, पथरीली बदली'—उसकी सूझ है।

जगदीश 'सलिल'—हरफनमौला—तैरना, मोटर ठीक करना, सेक्रेटरी बनना, गीत लिखना, किसी चाँद के पीछे आवारागर्दी—सब में तेज़! 'मैं कभी पराजित हुआ न पापिन दुनिया से, मैंने गंगा, जमुना तक की भर दी झोली।' और—'मेरे गम में डूब, रात ने पहन रखी है, काली साड़ी, हार गया वह चाँद गगन का, दिखता था जो बहुत खिलाड़ी।' और कि 'जीवन का इतिहास बताता, बिना दर्द के कौन जिया है। तुमने मुझको पीड़ा देकर बहुत बड़ा अहसान किया है।'—जितने उदाहरण दो, उतने कम।

उसके बाद प्रदीप कुमार जोशी 'मधु' सारे ज़माने को टोपा समझने वाला और हर गतिविधि को टोपापन्थी करार देने वाला, भोला, शैतान चित्रकार और गीतकार, नई धुन बनाने में माहिर! गाता इतना मीठा है, जैसे पत्थर पर से पानी बह रहा हो! कीड़े इकट्ठे करना, तितली पकड़ना और टिड्डी के पीछे भागना और गीत लिखना–'मैं पंछी बनकर उड़ा तुम्हारे पीछे, तुम बादल बनकर उड़ने लगे गगन में।' आलसी आवारा कलाकार! ज़िन्दगी की समझ, कवि-सम्मेलनों में विश्वास से गाता है, छा जाता है कि–'जिस दिन सोच लेगा ज़िन्दगी तुझको मिली है क्यों, उसी दिन ज़िन्दगी के गीत तू भी गुनगुनाएगा–गाकर झूम जाएगा।'

पहले कबीर कपड़ा बुनता और गीत गाता था–आज भी ऐसे कबीर हैं जो गीतकार हैं और श्रमिक हैं–जैसे, मोहन 'अम्बर' मेहनत और गीत का रिश्तेदार, समाज और सचाई के पास, झूठी कल्पना से दूर–'मैं दुनिया का दर्द सुनाने आया हूँ, मिलन-विरह के गीत गुबारो तुमसे मुझको प्यार नहीं है।' और अपनी मेहनतकश ज़िन्दगी को गीतों में पिरोता है–'ताने-बाने का हर धागा टूट रहा है, जोड़ रहा हूँ, जिस पर चरण भटक जाते हैं, वह पगडंडी मोड़ रहा हूँ। और पसीने से लिख-लिख कर गीत सन्देशे छोड़ रहा हूँ।'

और गीतों का लीडर वीरेन्द्र मिश्र इन सबके साथ है–जिसकी बात करना परिचित से परिचय कराना है।

इन सब गीतकारों के साथ एक नरम नाम और है–भरी गाड़ी में सूप का क्या भार–ठीक है। 'प्रभात के पन्थी' नया चाँद है और चाँद में...होता ही है :

समय प्रभाती
उन्हें बुलाती
कि जो सुबह की जमात के
नवीन पन्थी प्रभात के!

कवि, अफ़सर और चिड़िया

एक थे अफ़सर। बड़े बँगले में रहने वाले। ऊँची कुर्सी पर विराजमान। नौकर, चाकर, ड्राइवर, आया, जिसको आवाज़ लगाएँ, वही हाज़िर। बड़े रौब थे उनके। कमाल का प्रभाव। जिसका चाहें, तबादला कर दें। ऐसा पेंच लगाएँ कि उनके विरोधी को खाने की रोटी न मिले। जिस पर मेहरबान, उसकी सारी उँगलियाँ घी में। ज्ञानी-ध्यानी उनके चरण चाटें। ड्राइंगरूम जैसे अखाड़ा अक्लमन्दों का। जिसका नाम लें, वो ही बोले—'यस सर।' जिसे देख मुस्कुराएँ, सो ही निहाल। दिमाग़ के तेज़, व्यवहार के मीठे। जिसकी खाट खड़ी करनी हो, उससे बड़े मधुर। नीति में चाणक्य, कर्म से नादिरशाह। चित भी मेरी, पट भी मेरी, अंटा मेरे बाप का। अफ़सर-से-अफ़सर। बड़े अफ़सर।

अफ़सर को साहित्य-कला से बड़ा प्रेम। कविता घर में पानी भरे। आलोचना रोज़ झाड़ू लगाए। चिन्तन उनके कपड़े धोए। लेख बिछाएँ। किताबों पर बैठें। कहानी जूतों के पास पड़ी रहे। अफ़सरी भी करें और साहित्य भी करें। जब जो चाहें, करें। मन के राजा। बड़े-बड़े बुद्धिजीवी उनके बँगले की ओर टकटकी लगा कर देखें। हुज़ूर की कृपा बनी रहे। बड़े-बड़े किताबों के लिखैया, कविता रचैया, टिप्पणीकार, गुणीजनों से प्रश्न पूछ इंटरव्यू लिखने वाले, कला के समीक्षक, विदेशी को देशी और देशी को विदेशी करने में माहिर, अफ़सर के दरबार में हाज़िरी भरें। जो आज नहीं आया, वो कल ज़रूर आए। जो सुबह नहीं आया, सो शाम को हाज़िर। मालिक, सलाम। हम बुद्धिजीवी। हमको टुकड़ा दो खाने को। हमें चाय-कॉफ़ी। हमें दारू। हमें विचार। हमें दृष्टि। हमें धारणा। हमें रास्ता बताओ, मालिक, हम क्या लिखें? क्या करें?

अफ़सर दिमाग़ का तेज़। वो नित नई बात सोचे। ज्ञान बघारे। बड़े-बड़े मार्क्सवादी उससे सलाह लें। क्या साहब, अब देश में क्रान्ति लाने के लिए क्या करें? अफ़सर कहे, हमरी सुनो।

सब सुनें। सुन कर गुनें। प्रशंसा करते घर लौटें। देखो, कैसी बढ़िया बात कही साहब ने समाज पर, साहित्य पर, सबकी मति साफ़ करके धर दी। कविजन

अफ़सर से ख़ुश। अफ़सर कविजन से ख़ुश। ऐसे ही धीरे-धीरे साहित्य का विकास जारी था।

एक दिन अफ़सर ने अपने बँगला की खिड़की से चिड़िया देखी। उसने कवियन से कही। काहे रे, तुम चिड़ियों पर कविता काहे नहीं लिखते? कवियन ने सुनी, तो शरम खा गए। आपस में बोले कि यह बात हमें अब तक क्यों नहीं सूझी। अरे चिड़िया तो हम रोज़ देखत हैंगे। फिर अब तक कविता काहे नहीं लिखी? आज छुट्टी का दिन है। आज हम अपने घर में बैठे चिड़ियों पर कविता लिखेंगे।

छुट्टी का दिन। कवि अपने-अपने घर बैठे। अफ़सर ने सोचा। अच्छी याद आई। चलो, आज चिड़िया का शिकार करेंगे। वो बन्दूक उठा जंगल। अफ़सर तो अफ़सर। उसको कौन रोक सके?

कवि ने लिखा—जंगल में चिड़िया। ओ तुम नन्हे पंखो वाली। ओ तुम फुदक-फुदक। इस डाली से उस डाली। अरे हमारे पास क्यों नहीं आती? अरे दूर-दूर क्यों? अरी ओ चिड़िया। तू मेरी आँख। तू मेरा मन।

उधर जंगल में गोली छूटी दन्न। छटपटा के गिर गई चिड़िया। मर गई चिड़िया। अफ़सर को निशानो। चिड़िया की क्या बिसात? ढेर हो गई साहब के चरण में।

दूसरे कवि ने लिखा—आकाश मेरा बाहुपाश। बाहुपाश में कित्ती चिड़ियाँ। आसमान भर-भर के चिड़ियाँ। चहक रही घर-घर में चिड़िया। चिड़िया, चिड़िया, चिड़िया। ऊपर से उड़ती है मेरे। कन्धे पर बैठी है मेरे। सपने में आती है मेरे। चिड़िया, जिसके पंख सुनहरे। चिड़िया, जिसकी मीठी बोली।

उधर अफ़सर ने मारी गोली। धाँय। भरी बन्दूक, अकेला अफ़सर। आसमान भर-भर के चिड़ियाँ। पक्का निशाना, अपार समय, कौन रोक सकता उसे? उड़ती को मारा। बैठी को मारा। छुपती को मारा। अफ़सर की गोली, जैसे फ़ाइल पर ऑर्डर। जो हो गया, सो हो गया। मरी, सो मरी। अब कोई हेर-फेर सम्भव नहीं।

इधर तीसरे कवि ने चिड़िया से प्रश्न किया—ओ नन्ही, ओ मीठी, ओ मेरी, ओ चिड़िया, पूरे मौसम तू कहाँ रही? किस अजाने देश होकर आई हो तुम? प्यारी! क्या लाई हो सन्देशा? ओ पंखिनी। ओ विहंगिनी। पूरे मौसम हरसिंगार ने ताकी तेरी राह। इस बाग़ की डाली-डाली को भी तेरी चाह। चुप्पी साधे क्यों बैठी हो, क्या कर आई गुनाह? ओ नन्ही, ओ मीठी, पूरे मौसम तू कहाँ रही?

और उधर एक और चिड़िया मरी। मनमौजी अफ़सर खुलकर खेला। धाँय, धाँय। एक-के-बाद एक चिड़िया। मारता जाए, बटोरता जाए। बड़ा सफल दिन था अफ़सर का।

कवि लिख रहा था—एक चिड़िया मेरे मन में है। जाने कहाँ उड़कर जाती है! उसके साथ जाता हूँ मैं। एक चिड़िया मेरे मन में है। एक चिड़िया मेरे तन में है। झूम-झूम गाता हूँ जब, साथ में गाती है वह। एक चिड़िया।

शाम हुई। सूरज किरणें फेंकने से फ़रागत हुआ। अफ़सर अपनी जीप में घर लौटा। कवियों ने कोरे-कोरे ताज़ा धुले कपड़े पहने और कविता की डायरी बग़ल में दाब अफ़सर के बँगले की तरफ़ चले।

''आहा, आइए, आइए।''

अफ़सर बड़े मिलनसार। स्वभाव के रसिक। रह-रह के ख़ुश हों। रह-रहकर दाँत निपोरें। कला के प्रेमी। कलाकारों के क़दरदान। दाएँ पानदान, बाएँ पीकदान। बड़े दिलदार। बोले, ''आइए, आइए! आज सारा दिन कैसा रहा?''

कविगण बोले—''हमने चिड़ियों पर कविता लिखी।''

''वाह, वाह, सुनाइए, सुनाइए!''

कवि कविता पढ़ने लगे। अफ़सर सुनने लगे।

अफ़सर सर्वज्ञानी। आधुनिक साहित्य उनकी बग़ल में। युवा कविता उनके ताक में धरी। ड्राअर में समीक्षा की नज़र। ग़ौर से सुनें। हर कविता के अन्दर चिड़िया की परख करें। हर चिड़िया में कविता की जाँच करें। अच्छे-अच्छे सारे शब्द बाप से मिले। मुहावरे ससुराल से दहेज में। कवि पढ़ें। अफ़सर गौर करें।

अफ़सर ने सब कविता पर कमेंट करी। कहने लगा, ''तुमारी में छायावाद ज़्यादा। तुमारी में प्रगतिवाद कम। तुमारी कविता कमज़ोर। तुमारी कविता अच्छी, पर चिड़िया कमज़ोर। तुमने आकाश वाली बात सुन्दर कही। और तुमारी कविता और जो भी हो, आधुनिक नहीं।''

कवि मित्र अचरज में। कैसे ज्ञानी हमारे अफ़सर! कैसी दिलचस्पी! कैसा सरोकार! कैसी पैनी नज़र से जाँचने वाले!

अफ़सर ठहरे शिकारी। पत्तों के पीछे छुपी चिड़िया भाँप लें, तो क्या कविता में छिपी चिड़िया न भाँप सकें? बात में बात चली। छिलका-दर-छिलका। तुमारी चिड़िया ऐसी। तुमारी चिड़िया वैसी।

तभी अफ़सर की औरत खाना लेकर आई, सब कवियों के लिए। बोली—''आप सबकी चिड़िया छोड़ो। बोलो, हमारी चिड़िया कैसी?''

प्लेट-पर-प्लेट लगी। चिड़िया दम। चिड़िया दही वाली। चिड़िया मेथी। चिड़िया मुग़लई। चिड़िया मसाले वाली। आज साहब शिकार खेलकर आए हैं। चखकर देखिए, कैसी बनी।

सब कवियों ने चखी। ''वाह, भाभी, वाह! आपकी चिड़िया सबसे अच्छी!''

ऐसे थे अफ़सर। ज्ञानी, दिलदार और निशाने के पक्के। कवियों से जैसा लिखाते, वैसा उन्हें खिलाते-पिलाते भी।

रात हुई। कविगण घर लौटे। भूल गए कि उन्होंने आज चिड़िया पर कविता बिठाई थी या कविता पर चिड़िया। सबके मुँह पर एक ही बात थी। आज जैसी चिड़िया खाई, वैसी तो कभी न खाई। वाह!

धन्य हैं कवि। धन्य हैं अफ़सर। धन्य हो गई कविताओं में पकती भारत की चिड़िया।

ख़ाली जगह की पूर्ति

कवि, कवि, एक प्रश्न का उत्तर दे। कवि होने से तुझे क्या मिला?

मुझे पत्नी मिली। मुझ पर मोहित थी। शादी कर ली।

पत्नी को क्या मिला?

मैं मिला। उस पर मोहित था। अब भी हूँ। उससे बच्चे मिले।

कविता से तुझे और क्या मिला?

नौकरी मिली। कवि था, इस कारण मिल गई।

कविता का क्या हुआ?

उसका संकलन बना। छपा।

संकलन का क्या हुआ?

बिका। पुरस्कार मिला। सम्मान मिला। समीक्षा मिली।

तो कविता से पत्नी मिली, नौकरी मिली, पुरस्कार मिला, मान मिला, समीक्षा मिली। और क्या मिला?

चर्चा मिली, ज़िक्र मिला, कॉफ़ी हाउस में जगह मिली, पत्रिका का सम्पादन मिला, लेखों में अपने पर प्रशंसा-भरे विचार मिले। कहीं-कहीं पूरे लेख अपने पर मिले।

इस सबसे क्या मिला?

और बड़ी नौकरी मिली। और बड़ा पुरस्कार मिला। कमिटियों की सदस्यता मिली। पैसा मिला। आदर मिला। रेडियो मिला, टेलीविज़न मिला। और एक प्रेयसी मिली।

कविता से पत्नी मिली। फिर प्रेयसी मिली।

अकादमी से अवार्ड मिला। विदेश-यात्राएँ मिलीं। पुस्तकों के सम्पादन मिले। भाषण देने को सम्मेलन मिले। बड़े लोगों से दोस्ती मिली, सम्बन्ध मिले। रहने को बँगला मिला। पाठ्यक्रमों में जगह मिली। विश्वविद्यालय से बिना शोध किए डॉक्टरेट मिली। बिना काम किए फैलोशिप मिली।

और क्या मिला?

पद्मश्री मिली। राज्यसभा की सदस्यता मिली। परायी भाषा में मेरे अनुवाद हुए। नाम मिला। इनाम मिला। मुझ पर डॉक्युमेन्टरी बनी। मैं दर्शनों के योग्य हुआ, निमन्त्रणों के योग्य हो गया, विशेष अतिथि के योग्य हो गया, ऑटोग्राफ लेने के योग्य हो गया, जन्मदिन मनाने के योग्य हो गया, अभिनन्दनों के योग्य हो गया, पुस्तक समर्पण के योग्य हो गया, चरण स्पर्श के योग्य हो गया, आशीर्वाद देने के योग्य हो गया, पुस्तक लिखने के योग्य हो गया, जीवनी प्रकाशित करने के योग्य हो गया, विश्वविद्यालयों द्वारा पी-एच.डी. और डी.लिट् करने के योग्य हो गया, दीक्षान्त भाषणों के योग्य हो गया, राष्ट्र के नाम सन्देश देने के योग्य हो गया, इंटरव्यू में प्रश्नों के उत्तर देने के योग्य हो गया, षष्ठी पूर्ति के योग्य हो गया, अभिनन्दन ग्रन्थों के योग्य हो गया, अख़बारों में चित्रों के योग्य हो गया। कवि होने से मुझे यह सब मिला। विश्वविद्यालय में चेअर मिली। वेतन मिला। भत्ता मिला। बीमार होने पर इलाज का पैसा मिला। बढ़िया इलाज मिला। मेरे लड़कों को अच्छी नौकरियाँ मिलीं। उन नौकरियों के कारण उन्हें अच्छे घर की लड़कियाँ मिलीं। दहेज मिला। मेरी लड़कियों को योग्य वर मिले। वक़्त ज़रूरत आर्थिक सहायता मिली। थैली मिली। भेंट मिली। रेल का फ्री पास मिला। पूरे देश के सभी कोनों में घूमने को मिला। संसार भर का भ्रमण मिला। कितने प्रकार की शराबें पीने को मिलीं। खाने मिले। आनन्द लेने को नज़ारे मिले। भीड़ मिली। महफ़िलें मिलीं। वाह-वाह मिली। लतीफ़े सुनने को मिले। गीत गुनगुनाने को मिले। बढ़िया पान चबाने को मिले। चेहरे आँख मिलाने को मिले। कई गुल खिलाने को मिले। पहनने को हार मिले। बैठने को कार मिली। गपियाने को यार मिले। छपने को अख़बार मिले।

यश मिला। अहं मिला। दम्भ मिला। विवेचना मिली। मूल्यांकन और पुनर्मूल्यांकन मिला। विश्लेषण मिला। समीक्षा मिली। कवि होने से मुझे सब कुछ मिला।

कवि होने से तुझे सब कुछ मिला। पद, पत्नी, सम्मान, पैसा, यश, अवसर, यात्रा, जीवन। अब एक प्रश्न का उत्तर दे कवि। इस सबसे तुझे सन्तोष मिला?

मिला। भरपूर सन्तोष मिला।

अब दूसरा और अन्तिम प्रश्न। कवि होने से तुझे सब कुछ मिला। कविता मिली?

कवि चुप रहा। प्रश्न फिर दोहराया गया।

कवि होने से तुझे सब कुछ मिला। कविता मिली?

कविता नहीं मिली।

कविता नहीं मिली और तू भरपूर सन्तुष्ट है। एक जिज्ञासा। तू किस भाषा का कवि है, जिसे कविता बिना मिले ही सब कुछ मिल जाता है? कविता जिसके लिए सब कुछ पा लेने का माध्यम है, फिर भी कविता जिसके पास नहीं है। सब कुछ मिल

गया, कविता अभी भी लिखी जाने को बकाया है! जो बिना कविता के कवि है। जो कवि इसलिए है कि पद है, प्रेयसी है, पैसा है, मान है, चर्चा है। सब कुछ है, कविता नहीं है, फिर भी कवि है। एक जिज्ञासा। तू किस भाषा का कवि है?

ऊपर ख़ाली जगह की पूर्ति करो। दस अंक मिलेंगे।

"मैं राष्ट्रभाषा हिन्दी का कवि हूँ। मैं स्वयं में ख़ाली जगह की पूर्ति हूँ।"

उत्तर सही है। बीस अंक दिये।

साहित्य-प्रसार और मुद्रा या मुद्रा-प्रसार और साहित्य

अर्थशास्त्र विषयक मेरी ठोस धारणाओं के सीधे व्यावहारिक परिणाम ये हैं कि हर प्राध्यापक मुझसे कतराता है, दुकानदार महँगाई की समस्या पर खुली चर्चा करते समय मुझे मुँह नहीं लगाते, वित्त मन्त्री का चपरासी बँगले में नहीं घुसने देता और सम्पादकों ने मुझे साफ़ कह दिया है कि आप कृपया इस विषय में सम्पादक के नाम मौलिक सूझ-भरे पत्र न भेंजे। और मेरे प्रति ऐसी उपेक्षापूर्ण दृष्टि अपनाने के ठोस परिणाम ये हैं कि संकट दिन-प्रति-दिन गहरा और चौड़ा होता जा रहा है, जिसमें धँसना अथवा उसे उलाँघना आज राष्ट्र के लिए कठिन है।

जब अर्थशास्त्री पिछले दिनों राष्ट्र की आर्थिक समस्याओं का हल खोजने के लिए जमा हुए थे, तब वे मुझे लिफ़्ट देने के लिए राज़ी नहीं हुए। उनका कहना था कि आप अर्थशास्त्र के नहीं, साहित्य के व्यक्ति हैं। यह मेरा और मुझसे भी कहीं अधिक देश का दुर्भाग्य है कि लेखन के साथ अर्थशास्त्र जुड़ा होने के कारण साहित्य में और अर्थशास्त्र के साथ लेखन जुड़ा होने के कारण अर्थशास्त्र में मेरी परख न हो। अजी कमाल है यह, जबकि साहित्यिक मित्र किसी कॉलेज में या सरकारी दफ़्तर में सुरक्षित नौकरी पाने के बा़द लेखन में मार्क्सवादी मार-पीट करते रहते हैं और अर्थशास्त्री लेखक के रूप में ख्याति अर्जित करने के लिए परेशान रहते हैं। पर यह अलग लेख का मामला है। मैं इस समय देश के आर्थिक सवालों को लेकर गम्भीर हूँ।

यह बात बड़े दिनों से जगज़ाहिर थी कि रुपयों का प्रचलन बढ़ गया है और कहा जाता था कि भाव इसीलिए बढ़ रहे हैं। लगता यों था कि दुकानदार तो कम भाव पर बेचने को राज़ी हैं, पर चूँकि पब्लिक की जेब में धन ज़्यादा है, तो वह आग्रह कर रही है कि हमसे ज़्यादा माँगो, और लो। दुकानदार को धर्मसंकट में जनता के आग्रह पर भाव बढ़ाने पड़ रहे हैं। रुपयों का प्रचलन जो बढ़ गया। ज़्यादा रुपया होने से लोग रेडियो या रिकॉर्ड या इत्र ख़रीद रहे हैं। और रेडियो या रिकॉर्ड या इत्र

बेचने वाला प्रसन्न है, तो वह फल और मिठाई ले रहा है। और फल और मिठाई वाले गेहूँ स्टॉक करने की सोच रहे हैं, इसलिए गेहूँ के भाव बढ़ रहे हैं और उसे बढ़ता देख फल और मिठाई वाले भाव बढ़ा रहे हैं और उसे देख रेडियो, रिकॉर्ड या इत्र वाले।

यदि रुपयों का प्रचलन ज़्यादा न होता, तो ऐसा कोई गतिविधिक्रम नहीं चलता, भाव कम बने रहते; मगर मैं आपको बताऊँ कि रुपयों की बाज़ार में अधिकता के समाचार सुन, चाहे मैं अर्थशास्त्री के रूप में दुखी रहा होऊँ, पर हिन्दी लेखक के रूप में अत्यन्त प्रसन्न था। सोचता था कि अब रुपया ज़्यादा है ही, तो वह आज नहीं कल, इस या उस रास्ते से मुझ तक अवश्य पहुँचेगा। करोड़ों रुपए बहुत ज़्यादा हैं। सब तो मुझे चाहिए ही नहीं। मुझे तो प्रचलन की अधिकता के इस युग में कुछ हज़ार मिल जाते, बस।

मगर राष्ट्र के इन कर्णधारों से यह नहीं देखा गया। उन्होंने रुपया बाज़ार से खींच उसे निष्प्राण करने के लिए अध्यादेश निकाले। बाज़ार से रुपयों की वापसी की महाप्रयाण बेला प्रारम्भ हो गई है। रुपया लौट रहा है। वह मुझ तक आने के पूर्व लौट रहा है। मैं निराश हूँ। राष्ट्र का गया भाड़ में, मुझे मेरा भविष्य अन्धकार में लग रहा है। जब देश में अधिक रुपया था, तब तो मुझे मिला नहीं। अब जब होगा ही नहीं या कम होगा, तो कौन देगा? मुझ तक आएगा कहाँ से?

आर्थिक प्रश्न सुलझते ही पुनः वही साहित्यिक प्रश्न खड़ा हो गया। देखिए ग़ौर से कि रातों-रात आन्दोलनों का स्तर गिर गया है। जब लेखक से बेहतर स्थिति में जी रहा सर्वहारा भाई नारे लगाता, अपना वेतन और महँगाई भत्ता बढ़वाने के लिए आन्दोलन करता, लाठियाँ खाता, हड़ताल करता, जेल जाता, तो उससे भी गई-बीती स्थिति जी रहे हम लेखकों और कवियों को बड़ी प्रेरणा मिलती थी। हम सोचते थे, या तो क्रान्ति हो जाएगी अथवा इनका वेतन बढ़ जाएगा और दोनों ही स्थितियाँ साहित्य के लिए लाभप्रद रहेंगी। जब इनका वेतन बढ़ेगा, तो फिर हम अपनी रचनाओं का पारिश्रमिक भी बढ़वा लेंगे। पर लाभ की ये स्थितियाँ साहित्य तक पहुँचतीं, उसके पूर्व ही अध्यादेश निकल गए। सरकार ने कहा, हम भत्ते का एक अंश अनिवार्य जमा कर देंगे और आपके उजाड़ हाथों में नहीं देंगे, जिससे आप सिनेमा देखो या बुश्शर्ट ख़रीदने की ग़लती करो।

ज़ाहिर है, इससे असन्तोष होगा। ट्रेड यूनियन लीडर चुप नहीं बैठेंगे। वे पूरा वेतन माँगेंगे, अनिवार्य जमा के खिलाफ़ आन्दोलन चलाएँगे। वे सफल या असफल जो भी हों, मगर आन्दोलन का स्तर तो गिर गया। कल तक जो वेतन बढ़ाने का आन्दोलन

चलाते थे, महँगाई भत्ते में वृद्धि चाहते थे, वे इस बात के लिए कोशिश करेंगे कि हमें जो भी वेतन भत्ता मिले, पूरा मिल जाए। सौ से सवा सौ होना भाड़ में गया। सौ से पचहत्तर न हो, इसी फेर में फँस जाएँगे। ऐसे में वे क्रान्ति के संवाहक बड़े समझौतावादी और इस्टेब्लिशमेंट की पूर्ण कृपा के आकांक्षी नज़र आएँगे। इससे साहित्य की मूल प्रेरणाओं को धक्का लगेगा। उस शख़्स की शान में कविता लिखना तो वाजिब था, जो वर्तमान ज़िन्दगी को कोसता ऊँची ज़िन्दगी की कोशिश कर रहा हो। पर उस पर क्या कहा जाए, जो पूरा वेतन भर मिल जाए, इसी के लिए परेशान हो? साहित्य के स्थायी हीरो की तस्वीर एकाएक ऐसी घामड़ और लिजलिजी हो गई। यह गम्भीर समस्या है।

और लेखन की मुद्रा बदले या न बदले, अफ़वाह यह है कि किसी सुनहरी शाम रेडियो करन्सी बदलने की ख़बर देगा। जिनके हृदय आघात के कारण उसी शाम निस्पन्द न होंगे, वे दूसरी सुबह अपनी मुद्राएँ बदलवाने बैंक दौड़ेंगे। काले से सफ़ेद, सफ़ेद से काला इस तेज़ी से बदलेगा कि चारों ओर राधा श्याम मय और श्याम राधा मय दिखाई देंगे।

उस सुबह साहित्य का मान फिर गिरेगा। जब देश के सारे वर्ग अपने नोट बदलवाने के लिए काउंटरों के सामने क्यू लगाए खड़े होंगे, तब मैं मुद्रा के अभाव में क्या बदलवाऊँगा? हमारी ट्रेजेडी यह रही है कि जितनी मुद्राएँ दिखानी थीं, हमने लेखन में दिखाईं। बैंक के काउंटर पर कभी न दिखा सके। उस प्रातः हमारे पास न काला होगा, न सफ़ेद। सब समझ जाएँगे कि साहित्यकारों के अस्तित्व से सिर्फ़ साहित्य में संकट उत्पन्न होते हैं, अर्थशास्त्र या राजनीति में नहीं। सारी पोल खुल जाएगी।

यह सच है कि लेखन ही क्या, और लेखन का अर्थशास्त्र ही क्या? पर मैं उनमें से हूँ, जो लेखन को सीधे अर्थशास्त्र से जोड़ने का नम्र प्रयास करते रहे हैं। मैं अर्थव्यवस्था के संकट को दूर करने की सरकारी कोशिशों से उत्पन्न साहित्य में संकट को गहरे अनुभव कर रहा हूँ। वे लोग, जो नौकरी से अर्थशास्त्र को जोड़े हैं और उसकी सुकोमल छाया में बैठे साहित्य रचते इस भ्रम में मगन हैं कि लेखन से अर्थशास्त्र का कोई ताल्लुक़ नहीं, बेचारे नहीं जानते कि उनके निष्काम सैद्धान्तिक लेखन से पहली तारीख़ को प्राप्त वेतन का कैसा गहरा सम्बन्ध है। यदि वह निरन्तर न मिलता, तो दूसरे के ईमान पर शक करने के सुयोग कैसे प्राप्त होते?

आज अर्थशास्त्री चीख़ कर कह रहे हैं कि रुपए को उत्पादन, रचनात्मकता और श्रम से जोड़ा जाए और निष्क्रिय ऐयाशी से अर्थव्यवस्था की रक्षा हो, अन्यथा देश रसातल को चला जाएगा। देश चाहे न जाए, साहित्य तो चला। मुझसे पूछो, मैं गम्भीरता से

महसूस कर रहा हूँ। राष्ट्रपति यह पूछ सकते हैं, मुफ़्त में लिखना और गाँठ से नामा लगा पत्रिकाएँ निकालने के मूल में यदि कोई व्यावसायिक या आर्थिक उद्देश्य नहीं है, तो क्या यह सब शुद्ध ऐयाशी है? वे यह प्रश्न कर सकते हैं कि जिस काम से राष्ट्र की आर्थिक पूँजी नहीं बढ़ती, उसमें रुपया खपाकर इनफ्लेशन को, मुद्रा प्रसार को बढ़ावा क्यों दिया जाए? तब साहित्य का उत्तर क्या होगा? हम कहेंगे, जी, साहित्य समाज का दर्पण है। हम भी अतिरिक्त पैसे को बर्बाद करने की समस्या से पिछले वर्षों परेशान रहे। हमने विदेशी साबुन नहीं ख़रीदा पर मुफ़्त में रचनाएँ लिखीं, पत्रिकाएँ निकालीं और बिना ग्राहकों के वितरित कीं। हमने काग़ज़ बेचने वाले और प्रेस के माध्यम से रुपयों का प्रचलन बढ़ाया। हम अभाव के दर्द पर लिखने वालों का चीज़ों के भाव बढ़ाने में योग रहा। साहित्य क्या उत्तर देगा?

और तब 'साहित्य' नामक अर्थशास्त्र की इस दुष्प्रवृत्ति पर रोक लगाने के लिए अध्यादेश निकालने की बात होगी। एक 'सेमीबमबोला' हम पर भी लागू होगा। उस समय साहित्य को मार्गदर्शन देने का नम्र भार मुझ पर आएगा। यह पतित मानव, जो लेखन और अर्थशास्त्र के ताने-बाने जोड़ता रहा, उस दिन साहित्य की धुरी उठाए रखेगा। और जैसी कि हवा चल रही है, वह दिन दूर नहीं।

कुछ शूं-शड़ाक

एक प्रगतिशील आवेदन-पत्र

श्रीमान की सेवा में विनम्र निवेदन है कि हम आपके विनीत प्रगतिशील लेखक इस नगर में पूर्वानुसार एक प्रगतिशील लेखक सम्मेलन करने के उत्सुक एवं प्रार्थी हैं। जैसा कि श्रीमान को विदित है कि हमारे साथ प्रेमचन्द, निराला एवं मुक्तिबोध की परम्परा रही है तथा साहित्य में प्रशासन की छवि निखारने में हमारे द्वारा आयोजित सम्मेलनों का विशिष्ट योग रहा है। अतः श्रीमान की सेवा में नम्र निवेदन है कि आप इस सम्मेलन को भी आर्थिक सहायता प्रदान कर हमें कृतार्थ करें तथा स्वयं उपस्थित हो जनवादी लेखन की दिशा में हम लेखकों को मार्गदर्शन दें। श्रीमान से हुई मौखिक चर्चा के अनुसार हम निमन्त्रित लेखकों की वही सूची रखेंगे जो श्रीमान द्वारा सुझाई गई है तथा किसी ऐसे तथाकथित प्रगतिशील लेखक को प्रवेश नहीं देंगे जो शासन अथवा निजी रूप से आपके विरुद्ध विचार व्यक्त करने का दुस्साहस बरते। इस विषय में श्रीमान को आश्वस्त करते हुए सेवा में आवेदन करते हैं कि सम्मेलन के आयोजनार्थ उदार आर्थिक सहायता प्रदान कर हमें तथा राज्य की प्रगतिशील परम्परा को उपकृत करें। श्रीमान को स्मरण दिला दें कि विगत सम्मेलनों में हमें आपकी उदार सदाशयता से पाँच हज़ार रुपए की आर्थिक सहायता प्रति प्रगतिशील लेखक सम्मेलन प्राप्त होती रही है पर जैसा कि सर्वविदित है, प्रेमचन्द, निराला एवं मुक्तिबोध आदि की गौरवशाली परम्परा के विकास एवं संवर्धन हेतु मात्र पाँच हज़ार की राशि पर्याप्त नहीं है। अतः श्रीमान की सेवा में विनम्र प्रार्थना है कि प्रगतिशील लेखन एवं आन्दोलन के प्रति अपनी असीम अनुकम्पा एवं हार्दिकता का परिचय देते हुए सहायता राशि दस हज़ार बढ़ाने की कृपा करें, जो तीन दिवसीय सम्मेलन में भाग लेने वाले साहित्यकारों के मार्ग-व्यय, ठहरने का व्यय, आयोजन-ख़र्च, भोजन-भंडारा एवं दारू-व्यय के लिए अनिवार्य होगी। जैसा कि श्रीमान का सुझाव है, बाहर से पधारे तथा स्थानीय प्रगतिशील लेखकों को मुख्यमन्त्री की ओर से एक डिनर यदि दिया जाए तो प्रगतिशील सम्मेलन की एक शाम मुख्यमन्त्री महोदय की सेवा में समर्पित करते हुए हमें हार्दिक प्रसन्नता होगी। सांस्कृतिक परिषद की ओर से

प्रगतिशील साहित्यकारों के सम्मान में ख्याति प्राप्त नर्तकियों के नृत्य-आयोजन का भी हम हार्दिक स्वागत करेंगे। मुख्यमन्त्री की सुविधा एवं नर्तकियों की उपलब्धि की तिथि निश्चित कर श्रीमान यदि हमें शीघ्र सूचित करें तो प्रगतिशील लेखक सम्मेलन की तिथियाँ निश्चित करने में हमें सुविधा होगी। कृपया धनराशि शीघ्र स्वीकृत कर प्रदान करें ताकि प्रगतिशील महानुभावों को एडवांस राशि भेजने का काम तथा सम्मेलन की तैयारियाँ आरम्भ की जा सकें। हार्दिक धन्यवाद।

प्रेमचंद, निराला, मुक्तिबोध की परम्परा में हम सब सदा से आपके विनम्र, कृपाकांक्षी प्रगतिशील—

सचिव एवं सदस्य
राज्य प्रगतिशील लेखक संगठन

'च' ने चिड़िया पर कविता लिखी।
उसे देख 'छ' और 'ज' ने चिड़िया पर कविता लिखी।
तब त, थ, द, ध, न, ने
फिर प, फ, ब, भ और म ने
'य' ने, 'र' ने, 'ल' ने
इस तरह युवा कविता की बारहखड़ी के सारे सदस्यों ने
चिड़िया पर कविता लिखी।
चिड़िया बिचारी बड़ी परेशान
उड़े तो कविता
न उड़े तो कविता।
तार पर बैठी हो या आँगन में
डाल पर बैठी हो या मुँडेर पर
कविता से बचना, मुश्किल
मारे शरम मरी जाए

एक तो नंगी,
ऊपर से कवियों की नज़र
क्या करे, कहाँ जाए
बेचारी अपनी जात भूल गई
घर भूल गई, घोंसला भूल गई
कविता का क्या करे
ओढ़े कि बिछाए, फेंके कि खाए

मरी जाए कविता के मारे
नासपिटे कवि घूरते रहें रात-दिन

एक दिन सोचा चिड़िया ने
कविता में ज़िन्दगी जीने से तो मौत अच्छी
मर गई चिड़िया
बच गई कविता।
कवियों का क्या, वे दूसरी तरफ़ देखने लगे।

कलाओं का अन्तरावलम्बन

नर्तकी ने पीठे पर बैठे कवि से कहा,
'हुज़ूर का हुकुम हुआ है
कलाओं को परस्पर एक दूसरी पर टिकना हैं।
नयापन लाना है।
धंधा तुम्हें भी चलाना है, धंधा हमें भी चलाना है।
इसलिए मुखड़ा और बोल तुम दो
नाचूँगी मैं।'
पीठे पर बैठे दरबारी कवि ने बोल दिए
'वाम वाम वाम दिशा, समय साम्यवादी।'
नर्तकी ने आरम्भ किया
तिरकिट धा, तिरकिट धा, धनक तीन धैया
वाम चले, नाम हुआ
नौकरी लगा दी
वाम वाम वाम दिशा, समय साम्यवादी
धनकतीन्ना, धनकतीन्ना, तिरकिट धा धैया
काम-वाम कतई नहीं।
मस्त, इलाहाबादी
मुफ़्त का खाएँ-पीएँ।
कहें मार्क्सवादी
धनकतीन्ना, तनकधीन्ना, लगा चूना भैया
दाम दाम दाम दिशा, हाय अवसरवादी।

अफ़सर-आलोचक : दोमुँही अभिव्यक्ति

अफ़सर कहता है–सर, मुझे गवर्नमेंट को यह रिपोर्ट करते हुए ख़ुशी है कि कविता के मामले में दो साल पहले से शुरू की गई नीतियाँ इस आलोच्य वर्ष में भी क़ामयाब रही हैं। काफ़ी सारे कवि जिनमें बूढ़े और नौजवान सभी शामिल, अपने संकलन छपवाने, बिकवाने, इनाम-इकराम पाने और हमारे पब्लिकेशंस और हमारे द्वारा आयोजित मीटिंगों में उस पर चर्चा करवाने की कोशिश में हमारे इर्द-गिर्द एक क़िस्म से कंपिटीशन की स्पिरिट में जमा हैं और उनमें वह कम्युनिस्टिक या एंटीगवर्नमेंट असर धीरे-धीरे दूर हो रहा है।

आलोचक कहता है–इधर जो कविता-संकलन सामने आए हैं, उनमें किसी एकनिष्ठ दृष्टि या मुहावरे का आतंक नहीं है। दृश्य का इकहरापन समाप्त है। कवि-दृश्य पर बुजुर्ग कवि मानदंड न रहकर एक सहज और सर्जनात्मक तनाव-भरे सह-अस्तित्व में युवाओं के साथ हैं। अकस्मात् आई इस तात्कालिकता में अनिच्छा या अन्यमनस्कता न होकर सह-अस्तित्व के प्रति उत्साह है। अपने अनुभव और कर्म के फलितार्थों के प्रति आज समान्य कविचेतना अधिक सजग है।

अफ़सर कहता है–सर, चूँकि सभी कवि इस कोशिश में हैं कि उनके ज़्यादा-से-ज़्यादा संकलन छपें और गवर्नमेंट द्वारा ख़रीदें जाएँ इसलिए अब वे उन विचारधाराओं पर ज़ोर नहीं देते जो इतने बरसों गवर्नमेंट के खिलाफ़ जाती रही हैं। अब वे विचारों की बजाय कविता पर ही ध्यान देते हैं और ऐसे विषयों पर लिखते हैं जो हम पसन्द करें, जैसे—बैल, सूरज, तालाब, लड़की या पेड़ वग़ैरा। गवर्नमेंट के खिलाफ़ पड़ने वाली विचारधाराओं से उनकी उम्मीदें टूटी हैं, यह साफ़ ज़ाहिर हो रहा है। नौजवान कवियों में ख़ास तौर से। अब वे कविताओं में बयानबाज़ी नहीं करते।

आलोचक कहता है–आज काव्य-दृश्य विचारधारा को लेकर किसी बड़बोलेपन और छद्म आशावादिता से मुक्त है। विचारधारा और उससे पाए गए निष्कर्ष कविता का लक्ष्य नहीं है। कविता विचारों का अनुवाद या उसका अनुगमन नहीं है। विचारधारा के व्यवस्थित उद्यानों में चैन और राहत पाने की सरलता से विशेषकर युवा कवियों ने छुटकारा पा लिया है। उसे हर अगले मोड़ पर क्रान्ति नहीं दिखाई देती और किसी तरह के अतिरिक्त आशावाद से वह मुक्त है। पिछले वर्षों की वक्तव्यप्रियता से कविता ने मुक्ति पा ली है। अब वह बखान करती है, बयान नहीं देती।

अफ़सर कहता है–सर, जैसी कि हमारी पॉलिसी रही है, हम चाहते हैं कि हमारे राज्य के कवि अख़बारों में छपने वाली ख़बरों, विरोधियों के भाषणों वगैरह के असर में न आ फ़कत कवि बने रहें और कविता लिखते रहें। यह बात हमने काफ़ी साफ़ तौर पर अपने पब्लिकेशंस में ज़ाहिर भी कर दी। उन्हें बता दिया गया है कि ऐसी

कोशिशों के नतीजे अच्छे नहीं होंगे। मुझे यह रिपोर्ट करते हुए ख़ुशी है कि आलोच्य वर्ष में कवियों ने इस बात को समझ अपनी नीतियों में फ़र्क़ किया है।

आलोचक कहता है—चीज़ों पर फैसला देने का काम ज़रूरी नहीं है, यह बात कवि अच्छी तरह जान गया है। दुनिया, कवि के बयान देने या फैसला आयद करने के लिए नहीं है। इधर जो कविताएँ आई हैं, उनसे लग रहा है कि कवि अब यह पहचान रहा है कि हमारे समाज की सामाजिक-आर्थिक संरचना है, उनसे कविता से हर तरह का काम लेना सम्भव नहीं है। कविता का प्रभाव अन्ततः सीमित है। अख़बार, भाषण, राजनीतिक विश्लेषण का काम अलग है और कविता से इन सबका काम करने की उम्मीद करना व्यर्थ है। ऐसी कोशिश के नतीजे कभी अच्छे नहीं निकले। नागरिक जीवन के दैन्य, संघर्षों या राजनीतिक कार्रवाई पर ध्यानाकर्षण करने या उनकी कमियों को ढाँकने के लिए इस्तेमाल करने की चतुराई से कवि उबर गया है।

अफ़सर कहता है—सर, आलोच्य वर्ष तथा पिछले दो-तीन सालों में हमारी पॉलिसी की सफलता को नज़र में रखते हुए यह ज़रूरी होगा कि हम इस काम को आगे बढ़ाएँ और इसके लिए बजट में इजाफ़ा जितना ज़रूरी है, किया जाए। आज हम इस पोज़ीशन में आ गए हैं कि हम जिसे मानेंगे, वह कवि रहेगा और हमारी निगाह में ग़लत कवि को हम नकार सकते हैं।

आलोचक कहता है—हमें ऐसी कविता से चिढ़ है जो किसी दिशा-विशेष में ले जाने के लिए चीख़-पुकार मचाती हो। निष्ठा या पीड़ा के आधार पर रियायतों का ज़माना गया। कवि के गले में विचारधारा का पट्टा नहीं होना चाहिए। हम अब उसी कवि को सुनने और गुनने को विवश हैं, जिसकी आवाज़ हमें पहचानी लगती हो। हम यह मानते हैं कि कविता एक बनाई हुई वस्तु है। इसलिए शिल्प के प्रति सजगता ज़रूरी है। काव्यानुशासन का पुनर्वास उल्लेखनीय विशेषता मानी जाएगी। हम यह मानते हैं कि कविता के सुखी और प्रसन्न रहने से उसकी मानवीय शक्ति और ऊष्मा में इजाफ़ा होता है। रोन वाले रोते रहें पर हम इन्हीं धारणाओं को ले साहित्य में 'अपना रथ जोते रहें' अर्थात् अपनी फिएट चलाते रहेंगे। जिसे ख़तरा लगता हो हमसे, उसकी हिम्मत हो तो सामने आए। यह न भूलें कि हम क्या हैं, किस पद पर हैं।

[साहित्य समीक्षा की सरकारी पत्रिका 'पूर्वग्रह' में अफ़सर-आलोचक द्वारा लिखित एक जटिल और चतुराई-भरे सम्पादकीय को पढ़ कर]

भोपाल में इन दिनों

आजकल मैं भोपाल में उस शख़्स की तलाश कर रहा हूँ, जिसने कैलाश जोशी के मुख्यमन्त्री बनते समय मुझसे कह दिया था कि जोशी जी छह माह से ज़्यादा मुख्यमन्त्री नहीं रहेंगे और सकलेचा मुख्यमन्त्री बनेंगे। मैं उसे भविष्यवाणी सच निकलने की बधाई देना चाहता हूँ और अगली भविष्यवाणी पूछना चाहता हूँ। भैया, ये कब तक रहेंगे, सो भी बता दो?

यह इस पर निर्भर करता है कि लोक कर्म विभाग कितने नरम गद्दे नए मुख्यमन्त्री के बँगले में सप्लाई करता है। कैलाश जोशी को ऐसे सप्लाई किए कि उन्हें नींद आने लगी। वे सोए रहे और सकलेचा मुख्यमन्त्री बन गए। मुझे लगता है, वह भविष्यवाणी करने वाला डनलपपिलो का स्थानीय एजेंट था।

मुख्यमन्त्री के चुनाव के पूर्व यह अजीब बात थी कि ज़्यादातर लोग कैलाश जोशी की प्रशंसा कर रहे थे और सकलेचा के मुख्यमन्त्री होने की कल्पना से दुखी थे। दुखी होने से क्या होता है? जो नियति है, सो भोगनी होगी। मध्यप्रदेश के अख़बार बढ़-चढ़कर इसीलिए सकलेचा जी के समर्थन में आगे आ रहे थे कि जब उन्हें ही बनना है, तो अभी से डटकर समर्थन क्यों न करें? संसोपाई बिलबिलाते रहे। यहाँ वही हो सकता है, जो आर.एस.एस. मंजूर करे।

अन्तिम निर्णय रायपुर में हुआ। मुख्यमन्त्री कौन होगा, सकलेचा होंगे और कौन होगा की फ़ाइनल बौद्धिक लेने के लिए नानाजी देशमुख रायपुर आए। सारे स्वयंसेवक पंक्तिबद्ध खड़े हो गए। सकलेचा, कैलाश जोशी, शीतला सहाय, पटवा, रामहित गुप्त, हरिभाऊ जोशी वग़ैरा। नानाजी देशमुख ने आदेश दिया। आहाराम, दक्ष। आहाराम, दक्ष। दक्षिणचक्र, वामचक्र...संघ...पंक्तिबद्ध होगा...पंक्ति...बद्ध। फिर नानाजी ने बौद्धिक लिया...वीरेन्द्र कुमार जी सकलेचा को बनाना ही श्रेयस्कर है, होगा, होना चाहिए, हुआ, करो, जाओ। संघ सकलेचा जी को मुख्यमन्त्री बनाने भोपाल जाएगा। भोपाल चल, एक...दो, एक...दो, एक...दो, एक...दो।

सब भोपाल आए। और वही हुआ। सर्वानुमति और प्रजातन्त्र के बीच थोड़ी-सी खींचतान रही। कुछ लोग अड़े थे कि सकलेचा को अनकांटेस्टेड नहीं जीतने देंगे। एक जनाब सोनी जी खड़े हो गए और 25 वोट लाए। कम नहीं थे हालत को देखते हुए।

भोपाल वालों की असली फिक्र दूसरी थी। किसे कौन-सा विभाग मिलेगा? कांग्रेसी मन्त्री अर्जुन सिंह और उनके द्वारा पाले गए संजय गाँधी के मानस बन्धु, जो अब शिक्षा मन्त्री हरिभाऊ जोशी के प्रिय लाड़ले बन गए हैं, उस शाम इस फिक्र में परेशान थे कि हरिभाऊ जोशी फिर से शिक्षा मन्त्री बनेंगे या नहीं? वे बढ़-चढ़कर इस राजनीतिक परिवर्तन में हरिभाऊ जोशी की महत्त्वपूर्ण भूमिका पर प्रकाश डाल रहे थे। उम्मीद कर रहे थे कि एजुकेशन भाऊ को ही मिलेगा। शायद मिल भी जाए। मगर न भी मिले तो क्या फ़र्क़ पड़ता है। फटाफट चार-पाँच सांस्कृतिक, साहित्यिक आयोजन कर शिक्षा मन्त्री से उसके उद्घाटन, अध्यक्षता वग़ैरा करवाकर और स्थानीय अख़बारों में उनकी बड़ी-सी फ़ोटो और किसी साप्ताहिक में विस्तृत रपटें देकर ये लोग नए मन्त्री को पटाने में माहिर हैं। अनुभवहीनता के कारण कांग्रेसी शिक्षा मन्त्री उईके को पटाने में इन्हें दो माह लगे, पर जनता मन्त्री एक सप्ताह में पटा। पहली तस्वीर और भाषण छपा कि चित हो गए मेरे यार। यही हाल अन्य विभागों में होता है। ठेकेदार और इंजीनियर परेशान थे कि लोक कर्म विभाग किसे मिलेगा? यही चिन्ताएँ अन्ततः किसी भी सरकार को बदनाम और भ्रष्ट करने के रास्ते तक पहुँचा देती हैं। भोपाल में इससे बचाव मुश्किल है। अन्यत्र भी मुश्किल है।

सकलेचा जी लोकप्रिय नेता नहीं होना चाहेंगे। वे अपनी छवि दृढ़ और कुशल प्रशासक की बनाने में विश्वास रखते हैं। ऐसी छवि बिना आई.ए.एस. अधिकारियों की आज्ञाएँ माने और गुलामी किए किसी नेता को नहीं प्राप्त हो सकती। इसलिए अब इस काल को अफ़सरशाही का नया स्वर्णयुग मान लेना चाहिए। यों भी जनसंघ की नीति राजनीतिक संघर्षों में विजय पाने के लिए अफ़सरों से समझौता और मैत्री करने की रही है। पर जो भी हो, सकलेचा के राज में गतिविधियाँ बढ़ेंगी। पद, प्रमोशन, निर्णय, जाँच, विकास, लाठी-चार्ज, गोलीकांड, उठाना, गिराना, समझाना, भोपाल-दिल्ली यात्राएँ, नया आधार, नई नीति, नए समझौते। अब सब होगा। हो सकता है। मध्यप्रदेश में जनता पार्टी क्रेक हो जाए, क्योंकि संसोपाई कब तक अपमान और जहालत की राजनीति एकता और कांग्रेस विरोध के नाम पर बर्दाश्त करेंगे? यों मेरी हार्दिक कामना है कि वे बर्दाश्त करें, एकता बनी रहे और बार-बार मुख्यमन्त्री न बदले जाएँ। सकलेचा किस काम में सफल होंगे, यह नहीं कहा जा सकता, पर वे सफल अवश्य होंगे, जैसे अभी वे कैलाश जोशी को अन्दर और बाहर से तोड़ देने में लगे हुए हैं। राजनीति अन्ततः ऐसे ही गतिवान लौह पुरुषों की बन्दिनी हो जाती है।

पुरस्कार का गंदला जल

मराठी लेखिका दुर्गा भागवत ने लेखक जात के सदस्यों से अपील की है कि वे सरकारी पुरस्कारों का बहिष्कार करें। इनाम पाने का प्रयत्न न करें। मिले तो ठुकरा दें। मैं श्रीमती भागवत से निवेदन करूँगा कि हमारी हिन्दी में यह सम्भव नहीं प्रतीत होता। हिन्दी में लेखक पूरा जीवन सरकारी पुरस्कार पाने के प्रयत्न में जीता है। अभी मध्यप्रदेश की सरकार ने शानी नामक एक लेखक को 21 हज़ार रुपए का इनाम दिया। इस पुरस्कार का नाम शिखर पुरस्कार है। हिन्दी में 'शिखर' क्या है, कौन है, इसका निर्णय भी सरकारें करती हैं। तब 'सारिका' पत्रिका ने शानी से प्रश्न किया कि जब आपको पता लगा कि आपको शिखर पुरस्कार दिया जा रहा है, तो आपको कैसा लगा? इस पर शानी ने जो जवाब दिया, वह हिन्दी लेखक की लेखनात्मा और चरित्र को ख़ूब उजागर करता है। शानी ने कहा कि मुझे लगा कि 'आख़िर मेरी प्रतिभा और मेहनत रंग लाई।' हिन्दी में लेखक प्रतिभा और मेहनत का भ्रम तो जीते ही हैं, वे यह भी मानते हैं कि सरकारी इनाम पाना ही उनकी चरम सीमा है। रंग लाना जिसे कहते हैं।

तो जिस उच्चतम क्षण के लिए लेखक लालायित रहता है, वह क्षण दुर्गा भागवत की अपील पर वह टाल देगा, यह सम्भव नहीं प्रतीत होता। हिन्दी में सरकारी पुरस्कार लेना और देना परस्पर सौजन्य और सहकार का प्रतीक है। मैं जब कमेटी का मेम्बर रहूँगा, तब तुझे दिलाऊँगा और तू जब रहे, तो मुझे दिला देना—यह परस्पर सद्भाव कार्य करता है। ये जो शानी हैं, जिन्हें 21 हज़ार रुपए दिए गए थे, वे स्वयं पहले मध्यप्रदेश शासन साहित्य परिषद् के सचिव थे। यह संस्था प्रतिवर्ष लेखकों, कवियों और सचिव के मित्रों को पुरस्कार देने का धन्धा करती है। शानी जब तक यहाँ पद पर रहे, उन्होंने ख़ूब पुरस्कार अपने वालों को बाँटे। बाद में वे उस पद से हटा दिए गए। जिन्हें पुरस्कार दिए गए थे, अब उनका धरम हो जाता है कि वे बदले में शानी को पुरस्कार दिलवाएँ। सो शानी पुरस्कृत हो गए। परस्पर सौहार्द!

इस तरह हिन्दी में (जनता की गाढ़ी कमाई से टैक्स द्वारा वसूली गई रक़म से) आपस में साहित्य-संस्कृति के नाम बाँटते-खाते रहने की ठोस परम्परा पनप रही है।

यदि मैं उन लेखकों, कवियों, प्रबुद्धों से जाकर कहूँ कि भैया, मराठी की लेखिका श्रीमती भागवत ने आप सबसे यह अपील की है, इस पर विचार कीजिए, तो फ़ौरन जवाब मिलेगा कि दुर्गा भागवत को पुरस्कार नहीं मिला, इसलिए जल कर बयान दे रही हैं। और तुम्हें नहीं मिल रहा, इसलिए तुम साले उसका समर्थन कर रहे हो। आपने बोला और फ़ौरन आप दिलजले और फ्रस्टेटेड करार दिए जाओगे। इससे पूरी समस्या का सरलीकरण हो जाता है और उनकी पटरी सुरक्षित हो जाती है।

दुर्गा भागवत नहीं जानतीं कि सरकारी वटवृक्ष के तले चल रहे 'कल्चरल रिवॉल्यूशन' के तहत आज दो विचारधाराएँ काम कर रही हैं। एक यह, जो अब पुरानी पड़ रही है कि केवल बूढ़ों और स्थापित व्यक्तियों को पुरस्कार दिए जाएँ। दूसरी यह कि पुरस्कार का सही हकदार युवा साहित्यकार है। यह दूसरी विचारधारा आजकल हमारे मध्यप्रदेश में ज़ोर में है। पिछले वर्ष श्रीकान्त वर्मा (श्री इनके नाम में पहले से लगा है, अतः अतिरिक्त रूप से लगाने की ज़रूरत नहीं) को 21 हज़ार मिले थे। चुनाव के समय उन्होंने कांग्रेस (इ) का घोषणा-पत्र ड्राफ्ट किया था। उस महान कृति का अखिल भारतीय प्रभाव देखने में भी आया कि कांग्रेस जीत गई। इस उपलक्ष्य में उन्हें पुरस्कृत किया जाना ज़रूरी था। यों भी जब तक श्रीकान्त 'दिनमान' में रहे, वर्तमान मुख्यमन्त्री अर्जुन सिंह की दिल्ली में छवि बनाने का काम बड़ी मेहनत से करते रहे। तब अर्जुन सिंह शिक्षा मन्त्री थे और उन्होंने श्रीकान्त वर्मा को ढाई हज़ार का इनाम दिया था। बाद में जब वे मुख्यमन्त्री बने, तब उन्होंने अपनी सामन्ती प्रसन्नता को व्यक्त करते हुए श्रीकान्त वर्मा को 21 हज़ार का इनाम दिया। अर्जुन सिंह का साढ़े नौ गुना विकास हुआ, तो श्रीकान्त वर्मा को भी साढ़े नौ गुना ज़्यादा इनाम मिला। वे मुख्यमन्त्रित्व के शिखर पर पहुँचे, तो ये साहित्य के शिखर पर टाँगे गए। बाकी हमारे मध्यप्रदेश के सारे वरिष्ठ टापते रहे, जैसे भवानी प्रसाद मिश्र, डॉ. शिवमंगल सिंह 'सुमन', रामेश्वर शुक्ल अंचल, हरिशंकर परसाई, वीरेन्द्र मिश्र, बालकवि बैरागी आदि। पर इनमें से किसी ने विरोध नहीं किया। एक तो शालीनतावश कि सच बोलेंगे, तो दिलजले करार दिए जाएँगे और दूसरे, आज वे जानते हैं कि युवा साहित्यकारों को इनाम देने की हवा चल रही है। कल उम्मीद है, वयोवृद्ध पुरस्कृत होने लगेंगे और तब उन्हें भी शायद मिल जाए।

मैंने कॉफ़ी हाउस में एक सरकारी चमचे से जिज्ञासा व्यक्त की थी कि क्यों भई, तुम लोगों ने श्रीकान्त और शानी के पहले हरिशंकर परसाई को शिखर इनाम क्यों नहीं दिया? वह झट से बोला, परसाई को सागर विश्वविद्यालय में चेयर मिल तो गई। ढाई हज़ार वेतन और बँगला। साल-भर का टोटल लगाओ, तो इक्कीस हज़ार से ज़्यादा हो जाते हैं। अब ऊपर से शिखर पुरस्कार भी दें? वाह!

एक बाँटने-खाने का आकाश है हिन्दी में। सबको बराबर दिया जा रहा है। लोग सन्तुष्ट हैं। बजट बढ़ेगा, तब तक अपनत्व का संसार भी बढ़ जाएगा। आज

नहीं कल, जिसे नहीं मिला, उसे भी मिल जाएगा। प्रतिभा और मेहनत रंग लाएगी। प्रतिभा का अर्थ अपने लेखक होने की ख़ुशफहमी और मेहनत का अर्थ चमचागिरी, सही जगह पर अपनी पुस्तक सादर भेंट करने का श्रम और चतुराई है। सुबह की धूप में सरकारी इनाम देने वाले दफ़्तर के बाहर अपने संकलन भेंट करने के लिए बग़ल में दबाए, सचिव की फीएट के आने के इन्तज़ार में उकड़ूँ बैठे इन हिन्दी के लेखक-कवियों से दुर्गा भागवत क्या अपील करेंगी? करेंगी भी, तो वे क्या सुनेंगे?

साहित्य अकादमी में हर साल इनाम के समय कितनी कुत्ताफ़जीहत होती है। वहाँ नामवर सिंह का जूता चलता है। मजाल है, प्रगतिशीलों के अलावा कहीं पाँच हज़ार बँट जाएँ। इस देश में जिसे बड़ा मौक़ा मिलता है, वह बड़ा टुच्चापन दिखाता है। जिसे छोटा मौक़ा मिलता है, वह छोटा टुच्चापन दिखाता है।

इन सरकारी पुरस्कारों से हिन्दी में आत्मविश्वास बढ़ता है। और जिनका बढ़ गया, उनका मज़बूत होता है। सब सोचते हैं कि जब शानी को मिल सकता है, तो कोशिश करने पर हमें भी मिल सकता है। पर मानिए, सरकार यही पुरस्कार भवानी प्रसाद मिश्र या सुमन को दे देती, तो सब छोकरों में निराशा फैल जाती कि यार, अब हम कब जाकर तो भवानी प्रसाद मिश्र या सुमन होंगे और कब हमें पुरस्कार मिलेगा! इन दिनों सब आश्वस्त हैं कि तीन साल सचिव का जूता चाटो, चौथे साल मिल जाएगा।

दुर्गा भागवत सोचती हैं कि पुरस्कार दे-दे कर सरकार लेखकों की प्रतिभा बर्बाद कर रही है। इस बात को वे हिन्दी के नज़रिए से क्यों नहीं सोचतीं? मेरे ख़्याल से यदि श्रीकान्त वर्मा और शानी की प्रतिभा बर्बाद हो जाए, तो इससे हिन्दी को कुल मिला कर लाभ ही होगा। पहले तो अपनी प्रतिभाएँ बर्बाद करने की दिशा में ये लोग स्वयं भी कोई कम कोशिशें नहीं करते। मसलन, प्रधानमन्त्री के बँगले में घुसने के आड़े-टेढ़े प्रयत्न करना, मुख्यमन्त्री के समीप रहना, राज्यसभा में ठुँसने के लिए अपने साहित्यिक व्यक्तित्व का सही जगहों पर प्रदर्शन करना, अपनी लिखी किताबों को 'सादर-भेंट-संस्करण' में परिवर्तित कर मन्त्रियों और आई.ए.एस. अफ़सरों की टेबलों पर विनम्र अदा से पहुँचाना, नहीं लिखना, लिखना तो बोगस लिखना, कमिटियों में मेम्बरी सेंकना, अर्थहीन पत्रिकाओं का स्वार्थपूर्ण सम्पादन करना। अब इसके बावजूद उनकी प्रतिभा बर्बाद न हो, तो सरकार कोई बड़ा पुरस्कार दे देती है। पिछले दिनों श्रीकान्त वर्मा की एक नीम सरकारी पत्रिका में कविताएँ पढ़ साफ़ लगा कि सरकार अपने प्रयत्नों में सफल हुई। श्रीकान्त की प्रतिभा आवश्यकतानुसार नष्ट हो चुकी है। अब वे मेनिफेस्टो रचने, राज्यसभा में सदस्याने, लेखकों में बीससूत्री कार्यक्रम का प्रचार करने, पुरस्कृत होने आदि के योग्य ही रह गए हैं। शानी की प्रतिभा बर्बाद करने के लिए शासन व्यर्थ परेशान हो रहा है। उसमें कभी थी ही नहीं। पहले अच्छा

नहीं लिखते थे। आजकल सिर्फ़ नहीं लिखते हैं। लिखते भी हों, तो मेरे देखने में नहीं आया, क्योंकि मुझे सरकारी फ़ाइलें और आवेदन-पत्र आदि पढ़ने का अवसर नहीं मिलता। एक–'काला जल' नामक उपन्यास उन्होंने लिखा है, जिसकी हिन्दी में सर्वाधिक चर्चा वे स्वयं करते हैं। मैंने पढ़ा नहीं, पर भेंट से प्राप्त पुस्तकों की प्रशंसा करने वाले सारे मध्यप्रदेश के अफ़सर उस उपन्यास की प्रशंसा करते हैं, तो सम्बन्धों का मधुर निर्वाह करने के तहत मैं भी मान लेता हूँ कि अच्छा होगा।

श्रीमती भागवत को नहीं पता कि हिन्दी में रिवाज यह है कि आप 'काला जल' लिखिए और सरकारी पुरस्कारों के गंदले जल में कूद जाइए। जो भी मोटा उपन्यास समाप्त करता है या कविता संकलन का ख़ूबसूरत प्रकाशन कर लेता है, आशाभरी गर्दन साहित्य अकादमी की तरफ़ बढ़ा देता है कि भई, इस वर्ष का पुरस्कार मिल रहा है या नहीं! और एक लाख का ज्ञानपीठ पुरस्कार का सपना तो हमारे कई महारथियों को जीवन और दर्शन दोनों स्तर पर डिगा चुका। हिन्दी में अब वे सन्त नहीं बचे, जो सीकरी नहीं जाते। आजकल का साहित्यिक सन्त सीकरी में ही जनमता, उसकी फैलोशिप पर लिखता और वहीं पुरस्कृत होता है। दुर्गा भागवत अपील किससे कर रही हैं? हमारे भोपाल में जिस साहित्यकार को रुपयों की ज़रूरत होती है, वही बीमार हो जाता है। अस्पताल जाते हुए रास्ते में रुककर अख़बारों में अपने बीमार होने की ख़बर साहित्य परिषद में आर्थिक सहायता का आवेदन-पत्र देता जाता है। चौबीस घंटों में फिजाँ करुण हो जाती है। सरकार इलाज के पाँच सौ रुपए स्वीकृत करती है और साहित्यकार उसी क्षण से स्वस्थ होने लगता है। अस्पताल से लौटते समय वह चेक भुनाने के लिए सरकारी ट्रेजरी और स्टेट बैंक होता आता है। श्रीमती भागवत उससे क्या अपील करेंगी?

हिन्दी में दूर की सम्भावनाएँ क़रीब के ईमान को पिघला देती है। एक हमारे यहाँ भीष्म साहनी नाम के लेखक हैं। उनका बड़ा महत्त्व है। कौन-सी किताब रूसी भाषा में अनुवाद होनी चाहिए, इस पर टिक मार्क वे करते हैं और उनकी नज़रें-इनायत के बिना कोई साहित्यकार सोवियत रूस यात्रा के लिए ओवरकोट नहीं पहन सकता। नतीजा यह है कि विगत अनेक वर्षों से भीष्म जी हिन्दी में जो लिख रहे हैं, उसके लिए सभी जन एक स्वर में प्रशंसा करते हैं–'भई, भीष्म की इधर बड़ी प्यारी कहानी छपी है', 'भई, भीष्म का इधर बड़ा बढ़िया उपन्यास आया है', 'भई, सुना, भीष्म ने एक बहुत बढ़िया नाटक लिखा है।' मुझे आज तक कोई मिला ही नहीं, जिसे भीष्म साहनी की कोई कृति कमज़ोर लगी हो, जबकि हिन्दी में आज तक कोई ऐसा लेखक ही नहीं हुआ, जिसकी किसी-न-किसी कृति की बुराइयाँ न हुई हों। मगर भीष्म का नाम आते ही सारी क्रिटिकल ईमानदारी एक तरफ़। भई, वाह, भीष्म ने बड़ी अच्छी बात कही! भीष्म ने अच्छा किया, जो चुप रहे। भीष्म बहुत अच्छे। भीष्म यों और भीष्म त्यों।

अरे अच्छे तो कई हैं, मगर कुछ बात है कि सिर्फ़ भीष्म ही आपको अच्छे लगते हैं, दूसरे नहीं।

ऐसे वर्ग पर सरकारी पुरस्कार न लेने की अपील का क्या होगा? जब दूर के रूबलों और दूर के डॉलरों की कल्पना मात्र से हिन्दी के साहित्यकार की कुंडलिनी लपलपाने लगती है, तो क़रीब का सरकारी रुपया किसके चरित्र को नहीं पिघलाएगा! और श्रीमती भागवत को प्रतिभा की फिक्र पड़ी है।

इसका यह अर्थ नहीं कि हिन्दी क्षेत्र में भुखमरी फैली हुई है और लेखकों को खाने को नहीं मिलता। ऐसा नहीं है। हिन्दी का 99.9 प्रतिशत लेखक खाता-पीता नौकरी-प्राप्त व्यक्ति है। उसे जीवन जीने के लिए रुपयों की कमी नहीं। सच यह है, हिन्दी का लेखक अपने 'बायोडाटा' को बेहतर बनाने के लिए लिखता है। और 'बायोडाटा' पुरस्कारों से बनते हैं। सिर्फ़ लिखते रहने से नहीं। श्रीमती भागवत समस्या के मूल तक नहीं पहुँच रहीं।

किसी एक मुख्यमन्त्री का नाम लो

पहाड़िया जिस दिन मुख्यमन्त्री की गद्दी से एक अर्थहीन पत्थर की तरह लुढ़का दिए गए, मैं काफ़ी चिन्तित और छायावादी मूड में रहा। मुझे उनके जाने का कोई अफ़सोस राजनीतिक अथवा ग़ैर-राजनीतिक स्तर पर नहीं था, क्योंकि मुख्यमन्त्रियों को लेकर मैंने स्थायी कातर दृष्टि अपना ली है कि हाय, आया है तो जाएगा। भोपाल में रहकर मैंने इतने मुख्यमन्त्री आते और जाते देखे हैं कि यदि कोई मुख्यमन्त्री लम्बे समय टिक गया, तो मुझे जाने क्यों नागरिक के नाते असुविधा होने लगती है और मैं मित्रों से उठा-पटक विहीनता के कारणों का विश्लेषण करने लगता हूँ। पहाड़िया ठहरे राजस्थान के मुख्यमन्त्री। उनसे मुझे क्या! पर पिछले दिनों छायावाद के प्रति असहमति की समान धारणाओं के कारण उनसे एक क़िस्म की आत्मीयता स्थापित हो गई थी। अन्तर केवल इतना था कि मैं छायावाद पढ़ कर उससे असहमत हुआ, जबकि पहाड़िया जी (जी लगाना मुख्यमन्त्री पद से हट जाने के बाद शायद आवश्यक है या नहीं! हिन्दी का व्याकरण इस विषय में क्या निर्देश देता है, पता नहीं।) बिना पढ़े छायावाद से असहमत हो गए और ऐन उसी दिन हुए, जब महादेवी जी उनके शहर में थीं। तो जिस दिन वे हटे, मैं काफ़ी गम्भीर रहा और यही सोचता रहा कि आज की राजनीति में पहाड़ को राई होते उतनी देर भी नहीं लगती, जितनी राई को पहाड़ होते, या कहिए—पहाड़िया होते।

और पहाड़िया ही क्यों, आप किसी मुख्यमन्त्री का नाम लो, जो कांग्रेस की कैक्टस क्यारी में बिन पानी, मात्र हवा के सहारे उभरे हैं। वे कब काट-छाँट दिए जाएँगे, कहना कठिन है। मुख्यमन्त्री हो, या उसका राजनीतिक विरोधी, दोनों की उपयोगिता सन्तुलन के बटखरों से अधिक नहीं है। ये सब हथेली पर टिके नेता हैं और वह हथेली श्रीमती गाँधी की है। अपनी व्यस्तता में भूल से एकाध बार भी वे हथेली झटक दें तो कोई-न-कोई मुख्यमन्त्री अपनी कुर्सी से गिर जाता है। गिर जाता है, तो कोई नहीं कहता कि हथेली भूल से झटक गई। सब कहते हैं कि श्रीमती गाँधी ने परिस्थितियों का अध्ययन कर उचित राजनीतिक निर्णय लिया है।

औंधा पड़ा मुख्यमन्त्री स्वयं नहीं समझ पाता कि वह क्या ग़लती कर बैठा। अपने जाने उसने कोई ग़लती नहीं की होती है। वह पर्याप्त रूप से दिल्ली जाता और

मिलता रहा है। दिल्ली की आज्ञा के बिना एक चूहा भी उसने कैबिनेट में नहीं घुसने दिया। पेड़ उगाने और लगाने की बात वह प्रति सप्ताह कारण-अकारण बोलता रहा। जहाँ तक बन सका, उसने मार्केट, कॉलोनी, कांप्लेक्स और सड़कों के नाम संजय पर रखवाए। अफ़सरों, अख़बारों, बुद्धिजीवियों और विरोधियों को घुड़ककर अपनी छवि कांग्रेस आई की राजपुरुष धारणा के उपयुक्त रखी है। उसे समझ नहीं आता कि उससे ग़लती क्या हुई, जो श्रीमती गाँधी ने हथेली झटक दी, जिस पर वह टिका था।

आजकल के मुख्यमन्त्री आम तौर पर नीति की भूलें नहीं करते। सही जगह पर अपना आई.ए.एस. बिठाकर वे प्रशासन की गाड़ी चला लेते हैं। तबादले गम्भीरता से और ख़ूब करते हैं, जिससे सजग प्रशासकीय दृष्टि और हलचल का थोथा अथवा सही एहसास बना रहता है। ज़रूरी कामों को आन्दोलन की शक्ल दे देते हैं और अफ़सरों को दीगर सारे कामों से हटा कर उस पर लगा देते हैं। उनके राज्य के लिए ज़रूरी काम वे ही हैं, जिनका आग्रह दिल्ली से आता है। आजकल का मुख्यमन्त्री अस्तित्व पर आए संकटों से जूझना ख़ूब जानता है और विरोधी की टाँग खींचने वाले युवकों की टोली को पर्याप्त रूप से उकसाकर वह अपना काम बना लेता है। पद और दादा में समझौते की शर्तें पूर्वापेक्षा अधिक स्पष्ट हैं, जिससे मुख्यमन्त्री छोटी-मोटी अड़चनों में नहीं पड़ते। वे निरन्तर दिल्ली जाते रहते हैं और उनकी राजनीति में उनकी कुर्सी सुरक्षित रहती है। हर मुख्यमन्त्री एक ऐसी हवाई सर्विस की कल्पना करता है, जिससे वह हर शाम दिल्ली पहुँच जाए। रात को मन्त्रणाएँ कर, प्रातः उचित आदेश ले साढ़े दस बजे अपनी राजधानी आ जाए; अथवा इसका उल्टा कि वे दिन भर दिल्ली रहें, रात को राजधानी आ जाएँ और ज़रूरी आदेशादि दे, सुबह फिर दिल्ली चल दें। वे दिन पास ही हैं, जब हवाई जहाज़ों में मुख्यमन्त्री के नन्हे सचिवालय रहेंगे और वे अपना अधिकांश काम आकाश में निपटाया करेंगे। वर्तमान स्थिति देखते हुए यह हो जाना ज़रूरी भी है।

पहाड़िया के फ़ौरन बाद गुंडू राव का नाम आया और उँगलियाँ जगन्नाथ मिश्र की ओर उठने लगीं कि अब इनकी बारी है। ये दो उखड़ जाएँ, तो तीसरे की चर्चा चले। मध्यप्रदेश के नागरिक होने के नाते मेरी कुछ निजी जिज्ञासाएँ भी हैं, पर मुझे लगता है, अर्जुन सिंह दूसरे समकालीन मुख्यमन्त्रियों की अपेक्षा मज़बूत हैं। इसका कारण यह है कि दिल्ली की फ्लाइट दोपहर को जाती है और सुबह के अख़बार पढ़ने और रेडियो सुनने के बाद आप ज़रूरी समझें, तो फ़ौरन दिल्ली लग सकते हैं और अपनी स्थिति पर आए ख़तरे टाल, राजनीति के केन्द्र को सही पूजा चढ़ा आप दूसरी सुबह भोपाल लौट सकते हैं।

अर्जुन सिंह में दूसरा गुण यह है कि काम कोई भी हो, वे ऊपर से पूछकर करते हैं। काम अक्सर कुछ नहीं होते, अतः प्रधानमन्त्री उनसे न तो इस बात पर नाराज़

हो सकती हैं, कि व्यर्थ बोर करता है और न इस बात से कि आज्ञा नहीं लेता। हर शख़्स काम शुरू करने के पहले टेबल जमाता है। अर्जुन सिंह निरन्तर टेबल जमाने की स्थिति में रहते हैं और उन्हें देख यह लगता है कि बस, ये काम शुरू करने वाले ही हैं। छोटे और अयोग्य लोगों को बड़ा 'फेवर' देकर वे जो ऊँचाई हासिल कर लेते हैं, उससे बड़े लोगों के साथ घटिया हरकत कर गुज़रने के बावजूद उनकी न्यायशीलता की इमेज बनी रहती है। कई ऐसी बातें हैं, जो लड़खड़ाते मुख्यमन्त्रियों को अर्जुन सिंह जैसे टिके हुए मुख्यमन्त्रियों से सीखनी चाहिए।

इसी सिलसिले में भोपाल के ध्रुपद समारोह का जिक्र करूँगा। ध्रुपद का अर्थ होता है ध्रुव पद। इस गायन शैली में, जो काफ़ी पुरानी और अब भी ज्यों-की-त्यों है, एक पद ध्रुव रहता है और सारा विस्तार उस ध्रुव पद पर केन्द्रित रहता है। मैं संगीत की चर्चा नहीं करूँगा, पर इस शब्द पर ज़ोर दूँगा। मुझे ध्रुपद समारोह का अर्जुन सिंह द्वारा भोपाल में किया जाना और उसमें श्रीमती गाँधी का आना सब कुछ बड़ा प्रतीकात्मक और संगीतमय लगा है, जिसमें आप अर्थ की लय भाँप सकते हैं। अर्जुन सिंह की राजनीतिक समस्या ही ध्रुपद है। ध्रुव पद। उनका पद ध्रुव रहे, निश्चित बना रहे। आरोह-अवरोह जो भी हों, राग जो भी चलें, पर पद ध्रुव रहे। पक्का रहे। अर्जुन सिंह के समकालीन मुख्यमन्त्री को ये नाजुकख़्याली सीखनी चाहिए। आरोह में दिल्ली जाना और अवरोह में भोपाल लौट आना प्रभावोत्पादन का सर्वश्रेष्ठ आलाप हैं। संगीत में आजकल यों भी विलम्बित पर ज़ोर कम होता जा रहा है। बदलते समय की माँग ने द्रुत पर ज़ोर बढ़ा दिया है। हवाई जहाज़ और फ़ौरन। राजनीति में अवसरवादी गतिशीलता आ गई है। पद को ध्रुव रहना है, तो द्रुत के सहारे रहना होगा। ध्रुपद समारोह के प्रति भोपाल के सरकारी और नीम सरकारी हलक़ों में काफ़ी उत्साह देखा गया।

थीसिस यही थी कि ऊपर का पद ध्रुव रहेगा, तो नीचे के भी ध्रुव रहेंगे। ध्रुव का एक सप्तर्षि मंडल होता है। ध्रुव के चमचे से ये सात तारे ध्रुव के कारण पहचाने जाते हैं। फिर और, फिर और। यह हुआ राग का विस्तार, पद की छाया। सकल राजनीति का विश्लेषण इसी ध्रुव पद अथवा ध्रुपद की तार्किकता से किया जा सकता है।

आप किसी एक मुख्यमन्त्री का नाम लो (कांग्रेस आई वाले), आप देखोगे कि अपनी कड़ी छाल के अन्दर वह काफ़ी नाजुक है। उसका राज्य-पक्ष प्रबल हो-न-हो, दिल्ली-पक्ष भी कम पिलपिला नहीं होता। राजनीतिक इतिहास के क्षेत्र में अलग किताब का विषय है (पोथी रचयिता नोट करें) कि आज़ादी के बाद राज्यों में दिल्ली बनाम मुख्यमन्त्रियों की स्थिति का ग्राफ़ क्या रहा? कभी मुख्यमन्त्री दिल्ली के सिर चढ़े, कभी चरणों में गिरे, कभी चरणों से सिर तक चढ़े, कभी सिर से चरणों में आए। फ़िलहाल कहाँ हैं, शोध की आवश्यकता नहीं है।

पर बेचारे मुख्यमन्त्री भी क्या करें? राज्यों की राजनीति ऐसी हो गई है कि बिना मुख्यमन्त्री बने आप भविष्य के लिए चार पैसे भी जमा नहीं कर सकते। कोई मर्जी का काम आपके बिना मुख्यमन्त्री बने नहीं हो सकता। मन्त्री के पद भी अपेक्षाकृत अर्थहीन होते जा रहे हैं। पत्ता हिलाने, बाल बाँका करने, तूती बुलाने के लिए मन्त्री पद अपर्याप्त सिद्ध हो रहा है। विधान सभा सदस्य तो कोई माने ही नहीं रखते। विद्याचरण ग्रुप के होने के कारण अभी अर्जुन सिंह ने अपने मन्त्रिमंडल से बालकवि बैरागी को दिल्ली की आज्ञा लेकर निकाल दिया। बालकवि बैरागी, जो मन मनासा (बालकवि बैरागी का चुनाव क्षेत्र) और तन भोपाल का जीवन जीते थे, मन मसोस मन्दसौर तक सिमट गए। एक बयान में उन्होंने कहा कि मैं अब शवासन में रहूँगा। हाथ-पैर ढीले छोड़ चित लम्बा लेटा रहूँगा, जब तक आसन तोड़ने का समय नहीं आता।

सच्चाई यह है कि वाकई में ऐसे अनेक नेता कांग्रेसी राजनीति के डीप फ्रीज में रखे शव हैं। दिल्ली को जब ज़रूरत होगी, वह इन शवों को डीप फ्रीज से निकाल प्राण फूँक देगी और अपना काम चलाएगी। शरीर को सुरक्षित रख लेना भी कम राजनीतिक उपलब्धि नहीं है।

1968-69 के वे दिन

[यह लेख सौ वर्ष बाद छपने के लिए है].

आज से सौ वर्ष पहले अर्थात् 1969 के वर्ष में सामान्य व्यक्ति का जीवन इतना कठिन नहीं था जितना आज है। न ऐसी महँगाई थी और न रुपयों की इतनी क़िल्लत। सौ वर्ष पूर्व यानी लगभग 1968 से 1969 के काल की आर्थिक स्थिति सम्बन्धी जो सामग्री आज उपलब्ध है उसके आधार पर जिन तथ्यों का पता चलता है वे सचमुच रोचक हैं। यह सच है कि आम आदमी का वेतन कम था और आय के साधन सीमित थे पर वह सन्तोष का जीवन बिताता था और कम रुपयों में उसकी ज़रूरतें पूरी हो जाती थीं।

जैसे, एक रुपए में एक किलो गेहूँ या गेहूँ का आटा आ जाता था और पूरे क्विंटल गेहूँ का दाम सौ रुपए से कुछ ही ज़्यादा था। एक सौ बीस रुपए में अच्छा क्वालिटी गेहूँ बाज़ार में मिल जाता है। शरबती, कठिया, पिस्सी के अलावा भी कई तरह का गेहूँ बाज़ार में नज़र आता था। दालें रुपए में किलोभर मिल जाती थीं। घी दस-बारह से पन्द्रह तक में किलो भर आ जाता था और तेल इससे भी सस्ता पड़ता था। आम आदमी डालडा खाकर सन्तोष करता था जिसके तैयार पैकबन्द डिब्बे अधिक महँगे नहीं पड़ते थे। सिर्फ़ अनाज और तेल ही नहीं, हरी सब्ज़ियों की भी बहुतायत थी। पाँच रुपया हाथ में लेकर बाज़ार गया व्यक्ति अपने परिवार के लिए दो टाइम की सब्ज़ी लेकर आ जाता था। आने-जाने के लिए तब साइकिल नामक वाहन का चलन था जो दो सौ-तीन सौ रुपयों में नई मिल जाती थी। छह हज़ार में स्कूटर और सोलह से पच्चीस-तीस हज़ार में कारें मिल जाती थीं। पर ज़्यादातर लोग बसों से जाते-आते थे, जिस पर बीस-तीस पैसा से अधिक ख़र्च नहीं बैठता था। निश्चित ही आज की तुलना में तब का भारत सचमुच स्वर्ग था।

मकानों की बहुतायत नहीं थी पर कोशिश करने पर मध्यवर्गीय व्यक्ति को मकान मिल जाता था। तब के मकान भी आज की तुलना में बड़े होते थे, यानी उनमें दो-तीन कमरों के अलावा कुछ खुली ज़मीन मिल जाती थी। छोटे शहरों में दस-पन्द्रह रुपयों में चप्पल और पच्चीस-चालीस में चमड़े का जूता मिल जाता था, जो कुछ बरसों

तक चल जाता था। डेढ़ सौ से लेकर तीन-चार सौ तक एक पहनने लायक सूट बन जाता था—टेरीकॉट के सिले-सिलाए। कमीज़ सिर्फ़ पचास—ख़ुद कपड़ा ख़रीद कर सिलवाने में बीस-पच्चीस में बन जाती थी। एक सामान्य व्यक्ति अपने पास तीन-चार कमीज़ या बुश्शर्ट रखता था। लोगों को पतलून के अन्दर लँगोट पहनने का शौक़ था, जो डेढ़-दो रुपए में मिल जाती थी।

औरतों का भी ख़र्च ज़्यादा नहीं था। एक साड़ी तीस-पैंतीस से सौ-सवा सौ में पड़ जाती थी। हर औरत के पास ट्रंक-भर साड़ियाँ आम तौर पर रहती थीं, जो वे बदल-बदलकर पहन लेती थीं। स्नो की डिबिया दो रुपए में, लिपस्टिक ढाई-तीन रुपए में और चूड़ियाँ रुपए की छह आ जाती थीं। इसी कारण शादी करके स्त्री घर लाना महँगा नहीं माना जाता था। अक्सर लोग अपने विवाह तीस साल की उम्र में कर डालते थे। स्त्रियों का बहुत कम प्रतिशत नौकरी करता था। अधिकांश स्त्रियों का मुख्य धन्धा पत्नी बनना ही था। कुछ स्त्रियों के कुँवारी रहकर जीवन बिताने के भी प्रमाण मिलते हैं। पर विवाह का फैशन ही सर्वत्र प्रचलित था। यह कार्य अक्सर माता-पिता करवाते थे, जो बच्चों को घरों में रखकर पालते थे।

1969 का भारत सच्चे अर्थों में सुखी भारत था। लोग दस-साढ़े दस बजे दफ़्तर जाकर पाँच बजे वापस लौटते थे, पर दफ़्तरों में एक कर्मचारी के पास दो घंटे से अधिक का काम नहीं था। कैंटीन में चाय का कप बीस-तीस पैसों में मिल जाता था। एक ब्लेड बारह-पन्द्रह पैसों से कम-से-कम मिल जाती थी और अख़बार बीस पैसे में आ जाता था। जिन्हें शराब पीने की आदत नहीं थी, वे दो रुपया जेब में रख सारा दिन मज़े से गुज़ार देते थे। सिगरेट की डिबिया में दस सिगरेटें होती हैं और पूरी डिबिया पचास-साठ पैसों में मिल जाती थी। पहले की सिगरेट भी आज की सिगरेटों की तुलना में काफ़ी लम्बी होती थी। हाथ की बनी बीड़ियाँ आज की तरह नियामत नहीं थीं। दस-पन्द्रह पैसे के बंडल में बीस बीड़ियाँ निकलती थीं। माचिस आठ-दस पैसे में आ जाती थी, जिनमें साठ-साठ तक तीलियाँ होती थीं। हालाँकि लाइटर का रिवाज भी शुरू हो गया था।

1968-69 की स्थिति का अध्ययन करने पर पता लगता है कि रेडियो सुनने और सिनेमा देख लेने के अलावा कला-संस्कृति पर लोग अधिक ख़र्च नहीं करते थे। हालाँकि अख़बार निकलते थे, पत्रिकाएँ छपती थीं पर उनकी बिक्री कम थी। माँगकर पढ़ने और सांस्कृतिक कार्यक्रमों और नाटकों के फ्री पास प्राप्त करने का प्रयत्न चलता रहता था। उसमें सफलता भी मिलती थी। विद्वानों के भाषण फोकट में सुनने को मिल जाते थे। मुफ़्त निमन्त्रण बाँट निवेदन किए बग़ैर भीड़ जुटना कठिन होता था। लेखक सस्ते पड़ते थे। आठ-दस रोज़ मेहनत कर लिखी रचना पर तीस-पैंतीस से सौ-डेढ़ सौ तक मिल जाता था पर कविताएँ पच्चीस से ज़्यादा में उठ नहीं पाती थीं। बहुत-सी पत्रिकाएँ बिना लेखकों-कवियों को कुछ दिए ही काम चला लेती थीं।

एक पत्रिका आठ-दस रुपए साल में एक बार देने पर बराबर आ जाती थी। अधिकांश पत्रिकाएँ लेखकों-कवियों को मुफ़्त प्रति दे रचनाएँ प्राप्त कर लेती थीं। सस्ते दिन थे। चार रुपए रीम काग़ज़ मिलता था और साठ पैसों में स्याही की बोतल मिल जाती थी। वक़्त काफ़ी था, लेखक लोग रचना माँगने पर दे देते थे।

निश्चित ही 2068-69 की तुलना में सौ वर्ष पूर्व के वे दिन बहुत अच्छे थे। देश में इफ़रात थी और चीज़ें सस्ती थीं। आज उस तुलना में भाव आसमान पर पहुँच गए हैं कि जीना मुश्किल है। कमाई में पूरा नहीं पड़ता बल्कि बहुत से लोगों के लिए दोनों टाइम का भोजन जुटाना भी कठिन है। मकान और फर्नीचर सभी महँगा है कि लोग कठिनाई से ख़रीद पाते हैं। उन दिनों में एक सोफ़ासेट ढाई सौ से सात सौ रुपयों में आ जाता था और साधारण निवाड़ का पलँग (तब निवाड़ के पलँग प्रचलित थे) तीस-चालीस से ज़्यादा नहीं पड़ता था। तीस रुपए में रज़ाई और साठ-सत्तर में बढ़िया कम्बल मिल जाते थे। कोई आश्चर्य नहीं अगर आज 2069 की तुलना में 1969 का आदमी काफ़ी सोता था और घंटों रज़ाई में घुसे रहना सबसे बड़ी ऐयाशी थी। आज वे दिन नहीं रहे, न वैसे लोग। हमारे उन पुरखों ने जैसा शुद्ध वनस्पति घी खाया है, वैसा हमें देखने को भी नहीं मिलता। तब की बात ही और थी। एक रुपए में आठ जलेबियाँ चढ़ती थीं, लोग छक कर खाते थे। केला रुपए दर्ज़न तक आ जाता था। फिर क्यों नहीं बनेगा अच्छा स्वास्थ्य? पुराने लोगों को देखो—साठ-सत्तर से क़म में कोई कूच नहीं करता था। लम्बी उम्र जीते थे और ठाठ से जीते थे। आज की तरह श्मशान में अर्थियों का क्यू नहीं लगता था। पाँच रुपए में पूरा शरीर ढँकने का कफ़न आ जाता था। सुख और समृद्धि के वे दिन आज कहानी लगते हैं जिन पर सहसा विश्वास नहीं आता। पर यह सच है कि आज से सिर्फ़ सौ वर्ष पूर्व हमारे देश के लोग सुख की ज़िन्दगी बिता रहे थे। तब का भारत आज की तुलना में निश्चित ही स्वर्ग था।

पुस्तकों के सरकारी गोदाम

एक समय था जब हर नगर या क़स्बे का पढ़ा-लिखा व्यक्ति स्वयं को वहाँ के पुस्तकालय से जोड़े रहता था। पिछले पच्चीस वर्षों में वह पुस्तकालय से छिटककर दूर खड़ा हो गया है। अब वह जगह बौद्धिक प्रेरणा का संचार केन्द्र नहीं रही और न ही पुस्तकालय निर्माण किसी सामाजिक अथवा सांस्कृतिक आन्दोलन का हिस्सा। भ्रष्टाचार, पक्षपात और अव्यवस्था का जो ज़हर देश की सभी गतिविधियों में फैला है, उसने पुस्तकालय को भी नहीं छोड़ा। अब पाठक और उसकी ज़रूरतें गौण हो गई हैं। पुस्तकों का निर्णय लेखक, विषयवस्तु अथवा रुचि के आधार पर नहीं होता वरन् ख़रीदने वाले अफ़सर और किताब बेचने वाले प्रकाशक के आध्यात्मिक अथवा आर्थिक रिश्तों पर तय होता है। कुल मिला कर सारे पुस्तकालय देश की अनगिनत कचरा पेटियों में बदलते जा रहे हैं जिसमें प्रकाशक अपना कूड़ा फेंक जाता है और चेक उठा ले जाता है। जहाँ पढ़ने को कुछ नहीं मिलता, वहाँ लोग इसी कचरे के ढेर से कुछ बीनने की कोशिश करते हैं। मजबूरी है। इस देश में जहाँ चारों ओर किताब की दुकानों पर सस्ती, गन्दी किताबें लटक गई हों और पुस्तकालय भ्रष्ट धन्धेबाज़ों के गढ़ बनते जा रहे हैं, वह ताज्जुब नहीं कि पाठक और सही लेखन के बीच ऊँची दीवार खड़ी हो गई है। जहाँ पुस्तकालयों के लिए पिछले बरसों में लाखों रुपयों की सरकारी ग्रान्ट बर्बाद हुई हो, वहाँ आज भी अच्छी पुस्तक का हज़ार-दो हज़ार का संस्करण बरसों तक ख़त्म न हो पाए, इससे बढ़कर दुर्भाग्य क्या हो सकता है?

पुस्तकालयों के लिए सरकारी ख़रीद उस अंग्रेज़ीपरस्त अफ़सरशाही के हाथ में है जिसके मन में हिन्दी लेखन के प्रति घोर पूर्वाग्रह है और जो हिन्दी से अपना अपरिचय व्यक्त करने में फख़्र समझती है। न उनकी कोई पसन्द है और न कोई नापसन्द। इस मामले में भी उनकी समझ का संसार यहीं तक सीमित रहता है कि ख़रीदी की कार्रवाई ख़रीदी के सरकारी नियमों की ख़ानापूर्ति के मुताबिक चल रही है या नहीं, और मार्च ख़त्म होने के पहले यह आवंटित रक़म हम ख़त्म कर लेंगे या नहीं? पाठकों को कैसी किताबें मिल रही हैं, यह कभी प्राथमिक समस्या नहीं मानी गई। पिछले कई वर्षों यह होता रहा है कि दिल्ली या इलाहाबाद से कोई नियमित बोर किताबें लिखने या छपाने का धन्धा करने वाला लेखक किसी मन्त्री या अफ़सर

के बँगले पर ठहर जाता है। बोर न भी हो मगर वह अपने प्रभाव से दुर्व्यवस्था उत्पन्न करने आता है। वह एक सेट उस मन्त्री या अफ़सर को भेंट करता है, अपनी आर्थिक परेशानियों और संघर्ष की करुण कथा सुनाता है, जो कमोबेशी प्रायः इस देश के साहित्यकार के साथ है, और उम्मीद करता है कि राज्य सरकार द्वारा उसकी किताबें ख़रीद ली जाएँगी। यह स्थिति किसी मन्त्री या अफ़सर को अभिभूत करने के लिए काफ़ी है और वह आदेश दे देता है कि मेरे बँगले में ठहरे महान लेखक की किताबें ख़रीदी जाएँ। वह नहीं जानता कि इस पक्षपात द्वारा वह कितने अन्य लेखकों के साथ अन्याय कर रहा है और उन पाठकों के साथ भी जिन्हें कभी सरकारी पुस्तकालय से देश की अच्छी किताबें नहीं मिलीं। राज्य के बाहर के नामधारी लेखकों की आँख मध्यप्रदेश के पुस्तकालयों के सरकारी बजट पर लगी रहती हैं और वे प्रतिवर्ष अपना कचरा यहाँ सौंप रक़म बना कर चल देते हैं। मध्यप्रदेश की सरकार तथा पाठकों ने इस सौजन्य और सज्जनता का लगातार दंड भुगता है। अलमारियाँ गाँधी साहित्य, विनोबा साहित्य से भरी पड़ी हैं, जो शायद ही कोई पढ़ता हो और पाठक और पुस्तकालय के सम्बन्ध टूट गए हैं अथवा क्षीण हैं।

मध्यप्रदेश की सांस्कृतिक जागृति में दूर-दूर तक फैले पुस्तकालयों के महत्त्व को समझते हुए सरकारी अफ़सरों और नेताओं को अपना रवैया बदलना होगा। भोपाल में ब्रिटिश कौंसिल द्वारा एक पुस्तकालय चलाया जा रहा है जो नगर के बुद्धिजीवियों की ज़रूरत बड़ी हद तक पूरी कर रहा है। कई आई.ए.एस. अफ़सर इस पुस्तकालय में आते हैं मगर आज तक कभी किसी अफ़सर को यह ख़्याल नहीं आया कि मध्यप्रदेश सरकार हिन्दी का भी एक ऐसा ही पुस्तकालय भोपाल में तथा अन्य नगरों में आरम्भ कर सकती है, जहाँ किताबें अलमारी में बन्द न हों, वे खुली रहें, बैठने, पढ़ने की सुविधा हो और ब्रिटिश कौंसिल की तरह मात्र दस रुपया साल में चार किताबें (जो दस रुपए से कहीं ज़्यादा क़ीमत रखती हैं) तथा चार मैगजीन वहाँ से हर बार प्राप्त किए जा सकें। सरकारी पुस्तकालयों की बन्द अलमारियाँ और लाइब्रेरियनों की केवल एक स्टोरकीपर की तरह उन्हें सिर्फ़ सँभाल कर रखने में रुचि, और इन सबके बावजूद जो किताबें हैं, वे भी रूखी, व्यर्थ, अनुपयोगी, प्रकाशकों से प्रकट-अप्रकट कमीशन से ख़रीदी गई। पुस्तकालय के क्लर्क का आदेश मिलते हैं कि वह अमुक पाठ्यक्रम की पूरी किताबें ख़रीद ले, और वे किताबें अफ़सर या नेता महोदय अपने नाम इश्यू करा अपने लड़के या लड़की को देते हैं ताकि वह पाठ्यक्रम पूरा करे। बाद में किताबें दो वर्ष बाद लौटा दी जाती हैं और खोई हुई किताबें राइट ऑफ़ करवा दी जाती हैं। पुस्तकालय का छोटा-सा बजट, जो हर संकट काल में कम या समाप्त हो जाता है, इसी तरह पूरा हो जाता है।

जब तक पुस्तक ख़रीदी में ऊपरी दबाव की राजनीति चलती रहेगी, पुस्तकालयों की यही हालत बनी रहेगी। जबलपुर के एक मित्र बता रहे थे कि अभी जब

श्री रामानुजलाल श्रीवास्तव को आर्थिक सहायता प्रदान करने हमारे मुख्यमन्त्री श्री प्रकाशचन्द सेठी जबलपुर गए तो उनसे बड़ा आग्रह किया गया कि सेठ गोविन्द दास पर लिखी पुस्तकों का सेट राज्य शासन ख़रीदे। माँग यह थी कि पचास हज़ार रुपए (या शायद एक लाख) की वे किताबें ख़रीदी जाएँ। श्री सेठी आश्वासन देकर चले आए। किताबें (जैसा मेरे मित्र बता रहे थे) हैं—सेठ गोविन्ददास : कवि के रूप में, सेठ गोविन्ददास : उपन्यासकार के रूप में, आदि। मैंने जब सुना तो मुझे हँसी आई कि यदि शासन उसे ख़रीदता है, तो श्री रामानुज बाबू को सहायता देने से बढ़कर बड़ी रक़म वह जबलपुर में सेठ गोविन्ददास को दे रहा है। और जो किताबें बदले में प्राप्त होंगी, उसे कोई नहीं पढ़ेगा, वे पुस्तकालयों में बरसों तक जगह घेरती रहेंगी और पुस्तकालय के कर्मचारी उसकी धूल साफ़ करते रहेंगे।

स्वार्थी प्रकाशकों, भ्रष्ट अफ़सरों, और बाबुओं पर प्रेशर डालकर किताबें खपवाकर बजट साफ़ कर जाने वाले स्वनामधन्य साहित्यकारों के असर से कैसे पुस्तकालयों को मुक्त रखा जाए? किस तरह पाठक और साहित्य के रिश्ते की प्रमुख कड़ी के रूप में पुस्तकालयों को नया जीवन दिया जाए? —ये सवाल इस राज्य की बौद्धिक और सांस्कृतिक चेतना से गहरे जुड़े हैं। पुस्तक चयन करने के लिए जो लोग बैठते हैं, उनमें एकाधिक व्यक्ति ही समकालीन लेखन से परिचित होंगे और अपने निजी जीवन में भी उन्हें किताबें ख़रीदने-पढ़ने का शौक़ होगा। टाटपट्टी कांड के बाद केन्द्रीय ख़रीदी लगभग समाप्त है, और शासन और उसके अधिकारी इतना समय नहीं जुटा पाते कि सारी पुस्तकें पढ़ें। चयन की पूरी प्रक्रिया अफ़सरी है और प्रबुद्ध पाठक की उसमें कोई हिस्सेदारी नहीं। पुस्तकालय पुस्तकों के गोदाम बनकर रह गए हैं।

शासन जनता के साधारण अशासकीय वर्ग की आलोचना या सुझाव पर एकदम तुनकमिज़ाज रुख़ अख़्तियार कर वास्तविकताओं को भ्रामक बताते हुए प्रतिवाद करने लगता है। नतीजा यह है कि किसी भी शासन-संचलित साहित्यिक या सांस्कृतिक गतिविधि में जनता की हिस्सेदारी लगभग समाप्त है। यदि किसी गाँव या क़स्बे के लोग अपने पुस्तकालय को ठीक बनाना भी चाहें तो वे बिचारे क्या कर सकते हैं? जो हैं, उन्हें पढ़ना है। जिस तरह ख़राब सिक्का अच्छे सिक्के को बाज़ार से ग़ायब कर देता है, उसी प्रकार बेकार किताबें अच्छी किताबों को हटा देती हैं। आज यही हो रहा है। खेद यह है कि ऐसी अपठनीय किताबों की वृद्धि में शासकीय विभागों का सबसे बड़ा हाथ है।

शासन और उसकी साहित्य परिषद्

शासन साहित्य परिषद् बेहूदा नाम है। इसे 'मध्यप्रदेश साहित्य परिषद्' या कुछ ऐसा नाम दिया जा सकता था। समझ में नहीं आता कि साहित्य पर शासन का ठप्पा लगा कर क्या सिद्ध किया जाता है सिवाय इसके कि शासन साहित्य में भी दख़ल रखता है अथवा शासन के पास अपना साहित्यिक शो केस भी है। पिछले काफ़ी वर्षों से यह नाम अख़बार में प्रतिवर्ष तीन-चार मौक़ों पर छपता है और यह भ्रम उत्पन्न करता है कि शासन साहित्य के मामले में कुछ कर रहा है। शासन साहित्य परिषद् नामक इस सरकारी संस्थान की कुल कार्रवाई है : किताबों पर इनाम बाँटना (रुपया होने पर यह कार्य कोई भी कर सकता है); किसी विद्वान कहलाए जाने वाले प्राध्यापक का तीस पेजी भाषण या भाषण माला, जिसके श्रोता भाषा विभाग के चपरासी-क्लर्क से लेकर डायरेक्टर तक, तथा पुस्तकों का प्रकाशन। यह शायद एक गुप्त रस्म है, क्योंकि न वे पुस्तकें कहीं नज़र आती हैं और न उनके विषय में सुनने को मिलता है।

पहली मजबूरी सरकार संचालित संस्थाओं की होती है उनका सरकारी होना। उनकी कार्यगति लगभग सुनिश्चित हो जाती है। उनकी अन्तिम परिणति एक मुर्दा संस्थान के रूप में होती है क्योंकि वे अपने शुभारम्भ से ही सरकारी तत्त्वों को आत्मसात् कर लेती हैं। वे अपनी अन्तिम सुरक्षा ख़ुफिया प्रणाली से ही करती हैं। शासन साहित्य परिषद् को ही लीजिए। वह पुरस्कार में भाग लेने वाले लेखकों के नाम तो बता सकती है मगर वह अपने निर्णायकों के नाम हमेशा छुपाए रखेगी। एक गतिशील ईमानदार संस्था के लिए ऐसा करना ज़रूरी नहीं। वह निर्णायकों के नाम भी दे सकती है, लेखकों के भी तथा प्रथम पुरस्कार निश्चित करने के लिए हुई बहस को भी प्रकाशित कर सकती है। मगर ऐसी संस्थाएँ आत्मरक्षा के तरीक़ों में प्रवीण होती हैं और उनके भ्रष्ट होने की गुंजाइश हो जाती है। जाति विशेष के निर्णायक अपनी ही जाति के लेखक को या एक साहित्यिक गुट के लेखक अपने गुट के लेखक को आर्थिक लाभ दिला सकते हैं। (यदि शासन साहित्य परिषद् के पिछले पुरस्कारों व निर्णायकों का तथा जिन पुस्तकों को पुरस्कार नहीं दिया गया है, उनका अध्ययन

किया जाए तो सचाई साबित हो सकती है।) ऐसा वे निडर होकर कर सकते हैं क्योंकि वे जानते हैं कि गुप्त प्रणाली उनकी रक्षा करेगी, और कोई बहस शुरू नहीं होगी।

पिछले दिनों शासन साहित्य परिषद् ने पुरस्कार की राशि बढ़ा दी। ठीक किया। मगर समस्या है निर्णय की ईमानदारी की। यदि निर्णायकों की नियुक्ति के समय यह सम्मान अपने वालों को ही दिया जाता रहा (वे मित्र, जो नाम भर को साहित्यिक शख़्सियत रखते हैं, वे आला अफ़सर, जो साहित्य को मोरपंख की तरह अपने व्यक्तित्व में खोंसे रहते हैं, वे प्रोफ़ेसर, जो कोर्स में किताबें लगाने में सहायक हो सकते हैं) तो पुरस्कार के सही मक़सद समाप्त हो जाते हैं। 'आप जहाँ हैं वहाँ मुझे ला पहुँचाइए, मैं जहाँ हूँ, आपको पहुँचाऊँगा' का एक मधुर नाता स्थापित हो जाता है जो सरकारी दफ़्तर की तिलस्मी कार्रवाई तथा साहित्य की उच्च गरिमा के साथ बरसों चलता रह सकता है। राशि बढ़ाने से मित्रों को बाँटने का सुख बढ़ जाता है, और कुछ नहीं। शासन साहित्य परिषद् इसी दिशा में बढ़ रही है।

मध्यप्रदेश शासन की अपनी कोई सांस्कृतिक नीति नहीं है, न कोई दृष्टि है। दृष्टि प्राप्त करने के लिए उसके पास कोई साधन भी नहीं है। एक 'हार्ट ऑफ़ इंडिया' नामक नृत्य-नाटिका है जो बीमार दिल की तरह चल रही है। है, तो बनी हुई है। क्यों है, कोई नहीं जानता। सरकार रुपया नष्ट कर स्वयं सन्तुष्ट हो जाती है। शासन साहित्य परिषद् के सचिव ने पिछले दिनों शान से बताया कि गत छह मास में परिषद् ने चालीस हज़ार रुपए की किताबें बेचीं। यह आत्मतुष्ट करने वाला भ्रामक वक्तव्य है। जब सरकार का एक विभाग दूसरे विभाग से किताबें ख़रीदता है और शासन एक जेब से पैसे निकाल कर दूसरे जेब में रखती है तो उसे बिक्री कहना या समझना स्वयं को और दूसरों को धोखा देना है। सच यह है कि जैसे प्रकाशन सरकार ने किए हैं, उन्हें स्वयं सरकार ही ख़रीद सकती है, कोई सामान्य पाठक नहीं। सबसे पहले शासन को यह तय करना पड़ेगा कि उसे क्या छापना है, क्यों छापना है? छापने के बाद उसे सड़ने से कैसे बचाना है? किताबों की क़ीमत क्या रखी जाए? उसे कैसे बेचा जाए? यह स्पष्ट होना चाहिए कि 'मैथिलीमंगल' मध्यप्रदेश शासन द्वारा छापे जाने में दृष्टि क्या है तथा श्रीरामानुजलाल श्रीवास्तव की पुस्तक, जो छपने के लिए आई थी, वह किस बिनाह पर वापिस की गई? अफ़सरों की निजी सनक या रुझान पर विभाग चल सकते हैं, मगर साहित्य के क्षेत्र में यह सब नहीं होना चाहिए।

वयोवृद्ध साहित्यकारों का सम्मान अच्छी बात है। मगर क्या यह मज़ेदार नहीं है कि जब पंडित मिश्र मुख्यमन्त्री हों तब स्व. श्री माखनलाल चतुर्वेदी का सम्मान हो, और जैसे ही श्री प्रकाशचन्द सेठी का नाम मुख्यमन्त्री पद के लिए उभरे, लोगों का ध्यान उज्जैन के श्री सूर्यनारायण व्यास के सम्मान की ओर जाए, जहाँ के श्री सेठी हैं। रीवा क्षेत्र के वयोवृद्ध साहित्यकार अथवा भोपाल के बुजुर्ग शायर को सम्मानित होने के लिए किन राजनीतिक परिस्थितियों की प्रतीक्षा करनी होगी? शासन साहित्य

परिषद् वयोवृद्ध का सम्मान तथा उदीयमानों के अपमान की समानान्तर योजना चल सकती है। (मुझे राज्य के अनेक प्रतिष्ठित साहित्यकारों ने बताया कि वे उज्जैन के समारोह के लिए औपचारिक निमन्त्रण से भी वंचित रहे हैं। मैंने कहा—भाई, मैं भोपाल में रहता हूँ, थोड़ा-बहुत साहित्य क्षेत्र में जाना जाता हूँ, मगर मुझे भी निमन्त्रण नहीं मिला, क्या किया जा सकता है? पद न होने पर यह ज़िल्लत तो ज़िन्दगी में बर्दाश्त करनी ही पड़ती है। मगर शिकायत करने वालों में एक सज्जन शासन साहित्य परिषद् के सदस्य भी थे।) ख़ैर, टेलीफ़ोन डायरेक्टरी और पदक्रम देख कर निमन्त्रण बाँटने वाले विभागों से यह उम्मीद व्यर्थ है, मगर इतनी माँग तो की जा सकती है कि शासन का यह साहित्यिक खाता कम-से-कम इतना कष्ट करे कि राज्य के साहित्यकारों की एक सूची बना ले और सचिव महोदय बिना पूर्वाग्रह के उसमें नाम लिखें। औपचारिक रूप से एक सामान्य सूची होनी चाहिए, जिसमें नाम भर लिखे हों। मेरे ख़्याल से सचिव महोदय इससे सहमत होंगे। (मुझे सम्पादक 'वीणा' ने बताया कि उनके कार्यालय में निमन्त्रण नहीं आया। समझ नहीं आता, इसमें क्या वजह थी। 'वीणा' इस क्षेत्र की सबसे पुरानी पत्रिका है और आयोजन के समय उसकी उपेक्षा करना और सारा ध्यान सत्ता से सम्बन्धित व्यक्तियों में लगाए रखना क्या माने रखता है? मगर जब शासन साहित्य में दख़ल देता है तो वह नहीं जानता कि वह क्या कर रहा है।)

चाहिए यह था कि अब तक मध्यप्रदेश में साहित्य अकादमी की स्थापना हो जाती, और वह काम आरम्भ कर देती। पंडित मिश्र के समय इस दिशा में कुछ बुनियादी काम हुआ था। मगर 'मुंडे मुंडे मतिर्भिन्ना' के नियम के अन्तर्गत बाद में वह बात लोप हो गई। यही नहीं, शासन को सांस्कृतिक क्षेत्र की अपनी सम्पूर्ण नीति पर विचार करना पड़ेगा। कार्यक्रम के लिए आसपास वालों के अतिरिक्त भी बातचीत करनी होगी। यह बादशाही सिलसिला ख़त्म होना चाहिए कि जिस पर दिल ख़ुश हो गया, उसे नौकरी दे दी, जिसे चाहा उसकी किताब छाप दी, जिसे चाहा उसे इनाम बाँट दिए, जहाँ नज़र घुमाई वहाँ एकाध को सम्मानित कर दिया। मध्यप्रदेश हिन्दी भाषी राज्य है और हिन्दी के विकास के लिए यहाँ ज़िम्मेदारी से काम लिया जाना ज़रूरी है। साहित्य न ऐशगाह है, न चरागाह और न प्रदर्शन का क्षेत्र। खेद है कि इस राज्य के नेता पूरा समय राजनीति में लगे रहे, और मध्यप्रदेश के सांस्कृतिक जीवन से सम्बद्ध सारे पक्ष अफ़सरशाही के हाथों में फँसे रहे। बुद्धिजीवियों की निरन्तर उपेक्षा, अपमान और उन्हें राज्य छोड़ने की स्थितियाँ उत्पन्न करने में मध्यप्रदेश देश का अग्रणी राज्य रहा है और इस मामले में शर्मिन्दगी अनुभव करने में अब देरी नहीं की जानी चाहिए।

चाकू-तरंग पर भीमपलासी ऐब्स्ट्रैक्ट उर्फ़ कविता

मौक़ा मुनासिब देख कर हो जाना चाहिए था मुझे कवि। लिखने लगनी चाहिए थीं कविताएँ। मौक़ा मुनासिब देख कर।

मज़े में हैं वे लोग जो कविताएँ लिखते हैं और सीरीज में उनकी 'पहचान' होती है। उन पर कुछ नहीं व्यापता। वे किसी भी क़तार में खड़े हो घरोपा महसूस करते हैं। उन्हें क़तार से नहीं, घरोपे से मतलब है। एक ख़ुशनुमा माहौल जो वे लपेटे रहते हैं एक शाल की तरह अपने आसपास। जुमलेबाज़ी का चक्रव्यूह छाया देता है उन्हें, जिसके तले बैठ वे गुज़ार लेते हैं मुसीबत की घड़ी। दूसरों की मुसीबत उनके लिए एक घड़ी होती है, लमहा या क्षण। 'क्षण का साक्षात्कार' कहते हैं इसे!

जो मैं कवि होता तो ऐसे दिनों में नन्ही चिड़िया पर कविता लिखता; या उस नंग-धड़ंग बच्चे पर, जो घर के सामने माँ की आवाज़ को अनसुना कर तितली देखता खड़ा है या मैं बेख़ौफ़ होकर अपने पिता पर कविता लिखता और उनकी खाँसी का जिक्र करता। मैं कुछ भी लिखता। नन्ही चिड़िया, नंग-धड़ंग बच्चे और बूढ़े पिता का एक ही अर्थ होता है। एक ही उपयोग कि उन पर लिखी जा सकती हैं कविताएँ। सब बड़े काम की चीज़ें हैं। समुद्र, सीपी, आँगन, पेड़, माँ, बाज़ार, नन्हे जूते, शाम या बुलाकी दास चमार। बड़े काम की चीज़ें हैं ये सब। कवि होता तो खेलता इन शब्दों के ढेर से और कहता कि मैं चाकुओं से खेल रहा हूँ। शब्द चाकू होते हैं। कवि होता तो मैं चाकू-तरंग का आविष्कार करता शब्दों को बजा-बजा कर। जैसे लकड़ी पीट काष्ठ-तरंग, वैसे चाकू बजा चाकू-तरंग मानो कविता।

कवि गायक होता है। उसका शस्त्र है उसकी भीमपलासी। इतिहास के हर दौर में भीमपलासी भीमपलासी होती है। मियाँ की तोड़ी जो गाई थी अकबर की ड्योढ़ी पर तानसेन ने पहली बार; उसकी पवित्रता की रक्षा करनी होती है गायक को। बन्दिश सबके लिए जो भी अर्थ दे, जो भी घुटन लगे दूसरों को, गायक के लिए बन्दिश कृति का मात्र सम्बोधन है। कवि गायक होता है। उसे बन्दिश में भीमपलासी तलाशने का सुर आता है।

कवि चित्रकार होता है। उसे मतलब है अपने तिकोन, चौकोन, गणेश, आकाश, न्यूड, मरुस्थल की रेत, लम्बी गर्दन वाली औरतें, तश्तरी-सुराही-अंगूर वाली 'स्टिल लाइफ़' या किसान के घर के पास रखे पहिए की गोलाई से। कवि चित्रकार होता है। उसे खेलना है उन रंगों से जो भगवान (और केमलिन कम्पनी) ने दिये हैं। देश के इतिहास के हर दौर में उसे खेलना है रंगों से, रेखाओं से। वही उसकी भीमपलासी है।

कवि होता है चित्रकार और गायक। माध्यम के मज़े लूटना, भीमपलासी शब्दों में तलाश सुर लगाना उसे आता है। मैं कवि हो जाता तो चाकू-तरंग पर बजाता सतरंगी भीमपलासी ऐब्स्ट्रैक्ट।

सीना तानकर घूमता जो कवि हो जाता। मेरा अपना एक जंगल होता महफ़िलों का। अतिवाद पर कड़ी नज़र रखने वाले आलोचक वेशधारी अफ़सर/अफ़सर वेशधारी कवि/कवि वेशधारी नम्र महत्त्वाकांक्षी/वेतन को साहित्य से सुरक्षित रखने वाले/साहित्य को वेतन से दार्शनिक आधार प्रदान करने वाले/कविता के सहारे पदों पर लटके/टिप्पणियों का टेका ले अपने तबादले रोके/इनाम-इकराम की सेंधें तलाशते/घिघियाते/लपलपाते/लेखन के बीच से निजी विकास की पगडंडियाँ तलाशते/अपनी बौद्धिक नपुंसकता को युवा शब्द से ढके/पैने मुहावरों के गुलाबी धन्धे में व्यस्त सौदागर जिनके सपनों में समीक्षा से उभरता है निजी फ़्लैट, कविताओं से निकल कर आती है कार, क्रान्ति से मिलती है ढेर सारी लड़कियाँ/मैं भी सीना तानकर घूमता उन सबके बीच उन सबकी तरह। इन महान तथ्य से आतंकित करता सबको कि लिखी हैं मैंने कविताएँ। जवाब में वे मुझे आतंकित करते।

इस तरह परस्पर आतंकित, सीना फुलाए, मुस्कुराते हम अपनी कविताओं से स्वयं आतंकित भटकते आभिजात्य महफ़िलों के उस ख़ुशनुमा जंगल में। हम सब प्यारे-प्यारे लोग, हम सब कवि, मत-वैभिन्न्य, शैली-वैभिन्न्य, कथ्य-वैभिन्न्य की रोचक नक़ली मुद्राएँ ले एक ही बैले में नर्तन करते। गोष्ठियों में एक ही कुतिया के पिल्लों की तरह प्यार-भरी फ़ाइट करते एक-दूसरे से ऊपर-नीचे होते। हम सब कवि, सहमति और असहमति, स्वीकार और अस्वीकार, एकता और विरोध, नौकरी और क्रान्ति, संघर्ष और वजीफ़े को एक ही प्यार भरा अर्थ देते खड़े हो जाते पकड़ कर अपनी-अपनी कविता। कोई हमारा क्या बिगाड़ लेता? और वह हमारा क्यों बिगाड़ता? क्योंकि हम तो उसी के होते! किसे पसन्द नहीं होती है भीमपलासी या ऐब्स्ट्रैक्ट पेंटिंग या पाब्लो नेरुदा का सन्दर्भ। मैं कवि होता तो कितना कुछ कर गुज़रता पिछले दिनों। कविता के अलावा भी कितना कुछ हो जाता है जीवन में कविता के साथ। इसीलिए कहते हैं, कविता जीवन है।

व्यर्थ बिताया जीवन मैंने कविता लिखे बिना। जीवन बिना कविता बीतता है, कविता बिन जीवन की तरह। यों बैठने को कॉफ़ी हाउस है, खड़े रहने को फुटपाथ,

लौट जाने को घर है, पर कवि होता तो केवल इतना ही नहीं होता। मैं बजाय कॉफ़ी हाउस के किसी के बँगले में, दफ़्तर में, सभा में घुस सकता था जेब में कविताएँ लिये। अपने अहं को सुरक्षित रख इन्कार कर सकता था सुनाने से और फिर उनको ही छापने को दे देता और डाँटता कि उन्हें समझ नहीं है जबकि मैंने कविता में उनका ही समर्थन किया है। उनके दफ़्तर से क्रोध में वाकआउट कर मैं उनके बँगले चला जाता, कहता—'भाभी, चाय पिलाओ, आज तुम्हारे पति से झगड़ा हो गया है, यों कोई ख़ास बात नहीं।' मैं उसका विरोध करता जो मुझे कॉफ़ी पिलाता और उनके साथ खाना खाने जाता जिनसे बहस करनी होती मुझे कविता पर। गालियाँ देता उसे जो मेरा संकलन छापता और वह गालियों-भरी कविता भी उसी संकलन में होती। वह संकलन बिकता या नहीं बिकता, मेरी दाढ़ी पर इसका क्योंकर असर पड़ता? जिसे ख़रीदते वे ही, जिन्हें मैं मूर्ख मानता हूँ। और मुझे पुरस्कार मिलता उससे ही, जिसे उखाड़ने का संकल्प मैंने अपनी कविताओं में लिया है, जो उसी संकलन में होतीं, जो पुरस्कृत होता।

पुरस्कार लेने के बाद मैं उस पर थूकता और बैंक में जमा कर व्हिस्की इश्यू करा दोस्तों से अफ़सोस से कहता कि मेरी क़लम में ठहराव आ गया है। और वे इस समस्या का निदान खोजने मेरे पीछे मेरे घर तक आते और उन्हें व्हिस्की पिलाता मैं रोता कि मुझे व्यवस्था से बचाओ। वे मेरे खिलाफ़ पीने के बाद बयान देते, जिसे छापने के लिए मैं पुरस्कार की रक़म से चन्दा देता और बयान के खिलाफ़ लम्बी कविता लिखने की घोषणा कर मैं किसी डेलिगेशन का सदस्य हो जाता और विदेश जाकर कविता लिखता अपनी माँ पर, अपने गाँव पर और लौटने पर मैं कह देता कि मैंने अभी तक जो लिखा, उससे मैं इन्कार करता हूँ। जनाब, मैं कवि होता तो गालियाँ बकता, गालियाँ कविताएँ होतीं जिनकी शालीनता का जिक्र समीक्षाओं में होता, जिसे मैं नहीं मानता।

मौक़ा मुनासिब देख कर हो जाना चाहिए था मुझे कवि। लिखने लग जानी चाहिए थीं कविताएँ। मौक़ा मुनासिब देख कर।

कवि हो जाता तो मैं सब कुछ कर सकता था। देश की हालत पर अफ़सोस करता और उस हालत को जस-की-तस बनाए रखने की कोशिश करने वाले सम्मेलनों में जाता और उनके भाषणों को चुपचाप सुन प्रस्तावों का समर्थन कर बाहर आ बड़बड़ाता हुआ प्राप्त लिफ़ाफ़े के रुपए गिनता। उनके खिलाफ़ कविता लिखने की बात सोच फिर नहीं लिखता, बल्कि सम्मेलन का मज़ाक बनाते कॉफ़ी पीता रहता। कवि होना निरन्तर कुछ होते रहना है। मैं होता तो कुछ होता रहता, फिर होते-होते जो भी हो जाता या न होता—कुछ कवि होने के अतिरिक्त।

कविता तांडव नृत्य है जिसकी मूल चिन्ताएँ तबले की थाप पर पैर पटकना और सामने की पंक्तियों में बैठे आभिजात्य दर्शकों की वाह-वाह सुनिश्चित करना है। कविता युद्ध की तैयारी है जिसमें नियुक्तियाँ, प्रमोशन, वेतनवृद्धि, सप्लाई, स्टोर आदि लाभप्रद गतिविधियाँ चलती हैं और युद्ध को अन्ततः टालते रहना कविता का मुख्य कर्म है। कविता पुल है समाज का, जिसके निर्माण में ठेकेदार, इंजीनियर, अफ़सर मिलकर खाते हैं। कवि मानव आत्मा का इंजीनियर या ठेकेदार या मुक़ादम है जो हाज़िरी लगाता है रोज़ उनकी, जो सिर्फ़ काम करते हैं।

मैं काम करते-करते थक गया हूँ। अब हराम की खाना चाहता हूँ। दूसरों के ईमान पर निरन्तर शक करना चाहता हूँ। मैं अब मानव आत्मा के इंजीनियर, ठेकेदार, अफ़सर या मुकादम से छोटे किसी पद को स्वीकार नहीं करूँगा। मौक़ा मुनासिब है, कविताएँ लिखने में ही ख़ैर है। ख़ैर, जो भी है, कविता कविता है, कवि कवि है, आप क्या बिगाड़ लोगे! कोई मुझ पर समीक्षा लिखने, मुझे पुरस्कृत करने, मेरी वाह-वाह करने के अतिरिक्त मेरा क्या बिगाड़ लेगा? मैं कवि हो जाऊँगा तो फिर सब ठीक-ठाक हो जाएगा, जिसे मैं क्रान्ति कहूँगा। मुझे इससे क्या मतलब, कोई जेल गया, कोई मर गया। किसी की नौकरी गई, किसी ने रिश्वत ली। मुझे क्या करना, अख़बार बन्द हुआ, घर ख़ाली हुआ, लोग छुप गए, कारें गुज़र गईं, मुझे इससे क्या करना! शब्द ब्रह्म है। मैं वाक्यों को भी ब्रह्म, निराकार, निर्विकार, निरर्थक कर दूँगा। नन्ही चिड़िया, नंग-धड़ंग बच्चा या बूढ़ा पिता या बाज़ार या पेड़ या शाम या बुलाकी दास चमार—सबका मतलब एक ही है, जो मेरी कविता है। वह देखो, टहनी में कोंपल फूटी या शाला से लड़कियाँ छूटीं, या जो भी हो। कोई मेरा क्या कर लेता, जो मैं हो जाता कवि! मौक़ा मुनासिब देख कर।

अफ़सर और संस्कृति

अफ़सर संस्कृति को चॉकलेट की तरह ग्रहण करता है। थोड़ा-सा, छोटा-सा, प्यारा-सा, मुँह में घड़ी भर को मिठास ला दे, पैकबन्द हो, मामूली आदमी के गन्दे हाथों से अनछुआ हो, शुद्धता और श्रेष्ठता की सुनिश्चित गारंटी हो, एकाध टुकड़ा, कभी-कभी, बेबी के आग्रह से, मन में इस भय को पालते हुए कि इसका आधिक्य कहीं चर्बी न बढ़ा दे। संस्कृति को वह मुँह का स्वाद बदलने के लिए ग्रहण करता है। उसके लिए संस्कृति इससे ज़्यादा माने नहीं रखती। हर अफ़सर आदमी के रूप में इस भ्रम को पालता है कि वह विशिष्ट है, उच्च है, मलाई है जो सबसे ऊपर अपने ही गुणों के कारण उभर कर आई है। इसलिए वह जीवन को, चाहे वह उसके देश, प्रान्त या नगर का ही जीवन क्यों न हो जहाँ वह जीता है, एकदम नए सिरे से ग्रहण करता है एक सचेत प्रयत्न की तरह। सितार की गत, आलाप, भजन का भोला निश्चल मुखड़ा, पेंटिंग या नाटक के एक लम्बे वाक्य को अफ़सर तक पहुँचने के लिए रूखे अन्तर्मन का समूचा सचिवालय चीरना पड़ता है। कई बार और प्रायः ही वह विलम्बित लय दीवार के आसपास भटककर रह जाती है। मानो संस्कृति न हो, ग़रीब की फरियाद हो! रागिनी न हो, आवेदन-पत्र हो, जो यदि थ्रू प्रॉपर चैनल नहीं आया तो सीधे साहब तक पहुँचने का कोई रास्ता नहीं। भारतीय अफ़सर अपने अतीत, अपने अन्दर जी रहे छोटे से क़स्बे को भुलाकर अफ़सरी करता है। वह यह भूल जाता है कि उसकी माँ दादी के भजन गाए थे, अपने मोहल्ले में किसी नृत्य से सम्मोहित वह कभी खड़ा रहा होगा, वाद्य बजते रहे हैं, जनता तक सीधे पहुँचने वाली बोली में कथाएँ बाँची जाती हैं और यह सब एक भारतीय व्यक्ति के संस्कार की सामान्य परतें हैं, जिसके लिए कविता या संगीत से जुड़ना अपने उसी अतीत, उसी नन्हे क़स्बे से स्वयं को जोड़ना है, मूल रस के सहारे सामान्य मनुष्य बने रहने की शक्ति का संचयन करना है और एक विराट धारा में डूबकर अपने अस्तित्व की पहचान करना है। मगर अफ़सर के लिए चूँकि ये सारी बातें उसके अफ़सर, विशिष्ट और मलाई बने रहने के लिए ग़ैरज़रूरी हैं अतः वह सांस्कृतिक कार्यक्रमों में अगली कुर्सी घेर बैठे, बार-बार घड़ी देखते हुए वह जानता है कि मंच से बिखर रहे शब्द, स्वर, रंग उसके लिए ग़ैरज़रूरी हैं।

सांस्कृतिक कार्यक्रमों में अफ़सर विशेष मुद्राओं में नज़र आता है। उसके चेहरे पर प्रवेश के समय एक मुख्य अतिथि-भाव होता है। यदि वह बड़ा अफ़सर है तो आते ही वह वरिष्ठता के सरकारी सोपान क्रम को आँखें घुमा कर समझ लेता है कि उससे बड़ा कहाँ बैठा है, उससे छोटा कहाँ बैठा है और उसकी स्थिति क्या होनी चाहिए। अफ़सर की पत्नी ऐसी ही आँखों से अन्य छोटे-बड़े अफ़सर की पत्नियों का त्वरित सर्वेक्षण कर डालती है। फिर वे बैठते हैं। ज़ाहिर है, बेहतर कुर्सियाँ उनकी नस्ल के लोगों के लिए पहले से ही ख़ाली रहती हैं। बैठने के बाद वे आसपास को जाँचते हैं और इधर-उधर देख व्यवस्था के स्तर को समझने की चेष्टा करते हैं। वे अपेक्षा करते हैं कि संयोजक उनके समीप आ झुक कर मुस्कुरा कर कुछ कहेगा और वे उत्तर में एक-दो मज़ेदार वाक्य कह अपने लाइट मूड की सूचना देंगे। कुछ देर बाद वे घड़ी देखते हैं और घोषित समय और कार्यक्रम के वास्तविक समय के अन्तर के प्रति नाराज़ी प्रकट करते हैं। वही अफ़सर, जिसकी मेज़ पर इस देश और समाज के विकास की फ़ाइलें हमेशा पेंडिंग पड़ी रहती हैं।

अफ़सर जब सांस्कृतिक कार्यक्रम से उठ कर जाता है, उसका सीना फूला हुआ और गर्व से कला को रिजेक्ट करके जाता है। पीछे बैठे चमचे इससे प्रेरणा लेते हैं। वे भी उठने लगते हैं। दूसरे अफ़सरों को भी मौक़ा मिल जाता है। इस तरह प्रत्येक सांस्कृतिक कार्यक्रम में अफ़सर का आना बड़प्पन है, उसका जाना बड़प्पन है। वह मानो संस्कृति को या कार्यक्रम को प्रमाणपत्र देने आता है कि तुम ठीक चल रहे हो और चला जाता है। जाते समय अफ़सर संयोजक को व्यवस्था अथवा कार्यक्रम के स्तर के सम्बन्ध में दो नेक राय दिये बिना नहीं चूकता। अगर उसे सीट ठीक मिली है तो कार्यक्रम अच्छा होता है, अन्यथा बेकार। चूँकि इस देश में हर मामले में अफ़सर की राय अन्तिम और निर्णयकारी होती है, अतः वह कला संस्कृति को भी उपकृत किए बिना कैसे रह सकता है? समापन की द्रुत लय को उसकी कार अपनी घरघराहट के साथ रौंदती अहाते से निकल जाती है। संस्कृति का एक अदद चॉकलेट चूस वह चला जाता है।

देश का दुर्भाग्य है कि हमारी कला और हमारा साहित्य आज अफ़सरों की कृपा पर अवलम्बित हो रहा है। रजवाड़ों से निकल यह सचिवालय की गिरफ़्त में आ गया है। कलाकार और समाज के सीधे सम्बन्ध इस वर्ग की कृपा के बिना जुड़ना कठिन हो गया है। हर कार्यक्रम पर इन फ्री पास लोभियों, सम्मानाकांक्षियों की आँखें लगी रहती हैं। बिरले ही संस्कारशील अफ़सर हैं जो टिकट ख़रीद योग देते हैं, जहाँ जगह मिले वहाँ बैठते हैं और अपनी नासमझी को कला पर न लादने की कोशिश करते हैं। जो दर्शक बनकर बैठे, मंडप की शोभा-भर नहीं, यह स्थिति अफ़सरी मिजाज़ को माफिक नहीं आती। सरकार चलाने वालों की केन्द्रीय रुचियाँ राजनीति और प्रशासन हैं और चूँकि वे दोनों ही जनोन्मुखी नहीं हैं, अतः संस्कृति में उनकी अरुचि स्वाभाविक है।

दही कटोरा हाथ में

मुझे उसका बाज़ार में दही लेने आना अच्छा लगा। मैं तब बाज़ार में खड़ा पान चबा रहा था। मैं अक्सर वहीं या उसके आसपास खड़ा रहता था। देखा, वह एक हम उम्र अफ़सर के साथ बँगलों वाली पहाड़ी की ढलान से चला आ रहा है। उसके हाथ में एक भगौनी थी और बार-बार सिमटने का प्रयत्न कर रही मुस्कान में संकोच भी। वह उस समय सफ़ेद पैंट पर नीली बुश्शर्ट पहने था और ऐसे छोकरे की तरह लग रहा था जो पिता की आज्ञा से सख़्त दोपहरी में मस्ती करते हुए दही लेने जाते हैं। वह छोटे शहर से आया था और बड़ी नौकरी मिल जाने के बाद भी उसका छोटे शहर का बना रहना बड़ी अच्छी बात थी। यों प्रभावित करने का उसका अपना ढंग था।

मेरा यों कि यदि मैं किसी से प्रभावित होना चाहूँ तो हो लूँ और मेरा वैसा मूड न हो तो न भी होऊँ। देखा जाए तो यह छोटे शहर और क़स्बों की मजबूरी है। हम आत्मीयता-भरे वातावरण को चाहे वह कुछ हद तक नक़ली भी हो, पूरी तरह अपनी सच्चाई की हथौड़ियाँ लिये तोड़ नहीं सकते। बहसें जब सम्बन्ध टूटने के छोर पर पहुँचने लगती हैं, कोई ज़रूर कहता है कि चलो, चाय पीएँ। जो सहनशीलता की सीमा तक जा रिश्तों के पुल क़ायम रखते हैं, वे अक्सर क़स्बों से आए लोग होते हैं।

वह मुझे देख संकोच में मुस्कुराया। शायद उसे मेरा इस तरह एकाएक मिल जाना अजीब लगा। और उससे अधिक उस समय हम उम्र अफ़सर को, जो खिंचा-खिंचा-सा साथ चल रहा था। पर अब लगभग खिलन्दड़े हो जाने के अतिरिक्त उनके पास चारा न था। या वे सचमुच सहज हों और मुझे समझने में ग़लती हो रही थी।

मैंने उनसे पूछा—"इस वक़्त आप लोग कैसे?" तब चार के आसपास बज रहे थे और यह समय अफ़सर के, चाहे वह अपेक्षाकृत छोटे ही पद पर हो, सड़क पर आने का नहीं होता।

"दही लेना है और यहाँ पता नहीं, दही कहाँ अच्छा मिलेगा!" उसने पूछा—"क्या आप जानते हैं?"

शायद हो सकता है कि इस वाक्य को उसने किसी दूसरी तरह बनाया हो।

उस छोटे से शहर में इस प्रश्न का मेरे पास उत्तर था। जीवनभर चप्पलें घिसना कहीं तो सार्थकता प्राप्त करता है। ज़रूरी नहीं कि आप निरन्तर भटककर बौद्ध हो जाएँ। आप उससे अधिक उपयोगी हो सकते हैं। जैसे, आपको पता होता है कि प्लास्टिक का सामान कहाँ अच्छा मिलता है अथवा किस होटल की उबली चाय अपेक्षाकृत पीने लायक होती है या किस सिनेमा का साउंड सिस्टम बेहतर है। अपनी नम्रता बनाए हुए मैं यह कहना चाहता हूँ कि उसके सौभाग्य थे कि जब वह पहली बार इस नगर में दही ख़रीदने निकला, मैं उसे सड़क पर मिला।

मुझे कई बार सपना आता है कि मैं एक धुँधली-सी सड़क पर अँगुली पकड़े एक बच्चे को दही की दुकान की ओर ले जा रहा हूँ। सपना टूटने पर मैं स्वयं से पूछता हूँ कि मैं उसे दही की दुकान की ओर क्यों ले गया?

दूसरे दिन उसने बताया कि दही अच्छा था। उसे यह बात ज़रूर उसकी पत्नी ने कही होगी या उसके ससुर ने, जो प्रायः अपने अफ़सर दामाद के सुविधा-भरे जीवन का थोड़ा अंश भोगने वहाँ आ जाते थे। मैं शर्त बद कर कह सकता हूँ कि दही के बारे में उसे कोई समझ नहीं है। बिल्कुल। आप चाहें तो आज इस बात की जाँच कर सकते हैं। एक लम्बे अनुभव से गुज़रने के बाद आप दही अच्छा है या नहीं, यह पहचान पाते हैं। मुझे इस बात पर गर्व था। यों यह बेमानी-सी बात है।

मैं क्यों आज भी अक्सर उस धुँधली सड़क पर उस बच्चे को दही की दुकान की ओर ले जाता हूँ।

राजनीतिक हलचल : नगर संस्करण

'राजनीतिक क्षेत्रों में हलचल' एक अख़बारी मुहावरा है। हमारे नगर के सन्दर्भ में इसे समझना कठिन है। जो इस नगर में रहते हैं, वे जानते हैं कि यहाँ राजनीतिक हलचल का मतलब क्या होता है। मतलब है—कुछ न करने वाले नेताओं द्वारा कुछ नहीं किया जाना। यह सच है कि ऐसे दिनों ख़ूब अख़बार पढ़े जाते हैं और जानकारियों का आदान-प्रदान होता है। वे लोग ऐसे 'क्राइसिस' के मौक़ों पर गम्भीर हो जाते हैं और यह सिद्ध करने का प्रयास करते हैं कि वे गम्भीर हैं। और कई बार ज़ोर-ज़ोर से हँसकर यह सिद्ध करने का प्रयास करते हैं कि वे पुराने छँटे हुए घाघ हैं। घाघ न हों, वे पुराने ज़रूर हैं। कुछ तो शक्ल से कांग्रेस से भी पुराने कांग्रेसी लगते हैं। ये लोग मिलकर जो हलचल करते हैं, उसे कहते हैं—नगर की राजनीतिक हलचल। यह सदैव एक जैसी होती है। हम तो बरसों से देखते आ रहे हैं।

आप बदरी भैया पंसारे को लीजिए। ऐसे हर मौक़े पर वे पहला काम यह करते हैं कि टीन की बड़ी पेटी से अपनी बादामी शेरवानी पहन लेते हैं। जब चीनी आक्रमण हुआ था, तब उन्होंने यही किया था। जब पाक आक्रमण हुआ तब उन्होंने यही किया और अभी जब दिल्ली में कांग्रेस दो ख़ेमों में बँटने लगी तो उन्होंने यही किया। तुरन्त शेरवानी निकाल कर पहन ली और अपनी बैठक में आकर बैठ गए। पंसारे जी का घर नगर के बीच में है और उनकी बैठक काफ़ी बड़ी है। सिर्फ़ इसी कारण वे धीरे-धीरे शहर के प्रमुख नेता बन गए। कांग्रेस कमेटी का दफ़्तर नगर के छोर पर है। वहाँ तक जाने के कष्ट से बचने के लिए कांग्रेसी नेता हमेशा प्रस्ताव कर देते हैं कि क्यों नहीं बैठक पंसारे जी के निवास स्थान पर कर ली जाए! इस आलस का नतीजा यह हुआ कि पंसारे जी बड़े नेता हो गए। कुछ हद तक इसमें उनकी बादामी शेरवानी का भी योग रहा। आपके विषय में कांग्रेसी मित्र कहा करते हैं कि पंसारे जी एकनिष्ठ, तपस्वी एवं सच्चे जनसेवक हैं। यह विशेषण बार-बार दुहराए जाते हैं। इसमें एक चाल है। यह हवा इसलिए बाँधे रहते हैं कि कहीं पंसारे चुनाव का टिकट न माँग बैठें। वे लोग कहते हैं कि पंसारे जी ज़रा भी पदलोलुप नहीं हैं, त्यागी और कर्मठ वगैरह हैं। नतीजा यह कि बेचारे पंसारे जी शहर कांग्रेस के कोषाध्यक्ष पद से कभी आगे नहीं बढ़ पाए और एक बादामी शेरवानी के बाद दूसरी नहीं सिलवा सके। पंसारे जी

जब कोषाध्यक्ष थे, तब के हिसाब में कुछ गड़बड़ियाँ हैं। यह बात सबको पता है, मगर चुप रहते हैं। जिस दिन पंसारे टिकट की बात करेगा, ये लोग सारा कच्चा चिट्ठा खोल देंगे। पंसारे भी अपनी ख़ैर इसी में समझते हैं कि तपस्वी बने रहें।

पंसारे जी ऐसे मुसीबत के मौक़ों पर एकता और सहयोग पर ज़ोर देते हैं। जनता की नहीं, सिर्फ़ कांग्रेस की एकता। अपनी मिनमिन आवाज़ में कहते हैं—"ऐसा करें, सब लोग बैठ लें एक स्थान पर और चर्चा कर लें, जिसके जो विचार हों पता लग जाए तो सब मिल-जुल कर तय कर लें। क्या करना, क्या नहीं करना। फिर जैसा आप लोग उचित समझें। मेरे ख़्याल से तो सब लोग कहीं बैठ लें। क्योंकि ऐसा है कि सबके क्या विचार हैं, पता लग जाएगा और आगे क्या नीति रखना सो भी सेटल कर लेंगे। सब लोग कहीं बैठ लें।

और सब लोग कहीं बैठ लेते हैं। अख़बारों में छपता है कि यह महत्त्वपूर्ण बैठक पंसारे जी के निवास स्थान पर हुई। उनका नाम फैलता है।

दूसरे हैं बाबू किशनलाल आर्यभक्त। आर्यभक्त नाम तब से चला आ रहा है जब आप राष्ट्रीय कविताएँ लिखते थे और आपकी 'बढ़े चलो' नामक कविता सारे ज़िले में मशहूर हो गई थी। आपने एक साप्ताहिक निकाला था, जो बन्द हो गया। अनशन करने में उस्ताद हैं। बहुत बोलते हैं, ख़ूब पान खाते हैं और शहर में कहीं भी खड़े हुए मिल जाते हैं। अपनी इसी आदत के कारण शहर के दो सुप्रसिद्ध 'मर्डरों' के चश्मदीद गवाह रह चुके हैं। उसमें आपने बड़ी रक़म बनाई। कोई घर-बार नहीं। पिछले बाइस वर्षों से कांग्रेस कमेटी के दफ़्तर में रहते हैं। इन्हें हटाने का जब प्रस्ताव आया, आप अनशन करने बैठ गए। नतीजा यह हुआ कि कोई चुने या नहीं, आप कांग्रेस के स्थायी कार्यालय मन्त्री हैं। हटाना कठिन है। 'क्राइसिस' के समय ऐसे उत्साह में आ जाते हैं कि वरिष्ठ नेता के दाबे नहीं दबते। आपका नारा रहता है कि बस, जनता में कूद पड़ो। आपकी पीड़ा है कि 'हाय! कांग्रेस जनता से दूर जा रही है।' आप आगाह कर चुके हैं कि अगर कांग्रेस जनता से दूर हो गई तो डूब जाएगी। हर 'क्राइसिस' के मौक़े पर आज गरजकर और फुसफुसाकर एक ही बात कहते हैं कि वक़्त आ गया है, अब जनता के लिए काम शुरू कर देना चाहिए। कांग्रेसी मित्र उनकी गरज से डरते हैं, मगर उनकी फुसफुसाहट का आदर करते हैं। जनता में काम करना मानो जनता को मूर्ख बनाने का षड्यन्त्र हो। सब सहमत हो जाते हैं। मगर कुछ नहीं होता। सिर्फ़ किशनलाल आर्यभक्त देर रात तक होटलों और पान की दुकान पर खड़े रहते हैं। उससे कांग्रेस जितनी सुदृढ़ हो सकती है, हो जाती है।

तीसरे हैं लालाराम गौड़। दो बार जेल गए हैं और दोनों ही बार राजनीतिक कारणों से। अन्य किसी कारण से पुलिस आपको कभी पकड़ नहीं पाई। संस्थाएँ खड़ी करने में जवाब नहीं आपका। नगर की तीन-चौथाई संस्थाएँ आपके कब्ज़े में हैं। कुछ जातियों के वोट इनके हाथ में हैं। इसलिए जब चाहे तब कांग्रेस से नाराज़ हो जाते हैं। आपका कहना है कि पंडित जवाहरलाल नेहरू जब तक रहे, अक्सर संकट के समय रात को ट्रंक कॉल कर आपसे सलाह लेते रहे हैं। सरासर ग़लत है, सब जानते हैं। भाषण हमेशा लम्बा खींचते हैं। विषय पर आने के पूर्व हमेशा विस्तार से बताते हैं कि हमारा भारतवर्ष कैसे आज़ाद हुआ। कोई नेता मरता है तो नगर में सबसे पहले आप ही उसे महान घोषित करते हैं। शोकसभा में आँसू बहा देने में आपका सानी नहीं। ख़ुद को निःस्वार्थ सेवक कहते हैं। पिछले दिनों दो हाउसिंग सोसायटीज़ डुबोईं और तीन मकान खड़े किए। संकट के समय पंसारे जी के निवास-स्थान पर बैठक में लालाराम जी दो बातें हमेशा कहते हैं। एक तो यह कि कांग्रेस पार्टी को आत्मविश्लेषण कर अपने दोष देखना चाहिए तथा कुछ आमसभाएँ करनी चाहिए। आत्मविश्लेषण न हो पाए, मगर आमसभाएँ हो जाती हैं, जिनमें कुछ जनता एकत्र होती है और लम्बा भाषण दे लालाराम गौड़ बताते हैं कि भारतवर्ष कैसे आज़ाद हुआ। इनके घोर विरोधी हैं बाबू रतन सिंह सुराजी। पहले पन्द्रह अगस्त को झंडावन्दन श्री सुराजी ने ही किया था, मगर बाद में वे कुछ नहीं कर पाए। कांग्रेस जब भी ग़लती करती है, आप तुरन्त कांग्रेस से त्यागपत्र दे देते हैं और जैसे ही कांग्रेस कोई अच्छा काम करती है, आप फिर से संस्था में आ जाते हैं। साल में एक-दो बार ऐसा हो जाता है। ईमानदार चाहे हों, मगर भरोसे के नहीं। ज़ब से राजनीतिक पीड़ित होने के कारण खेती के लिए सरकार से ज़मीन मिल गई है, कृषि-क्रान्ति के घोर समर्थक हो गए हैं। संकल्प लिया है कि चार किलो का भुट्टा पैदा करेंगे और कृषि मन्त्री की नाक पर मारेंगे। लालाराम गौड़ से आपके राजनीतिक विरोध के कारण व्यक्तिगत हैं। जो लोग जमुनाबाई कांड से परिचित हैं, असली मामला जानते हैं।

फिर आते हैं युवक नेता नवल किशोर प्रेमी। आप विगत सत्ताईस वर्षों से युवक नेता हैं और आगे भी रहेंगे। नई बत्तीसी फिट करवाई है और बालों पर खिजाव लगाते हैं। बातचीत में अक्सर जयप्रकाश नारायण का जिक्र करते हैं, जिनसे वे असहमत हैं। ख़ुद को कांग्रेस का 'यंग-ब्लड' कहते हैं और पार्टी के आन्तरिक चुनावों में मुँह की खाते हैं। 'क्राइसिस' के मौक़ों पर कहते हैं कि हमने तो पहले ही कहा था, तब किसी ने नहीं सुनी। चीनी आक्रमण के समय आपने कहा कि हमने तो पहले ही कहा था। पाक आक्रमण के समय बोले, हमने पहले ही कहा था। कांग्रेस जब चुनाव में हारी तब बोले, हमने पहले ही कहा था और अभी निजलिंगप्पा और इन्दिरा गाँधी के मतभेद हुए तो बोले कि हमने तो पहले ही कहा था कि कांग्रेस टूटेगी, मगर तब हमारी किसी ने नहीं सुनी। हमेशा यही होता है। वे पहले ही कह

देते हैं और उनकी कोई नहीं सुनता। उनके युवा होने का प्रमाण यह है कि अख़बारों में छपी ख़बर पर सन्देह करते हैं और सभी हिन्दी पिक्चर देखते हैं। अपने को जनता का सही आदमी मानते हैं और आर्यभक्त जी से इनकी पटरी ख़ूब बैठती है, क्योंकि दोनों सड़क-छाप हैं।

इसके बाद हैं पन्नालाल जी तीन सौ। आपके सम्मान में एक बार किसी संस्था ने पाँच सौ एक रुपयों की थैली भेंट करने का निर्णय लिया था, मगर कुछ तीन सौ ही एकत्र हो पाए। लाचार हार कर झिकझिक के बाद संस्था ने तीन सौ ही भेंट कर दिये। तब से जनता आपको पन्नालाल तीन सौ कहने लगी। अब वही नाम पड़ गया। बारह वर्ष से सहकारिता की खा रहे हैं और पक्के गाँधीवादी कहलाते हैं। मौक़े पर मौन मार जाते हैं और पीठ पीछे सबकी बुराइयाँ करते हैं। और हैं देवीचरण कालीचरण फर्म के मुनीम बजरंग सहाय गुप्ता, कनकमल नागोद, विश्वबन्धु ज़िलागाँधी और एक केन्द्रीय मन्त्री के डायरेक्टर चमचे विश्वनाथ दवे। बजरंग सहाय गुप्ता ज्योतिष पर विश्वास करते हैं। 'क्राइसिस' के वक़्त बोल देते हैं कि मेष की शनि जो करवाए, कम है। धीरज रखो। कनकमल नागोद के विषय में सब जानते हैं कि व्यर्थ हैं। न लीपने के न छाबने के। विश्वबन्धु ज़िलागाँधी पुराने नेता हैं। 'ज़िलागाँधी' नाम ज़िले की जनता ने दिया था। आपको सर्वोदय वालों ने अपनी तरफ़ खींचने की बड़ी कोशिश की, मगर नहीं गए। बोले—सक्रिय राजनीति में रहूँगा। नतीजा यह हुआ कि कहीं के नहीं रहे। कन्धे पर खादी की थैली लटकाए रहते हैं। उसमें एक घड़ी रखते हैं। जब देखना होता है, थैली से निकाल कर घड़ी देखते हैं।

ये सब लोग मिलकर जो कुछ करते हैं, उसे कहते हैं राजनीतिक हलचल। वह हमेशा एक जैसी होती है। सबसे पहले यों होता है (और इस बार भी हुआ) कि बदरी भैया पंसारे ने अपनी बादामी शेरवानी पहनी और बैठक में आ गए। कुछ देर बाद कांग्रेस दफ़्तर से किशनलाल आर्यभक्त का फ़ोन आया। बोला—"नवल किशोर प्रेमी को लेकर आपके उधर आ रहा हूँ। कहीं जाना मत।" पंसारे जी ने पन्नालाल तीन सौ को फ़ोन लगाया।

सब बैठे। चर्चा हुई। नवलकिशोर प्रेमी ने कहा कि हमने पहले ही कहा था कि राष्ट्रपति चुनाव को लेकर कांग्रेस में झगड़े पड़ेंगे। लालाराम गौड़ ने सुझाव दिया कि इस पर एक आमसभा हो जाए, क्योंकि जनता भ्रम में है। प्रेमी ने कहा कि अख़बार में ठीक ख़बरें नहीं आ रही हैं। विश्वनाथ दवे बोले कि भाई साहब से दिल्ली ट्रंक करके पूछ लो—क्या करना, कैसा करना। बजरंग सहाय ने कहा कि फरवरी से गुरु अच्छा फल देंगे तब तक सबर खाओ। विश्वबन्धु ज़िलागाँधी पास के ज़िले के एक विधवाश्रम में चल रहे गाँधी शताब्दी समारोह के मुख्य अतिथि थे, सो आ नहीं सके।

दूसरे दिन बाबू रतन सिंह सुराजी ने कांग्रेस में बढ़ती अनुशासनहीनता को देख कर कांग्रेस से त्याग-पत्र दे दिया।

कुछ दिनों बाद नगर की राजनीतिक हलचलों पर अख़बारों में यों ख़बरें आईं :

'दिल्ली में हो रही घटनाओं को लेकर विगत दिनों नगर के कांग्रेसी क्षेत्रों में काफ़ी राजनीतिक हलचलें देखी गईं। स्पष्ट रूप से दो दल नज़र आ रहे हैं। पुराने कांग्रेसी नेता बाबू रतन सिंह सुराजी ने दल में बढ़ती अनुशासनहीनता से दुखी होकर त्याग-पत्र दे दिया है। कुछ और व्यक्तियों के टूटने की सम्भावना है।

'गत शनिवार नगर कांग्रेस द्वारा आयोजित आमसभा में किशनलाल आर्यभक्त ने कहा कि अगर कांग्रेस जनता से दूर हो जाएगी तो डूब जाएगी। युवक नेता नवलकिशोर प्रेमी ने कहा कि कांग्रेस के टूटने के लक्षण काफ़ी पहले से दिखाई दे रहे थे और नेताओं को आगाह किया जा चुका था, मगर खेद है कि तब किसी ने इस ओर ध्यान नहीं दिया। आपने कहा कि अब वक़्त आ गया है जब कांग्रेस युवकों को सौंप दी जाए और पुराने नेता हट जाएँ। श्री लालाराम गौड़ ने अपने लम्बे भाषण में बताया कि किस प्रकार देश की आज़ादी में कांग्रेस ने योग दिया। सभा में सर्वश्री बदरी भैया पंसारे, बजरंग सहाय गुप्ता, पन्नालाल तीन सौ आदि नेताओं के भी भाषण हुए, सब ने कांग्रेस की एकता पर ज़ोर दिया।'

फिर राजनीतिक हलचलें हुईं। फिर वही हुआ। फिर ख़बर छपी। इस बार भी नेताओं ने वही भाषण दिये। थोड़ा अन्तर था। नवलकिशोर प्रेमी ने कहा कि हमने नेताओं से कह दिया था कि कांग्रेस के सामने समाजवाद के अलावा कोई रास्ता नहीं है, मगर तब किसी ने नहीं सुना। अब वक़्त आ गया है जब कांग्रेस युवकों को सौंप दी जाए। शेष भाषण वैसे ही रिपोर्ट किए गए। ज़ोर समाजवाद पर था। सभा की विशेष बात थी कि पुराने कांग्रेसी नेता बाबू रतन सिंह सुराजी, जिन्होंने बढ़ती अनुशासनहीनता देख त्याग-पत्र दे दिया था, कांग्रेस के समाजवादी उद्देश्यों से सहमत हो वापस कांग्रेस को मज़बूत बनाने आ गए।

सभा की अध्यक्षता विश्वबन्धु ज़िलागाँधी ने की। वे विधवाश्रम के कार्यक्रमों से आ गए हैं और सक्रिय हैं।

मौक़ा विदाई श्री निक्सन

संसार में जब-जब अध्यक्ष पद की हानि हुई है, मैं सहायक रहा हूँ और कुर्सी पर बैठ मैंने श्रोताओं को शान्त किया है। जब-जब संयोजकों ने व्याकुल क्षणों में मुझे स्मरण किया, मैं नंगे पैरों दौड़ा और कार्यक्रमों का मुख्य अतिथि बना। मेरे होते माइक्रोफोनों को लम्बी प्रतीक्षा नहीं करनी पड़ी। इस मामले में जब-जब कर्तव्यों ने मुझे जगाया, मैं जाग उठा और अक्सर तो यों हुआ कि मैं पहले जाग उठा, कर्तव्य बाद में आया और करबद्ध बोला—"शरद जी, चलिए, कोई भला आदमी सभा का मुख्य वक्ता बनने को राजी नहीं है। हमारी मजबूरी समझिए कि हम आपको लेने आए हैं। हमारा कार्यक्रम डूब रहा है। आप हमारे सम्माननीय तिनके हैं। हमें आपका ही सहारा है।" और मैं चल देता हूँ। यदि रेडक्रॉस की तरह कोई अन्तर्राष्ट्रीय अध्यक्ष और मुख्य अतिथि ब्रिगेड बने, तो मैं उसका प्रथम चेयरमैन होने के लिए लड़ूँगा, क्योंकि इस क्षेत्र में मेरी जो सेवाएँ रही हैं, वे सभी जानते हैं और न जानते हों, तो मैं छोटे स्थानीय अख़बारों की फ़ाइलें पेश कर सकता हूँ, जिसमें मेरे वचनामृत कम्पोजिंग और रिपोर्टिंग की अर्थ का अनर्थ करने वाली सुप्रसिद्ध शैली में आज भी विद्यमान हैं।

उस दिन कहने को मामला अन्तर्राष्ट्रीय था, पर होने को स्थानीय भी नहीं हो पा रहा था। कुछ लोग निक्सन की विदाई आयोजित किए बैठे थे। निमन्त्रण-पत्र भेजे जा चुके थे, पर अध्यक्ष नहीं मिल रहा था। इस 'साया भी साथ न देता' वाली उर्दू काव्यात्मक स्थिति में उन्होंने मुझे सम्पर्क किया। बोले—"निक्सन की विदाई है, आपको अध्यक्षता करनी है।" मैंने कहा—"व्यक्ति से कोई सम्बन्ध नहीं, तथ्य यह है कि मुझे अध्यक्षता करनी है और मैं सेवा में प्रस्तुत हूँ। कर्म करना हमारा धर्म है, उसके परिणाम ऊपर वाले पर छोड़ देते हैं, उसके कारण नीचे वाले जानते हैं, मैं बीच में फँसा भाषण देता हूँ।"

निक्सन और मैं समय से पहुँचे। उसने मुझसे इतने आदर से हाथ मिलाया कि दो भ्रम एक साथ हुए। एक तो यह कि निक्सन बड़े विनम्र और शालीन हैं दूसरे, मैं यूनाइटेड नेशन्स् का अध्यक्ष हूँ। श्रोता नहीं थे। मैंने उपहासमूलक भारतीय दृष्टि से

संयोजक की ओर देखा। वह बोला कि उसने श्रोता सप्लाई करने वाले एक बड़े संगठन से कांट्रेक्ट किया है। इस समय वे सारे लोग श्री फोर्ड के सम्मान में आयोजित एक कार्यक्रम को सुन रहे हैं, वहाँ से मुक्त होते ही यहाँ आएँगे और वास्तव में कुछ देर बाद ढेरों श्रोताओं का यों तेज़ी से आना एक सुखद आश्चर्य था। तालियों की ऐसी व्यावसायिक गारंटी किस वक्ता के उत्साह को द्विगुणित नहीं कर देगी?

संयोजक माइक पर आया। औपचारिकता का अनिवार्य कर्मकांड आरम्भ हुआ। इस बीच मैंने उचित समझा कि जिस शख़्स की विदाई है, उसका उचित परिचय प्राप्त कर लूँ। मेरा नियम है कि भाषण देने के पूर्व विषय की पूरी जानकारी प्राप्त कर लेता हूँ। जिस प्रकार भारतीय कांग्रेस की सभा में भारतीय कांग्रेस का अध्यक्ष भारतीय प्रधानमन्त्री की ओर झुककर अन्तरंग प्रश्नोत्तर का फ़ोटोचित क्षण उपस्थित कर देता है, कुछ उसी अदा से मैं विदा होने वाले शख़्स की ओर झुका और मैंने पूछा—"आपका शुभ नाम?"

"रिचर्ड निक्सन!" वह बोला।

"आप किस पद से विदा होकर किस पद पर जा रहे हैं?"

"मैं राष्ट्रपति था।"

"अच्छा-अच्छा, मैंने अख़बारों में आपका नाम पढ़ा है।" मैंने अपनी जानकारी से उसे प्रभावित करते हुए कहा। वह मुस्कुराया।

"ठीक है, इतना पर्याप्त है। मैं बोल दूँगा आप पर। आपकी जगह कौन आया है?"

"फोर्ड," उसने कहा।

"हमारे देश में फोर्ड एक मोटर का नाम है और आपके देश में वही नाम राष्ट्रपति का है। कैसा आश्चर्यजनक साम्य है दोनों शब्दों में। समय आ गया है, जब हिन्दी और अमेरिकी भाषा का तुलनात्मक भाषाशास्त्रीय अध्ययन किया जाए। कैसे यह शब्द भारत से चला और अमेरिका तक आते-आते राष्ट्रपति हो गया? शायद मोटर के कारण।"

मैं विषय में कूद ही रहा था कि मेरा नाम संयोजक ने प्रस्तावित कर दिया। मैं उठा। मैंने ऊँचे अमेरिकी माइक को भारतीय कद के अनुरूप नीचे करवाया और कहना आरम्भ किया :

"भाइयो और बहनो! (पूरे हॉल पर उड़ती दृष्टि घुमा, गम्भीर हो) आज विश्व इतिहास की दृष्टि से, स्वयं अमेरिकी इतिहास की दृष्टि से तथा उस संक्षिप्त इतिहास की दृष्टि से, जो बच्चों के पाठ्यक्रमों में लगा रहता है और जिनकी कुंजियाँ बाज़ार में काग़ज़ की कमी के बावजूद उपलब्ध हैं, यह महत्त्वपूर्ण बेला है, जब हमारे राष्ट्रपति निक्सन, मेरा तात्पर्य है, आपके राष्ट्रपति निक्सन, जिनका नाम आप लोगों ने अख़बारों में पढ़ा ही होगा, विदा हो रहे हैं। एक ओर यह अपार दुख का विषय है

कि राष्ट्रपति निक्सन जा रहे हैं, दूसरी ओर यह अपार हर्ष का भी विषय है कि राष्ट्रपति फोर्ड आ रहे हैं। (मेरे इस वाक्य पर जाने क्यों तालियाँ बजीं!) यों तो राजनीति में राष्ट्रपति से लेकर मुख्यमन्त्री तक आना-जाना लगा ही रहता है। ऐसी सुविधा दुर्भाग्य से साहित्य में नहीं है, अन्यथा मैं भी अब तक चला जाता। श्री निक्सन, जैसा कि आप जानते हैं, त्याग-पत्र देकर जा रहे हैं। प्राचीन भारतीय ग्रन्थों में त्याग की बड़ी महिमा गाई गई है। हमारे शास्त्रकारों का कथन है कि 'पूरा जाता देखिए, तो आधा दीजे बाँट'। श्री निक्सन आज वही कर रहे हैं। मैं उनकी प्रशंसा करूँगा। हमारे भारत में भी राजनीतिक परम्परा ऐसी ही है कि जब मुसीबत गले-गले आ जाती है, तो मन्त्री गण त्याग-पत्र का उच्च आदर्श उपस्थित करते हैं। पद के ऊँचे पटिए से समाज के स्वीमिंग पुल में कूद, पुनः मुक्त किल्लोल करते पवित्र होने लगते हैं। (यह भी एक तालियों के योग्य वाक्य था, पर शायद श्रोता समझे नहीं)! मनुष्य एक घरेलू क़िस्म का सामाजिक प्राणी है। वह प्रायः इसीलिए समाज में सेवा करने जाता है कि वह घर को सुखी देखना चाहता है और अन्ततः लौटकर घर ही जाता है। प्रायः घरेलू मजबूरियाँ ही मनुष्य को सामाजिक अथवा असामाजिक बनाती हैं। श्री निक्सन आज घर लौट रहे हैं, मैं उन्हें बधाई देता हूँ। (इस पंक्ति पर तालियाँ बजीं और श्री निक्सन भावुक हो उठे।) वे राष्ट्रपति थे। इस पद से ऊपर अब यों भी वे क्या उठते। अब तो यही होना था जो हो रहा है। पर जाते-जाते भी पद को लात मार, जो वे ख़ुद की इज़्ज़त बचा गए, यह बात न केवल आपके देश के नेताओं को, बल्कि इससे कहीं बढ़कर हमारे देश के अनेक मन्त्रियों को भी प्रेरणा देगी। त्याग-पत्र जेब में रखकर घूमते हुए भ्रष्टाचार का गौरव प्रजातन्त्र हमें प्रदान करता है और यही मूल कारण है कि हर व्यक्ति राष्ट्रसेवा के लिए समर्पित भाव से आज राजनीति में आने को इच्छुक है। श्री निक्सन जा रहे हैं, पर वे जो दीपक जला गए हैं, वह इस मार्ग के सभी पन्थियों को दिशा देगा। वॉटरगेट-रूपी जो गेट वे खोल गए हैं, वहाँ हर प्यासे को वॉटर मिलेगा और वॉटर से भी ज़्यादा बढ़िया पेय। (इस पर ख़ूब तालियाँ बजीं।) मेरे मित्रो, आज सभी नेताओं के सम्मुख श्री निक्सन का उदाहरण है। विश्वसनीय साथियों की आवश्यकता, छोटी-मोटी भूल के प्रति भी गहरी सावधानी, अपने असत्य कथन पर भी अन्त तक दृढ़ता, प्रत्येक स्तर पर सौदेबाज़ी के प्रयास, निजी लाभ और हित को पद से ऊपर मान अन्ततः पदत्याग करने का आत्मबल आदि राजनेता के अनिवार्य गुण हैं तथा श्री निक्सन इसके प्रेरक मूर्तिमन्त उदाहरण हैं, जिससे ज़िला, तहसील और पंचायत तक के नेता अपने कार्यों में नया आत्मविश्वास प्राप्त करेंगे। मैं आप सबकी ओर से श्री निक्सन को विदाई देता हूँ और उन्हें भारत आने का आमन्त्रण देता हूँ। वे आएँ और हमें प्रेरणा दें।''

आमन्त्रण की बात सुन कर उदास होते हुए भी वे मुस्कुरा दिये। मेरे गले लगे और बोले—"हमारे देशों की दोस्ती अमर है।"

मैंने कहा—"प्यारे निक्सन, सब कुछ कर्म पर है। अगर तुम्हारे-हमारे कर्म एक से हैं, तो हमें कोई शक्ति अलग नहीं कर सकती।"

उसके बाद निक्सन ने अपने भाषण में क्या कहा, वह आप अख़बारों में पढ़ ही चुके हैं। पत्रकारिता की श्रेष्ठ भारतीय परम्परा का निर्वाह करते हुए जब वक्ता स्वयं रिपोर्टर हो, तो वह अपना भाषण ही देगा, दूसरे का क्यों? निक्सन मेरी अध्यक्षता का एक माध्यम है। बस!

मैं तो अन्त में अध्यक्षता के अपने चाव और कर्तव्य को बरकरार रखने के उद्देश्य से यही घोषित करना चाहूँगा कि कहीं किसी देश में, जब जो भी राजनेता त्याग-पत्र दे अथवा निकाला जाए, उसकी विदाई कार्यक्रम की अध्यक्षता के लिए मैं बुलाने पर आने को तैयार हूँ। मेरी हार्दिक कामना है कि ऐसे आयोजन अधिकाधिक हों, सिलसिला चल निकले। मेरे रेट वाजबी हैं। आशा है, जनता नेताओं को अधिकाधिक त्याग-पत्र तथा मुझे अधिकाधिक अध्यक्षता की स्थितियाँ उत्पन्न करेंगी। मेरी शुभकामनाएँ आपके साथ हैं।

साहित्य, संस्कृति, कला सब बिकाऊ है

आजकल शुद्ध बादशाह देखने को नहीं मिलता। बादशाह से तात्पर्य प्रशासक से है। ताश के पत्तों के अलावा बादशाह रह कहाँ गए हैं? जो हैं, वे नेता हैं, मन्त्री हैं। यों अपने में ये भी बादशाह हैं। दरबार लगाते हैं। चक्रवर्ती-विजय को निकलते हैं, विरोधियों को शिकस्त दे नीचा दिखाते हैं, अपने राजमहल को सम्पन्न और ख़ुशहाल बनाने के लिए क्या-क्या नज़राने नहीं लेते—लूटमार नहीं करते! लेकिन इन्हें देखने के बावजूद भारतीय प्रजा की अभिलाषा अधूरी रह ही जाती है। शुद्ध बादशाह देखने को नहीं मिलता। ये नेता बाहर से बाबर लगने की कोशिश करते हैं पर अन्दर से निरे जहाँगीर हैं। चाहते हैं कि उन्हें पब्लिसिटी अकबर की मिले और हरकतें औरंगज़ेब की-सी करते हैं। इसी कोशिश में वे हुमायूँ की तरह यहाँ-वहाँ मारे-मारे फिरते हैं। एक नेता में आपको पूरा मुग़ल साम्राज्य डूबता-उतराता नज़र आता है। जहाँ तक निर्माण कार्य का सवाल है, हर नेता शाहजहाँ होता है। पर कैसा शाहजहाँ? ये अपने बनाए ताजमहल में ही कमीशन खाने की सोचते हैं। इसीलिए इनके बनाए ताजमहल बजाय किसी मुमताज महल के ख़ुद इनकी क़ब्र साबित होते हैं। यह कितनी अजीब बात है कि बीसवीं सदी के ये बादशाह आज जब लाल क़िला बनाते हैं तो उसमें लाली नहीं होती। क़िले तो ख़ैर वे हो ही नहीं पाते।

आजकल बादशाह मिलना बड़ा मुश्किल है। आजकल बादशाह होना भी बड़ा मुश्किल है। ज़रा सोचिए, पोरस की परिस्थितियों में जीते हुए आप सिकन्दर कैसे हो सकते हैं? और अगर सिकन्दर की परिस्थिति में भी हैं, तो आप अपना बेबीलॉन कैसे छोड़ सकते हैं? बादशाह बनने में सही दिक्कत यह है कि प्रजा की जय-जयकार मिलने की सौ टका गारन्टी नहीं है। बिना मतलब के कोई आपका चँवर नहीं डुलाता। बिना अपनी पोज़ीशन जाने कोई आपका हुक्क़ा नहीं भरता। नवरत्न इकट्ठे करने जाइए तो नौ रिश्तेदार या जाति वाले जमा हो जाते हैं। अब अगर एकाध भटकता रतन इस कोशिश में भी हो कि इज़्ज़त-आबरू एक तरफ़ रख 'इस्टैब्लिशमेंट' में घुस जाओ, चमकना ही है तो बादशाह के पास बैठ कर चमको, तो वह सारी घेराबन्दी तोड़ अन्दर नहीं आ सकता। और जब तक तानसेन दाहिने बाजू न खड़ा हो और बीरबल बाईं ओर न हो, कोई औरंगज़ेब अकबर कैसे हो सकता है? ख़ुद अकबर का अकबर होना मुश्किल है।

आख़िर अकबर और औरंगज़ेब में अन्तर क्या है? अन्तर कई हैं और गहरे हैं। मगर साधारण आदमी एक-दो अन्तर ही जानता है। जैसे, यही कि अकबर ने एक तानसेन पाल रखा था और औरंगज़ेब ने तानसेन के वंशजों को लात मार कर गेट आउट कर दिया। अकबर के पास बीरबल था। बड़ा चतुर और बुद्धिमान मन्त्री। मगर औरंगज़ेब अपने निर्णय ख़ुद लेता था। यों अकबर भी अपने निर्णय ख़ुद लेता था, मगर पास में एक अदद बीरबल रखने से छवि बनी रहती थी कि सोच-समझ कर निर्णय ले रहा है। एक बात मत भूलिए कि ये बादशाह, चाहे अकबर हों या औरंगज़ेब, अपना स्वार्थ बख़ूबी समझते हैं। वे जानते हैं कि उनके हित किसमें हैं। वे अपने बीरबल से उम्मीद यही करते हैं कि वह इस दिशा में सोचे या उस दिशा में, सोचेगा उनके फ़ायदे की बात। दिशा कुछ भी हो, मंज़िल में गड़बड़ नहीं होना चाहिए।

हाँ, तो मैं कह रहा था कि अकबर और औरंगज़ेब में फ़र्क़ सिर्फ़ तानसेन का है। औरंगज़ेब अगर अपने दरबार में तानसेन रख लेता, तो वह काफ़ी हद तक अकबर हो सकता था। यह गुर की बात है। होशियार और काइयाँ क़िस्म के बादशाह इस भेद को समझते हैं। वे अत्याचार करते हैं, लूटते हैं, यहाँ-वहाँ से सुन्दर कन्याएँ बटोर अपने रनिवास में दाखिल कर लेते हैं। वे अन्याय करते हैं, इतिहास को अपनी जेब में डालने की कोशिश करते हैं, मगर इस सबके साथ वे तानसेन की महत्ता को पहचानते हैं। वे ग़लत तलवार घुमा ग़लत गरदन काट दें, मगर तानसेन के गले से ध्रुपद शुद्ध निकले, तो वाह-वाह जमकर करते हैं।

तानसेन ध्रुपद गाता। मियाँ की टोड़ी और मियाँ का मल्हार भी गाता। दरबारी गाता। बादशाह फरमाइश करें, तो भीमपलासी भी गाता। तानसेन को इससे मतलब नहीं था कि बैरम ख़ां अकबर की दी हुई तलवार हाथ में लेकर दक्षिण में क्या कर रहा है। अकबर क्यों राणा प्रताप सिंह को बर्बाद करने के लिए हाथ धो कर पीछे पड़ा है। तानसेन अपनी भीमपलासी को शुद्ध करने में लगा था। चूँकि हर गाने के बाद इनाम-इकराम मिलेगा, इसलिए गाना ज़रूरी और बड़ी चीज़ है। उसके लिए भीमपलासी ही इतिहास थी। भविष्य और वर्तमान थी। मैं कई बार सोचता हूँ कि जिस दिन अकबर ने अनारकली को दीवार में चिनवा दिया था, उस दिन तानसेन ने क्या गाया होगा? तानसेन ने वही गाया होगा, जो अकबर ने गाने के लिए कहा होगा। ख़ैर, इस पर चर्चा करना फ़िलहाल मेरा मक़सद नहीं है। मेरा उद्‌देश्य यह बताना है कि औरंगज़ेब अगर एक अदद तानसेन पाल लेता तो वह काफ़ी हद तक अच्छा बादशाह मशहूर हो सकता था। खेद का विषय है कि उसके पास कोई बीरबल नहीं था। बीरबल होता तो उसे यह नेक सलाह देता कि एक अच्छा गवैया रख लीजिए दरबार में, आपकी और आपके दरबार की ख्याति बढ़ेगी।

आप कहेंगे, मैं कहाँ इतिहास में उलझ गया। शोध करना है क्या? मैं सच कह रहा हूँ, यह कहते हुए मेरा मन इस समय एकदम वर्तमान में है। बादशाह तब होते

थे। बादशाह आज भी होते हैं। अब यह दूसरी बात है कि आज न वैसे बादशाह हैं, न वैसे तानसेन। उनका प्रशासन भ्रष्ट है, इनकी भीमपलासी अशुद्ध है। मगर दरबारियत का वह सिलसिला जारी है, जो बादशाहों को मशहूर बनाता है, औरंगज़ेब को अकबर की 'इमेज' प्रदान करता है।

हमारे देश में आज़ादी आई और नए-नए शहंशाहों ने जन्म लिया। एक राज्य में पाँच साल में तीन-तीन शहंशाह बदल जाते हैं। जो हालत मुग़ल साम्राज्य के अन्त में थी, वही हालत हमारे यहाँ शुरुआत से रही। ऐसे में तानसेन बड़ी गफ़लत में पड़ गया। रोज़-रोज़ अकबर बदलें, तो वह बेचारा क्या करे? उसने कहा—"अपना ध्रुवपद तो ध्रुरपत है। गद्‌दी पर कोई भी आए, बैठे गाते रहो अपन तो।"

कला में यही मज़ा है। बिस्मिल्लाह की शहनाई तो बिस्मिल्लाह की शहनाई है। अब जनता पार्टी सत्ता में आए, तो वह बिस्मिल्लाह की शहनाई है और कांग्रेस सत्ता में आए, तो भी बिस्मिल्लाह की शहनाई है। वह तो बजेगी। भीमसेन जोशी तो गाएगा। अनाज के भाव बढ़ जाएँ, दंगों में लोग मरें, अकाल पड़े, बेकारी हो, उसके आलाप छोटे थोड़े ही हो जाएँगे। वह तो तान उतनी ही खीचेंगा। देश में परेशानियाँ बढ़ीं, तो क्या गायकों के कुरते के कलफ़ में कमी आई? या उस शाम उन्होंने झाला बजाने में कोताही की? या आख़िर में भैरवी की ठुमरी टाल गए? गायन में ऐसा नहीं होता। अकबर चाहे जो करे, औरंगज़ेब चाहे जो करे, भीमपलासी भीमपलासी की जगह है। यह निर्णय तो महाकवि भूषण को लेना होता है कि वह शिवाजी के लिए लिखेगा और औरंगज़ेब के लिए नहीं लिखेगा। सूरदास को सोचना होता है कि वह लोदी वंश के बादशाहों से कैसे रिश्ते रखे। लोदी वंश वाले तो ज़रूर चाहेंगे कि मीठे गले वाला यह अन्धा बजाय कृष्ण कन्हैया के गीत गाने के उनकी शान में गाए। अकबर से तुरन्त फ़ायदा लेने और मक्खनबाज़ी के मूड में होते, तो तुलसी बजाय रामायण लिखने के अकबरायण लिखते। यह तो उन्हें तय करना होता है कि राजा से, बादशाह से, समूचे तन्त्र से रिश्ते कैसे रखें। क्या लिखें, क्या न लिखें। और जो लिखें, वह किस अन्दाज़ में लिखें। यह निर्णय तुलसी और सूर को लेने होते हैं। भारतेन्दु और रवीन्द्रनाथ को लेने होते हैं। प्रेमचन्द और निराला को लेने होते हैं। गणेश शंकर विद्यार्थी और काज़ी नज़रुल इस्लाम को लेने होते हैं। बड़े गुलाम अली को नहीं लेने होते। अंग्रेज़ अफ़सर के हुक्म से जो ठुमरी गाई थी, वही राजा, महाराजा और नवाबों के दरबार में सुनाई और जब आज़ादी आई, तो वही ठुमरी नेहरू को सुना दी : ननदिया मारे बोल। कर लो पंडित जी, क्या करते हो? भारत फिर से गुलाम हो जाए, ये ननदिया तो बोल मारती ही रहेगी।

बड़े गुलाम अली साहब की बात छोड़िए। भगवान उनकी आत्मा को संगीत के मामले में शान्ति दे। पर आज़ादी आई, तो नए बादशाह बने और नए कलाकार बने। लखनऊ, बनारस, रामपुर और कलकत्ता की महफ़िल में चमत्कार दिखा कर धन्य हो

जाने वाले कलाकारों की गर्दन दिल्ली की तरफ़ मुड़ी। दिल्ली में बैठे बादशाहों ने भी सोचा, महफ़िल में तबले नहीं पिटे, तो अपना बादशाह होना बेकार है। वही तिरताल, वही झपताल। जो हो, इधर बजना चाहिए। सरकार के पास कुल मिला कर एक रेडियो स्टेशन था। जितनी आ आ...आ आ की जा सकती थी, उसी पर की जा सकती थी। शनिवार की रात 'नेशनल प्रोग्राम ऑफ़ म्यूज़िक' शुरू हुआ। प्रति शनिवार एक नामी गवैया बुलाया जाता। आकाशवाणी के पेशेवर उद्घोषक बड़े नाज़-अन्दाज़ से उसे पेश करते। गवैया महसूस करता कि उसे राष्ट्रीय सम्मान मिल रहा है। जिसे मौक़ा मिल जाता, वह धन्य हो जाता। जिसे नहीं मिलता, वह बड़बड़ाता। केसकर को कोसता। सत्ता के अकबर ने देखा, पाँच सौ तानसेन सारंगी लेकर खड़े हैं। कितनी रागिनियाँ हैं, जो बलबला रही हैं, महफ़िल में फूट पड़ने को। सारा संगीत, सारे घराने सवाल पूछ रहे हैं। क्या हम मर जाएँ? हमारे लिए कुछ करोगे नहीं? भारतीय संगीत का पूरा इतिहास नए अकबर की खोपड़ी पर टूट पड़ा। बड़ी-बड़ी आँखों और चौड़े-चौड़े चेहरे वाली कत्थक नर्तकियाँ क़रीब आकर घुँघरू बजातीं : क्यों खादी वाले शहंशाह, हमारा प्रोग्राम नहीं रखोगे? जवानी ऐसे ही बीत जाएगी तुम्हारे राज में?

भारत का नया-नया नेता, नया-नया सत्ताधारी क्या कर सकता था? वह पूरे देश के लिए कुछ कर नहीं पा रहा था। किसान उससे ख़ुश नहीं थे, मज़दूर उससे नाराज़ थे, बाबू परेशान था। यहाँ तक कि वह सेठों की अभिलाषा भी पूरी नहीं कर पा रहा था, जो उसके मददगार थे। बेरोज़गारी बढ़ने लगी थी, फ़सल कम थी, महँगाई को लोग रोज़ महसूस करने लगे थे, भ्रष्टाचार का श्रीगणेश हो चुका था, काले धन का पौधा पनपने लगा था। उसने सोचा, इस देश और देश के लोगों के लिए तो वह कुछ कर नहीं सकता। इन नाचने-गाने वालों के ही लिए कुछ कर दे। उसके बीरबलों ने उसे समझाया, आइडिया बुरा नहीं है। रुपया कम लगेगा, यश ज़्यादा मिलेगा। अख़बार के पहले पन्ने पर तो बदनाम हो रहे हैं। अन्दर के पन्नों पर ही यश लूट लो। तुम्हें करना क्या है, सरस्वती के चित्र के सामने दीया ही तो जलाना है। कला की महानता पर चार जुमले कसने हैं। बाकी काम सरकारी बजट से हो जाएगा। आप तो सैंक्शन कर दो, बाकी हम देख लेंगे।

तो मित्रो, सरकारी बजट के साथ आज़ाद भारत का सांस्कृतिक इतिहास अपना पहला क़दम बढ़ाता है। किसी वाल्मीकि की पीड़ा नहीं थी, इस देश का कोई दर्द नहीं था। उन तानों के मूल में कोई तड़प, कोई चीख़ नहीं थी। वहाँ था विलास, उत्सव, दरबार। एक शानदार लगने वाले देश की शानदार राजधानी नया 'कल्चरल' शृंगार करने लगी। आख़िर उसे शृंगार तो करना ही था। विश्व के बाज़ार में जिस राजधानी को

बैठना है, वह शाम को सजे-सँवरे बिना कैसे रह सकती है! दिल्ली। पुरानी नहीं, नई दिल्ली। नई से भी नई दिल्ली। एक सप्रू हाउस से काम नहीं चलना था। उसे नए शानदार वातानुकूलित हॉल चाहिए थे, जिसके मंच पर नर्तकियाँ अपने पैर पीट सकें। गायक तान खीचें, तो सुर छत से लटक जाए। कुर्ता पहने बुद्धिजीवी जुमला बोलें, तो शब्द वातावरण को गुँजा दे। एक तरफ़ इस देश में घुटन, ग़रीबी, बेकारी और भूख बढ़ती गई। उधर गाने-बजाने की संस्कृति ने अपना पूरा और पुख़्ता इन्तज़ाम कर लिया। अकादमियाँ बन गईं। क्यों? अकादमी तो होनी चाहिए। संगीत नाटक अकादमी। ललित कला अकादमी। साहित्य अकादमी। विदेशों में अकादमियाँ हैं, तो भारत में भी होनी चाहिए। वे करेंगी क्या? यह सवाल बाद में। पहले बना तो लो। बन जाएँगी, तो कुछ-न-कुछ कर भी लेंगी। यहाँ-वहाँ पेंटिंग की प्रदर्शन के हॉल बने, जिनमें यूरोप के चित्रकारों के रंग-रेखाओं की नक़ल करने वाले देसी चित्रकारों की पेंटिंग्स् टँगने लगीं। पूरी दिल्ली में एक सांस्कृतिक जमघट चालू हो गया। एक सुसंस्कृत देश को नए सिरे से और आधुनिक दुनिया की चालू परिभाषा में सुसंस्कृत लगना था। उसे नए चमत्कार चाहिए थे। विदेश से आने वाले मेहमानों, टूरिस्टों के लिए एक अनजाना, अनबूझ माहौल चाहिए था, जिसे देख उनकी एक शाम मज़े से गुज़र जाए।

आज़ादी आई, तो देश में नए-नए रईस उभरे। जिनके बाप व्यापार करते थे, उनके बेटे बिज़नेस करने लगे। लाइसेंसों का प्याऊ खुल गया और लोग ओक से गटकने लगे। देखते-देखते लोग तीन-तीन, चार-चार साल में अमीर हो गए। इतनी तीव्र गति से आई, निजी रईसी को पचाना मुश्किल था। फ़्लैट बन रहे थे, कारें ख़रीदी जा रही थीं, देश के जंगल काटकर फ़र्नीचर बन रहे थे, नए परदे लग रहे थे, जड़ाऊ काम के जेवर ख़रीदे जा रहे थे। मगर नए रईस के सामने फिर भी यह समस्या थी, वह ख़ानदानी रईस कैसे लगे? भ्रष्ट शॉर्टकट से राजपथ पर आए इस शख़्स को अपने व्यक्तित्व में एक क़िस्म की गहराई का अहसास देना था। वह चिकन का कुर्ता पहन ले, या बीवी शॉल लपेट ले, तो भी यह सम्भव नहीं था। उसने देखा कि अगर सही जगह पर सही वाह-वाह कर दी जाए, सही जगह पर सही गर्दन हिल जाए, तो आदमी 'कल्चर्ड' लगता है। ड्राइंग रूम में एक पेंटिंग लगनी चाहिए, किसी नामी चित्रकार की। कुछ अच्छे और नायाब एल.पी. होने चाहिए। शानदार रिकॉर्ड प्लेयर होना चाहिए। संगीत की महफ़िलों में पूरी सजधज के साथ उपस्थित रहना चाहिए, ताकि दूसरे देखें कि हम भी कला के शौक़ीन और क़द्रदान हैं। जो लोग सा रे ग म और प ध नि सा में अन्तर और दूरी कितनी है, यह नहीं जानते थे, वे दरबारी कान्हड़ा और नटभैरव की बातें ऐसे करने लगे, जैसे उनके बाप ने इस राग को कल ही ईजाद किया हो! इन नए रईसों ने कला के लिए एक क्रेज, एक क़िस्म का सामूहिक पागलपन उत्पन्न किया और वे ढोंगी दीवानों की तरह दौड़ने लगे। नए-नए 'प्रॉपर

नाउन' तथाकथित सभ्य और उन्नत समाज के वातावरण में गूँजने लगे। मिनिएचर, टेरीकोटा, खजुराहो, पिकासो, हुसेन, अली, अकबर, कथकली, यहूदी मैनुहिन, रविशंकर, बिरजू महाराज, मधुबनी, गणेशा, हनुमाना, सन्तूर, असम, उड़ीसा, मृदंगम्, कांजीवरम, सिद्धेश्वरी देवी, सितारा देवी, यक्षगान, राजस्थान, भवई, लिटिल बेले—और जाने कैसे-कैसे और कितने शब्द रोज़ सुबह झाड़ू लगती तब दिल्ली की सड़कों पर बिखरे मिलते, जो कल शाम को इफ़रात से बोले गए थे। महफ़िल और कला प्रदर्शनियाँ रईसों और अफ़सरों की मेल-मुलाक़ात और रिश्तों के मुकाम बन गईं। दोनों वर्गों में सुसंस्कृत लगने की लगन थी। दोनों की एकाएक आज़ादी के बाद क़िस्मत खुली थी। जिनके बाप मुदर्रिस और किरानी थे, उनके बेटे अंडर-सेक्रेटरी और डिप्टी सेक्रेटरी बने, तो अपने अतीत से कटकर नए वर्ग से जुड़ने और नए माहौल में जीने की बड़ी गहरी उतावली और ललक थी उनमें। थोड़ा सर्फ़ करके भी पिछड़ेपन की यादों से वे मुक्ति चाहते थे। फ्लैट और फीएट से उपजा थोथा आत्म-विश्वास कोढ़ की तरह समूचे व्यक्तित्व से फूट रहा था। दरबारी अदाओं और सौ टका शुद्ध संगीत की यह महान भारतीय परम्परा और उसे प्रश्रय देने का यह सिलसिला उनकी आकांक्षाओं का सबसे बड़ा पूरक साबित हो रहा था। मलमल के कुर्तों ने नई अर्थवत्ता प्राप्त कर ली थी। बालों को फैला कर, कांजीवरम या बंगाली साड़ी पहन कोई भी फूहड़ दिमाग़ की औरत कला पर बोलने का अधिकार प्राप्त कर लेती थी। बड़े-बड़े बिज़नेस हाउसों ने इसकी महत्ता को समझा। उन्होंने बड़ी-बड़ी संस्थाएँ बनाईं, मुँहमाँगी फ़ीस देकर वे रविशंकर और अल्लारक्खा को बुलाते और मंच पर बिठाते। सामने सोफ़ों पर उन अफ़सरों को सम्मान मिलता, जिनसे रोज़ दफ़्तर में गरज पड़ती थी, जिनके पास फ़ाइलें अटकी हुई थीं। वे अफ़सर, जो समाज में सम्मान पाने के लिए राग जैजैवन्ती तो क्या, कुछ भी सुन सकते थे, आगे की सीट पर बैठते और गरदन हिलाते। देखते-देखते पिछले सालों में इस देश के सैकड़ों सेल्स टैक्स कमिश्नर, इनकम टैक्स ऑफ़िसर, फैक्टरी इंस्पेक्टर, आई.जी.पी. और विभागों के सचिव कला के असली क़द्रदान और दीवाने कहलाने लगे। संगीतज्ञों को क्या पता कि उनका आलाप, उनकी शहनाई और सितार इस देश में भ्रष्टाचार की कड़ी जोड़ने में क्या भूमिका अदा कर रहे हैं। और अगर पता भी हो, तो उन्हें इससे क्या मतलब? वे तो ख़ुश हैं कि संगीत का विकास हो रहा है। उनका अपना विकास हो रहा है। उनके उस्ताद हफ़्ते में एक बार महफ़िल में गा पाते थे। ये हफ़्ते में दो बार गा रहे हैं। वही राग, तबले पर वही नक़ली संगत। शाम की ख़र्चीली विराट संगीत सभाएँ। जब कला के पारखी संगीत सुनते थे, तब सुबह के राग जीवित थे। वे गाए जाते थे। अब शामें आबाद रहती हैं, तो सिर्फ़ रात के राग गाए जाते हैं।

यही हाल चित्रकला में है। इन नए-नए बने रईसों को क्या पता कि कला क्या होती है। वे तो यह जानते हैं कि ड्राइंग रूप में अच्छी-सी, किसी बड़े चित्रकार की

पेंटिंग लगाना सुरुचि की निशानी है। गए और ख़रीद लाए। पुराना रईस जिस जगह बाप का चित्र लगाता था, नए रईस ने उस जगह हुसैन का घोड़ा टाँग दिया। कला के नाम पर कुछ भी ऊलजलूल बनाया और बेचा जाने लगा। श्रेष्ठ चित्र का पहला गुण उसका महँगा होना बन गया। चित्रकला का पूरा विकास देश की 'ब्लैक मनी' पर टिक गया। जो काली कमाई कर सकते हैं, वे ही महँगी पेंटिंग ख़रीद सकते हैं। चित्रकार बजाय कला के 'गिमिक्स' की सोचने लगे। अपने नाम, इंटरव्यू और विदेश यात्राओं द्वारा रुतबा बढ़ा लेने, दैनिक पत्रों और चिकनी पत्रिकाओं की मदद से अपने में एक क़िस्म का ग्लैमर पैदा कर लेने के बाद आप कुछ भी बना कर बेचिए, चल जाता है। दिल्ली में पेंटर्स, कला समीक्षकों और सह-सम्पादकों के बीच बियर-रम की जो तथाकथित बौद्धिक पार्टियाँ चलती हैं, उनके मूल में यही षड्यन्त्र है। आज़ादी के बाद चित्रकला की दुनिया में जो कई चित्रकार चमके हैं, वह सब इनकी ही माया है। चित्रकारों की अपनी राजनीति है। ललित कला अकादमी उस राजनीति का अड्डा है। ऊपर से बात कला की होती है, पर अन्दर-ही-अन्दर आपसी झगड़े हरियाणा के स्तर के हैं। कोई ईमान नहीं, कोई सिद्धान्त नहीं।

संगीत से आम आदमी कट गया। चित्रों से आम आदमी कट गया। बस, अपने कैलेंडर टाँगो और ट्रांज़िस्टर बजाओ। तुम्हारी क़िस्मत में बेटा यही लिखा है। पुराने ज़माने में आम आदमी कम-से-कम सुन्दर मूर्तियाँ देख सकता था। ये बड़े लोग उन्हें भी चुराकर अपने बँगलों में सजाने लगे। विदेशों में बेचने लगे। जहाँ भी खुदाई होती है, वहाँ का कलक्टर एक-दो अच्छी मूर्तियाँ मार कर अपने बँगले में रख लेता है। मूर्तियों की रक्षा करने वाले कम हैं, चुराने वाले ज़्यादा हैं।

तो मित्रो, यह है समूचा परिदृश्य, जो आज़ादी के बाद पिछले सालों में विकसित हुआ। इन क्षेत्रों में जितना भ्रष्टाचार, जितना ढोंग, जितना झूठ और छलावा पनपा है, वह थोड़ा लिखा ज़्यादा समझने का विषय है। अपने में पूरी किताब का मामला है। ये कलाकार, गायक, ये चित्रकार—इनमें कोई आपका नहीं रहा। सूचनार्थ निवेदन है कि ये बिक चुके हैं, गवर्नमेंट की एजेंसी द्वारा ख़रीद लिये गए हैं। अगर कोई कहता है कि ऐसा नहीं है, मैं स्वतन्त्र हूँ बिका नहीं हूँ, तो वह झूठ बोल रहा है। या वह गधा है, जो नहीं जानता कि वह बिक गया है। आप लगातार बेचने लायक माल तैयार कर रहे हैं। कोई नई रागिनी हो, या नई पेंटिंग, आप लगातार भारी क़ीमत पर बेचने लायक माल तैयार कर रहे हैं। यह कोई सूरदास पद नहीं लिख रहे, या मीरा भजन नहीं गा रहीं, या आप अपनी भूतपूर्व प्रेमिका की मूरत नहीं बना रहे। आप बाक़ायदा राजस्थान की मिनिएचर पेंटिंग्स् की शैली चुरा विदेशियों को बेच रहे हैं और विदेश की आइडिया चुरा भारतीय रईसों को बेचने में बरसों से लगे हुए हैं।

आज जो प्रजातन्त्र है, अगर कल से इस देश में सैनिक तानाशाही भी आ जाए, तो इनका कुछ नहीं बिगड़ेगा। भीमपलासी तो वही रहेगी। आज मन्त्री महोदय के सामने बज रही है, तब कमांडेंट साहब के सामने बजेगी। तानसेन अपने फ़ायदे के लिए एक अकबर ढूँढ़ निकालेगा और अकबर अपना सांस्कृतिक रुतबा ग़ालिब करने के लिए एक तानसेन तलाश लेगा।

आज़ादी आई तो यश के महल के आसपास की भूमि पवित्र नहीं रह गई। बड़ा कीचड़ और बड़ी गन्दगी फैल गई उसके चारों तरफ़। उसके दरवाज़े तक पहुँचने के लिए बड़े दुर्गन्ध भरे माहौल से गुज़रना पड़ता है। यों यश के महल के द्वार तक उस पुराने ज़माने में भी सरलता से नहीं पहुंच सकते थे। चारों तरफ़ रेगिस्तान था, चट्टानें थीं, पहुँचने में वक़्त और मेहनत लगती थी। अब वह नहीं लगता। अगर गन्दगी, दुर्भावना, फ़रेब और ख़ुशामद और सिफ़ारिशों के इस दलदल से, जो गहरा है, पर बड़ा नहीं है, आप गुज़र जाएँ, तो यश के महल के दरवाज़े तक पहुंच सकते हैं। यश तो आपको इस कीचड़ में ही मिल जाएगा, सिर्फ़ दरवाज़े तक पहुंचने की औपचारिकता भर रहेगी, तो वह गवर्नमेंट आपको पुरस्कार आदि से पूरा कर देगी। फैलोशिप, पद्मश्री के नाम भी तो वे ही 'रिक़मेंड' करते हैं, जिनके कारण सारी गन्दगी फैली है। यश के महल के दरवाज़े पर 'क्यू' लगाने का रिवाज नहीं है। वहाँ ख़ूब धक्कम-धुक्की चलती है। अपने वाले और जाति वालों को पहले घुसेड़ दिया जाता है। घुस जाइए अपना सन्तूर या बाँसुरी लेकर। एक बार घुस गए, तो बस, फिर चैन से बजाइए।

यह तो हुए तानसेनों के हाल। बादशाहों का मामला भी कम दिलचस्प नहीं है। दिल्ली का वातावरण भाँपकर कई ऐसे केन्द्रीय मन्त्री, मुख्यमन्त्री और मन्त्री हैं, जो मोरपंख की तरह, कला को अपनी टोपी में खोंस कर रखना चाहते हैं। राजनीति में अजीब खूसट-सा व्यक्तित्व उभर कर आता है। संस्कृति से जुड़ जाने से व्यक्तित्व को एक भिन्न गरिमा मिलती है। विद्याचरण शुक्ल अभिनेताओं और अभिनेत्रियों से जुड़े रहकर, उनके दोस्त और मेहरबाँ बनकर अपनी शख़्सियत को चमकाए रखते थे। आजकल बेचारों के हाल ज़रा पतले हैं, पर हैं तो नेता। हमारे अर्जुन सिंह तो जब शिक्षा मन्त्री थे, तभी इसकी महत्ता समझ गए थे। यों तो और भी मन्त्री थे, पर बार-बार, लगातार संगीत, विचार गोष्ठी, उत्सव, नर्तकियाँ आ रही हैं, जा रही हैं, ऐसा माहौल जमाया जनाब ने कि दिल्ली में जितने ढोलक-मजीरे बजाने वाले थे, कत्थक करते थे, या कला समीक्षा लिखते थे, वे सब अर्जुन सिंह जी के नाम का कीर्तन करने लगे। सबको निमन्त्रण। आओ, अपना बाजा लेकर आओ। भोपाल में बजा जाओ और ले जाओ रुपए, जितने चाहिए। सरकारी पैसा है, टैक्स की कमाई है, अपने बाप का क्या जाता है! साहब, पाँच साल में तो जिधर देखो उधर अर्जुन सिंह। दिल्ली में बैठे तानसेनों और अबुल फ़ज़लों ने कहा, और हम इधर टटोल रहे

हैं, अकबर तो उधर भोपाल में बैठा है। उनके लिए तो जहाँ खाने-चाटने को मिले, वही दिल्ली। सो साहब, भोपाल तो आजकल तबलचियों का तीरथ है। काव्य की समीक्षा करने वाले वहाँ फ़रिश्तों की तरह उतरते हैं। गाने वाले बाप हैं और कत्थक नाचने वाली परम सुन्दरी। इंदर का अखाड़ा और बौद्धिक अखाड़ा इतना बढ़िया गड्डमड्ड हुआ है कि बस देखते ही बनता है। ख़ैर, अर्जुन सिंह के पास तो एक क्षेत्र था, एक ऐसा पोर्टफोलियो था, जिसमें नाचना-गाना 'अरेंज' करने की गुंजाइश थी और वे अपनी 'इमेज़' बना सकते थे। विद्याचरण शुक्ल, जो विद्या सिन्हा, परवीन बाबी या हेमा मालिनी या जो भी हों, उनके साथ फ़ोटो खिंचा कर अपनी चमक बढ़ाते थे, की तुलना में अर्जुन सिंह का काम ज़रा नाजुक और बारीक था। वे बहुत 'सटल' खेल खेल रहे थे। अन्त में क़ामयाब भी हुए। मगर शंकरदयाल शर्मा (मुख्यमन्त्री होने की एक दबी इच्छा वे भी रखते हैं) भी अपनी छवि बनाने के लिए कल्चर से जुड़ने लगे। अब करें क्या? पोस्ट ऑफ़िस के मन्त्री। ज़्यादा गुंजाइश तो थी नहीं, तो उन्होंने नर्तकियों के डाक टिकट निकाले और दिल्ली में फंक्शन किया, ताकि पता लगे कि कला-संस्कृति के नाजुक मामले में सिर्फ़ विद्याचरण या अर्जुन सिंह ही नहीं, हम भी समझ रखते हैं।

जनता पार्टी जीत कर आई। मुझे लगा, ये सब नए-नए नेता हैं। अकबरी शौक़ इनमें कम होंगे। मगर वह तो पूरा मुग़ल साम्राज्य एक साथ था। अपने पतन के कारण शुरू से अपने साथ लाया था। उसके शिक्षा मन्त्री, ताज़ा-ताज़ा बने थे, मुझे मिले। कहिए जोशी जी, हें-हें! इमर्ज़ेंसी के ज़माने में जेल में थे, तो आपको ख़ूब पढ़ते थे। उस ज़माने में भी हें-हें आप शरद जी, हें-हें। मैंने उन्हें बधाई दी। मैंने भी थोड़ा हें-हें किया। फिर अपनी मतलब की बात पर आ गया। आप जानते हैं, इस कला परिषद् और साहित्य परिषद् से मुझे बड़ी खुन्नस है। इनके ही कारण आज मैं अपनी ज़मीन से, अपने घर-बार, बाल-बच्चों से दूर, बम्बई में मारा-मारा फिरता हूँ। पचास साल की उम्र में अनजानी जगह पर अपनी ऐसी-तैसी कराने जाना पड़ा। ख़ैर, छोड़िए उस बात को। तो मैंने उन नए-नए अकबर महोदय से कहा, आप प्रजातन्त्र में आस्था रखते हैं। आप आकाशवाणी और टेलीविज़न तक का निगम बनाने की बात कहते हैं, इन कला परिषदों और शासन साहित्य परिषदों का प्रजातन्त्रीकरण कर दीजिए न! बोले, क्या मतलब? मैंने कहा, कला परिषद् की मेंबरशिप सब लेखकों-कलाकारों के लिए खोल दीजिए न! मैंने कहा, साहब, हमें कुछ क्रिटिसिज्म करना होता है, कुछ नए विचार रखने होते हैं। दो-चार गालियाँ लगाने को दिल चाहता है। पैसा लुटाया जाता है, अपने वालों को बाँटा जाता है। अब हम इसके खिलाफ़ बोलना चाहते हैं तो कहाँ बोलें—कॉफ़ी हाउस में, पान की दुकान पर, दोस्त के घर में बैठ कर? आप संस्था का ढाँचा 'डेमोक्रैटिक' कर दीजिए, तो बड़ी कृपा होगी। यह क्या नियम बना रखा है बाप-ज़माने से कि मुख्यमन्त्री अध्यक्ष होंगे, शिक्षा मन्त्री उपाध्यक्ष होंगे और

शिक्षा सचिव उसका सचिव होगा। कुर्सी पर बिठाने का यह तरीक़ा थोड़े होता है, चुनाव करवाइए।

मन्त्री महोदय अपनी मन्त्रियों वाली अदा में बोले, बात तो आप ठीक कह रहे हैं, इन परिषदों में सुधार तो हमें करना ही है। आपकी बात पर विचार करेंगे। आप फिर मिलिए कभी। अब साहब, हम भी भारतवासी हैं। मन्त्री आश्वासन देता है, तो दो मिनट के लिए हमें भी ग़लतफहमी हो ही जाती है कि काम हो जाएगा। मगर कहाँ साहब! दो हफ्ते में कला परिषद् ने नए शिक्षा मन्त्री को बोतल में उतारने के लिए तीन आयोजन किए। एक चित्रकला प्रदर्शनी का उद्घाटन करवाया और दो ऐसे ही कुछ जमा दिए। इत्ता बड़ा फ़ोटो छप गया। भाई चारों ख़ाने चित। मुझसे पन्द्रह दिनों बाद मिले, तो बोले, कुछ भी कहिए, काम तो ठीक हो ही रहा है। इसी बहाने कुछ हो तो रहा है। मैंने कहा, जी, यह तो है। सब उसके दोस्त लगे हुए हैं, कुछ मंच पर हैं और कुछ पब्लिक में बैठे हैं। ठीक ही हो रहा है। कांग्रेस ने जारी रखा, आप भी रखिए। फिर कांग्रेस आएगी, तो वह भी जारी रखेगी।

आप कल्पना नहीं कर सकते कि हालात क्या है। साहित्य में लीजिए, हम कितने गिर गए हैं। लेखक उपन्यास लिखने के लिए गवर्नमेंट से हज़ार रुपए महीने की फैलोशिप माँगता है। एक मेरे युवा कवि मित्र हैं। वे एक लम्बी कविता लिखना चाहते थे। बोले, मैं कला परिषद् में 'अप्लाई' कर रहा हूँ। अगर हज़ार रुपए महीना का फैलोशिप मिल जाए, तो मैं उस कविता को लिख डालूँ। बड़ी सशक्त कविता है। मैं बहुत दिनों से सोच रहा हूँ। मैं कहता हूँ, यह कविता है और ये कवि हैं। वह कविता क्या कविता होगी जो दिल से बाहर आने के लिए अभिव्यक्ति के लिए सरकारी फैलोशिप का इन्तज़ार करे! मगर बाँटने वाला बाँट रहा है, देने वाला दे रहा है और लेने वाला ले रहा है। आज एक ख़ास नस्ल, ख़ास अदा और शक्ल का साहित्यकार ही जी सकता है। साँस ले सकता है।

माफ़ कीजिए, यदि मैं अधिक उत्तेजित हो गया होऊँ। भाषण देने और एक व्यंग्य लिखने में यही अन्तर है। लिखते समय आप समाज का, दीन-दुनिया का दर्द लिखते हैं, भाषण के समय आपको अपना दर्द कहने की भी छूट होती है। यों भी मैं आपसे नहीं कहूँगा, तो किससे कहूँगा? कोई है ईश्वर के अलावा, जिससे कहा जा सके? भाषण की स्वतन्त्रता छिन जाएगी, तो आप भी नहीं रहेंगे। मगर आप सच मानिए, कबीर, ग़ालिब, भारतेन्दु, निराला, रवीन्द्र और प्रेमचन्द के देश के लेखक का इतना उत्तेजित होना वाजिब है। दरअसल, उसे तो इससे भी अधिक करना चाहिए। मगर छोड़िए। दोस्त लोग कहते हैं–शरद, अगर अमुक टुच्चा है, तो तुम टुच्चापन क्यों दिखाते हो? मैं कहता हूँ–यार, टेलीफ़ोन उसके पास है, बजट उसके पास है, पावर

उसके पास है, सब कुछ उसके पास है, मैं टुच्चापन भी नहीं दिखा सकता? देखो यार, हमसे सब कुछ छीन लो, मगर पान की दुकान पर खड़े होकर या फ़ुटपाथ पर चलते हुए गालियाँ बकने का अधिकार मत छीनो। माना, मैं लेखक हूँ, मगर नागरिक भी तो हूँ। मतदाता सूची में मेरा नाम है। नहीं, अमुक के खिलाफ़ मत बोलो। वह शहनाई बजवाता है और शहनाई अच्छी बजती है। वह लड़कियों के नृत्य करवाता है और नृत्य करती लड़कियाँ अच्छी लगती हैं। वह सब ठीक है। शहनाई तो जो बजवाएगा, अच्छी बजेगी। मैं तो उस शहनाई की छाया में जो भ्रष्टाचार पनप रहा है, उसकी बात कर रहा हूँ।

सवाल यह है मित्रो कि आज साहित्य-संगीत-कला सब कुछ रईसों और उनकी मनोवृत्ति का प्रतिनिधित्व करने वाली सरकारी या ग़ैरसरकारी संस्थाओं के हाथ जा रहा है। विकास की शक्ल में विनाश हो रहा है। फ़ैशन की माँग ने लोक कला को बर्बाद कर दिया है। जिस तरफ़ भी देखिए, आपको तकलीफ़ होगी। न देखें, दूसरी बात है। एक ग़रीब आदिवासी नर्तक मंडली ढोल का चमड़ा फट जाए तो, वह उसे ठीक कराने के पैसे नहीं जुटा पाती और राजधानियों में कला के नाम पर ऐयाशी में लाखों फुँक जाते हैं।

आज़ादी के इतने साल बाद क्या इस देश की एक सुस्पष्ट सांस्कृतिक नीति नहीं होनी चाहिए? यह शहंशाह अकबर और उसके 'प्राइवेट' नवरत्नों का क़िस्सा कब तक चलता रहेगा? प्रश्रयवादी नीति के नाम पर भ्रष्टाचार का यह सिलसिला कब तक जारी रहेगा? करोड़ों का यह देश है। कितनी प्रतिभाएँ हैं, जो अविकसित रह जाती हैं। कितने वयोवृद्ध हैं, जिनका जीवन साधना में गुज़र गया। न हम बड़ों को यथोचित सम्मान दे पाते हैं और न छोटों को सही दिशा या मार्गदर्शन।

लोक नृत्य और लोकगीतों के नाम पर जगह-जगह रैकेट हैं। नक़ली पार्टियाँ खड़ी हो गई हैं, जो गाँव के नाम और गीतों और नृत्य के खरेपन में धाँधली करती हैं। संथाल नृत्य, छाऊ नृत्य, भील नृत्य आदि नामों से लोगों को मूर्ख बनाया जा रहा है। पैसे खाने का पूरा इन्तज़ाम है। हम हैं कि इसे देख रहे हैं। अकादमियाँ हैं, मठ हैं, सिलसिले हैं। जिसने अपनी लेनडोरी बिठा ली है, वह पैसा सूत रहा है। जिनकी नहीं बैठी, वह कोशिश में लगा है। लेखक, कवि और कलाकार के पूरे आत्मसम्मान को चूर-चूर करके रख दिया गया है। बुद्धिजीवी ख़रीद लिये गए हैं। सभी की आत्मा कुचल कर रखी जा रही है। जो, जिस भाव मिल रहा है, उस भाव ख़रीदा जा रहा है। इसी अफ़सरशाही के कारण खेलकूद के क्षेत्र में भारत की हार हुई। वह दिखाई दे जाता है, क्योंकि टीम जाती है और हार कर आती है। इसी अफ़सरशाही के कारण हम सांस्कृतिक क्षेत्र में कितने गिर गए हैं, यह समझ में नहीं आता। दिखाई नहीं देता।

मित्रो, तानसेन गा रहा है, बैजू बावरा बाहर भटक रहा है। वह अकबर से कई सवाल करना चाहता है। पूछना चाहता है। मगर अपने यश की घंटियाँ सुनता अकबर ख़ाली नहीं है। सवाल यह है कि यह मालवा, यह मध्यप्रदेश हमारा है। जो रुपया कैला, संस्कृति और साहित्य के नाम पर बाँटा और फूँका जा रहा है, वह हमारे लोगों की गाढ़ी कमाई और पसीने का है। कब तक हम इन आयातित लोगों के विचार सुन हीन भाव में जीते रहेंगे कि हम मूर्ख हैं? कब तक हम साहित्य और संस्कृति के मामले में दोयम और तीसरे दर्जे के नागरिक कहलाते और बने रहेंगे? कालिदास और मुक्तिबोध की यह भूमि, कबीर भी जिसका दीवाना था, दूसरों के विचारों का पीकदान बन गई है। हमारी भूमिका पाठक और दर्शक बने रहने के अलावा कुछ है या नहीं? मंच पर चाहे जो चलता रहेगा और हम देखते रहेंगे। मंच के पीछे चाहे जो षड्यन्त्र होते रहेंगे और हम सुने को अनसुना कर देंगे। कब तक यह चलेगा यारो? हम पिछड़े हुए, गए-गुज़रे ही हैं, या इसके अलावा भी हमारी कोई पहचान है—उनकी नज़र में, ख़ुद हमारी नज़र में?

मैं जानता हूँ कि यह पुकार अकेले कंठ की पुकार नहीं है। बहुत हैं, जो सीने पर वज़न महसूस कर रहे हैं और कह नहीं पा रहे हैं। मैं नहीं जानता कि वे कभी कह भी सकेंगे या नहीं। मैं चाहूँगा कि वे कहें। अगर नहीं कहेंगे तो वे अपनी भूमि का भला नहीं करेंगे। मेरी उम्र भी काफ़ी हो गई है। हिन्दी का लेखक जीता कितना है! और दस-पन्द्रह साल। या उससे भी कम। मगर आज मैं यह कहना चाहता हूँ। यह सच है कि मैं निजी रूप से आहत और अपमानित हूँ, इसलिए मेरी बात पूरी तरह शुद्ध नहीं है। मेरे आक्रोश का समूचा कारण सामाजिक नहीं है। होना चाहिए। मगर सिर्फ़ इसी कारण मैं कब तक चुप रहूँगा?

जब कुछ न लगे तो सुर लगाओ

गाल, टेबल, रिकॉर्ड-प्लेयर, सीटी, ताली, चुटकी के अतिरिक्त भी यदि कुछ बजाना आता, तो काग़ज़ की कमी के इस राष्ट्रीय प्रहर में लेखकों और कवियों को इतनी कठिनाई नहीं आती। जिनके कंठ सुरीले हैं, उनके लिए ये दिन शुभ रहेंगे। पत्रिकाएँ न मिलने से साहित्य-प्रेमी व्यक्ति कवि-सम्मेलन की तरफ़ दौड़ेंगे और माइकधर्मी कवियों का देश में बोलबाला होगा। काग़ज़ के आधिक्य के उन दिनों में जो कवि महज छप जाने के कारण कवि-सम्मेलनी कवियों से स्वयं को चार बित्ता ऊपर मानकर रौब झाड़ते थे, वे अब अभिव्यक्ति के लिए सुराख़ तलाशने साहित्य गोष्ठियों की ओर भागेंगे। कान से बात जानने की पुरानी प्रवृत्ति, जो कस्बाई हो गई थी, मुरझा रही थी, अब फिर जाग जाएगी। आश्चर्य नहीं कि धारावाहिक उपन्यासों के प्रेमी पाठक धारा सूख जाने के कारण अभाव के रेगिस्तान में कुलाँचे भरें और अन्त में लम्बे कथावाचन की प्रवृत्ति लौट आए। धारावाहिककार पालथी मार कर पखवाड़े भर किसी भवन के कमरे में बैठेगा और रोज़ दो घंटा उपन्यास का एक अध्याय सुना माँ, बहनों और भक्तजनों को तृप्त करेगा। काग़ज़ की ज़्यादती ने साहित्य को काफ़ी कुछ नया दिया। काग़ज़ का अभाव भी नए परिवर्तन लाएगा। बहुत से लोग लिखना छोड़ किसी बेहतर काम में लग जाएँगे और इस तरह अपना जीवन सुधारने के साथ साहित्य को भी अपने अनुपस्थिति से लाभान्वित एवं पवित्र करेंगे। इस काग़ज़ी अभाव से बड़ी ठोस आशाएँ हैं।

बेहतर हो, बजाना-गाना सीख लो। कुछ नहीं लग रहा, तो सुर लगाओ। यों भी बड़े दिनों से रोना चल रहा था कि शब्द अर्थहीन हो गए हैं, अर्थात् शब्दों से कोई ख़ास अर्थप्राप्ति नहीं हो रही। अब तो जो थोड़ा-बहुत अर्थ शब्दों से मिल जाता था, वह भी कठिनाई में पड़ गया। लम्बी कविता वाले हाईकू के विषय में सोचने लगे हैं। काईकू सोचते हैं, क्योंकि वह भी छपने से रहा। सब छोड़ें और कोई वाद्य बजाना सीख लें। अगर हाथ जम गया, तो बिना दूतावासों को मक्खन लगाए, राष्ट्रों के मैत्री संघ में घुसपैठ जमाए विदेश यात्रा का योग बैठ जाएगा। हमारे देशी वाद्य तो विदेशी

लोग आकर सीख जाते हैं, हम क्यों नहीं सीख सकते? अगर एक अदना हिप्पी सितार सीख लेता है, तो हम क्यों नहीं थोड़ा प्रयत्न कर हिप्पी हो सकते? मेरे प्रस्ताव पर गम्भीरतापूर्वक सोचिए। मामला आत्माभिव्यक्ति से सम्बद्ध है। आप जानें। कहना मेरा फ़र्ज़ है।

जैसे, बाँसुरी बजाना लीजिए। महानगर में जाने के पूर्व भगवान कृष्ण इसे बजा कर अच्छे-ख़ासे गाय-ढोर अपने आसपास जमा कर लेते थे। यदि रियाज़ कर लिया, तो शुद्ध दूध और घी के अभाव के इस कलिकाल में गायों को आकर्षित कर दुह लेना, प्रकाशक आकर्षित करके कविता संकलन छपा लेने से अधिक लाभप्रद साबित होगा। तन्दुरुस्ती बनेगी, जो इतने बरसों साहित्य में मार कॉफ़ी के प्याले पी-पी कर बिगड़ गई है। बाँसुरी हल्का, खोखला मगर सुरीला वाद्य है। साहित्यिक व्यक्तित्व के अनुकूल रहेगा। उसे बजाने की ट्रिक यह है कि नाक से साँस खींचो, उसे मुँह से छोड़ो। जिस जगह मुँह से साँस छूट रही है, वहाँ एक पोले बाँस को, एक छोर पर गोल सुराख़ कर लगा लो। बाँस को मुँह से लगाए रखने के लिए हाथों से जहाँ पकड़ रखा है, वहाँ भी चार-छह सुराख़ कर लो और सुराख़ों को अँगुलियों से दाबते-खोलते रहो। जैसे-जैसे आपकी फूँक निकलेगी, वैसे-वैसे बाँसुरी में सुर फूटेंगे। इस सिलसिले को शास्त्रीय संगीत की हद तक चालू रखो। फूँक की उपयोगिता समझ आते ही संगीत के क्षेत्र में कारोबार चल निकलेगा। बुद्धि के अभाव में लेखन क्षेत्र में जो स्वाभाविक दिक्कत पेश हो जाती थी, वैसा इसमें कुछ नहीं। चैन की बजाओ। सुराख़ों का रहस्य समझ आते ही आप बाँसुरी पर सिंपोजियम में पेपर लिखने की उच्च अवस्था प्राप्त कर लेंगे। यमन की सरगम से चालू कीजिए। यमन क्या होता है, यह जानने के लिए हमसे पत्र-व्यवहार कीजिए।

चूँकि आपको स्वरों की पहचान नहीं है, अतः बताए देते हैं कि बाँसुरी के सब सुराख़ बन्द करने पर जो स्वर फूटता है, वह पंचम अर्थात् 'प' है और सब सुराख़ खोल देने पर 'म' अर्थात् मध्यम फूटता है। लगभग कविता जैसी स्थिति है। नीचे के तीन सुराख़ खोलने पर 'सा', चार सुराख़ खोलने पर 'रे', पाँच खोलने पर 'ग', दो खोलने पर 'नि' और नीचे का एक सुराख़ खोलने पर 'ध' का सुर निकलता है। यदि इस तरह से नहीं, तो किसी और तरह से निकलता होगा, मगर फूँकने पर निकलेगा ज़रूर। धंधा चल जाने पर गुरु दक्षिणा का मनीऑर्डर रवाना करें। संगीत की जो परम्पराएँ हैं, उसका सम्मान करें। यह साहित्य नहीं है कि केशव, श्रीलाल, परसाई और शरद जोशी को पढ़-पढ़ कर व्यंग्य लिखना सीख लिया और मनीऑर्डर, चेक पचाकर बैठे रहे। संगीत में गुरु-परम्परा है। यदि साहित्य में होती, तो मध्यप्रदेश घराने के व्यंग्यकारों के आर्थिक ठाठ रहते। अतः जब आपकी बाँसुरी बज निकले,

तब मुझे न भूलें, जिसने कड़की के इस काल में आपकी भटकती फूँक को सुरीला मार्ग-दर्शन दिया। जीते रहो!

और जब गुरु बने ही हैं, तो गुर की बात भी बता दें। जिन लोगों को हिन्दी साहित्य में 'सप्तकों' का अध्ययन है या जो स्वयं सप्तक वाले कवि रहे हैं, वे बाँसुरी के मर्म को जल्दी पकड़ेंगे। संगीत में भी सप्तक एक से ज़्यादा होते हैं। दोनों में एक विशेषता समान है। वह यह कि फूँक का दबाव घटने के साथ सप्तक बदलता है। जैसी फूँक, वैसा सप्तक। फूँक न होने पर कोई सप्तक नहीं। दोनों जगहों पर सप्तक फूँक की उपलब्धि है।

काग़ज़ की कमी के कारण वे साहित्यकार, जो महज संगत में पड़कर लिखने लगे और अब बेचैन हैं, वे तबले पर संगत करना सीख जाएँ, तो कम-से-कम संगीत में जीवन सफल बना लें। हिन्दी साहित्य की तरह तबले में भी दो घराने प्रमुख हैं—दिल्लीबाज़, जिसमें पंजाब और दिल्ली के तबलिए आते हैं और दूसरे पूर्वीबाज़, जिसमें लखनऊ और बनारस के घराने हैं। तबले में दिल्ली वाले चांटी अर्थात् चमड़े की गोट पीटने का चमत्कार दिखाते हैं। उनकी कला तर्जनी और मध्यमा उँगलियों पर निर्भर है, जिनका लेखन और जेब काटने में उपयोग होता है। साहित्य से तबले में आ जाना विशेष कठिन नहीं होगा, यदि चाय, कॉफ़ी और कन्या के इन्तज़ार में टेबल बजाने का रियाज रहा हो! साहित्य की तरह दिल्ली घराने के तबलिए सोलोवादन में उस्ताद होते हैं। इसके विपरीत बनारस व लखनऊ के घराने वाले खुले बोल और हथेली का काम दिखाते हैं। ऐसे अहमद जान थिरकवा कम हैं, जो दोनों में पारंगत हों। विभाजन एकदम हिन्दी वाला है। तबले को ठोकने सुधारने के क़ायदे भी एकदम साहित्य वाले हैं। उदीयमान लेखक या कवियों की तरह तबला भी ऊपर से ठोकने से चढ़ता है और नीचे से उलटी मार करने से उतरता है। यदि कोई उतर रहा हो, तो उसे ऊपर से ठोंककर चढ़ाना चाहिए। यदि चढ़ रहा हो, तो नीचे से उलटी मार कर उतार देना चाहिए। ठीक जैसे हम आलोचना या पुस्तक समीक्षा आदि में करते हैं।

तबले में दस बोल होते हैं। इन दस बोलों को साधने से सब सध जाता है। साहित्य में जो लोग वही-वही बात उसी-उसी ढंग से लिखते रहकर भी स्वयं को तरोताज़ा अनुभव करते हैं, वे तबले के दस तालों का अनुभव प्राप्त कर सफलता की चाबी पा सकते हैं। घिन, धा, दिन्नक, गिट्टी, किड़नग, किटतक, त्रक, क्ड़ानतान, तकिट आदि सीखने के बाद मौक़े पर सही थाप मार कर जैसा साहित्य में लाभ कमाया जाता है, उसी तरह आप संगीत की महफ़िल में यश लूट सकते हैं।

और भी वाद्य हैं। सितार, वीणा, सरोद, शहनाई, क्लारनेट, वायलिन, इसराज, मृदंग, सारंगी, हारमोनियम, ढोलक, खंजड़ी, नगाड़ा, ढोल, शंख, झाँझ, मंजीरा, घंटा, पियानो, जलतरंग आदि। जिसकी जैसी औकात हो, दम हो, वह वैसा वाद्य सीख ले। जो साहित्य में खंजड़ी बजाते रहे हैं, वे संगीत के क्षेत्र में सरोद बजाने लगें, सम्भव नहीं है। जैसी योग्यता वैसा बाजा है। अगर गला ठीक है, तो वोकल हो जाओ। राग दरबारी गाओ। रात के तीसरे प्रहर का राग है, मगर तुम दिन के दूसरे प्रहर गाओ। रात को तुम्हारी कौन सुनेगा? तब साहित्य-संगीत व्यर्थ हो जाता है, सब अपनी-अपनी में लगे रहते हैं।

अब मुझसे प्रश्न करोगे कि उस्ताद, आप कौन-सा वाद्य बजाएँगे? देखो शिष्य, हमें दाढ़ी बढ़ाने, बाल लम्बाने, रंगीन कुर्ते पहन आधुनिकता जोतने का शौक़ नहीं रहा, सो सितार हम सीखेंगे नहीं। रविशंकर और हलीम जाफ़र की रोज़ी-रोटी क्यों छीनें? हमारी उँगलियाँ साहित्य में ही काफ़ी घिस-कट चुकी हैं, उसे वाद्य के तार पर नहीं घीसेंगे। तबला हमसे न किसी का पहले बजा और न अब बजेगा। हमारी आदत जानते हो। हम तो 'छेड़ते' हैं। और संगीत में तानपूरा बजाने को तानपूरा 'छेड़ना' कहा जाता है। हम वही छेड़ेंगे और बिना ज़्यादा मेहनत किए संगीत मंच पर वैसे ही जम जाएँगे, जैसे साहित्य में जमे। बैठे-ठाले के लेखक हैं, दोनों घुटने ऊपर उठे हुए। सिर्फ़ एक घुटना नीचे करते ही तानपुरे की बैठक बन जाती है। हर तार अलग-अलग छेड़ेंगे, जैसा साहित्य में कर रहे हैं। गला किसी का, वाद्य किसी का हो, झंकार अपनी ही होगी। तुम जब तक बाँसुरी का सुर लगाना या तबले पर तिरताल की सोलह मात्रा सीखोगे, हम मंच पर पहुँच जाएँगे तानपूरा लिये। अब वहीं भेंट होगी। जीते रहो!

ये कत्थक करने वाले

कत्थक करने वालों ने पिछले सालों में कमाल की प्रगति की है। आप कह सकते हैं कि आजकल वे जो पैर पीट रहे हैं, बहुत ख़ुशी से पीट रहे हैं। मैं उन्हें नाचते देखता हूँ या उसकी ख़बर पढ़ता हूँ तो मुझे लगता है कि देखो, रास्ता बनाने वाले अपना रास्ता बना ही लेते हैं। यह देश जो आज़ादी के इतने सालों बाद ग़रीब आदिवासी बच्चों को खेलने के लिए एक फ़ुटबॉल नहीं दे सका, इन कत्थक करने वालों के लिए कितना सुखदायी आश्रय दाता साबित हुआ, पिछले सालों क्या कुछ नहीं हुआ। भुखमरी, युद्ध, अकाल पर ये कथकिए उतने ही मज़े से पैर पीटते रहे, जैसे तब पीटते थे जब वाज़िदअली शाह के हाथों से सल्तनत खिसक रही थी। पता नहीं, उन दिनों में ये थे कि नहीं। मैंने कत्थक का इतिहास नहीं पढ़ा। (शेष जीवन पढ़ने का इरादा भी नहीं हैं) पर मेरा ख़्याल है कि ये तब ज़रूर और इफ़रात से रहे होंगे। समाज के पतनशील प्रहरों में ये बड़े सक्रिय रहते हैं। जब देश में दिमाग़ से पैसा कमाने वालों में एक किस्म की शून्यता घिर आती है, तब रुपए से रुपया पैदा होना बन्द या कम हो जाता है। मेहनत बुझने लगती है, तब ये कत्थक वाले पैरों में पाँच किलो घुँघरू चढ़ा कर्मक्षेत्र में कूद पड़ते हैं। रात को कहाँ नाचना है, यह निश्चित करने के लिए दिन में परेशान रहने वाली इस जाति को रोज़ कोई मुरीद मिल जाती है। आज़ादी ने देश को नए रईसों की एक जमात दी है जो अपने को कलाप्रेमी और कला के मामले में समझदार लगने के लिए हर प्रोग्राम में आगे की सीट के टिकट ख़रीदती है।

कत्थक करने वाली या करने वाले मंच पर आते हैं। तबले वाला उनके साथ होता है जो हालाँकि अपने में अलग और स्वतन्त्र लगता है, मगर वह पूरे नाटक का ज़ोरदार हिस्सेदार होता है। एक गुरु क़िस्म का आदमी होता है जो मंच की एक तरफ़ बैठा यश में हिस्सेदारी करता है कि ये जो पैर पीटे जा रहे हैं, वह मेरी देन है। प्रोग्राम का रंग बढ़ाने के लिए वह बीच में तरकटघिन्ना, घरकटघिन्ना क़िस्म के बोलता है, जैसे वह कोई चैलेंज फेंक रहा हो! कत्थक करने वाली उसके बोल पर पैर पीट देती है और वह पराजित हो जाता है या दोनों बराबरी पर छूटते हैं। तबले वाले को छेड़ देती है या किसी बात पर गुस्से से देखती है, तबले वाला इस पर आहत और

अपमानित महसूस करने का ड्रामा करता और क्रोध में लय बढ़ाता है। कत्थक की अभिनेत्री उस चैलेंज को स्वीकार कर तेज़ गति से पैर पटकती है। हॉल में एक उत्तेजना फैल जाती है कि देखो, नाचने वाली और तबले वाले आपस में उलझ गए हैं और अब मज़ा आएगा। लोग सतर बैठ जाते हैं और उनकी आँखें तबले वाले पर और कभी नाचने वाली पर आती-जाती रहती हैं। परस्पर टक्कर का दिखावा करने वाले इन धन्धेबाजों की कला पर (यहाँ कला से तात्पर्य घुँघरू बाँध पैर पीटना है) आती-जाती रहती है। वे तालियाँ बजाते हैं। सफलता का यही सूचक है। दूसरे दिन एक निश्चित शब्दावली और अन्दाज़ में कला-समीक्षक अख़बारों में तारीफ़ कर देते हैं। कत्थक वाले नई शाम के लिए कोशिशों में जुट जाते हैं। देह का फ्रॉड जारी रहता है। उत्सवों की राशियाँ लुटती रहती हैं।

मुझे लगता है कि इस देश में सब अपनी-अपनी जगह असफल और निराश हुए मगर कत्थक करने वाला हमेशा सफल हुआ और प्रसन्न रहा। कोई भी परिस्थिति उसके खिलाफ़ नहीं बनी। जब इमरजेंसी लगी तब भी वह कत्थक कर रहा था, हटी तो करता रहा और अगर कल से देश किसी डिक्टेटरशिप के जूते या सैंडिल तले रौंदा भी जाए तो उससे कत्थक करने वाले को क्या, वह तो कत्थक करता रहेगा। राजा ख़त्म हो गए पर ये महाराज और वे महाराज जो भारतीय कन्याओं को कत्थक सिखाते हैं, उन पर क्या फ़र्क़ पड़ा? वे आज भी महाराज हैं। उन्हें सख़्तजान और भरी-पूरी सुन्दर लड़कियों की तलाश है, जो चार घंटे पैर पटकने पर भी थके नहीं, वे उसे कलाकार बना देंगे। बेचारी लड़की सारी जवानी बिना यह समझे कि कला क्या होती हैं, कार्यक्रम-दर-कार्यक्रम पैर पटकती रहेगी। वह एक मशीन हो जाएगी। अनाउंसमेंट के फ़ौरन बाद किसी भी थीम पर वही करेगी, जो उसने पहले किया था। बाद में वह उसे सचमुच गहरी कला समझ उसी विराट साज़िश में हिस्सेदार हो जाएगी जिसे कत्थक का विकास कहते हैं। उसे लगेगा, वह कोई बड़ा ऊँचा और गहरा काम कर रही है। उसके लोभी और दीवाने उसे यह कहेंगे भी कि तू सचमुच बड़ा काम कर रही हो। वह इधर-उधर आँखें नचाती अर्थहीन घुँघरू बजाती रहेगी।

इस देश की इतनी कूबत नहीं रही कि वह महिला हॉकी की खिलाड़ियों में यथोचित स्टेमिना दे सके, या टेबल टेनिस खेलने वाली लड़की को बेहतर प्रशिक्षण दिला सके पर संस्कृति के नाम पर बजट फूँकने वाले विभाग, काजल डाले इन ताताथैया व्यक्तित्वों को पूरा संरक्षण देता रहा क्योंकि मर जाए सब कुछ, मगर वह कत्थक बना रहना चाहिए। कला कल्चर के दफ़्तरों की फ़ाइलें, बजट, समय, भविष्य की योजनाएँ सब में कत्थक की ज़ोरदार हिस्सेदारी है। इस देश में टोपियाँ पहनकर लोग राजनीतिज्ञ हो गए और रेशम और मलमल के कढ़ाईदार कुर्ते पहनकर कलाकार। हर पैसे देने वाले दफ़्तर के बाहर एक कत्थकबाज़ की रेशमी कुर्ता पहने बाँहें चढ़ाता प्रणाम करता, मुस्कुराता, तिरछी नज़रों से आते-जाते को देख अपने

प्रभाव को आँकता खड़ा है। आप उसे प्रगति करने से नहीं रोक सकते। जिस तरह आप उसे प्रगति करने से नहीं रोक सकते। जिस तरह आप एक चम्मच को प्रगति करने से नहीं रोक सकते, उसी तरह आप एक कत्थक वाले को प्रगति करने से नहीं रोक सकते। देश के जो युवक बेकारी और निराशा में पैर पटकते हैं, वे अगर उन ही पैरों में घुंघरू बाँध पैर पटकें तो उनका भविष्य उज्ज्वल है। इस देश को सिर्फ़ कत्थक करने वालों की सख़्त आवश्यकता है। आप एशियन गेम्स पोस्टपोन कर दीजिए मगर कत्थक को पीड़ित मत कीजिए। यहाँ जीभ लपलपाते युवा नेताओं का वर्ग है, कत्थक केन्द्रों से निकली भविष्य खोजती कन्याएँ हैं। आप कैसे कह सकते हैं कि कला का भविष्य उज्ज्वल नहीं? तिरकीटधम् तिरकीटधम् सारे नारों, आहों और कराहों को ये स्वर लगातार ढक रहे हैं। घुँघरू, घुँघरू, घुँघरू एक ही जगह बार-बार, वही-वही, तैंतीस वर्ष बीत गए आज़ादी को भूखे पेट तिरकीटधम् सुनते।

वित्त मन्त्री को पत्र एक बाबू का

पूज्य पंडित शुकुल जी,

वित्त मन्त्री, मध्यप्रदेश शासन।

जय रामजी की! आपने इस ग़रीब बाबुओं पर दया खाए के जो पाँच रुपया महँगाई बढ़ाने की घोषणा करवाई है सो यह आपकी बड़ी कृपा और उदारता है। जब आपको पंडित मिश्र जी ने जंगल विभाग से छुड़ाकर वित्त विभाग सौंप दिया तो हम तब ही समझ गए थे कि अब आप वित्त विभाग में भी जंगल के सकल कानून लगा कर मानेंगे। पहला नियम तो आपने यह ख़ूब बनाया हुजूर वित्त विभाग की लकड़ी नहीं कटनी चाहिए और सिर्फ़ पाँच रुपया बढ़ाए के आपने बचत कर ली। राज्य सरकार ने जो साढ़े दो करोड़ रुपए का जंगल बचाया था सो उसका आपने एक कूप बना दिया और सिर्फ़ इतना दिया कि मुर्दा का कफ़न आ सके। आपकी वास्तव में बड़ी उदारता है कि मरते बाबुओं को पाँच रुपया कफ़न का सौंप दिया है। ऐसे ही योग्य लोग को पंडित मिसर जी छाँटकर लाए हैं। आज राम के सच्चे सेवक तुलसीदास की रामायण रोज़ बाँचने वाले आप हम सब बाबुओं की हालत सचिवालय के इस जंगल में बन्दरों का माफक करके मानेंगे कि लूट-खसोटकर खाओ और नंगा बदन घूमो, कूदो-फाँदो। तभी आपका मध्यप्रदेश में रामराज्य की स्थापना का सपना पूरा हो सकेगा। आपने जंगल विभाग में रहकर जो भील-कौल-गोंड और अन्य आदिवासियों की दशा देखी है, हम सबकी आप अपनी नीति के कारण वैसी ही बना कर मानेंगे। जब तक मुसीबत नहीं आएगी, लोग-बाग राम को नहीं याद करेंगे और रामायण नहीं बाचेंगे। आप परिवार को भूखा मार कर रामायण का प्रचार भी बढ़ा रहे हैं, इसके लिए आपका हमारे तात्या टोपे नगर के रामलीला मैदान में अभिनन्दन किया जाना ज़रूरी प्रतीत होता है।

आप बहुत विद्वान हैं और विंध्यप्रदेश के मुख्यमन्त्री रह चुके हैं। वहाँ आप सबसे कम वेतन देकर राज चलाते थे। मध्यप्रदेश बनने पर आपको सचमुच अचम्भा हुआ होगा कि यहाँ सबको ज़्यादा वेतन क्यों दिया जा रहा है। आप क्या कर सकते थे क्योंकि जंगल सँभालते थे और ठेकेदारों का दिया काजू-किशमिश खाते थे पर अब वित्त मन्त्री बन आप यहाँ विंध्यप्रदेश के ज़माने का वेतनमान बना सकते हैं। सारे

प्रदेश की जनता जब भूखों मरेगी और यहाँ से अन्य लोक और अन्य प्रान्त को चली जाएगी तब आपका जंगलों के विकास का प्रोग्राम भी पूरा हो जाएगा। फिर आप बचेंगे और आपके पुराने ठेकेदार और जिसे कहते हैं जंगल में मंगल सो मनेगा।

आप रामजी के भक्त हैं और हम ग़रीब बाबू पाप के गर्त में डूबे हुए। आप राम हैं और हम केवट और शबरी। आपका चरणोदक पीकर आपको शासन की गंगा में सकुशल पार लगा कर भविष्य में उस घाट पहुँचा देंगे जहाँ आप राज्य के मुख्यमन्त्री बनना चाहते हैं। आप काटजू और मिश्रा दोनों को लड़ाकर मज़ा देखने वाले, सच्ची विभीषण की भूमिका निभाकर हर मन्त्रिमंडल के सदस्य रहने की क्षमता रखते हैं। राम कृपा से आप कांग्रेस को डुबाकर अपना झंडा ऊपर करने में सफल रहे हैं। आपने पाँच रुपया बढ़ा कर सब कर्मचारियों में पंडित मिश्र का जो सार्वजनिक परिहास करवाया है, वह आपकी राजनीति है।

आर्थिक स्थिति का इतना उत्तम अध्ययन आपने किया कि हम सब धन्य हैं। इस समय महँगाई अवश्य पहले से ज़्यादा है पर केवल पाँच रुपया और हों तो सब ज़रूरी पदारथ तेल-नोन-लकड़ी ख़रीद सकते हैं। विधान सभा सदस्यों का वेतन बढ़ाते समय भी आप इस अनुपात का ध्यान रखते तो कृपा होती। उनकी वेतनवृद्धि का अनुपात और हमारे मात्र पाँच रुपए बढ़ा कर आपने जो न्याय किया है, वह रामराज्य के अनुकूल ही है। जैसी जाकी चाकरी वैसा वाको देकर आपने सन्तों-सा बर्ताव किया है।

माई-बाप शुकुल जी, अब हुजूर, हमें आज्ञा दें कि थोड़ा-सा भ्रष्टाचार कर लें। बिटिया दोनों बड़ी हो गई हैं और बिना दहेज दिये उनका ब्याह असम्भव है। ख़र्चा बहुत बढ़ रहा है। जब राम जी के यहाँ हमसे प्रश्न पूछेंगे तो हम आपका नाम कह देंगे।

फिर सब कर्मचारियों को बजाय रुपया दे अन्न देने की आपकी योजना भी आपकी प्रतिभा के अनुकूल है। आप तो मन्त्रिमंडल में प्रस्ताव रखो कि हम सबका वेतन बन्द कर दिया जावे और बदले में ब्राहमणों की तरह सीधा दे दिया करें। आटा, दाल, चावल, लकड़ी और तन ढकने को बिड़ला मिल का कपड़ा, औरत के लिए धोती, कमीज, जनेऊ, लँगोट, दरी, तेल, कन्धा, डेरी का पतला दूध, तम्बाखू, राष्ट्रीय तेन्दू पत्ते की बीड़ी का बंडल और हनुमान चालीसा की एक प्रति देकर आप इस बाबू लोग का वेतन चुका सकते हैं।

यहाँ भोपाल में तात्या टोपे नगर से सचिवालय तक रोज़ पैदल चलकर हम किराए का पैसा बचाते रहे हैं। अब हमारी छाती पर सचिवालय तान दिया है पहाड़ी पर तो किराए का अलाउंस आप काट लेंगे। पाँच रुपया बढ़ा कर सात रुपया कम करने के बाद जो लाभ हमको मिलेगा वह हिसाब हम समझ आपकी कृपा को अभी से अनुभव कर रहे हैं। आप बड़े चतुर हैं।

बंगलौर के बाबुओं ने सरकार को पाँच रुपया मनीऑर्डर कर जो जूता मारा है और पाँच रुपया महँगाई का मज़ाक उड़ाया है, वह तो हम कर नहीं सकते क्योंकि संगठन में ताक़त नहीं रही। हाँ, रामलीला मैदान में रामजी के सेवक का अभिनन्दन करने की भावना अवश्य है सो कृपया निमन्त्रण स्वीकार करें और तिथि की सूचना दें कि कब आपको समय होगा? उत्तर की प्रतीक्षा में–

शब्दवीर।

शैतान

तो भोपाल की पार्लियामेंट में शैतान शब्द को स्थान मिल गया। स्पीकर महोदय ने कहा कि शैतान तो पार्लियामेंटरी शब्द है।

कोर्ट में ईश्वर को सम्मान दिया गया है तो शैतान ने भी अपने लिए एक शक्तिशाली स्थान खोज लिया।

पिछले ज़माने में जब राजा को ईश्वर का अवतार माना जाता था तब शैतान को उस राजतन्त्र में कहीं जगह नहीं थी।

बादशाहों और धर्मगुरु की आपसी साठ-गाँठ थी ताकि शैतान को जगह न मिले।

मगर हार जाए, वह शैतान कैसा! वह जनसमूह के साथ रहा और फिर धीरे-धीरे प्रजातन्त्र का उदय हुआ। राजा जो ईश्वर के अंश थे, वे उखड़ गए, और अब मन्त्रियों की सत्ता आ गई।

जाने कौन संसद का सदस्य शैतान को अपने बीच में नहीं मानता था? पर स्पीकर महोदय उसकी सत्ता को मंज़ूर करने लगे।

सच यह है कि जब शैतानी को प्रजातन्त्र में बड़े सम्मान से देखा जाता है, उसे राजनीति और डिप्लोमेसी करार दिया जाता है, तो फिर किसी राजनीतिज्ञ को अपने-आपको शैतान कहे जाने में कोई शर्म नहीं होनी चाहिए।

शैतान और आदमी का घरोपा तो बाबा आदम जब मैडम हौवा के साथ अदन के बाग़ में रहते थे, तब से आज तक है। ईश्वर ने कब साथ दिया है हमारा!

वास्तव में शैतान इतना बुरा नहीं है जितना कि वह ग़रीब बदनाम किया गया है। यह विचार तो अच्छे ईसाई धर्मज्ञों के भी हैं। उसमें यही दोष कि वह ज़रा घमंडी है, थोड़ा मुँहफट है, विनम्र नहीं है और ज़िद्दी है।

इस कारण भगवान ज़रा उससे खफा हैं।

घमंडी होना, ज़िद्दी होना, मुँह पर साफ़ बोल देना तो मानवमात्र और नेतामात्र का गुण है।

शैतान को राजनीतिज्ञों ने कभी बुरा नहीं माना।

मिल्टन का तो जीवन राजनीति में ही बीता। उसने अपने महाकाव्यों में शैतान का चरित्र-चित्रण ज़्यादा सुन्दरतापूर्वक किया है। आलोचक मानते हैं कि

मिल्टन इस कारण कर सका क्योंकि मिल्टन की बौद्धिक सहानुभूति तो शैतान के साथ थी।

यानी मिल्टन भी ईश्वर के बजाय शैतान से अधिक प्रभावित था।

शेली जो नए प्रजातान्त्रिक विचारों को अपनी कविता की आत्मा मानता था, शैतान को बहुत प्यार करता था।

और फिर शैतान यह कोई व्यक्ति विशेष नहीं है, यह तो एक विशेष गुणों से युक्त व्यक्ति को दी गई उपाधि है। शैतान जिसे कहा जाता है, उसका नाम तो प्रोमेथियस था।

माना गया है कि ईश्वर तो हर शरीर में विराजमान है। वह निराकार है, सर्वव्यापी है।

यही सब मामला शैतान के साथ है।

वह भी सर्वव्यापी है, निराकार है और समस्त जनता में विद्यमान है।

ख़ुद परमेश्वर क्या कम शैतान है।

फिर जनता द्वारा चुने हुए प्रतिनिधि तो आख़िर ईश्वर भक्त होने के कारण तो चुने नहीं गए। वे अपनी डिप्लोमेसी के कारण चुने गए।

अतः शैतान शब्द तो हर संसद सदस्य के लिए सम्मानजनक है। भोपाल को बधाई क्योंकि वहाँ सबसे पहले इसका भास हुआ।

नदी और प्यासा नगर

नगर में रहने वाला आदमी आजकल पानी माँगने लगा है। उसकी नज़र कुछ दूर बहने वाली नदी पर जाने लगी है। वह समझ नहीं पा रहा कि सीधे-सीधे बह जाने वाली नदी का क्या उपयोग? नदी नगर के पास से क्यों नहीं गुज़रती या नगर शुरू से ही नदी के पास क्यों नहीं बसा? समस्या का मटका सिर पर उठाए वह खड़ा है। मटका ख़ाली है, यही समस्या है। उसे तलाशे पानी नहीं मिलता। नल के लिए दमयन्ती और उनकी सारी सखी-सहेलियाँ परेशान हैं। टप-टप बूँद टपकती है। कभी-कभी, जैसे मनहूस मुस्कुराया हो। दूसरे मंज़िल पानी नहीं चढ़ता, नीचे का नीचे रहता है। जैसे नल नहीं, जल हो। ऊपर क्यों चढ़े? उसे बूस्ट करने वाला चाहिए। जैसे पानी नहीं हो, किसी नेता या मन्त्री का अयोग्य भतीजा हो! बिना बूस्ट किए ऊपर नहीं चढ़ सकता। मगर पानी को बूस्ट कौन करे? यह तकनीकी मामला है, निरा भ्रष्टाचार नहीं जो हर स्तर पर सम्भव हो। पानी चढ़ाना होता है और चढ़ाने के लिए पानी चाहिए। देवता पर पानी चढ़ाना सरल है, ताँबे-पीतल पर सोने का पानी तक चढ़ जाता है, अक्षम व्यक्ति भी चढ़ाए से पानी पर चढ़ जाता है, अनुपयोगी तलवार उपयोगी हो जाती है मगर चार मंज़िल मकान पर पानी चढ़ाना कठिन है। यह मामला पोलिटिकल है। आपका कहना होगा कि नहीं, यह मामला पोलिटिकल नहीं, आर्थिक है। मैं कहता हूँ कि अक्सर मामले जो ऊपर से आर्थिक नज़र आते हैं, वाकई में पोलिटिकल होते हैं।

नगर का कसूर यह कि वह नदी से दूर है। इन्दौर नर्मदा नदी से दूर है। अहिल्याबाई ने बरसों पहले नर्मदा के समीप से अपनी राजधानी हटाई और इन्दौर बसाया। तब बेचारी को नहीं पता था कि एक दिन उनका इन्दौर नर्मदा के लिए तरसेगा और उसके पानी के लिए तालाब का पानी पीने वाली भोपाल की सरकार से माँग करेगा। जिसे कहते हैं दुनिया बदल गई। नगर का रौब बढ़ा मगर पानी कम हो गया। बहकने का इरादा रखने वाले भी वेटर से एक जग में पानी माँगते हैं, नीट नहीं लेते। फिर एक शहर, जिसका बहकने का कोई इरादा नहीं, अगर पानी माँगता है तो क्या ताज्जुब! भोपाल के वेटरों को पानी देना चाहिए। इन्दौर भी उनके विशाल होटल की एक टेबल है जिस पर सर्विस गड़बड़ करने से होटल की इज़्ज़त गिरती

है। मैं पूछता हूँ, क्या वे तुमको टिप नहीं देते? फिर उन्हें माँगने पर पानी क्यों नहीं मिलता? यह कैसा मैनेजमेंट है? अजीब बात है! इन्दौर वालों ने पानी माँगा तो सरकार ने उन्हें बदले में मेनू रख दिया। उनसे बोला—अगर पानी माँगोगे तो तुम्हें इतना दाम लगेगा। पहले सोचो, फिर बात करो। हद है! अरे भाई, सभ्यता-संस्कृति भी कोई चीज़ होती है। पानी के लिए क्या कोई किसी को इन्कार करते हैं? पानी के लिए दुश्मन तक से इन्कार नहीं किया जाता प्यारे भाई! हमने बरसों अपनी नदियों से पाकिस्तान को पानी दिया। सभ्यता और संस्कृति एक चीज़ होती है। पानी के लिए क्या इन्कार करना! कोई दारू तो नहीं माँग रहे जो नैतिक प्रश्न खड़ा हो गया हो। पानी माँग रहे हैं—शुद्ध। पीने के लिए, नहाने और कपड़ा धोने के लिए, आँगन के पौधों के लिए। उनका हक है। हर इंसान का हक है। आज़ादी के बाईस वर्ष बाद इस देश के आदमी को ज़रूरत-भर पानी भी नहीं मिल सकता। सरकार इतना भी नहीं कर सकती कि जनता की पहली बुनियादी ज़रूरत पर पहले ध्यान दे। इसके लिए भी जुलूस निकालने और हड़ताल करने की ज़रूरत होती है। जब नदी हमारी, लोग हमारे, सरकार हमारी, फिर पानी क्यों नहीं? सरकार इन्दौर की जनता को बता रही है कि अगर पानी चाहते हो तो दाम इतने लगेंगे। इतनी रुखाई से तो मध्यप्रदेश सरकार ने बिड़ला जी को बाँसों के दाम भी नहीं बताए। जिस रेट पर बाँस दिया जाना चाहिए अगर उससे कम कर दिया जा सकता है धन्धे के लिए तो जनता को पानी भी दिया जा सकता है। समाजवाद का मतलब यह है कि जो कुछ जनता और समाज के हित में है, वही श्रेष्ठ है। समाज का फ़ायदा ही अच्छाई-बुराई और लाभ-हानि की प्रथम और अन्तिम कसौटी है। बैंक का रुपया हो, राजाओं का पर्स या निजी आमदनी—उचित वही है, जो ज़्यादा समाज के हित है। नर्मदा का व्यर्थ अनुपयोगी बहना किसके हित में है? जिस राज्य में नर्मदा और चम्बल जैसी नदियाँ बहती हों, वहाँ कोई शख़्स और कोई खेत पानी के लिए क्यों परेशान हो?

यह हो गई ज़रा ऊँचे धरातल की बातें। पानी ऊपर नहीं चढ़ता मगर विचार और आदर्श तो चढ़ ही सकते हैं। उसे छोड़ धरातल पर आइए जहाँ जुलूस और हड़ताल है, माँग है और माँग को आकार देने वाला नेतृत्व। आश्वासन है और आश्वासनों को धूल साबित करने वाला लालफ़ीता! किसी शहर को नर्मदा का पानी कैसे मिले? उसे स्मगल नहीं किया जा सकता, चोर रास्तों से लाया नहीं जा सकता, वह टाटपट्टी का टेंडर नहीं है। यह इंच-इंच खिसकेगा, नेताओं की मुस्कुराहटों से डेढ़-डेढ़ इंच नपेगा, आवाज़ों और शोर-शराबे के वज़न से तुलेगा। पानी और आदमी के बीच कितनी बाधाएँ हैं—कृत्रिम और मज़ेदार!

शहर एक कौआ हो गया है जो अधजल घड़े पर बैठा धीरे-धीरे कंकड़ डाल रहा है। हर कंकड़ इस उम्मीद के साथ कि पानी ऊपर आएगा। एक कंकड़ जुलूस, दूसरा कंकड़ माँग-पत्र, तीसरा कंकड़ डेपुटेशन, चौथा कंकड़ हड़ताल और इसी तरह के

सतत कंकड़ कि नर्मदा धीरे-धीरे ऊपर उठे और पठारी ऊँचाई तक पहुँचे। हर कंकड़ दिखनौटा है मगर पानी प्राप्त करने का एकमात्र रास्ता है। अन्यथा कौवा क्या करेगा? प्यासा मरेगा।

एक ज़माना था, भारत में दूध, दही तथा इसी प्रकार के सुस्वादु पेयों की नदी बहती थी। तब पानी माँगने पर दूध और छाछ मिलती थी। अब पानी माँगने पर पानी नहीं मिलता। उत्तर मिलता है—आर्थिक साधनों का अभाव है। अरे भैया, साधन तो सदैव सीमित होते हैं। कठौती छोटी ही होती है। मन चंगा होना चाहिए। उससे गंगा या नर्मदा निकल सकती है।

यूँ होता तो क्या होता

राजनीति में होते तो इन दिनों मुख्यमन्त्री हो गए होते। मध्यप्रदेश के न हो पाते तो बिहार के हो जाते। नेतागीरी के लिए बड़ी हरी-भरी ज़मीन है वह। ख़ैर, बिहार में होते तो लेखक ही अच्छे कहलाए जाते। बिहारी नेता ज़ोर डाल कहीं ऊँची जगह दिलवा देते। वाइस चांसलरी भी मिल सकती थी। आसपास जाति वालों का हुजूम होता और बड़े लेखक माने जाते। मैं बिहार से बड़ा प्रभावित हूँ। वहाँ बड़े परिमाण में नेता, शिक्षा शास्त्री, साहित्यकार और अफ़सर क़िस्म का आदमी पाया जाता है। मेरे ख़्याल से हर बिहारी आदमी अनिवार्य रूप से इन चारों में से एक होता है; बल्कि वह बखूबी अपनी भूमिकाएँ बदल सकता है या सब कुछ एक साथ होता है। इन बिहारवासियों के नाम लम्बे होते हैं और काम चौड़े। अब हमारे हिन्दी वाले आदरणीय श्री रामधारी सिंह दिनकर को ही लीजिए। मुझे वे सब कुछ एक साथ लगते हैं। संघर्षशील व्यक्ति, कवि, नेता, अफ़सर, कमेटी कला के आचार्य, शिक्षा शास्त्री, इतिहासज्ञ, पुरस्कार झटकने में चिर अग्रणी, विदेश जाने में पहले, राज्यों में बढ़िया सम्बन्ध रखने वाले, कुशल वक्ता, बड़ी किताबें बेच लेते हैं, ख़ूब कोर्स में लगे रहते हैं, चिन्तक भी आला दर्जे के हैं और हर जगह गोटियाँ भी ख़ूब जमा लेते हैं। अगर हिन्दी गैया के चार थन माने जाएँ तो निश्चित ही दो थन अकेले दिनकर जी के हाथ में निजी स्वास्थ्य लाभ के लिए है और बाकी दो से बाकी साहित्यकार मुँह लगाए बैठे रहते हैं।

मैं उदाहरण दे रहा हूँ। दिनकर जी में उनके प्रान्त की प्रतिभा ही अपने उच्चतम रूप में नज़र आती है। बिहार वाले कमाल हैं। अगर उनके हाथ में चिन्दी आ जाए तो उन्हें बजाज बनते देर नहीं लगती। पिछड़े होने को हम मध्यप्रदेश वाले क्या कम पिछड़े हैं? मगर अपने पिछड़ेपन को भी हर राष्ट्रीय काउंटर पर भुना लेना तो कोई बिहार वालों से सीखे। यह तो मजबूरी है कि मुख्यमन्त्री उसी प्रान्त का होता है जहाँ उसे बनना है, अन्यथा आप देखते कि पूरे देश को अकेला बिहार सारे मुख्यमन्त्री सप्लाई कर देता। बड़ा मुख्यमन्त्री लोग पड़ा है उस तरफ़। कुछ बन गया, कुछ बनने को खड़ा है। वहाँ इफ़रात से राजनीतिक प्रतिभाएँ मिलती हैं। जब श्री केदार पांडे मुख्यमन्त्री बने तब मुझे पता लगा कि अच्छा, केदार पांडे भी कोई बड़ा नेता होते

हैं। फिर अभी श्री अब्दुल गफ़ूर बने तो सच, मैंने पहली बार उनका नाम सुना। ख़ैर, यह तो राजनीति है जिसमें मेरी पैठ नहीं। मगर साहित्य में भी बिहार ऐसे नित नए चमत्कार खड़े करता है। जैसे—पिछली बार नेहरू फैलोशिप बंगाली नाटककार बादल सरकार और मोहन राकेश को मिली थी। उनके नाम जगजाने थे। मगर इस बार एक बिहारी सज्जन छायावाद पर शोध करने के लिए नेहरू फैलोशिप मार गए। देश के इतने विश्वविद्यालयों में अकेले छायावाद पर जितनी शोध हुई है उतना तो ख़ुद छायावाद नहीं था। फिर उसी घिसे-पिटे विषय पर बिहारी सज्जन फैलोशिप ले गए। इसमें विषय या फैलोशिप की बात महत्त्वपूर्ण नहीं है, मगर प्रशंसनीय यह है कि एक बिहारी ने प्रयत्न किया और वह सफल हुआ। मैं शर्त बद कर कह सकता हूँ कि अगले दस सालों में देश के सभी विश्वविद्यालयों में बिहारी वाइस चांसलर होंगे।

जहाँ तक बुद्धि के सही और व्यावहारिक उपयोग का प्रश्न है, बिहार सारे देश का गुरु है। यह सही है कि बिहार देर से जागता है, लम्बे वक़्त तक बेख़बर पड़ा रहता है मगर जागने के बाद वह इरादे पूरे करने की दिशा में इस तेज़ी से लपकता है कि सबसे पहले वही पहुँचता है। शत्रुघ्न सिन्हा जैसे बिहार का है। मेरा यार विलेन भी है और हीरो भी है। जहाँ जगह हो, वहीं अड़ जाता है। और क़ामयाब है। बिहारी असफल होता ही नहीं। वह तो बांग्लादेश वालों ने बिहार के मुसलमानों के षड्यन्त्र से घबराकर विद्रोह कर दिया अन्यथा इतिहास में ऐसा एक उदाहरण नहीं कि बिहारियों ने मिलकर कोई सिलसिला जमाया हो और वे सफल न हुए हों। यों दूर से ये लोग पदों के लिए लड़ते अख़बारों में नज़र आते हैं, मगर सामान्य बिहारी दूसरे के प्रति बड़ा स्नेह आदर रखता है। शत्रुघ्न सिन्हा की पहली फ़िल्म बनी तो दिनकर जी देखने गए और उन्होंने शत्रुघ्न की प्रतिभा पर बड़ी प्रशंसा की। ठीक भी थी। यों दिनकर जी को कहाँ फुर्सत कि फ़िल्में देखें और एक्टरों की चर्चा करें।

इसलिए मैं जब नए-नए मुख्यमन्त्री बनते देखता हूँ तो सोचता हूँ कि यदि राजनीति में होता तो क्या मुख्यमन्त्री बनने का चान्स मिल जाता? फिर लगता है कि इसके लिए मुझे बिहार में जन्म लेना होता। मध्यप्रदेश वाले की हालत यह है कि मुख्यमन्त्री बनने के इरादे से राजनीति में कूदता है और ज़िला कांग्रेस के अध्यक्ष और उपमन्त्री पर सन्तुष्ट हो जाता है। वाइस चांसलर की योग्यता रखता है मगर हायर सेकंडरी की हेड मास्टरी पाकर तृप्त हो जाता है। इसलिए स्पष्ट है कि मौक़ा नहीं मिलता। बिहार में जन्म लेना होता। हम भी अगर नेता होते, नाम हमारा होता रामअबलू बबलूप्रसाद सिंह, रहने को मिलता बँगला...हैप्पी बर्थ डे टू यू। मगर क्या मुख्यमन्त्री एक के बाद दूसरी हैप्पी बर्ड डे मना सकता है आज के ज़माने में?

कर्फ़्यू

वे पचास-साठ लोग थे जो रौशनपुरा के चौराहे पर खड़े विधान सभा की दिशा में देख रहे थे। एकटक उनकी निगाह कोई एक घंटे से उस ओर लगी हुई थी। मैंने पूछा, क्या बात है तो उन्होंने बताया कि वहाँ कर्फ़्यू लगा है। मैंने देखा, विधान सभा के चौराहे पर कुछ पुलिस वाले खड़े थे। एक फर्लांग की दूरी पर स्पष्ट कर्फ़्यू नज़र आ रहा था जिसे ये पचास-साठ लोग मानो शून्य में टकटकी लगाए महसूस कर रहे थे।

सड़कों, चौराहों पर कर्फ़्यू था, गलियों और बायलेंस में उसकी सनसनी थी। एक ख़ाकी वर्दी वाला साइकिल से गुज़र जाता तो जालीदार खिड़कियों से बाहर ताकते लोग उसे आँखें फाड़े यों देखते थे जैसे वी.आई.पी. आ रहा हो! लोग दरवाज़े से टिके खड़े थे और बच्चों को बाहर जाने से रोक रहे थे। बाहर कर्फ़्यू था। बच्चे देखना चाहते थे कि कर्फ़्यू क्या होता है। उन्हें पुलिस वाला दिखाई देता था।

आसपास महसूस होते शून्य को तोड़ने के लिए भारतीय आत्मा पान खा लेती है, बीड़ी-सिगरेट पी लेती है। कर्फ़्यू ने पूरी बस्ती को एक ग़ैर केस्युअल छुट्टी का सुख दिया मगर पान-सिगरेट विहीन लम्बा दिन व्यर्थ था। फिर भी कर्मठ स्वभाव के जन भिड़े रहे। किसी ने कपड़े धो कर सुखा दिए, अहाते की घास साफ़ कर दी, छत पर तुरई के बेल ठीक से बाँध दी, पड़ोसी के साथ शतरंज खेलने का रुका हुआ कार्यक्रम पूरा कर डाला, लेट लिए, बैठ लिए, फिर लेट लिए, उसके बाद भी समय बच गया तो दरवाज़े से टिककर सड़कों पर फैला कर्फ़्यू निहारने लगे। कुछ साहसी सड़क पर आकर खड़े हो गए, घनघोर कर्फ़्यू के मध्य और सामने वाले से शहर के ताज़ा समाचार पूछने लगे। सामने वाले ने बताया कि वहाँ भी कर्फ़्यू है।

दसों दिशाओं में कर्फ़्यू था। उस समय जब वातावरण में गोली चलने और लोगों के मरने की ख़बर थी तब एक कड़वी ख़ामोशी थी। कॉलोनियों में खुली साँस लेने वाला शहर से अपनी दूरी को अनुभव कर रहा था। परम साहस की सीमा चौराहा थी। वहाँ खड़ा पुलिस वाला कर्फ़्यू और प्रशासन के प्रश्न पर मोहल्ले के ख़ाली लड़कों को निरन्तर इंटरव्यू देने की स्थिति में खड़ा था। कर्फ़्यू के शून्य को व्यर्थ के शब्दों से भरा जा रहा था। इस सबके मूल में एक प्रश्न था कि क्या आन्दोलन और मृत्यु

से भाव कम हो ज़ाएँगे और सभी जानते थे कि ऐसा नहीं होगा। यह उत्तर एक क़िस्म की व्यर्थता के अहसास से भर देता था।

कुछ देर को कर्फ़्यू का बादल छँटा और एक कामकाजी सूर्य दिखाई दिया। एक आक्रामक मध्यवर्गीय फ़ौज घरों से निकली और अधखुले बाज़ार पर टूट पड़ी। जिसे जो मिला, वह ख़रीदने लगा। व्याकुल दुकानदारों ने व्यस्त तराज़ुओं से हमलावर ख़रीददारों का सामना किया। भाव और पैसा बेमानी हो गया। रुपए दिए गए और सामान उठाया गया। सामान क्या था, रुपए कितने थे, यह प्रश्न उस कोलाहल में बेमानी था। सब्ज़ी की दुकान पर हमला सीधा और तेज़ था। स्पष्ट था कि यह देश एक दिन दाल और अचार के सहारे नहीं गुज़ार सकता था। उसे सब्ज़ी चाहिए थी, वह विटामिन के लिए आकुल था। आलू और कद्दू की ऊँचाई को स्पर्श करने के लिए बस्ती की परिवारधर्मी आत्माएँ उछर रही थीं। लोग एक कृत्रिम परेशानी में धँसकर उसके थ्रिल को महसूस कर रहे थे और इस मज़े के लिए दो-चार रुपया ज़्यादा दे देना बड़ी चीज़ नहीं थी। वे लेने आए थे, लेकर गए। वे क्या लेने आए थे और क्या लेकर गए, यह सवाल उनके लिए बेकार था। वे कारों में आए और हरी मिर्च लेकर लौट गए। जो स्कूटर पर आए, उन्हें अफ़सोस था कि भटे नहीं मिले तो लौकी ले जानी पड़ रही है। वे जानते थे कि इस महान कष्ट से गुज़रने का सुख बार-बार नहीं मिलेगा। आलू और टूथब्रश हर भाव ख़रीदने की इस उत्साही, जल्दबाज़ चहल-पहल को देख लग नहीं रहा था कि कुछ घड़ी पहले इसी शहर में गोली चली है, भाव कम करवाने के नागरिक जोश में अग्रणी कुछ लोग अस्पतालों में घायल हैं और कुछ लाशें रिश्तेदारों की प्रतीक्षा में सरकारी कफ़न लपेटे पड़ी हैं। वे कौन थे जो मारे गए? ये कौन हैं जो भिंडिया मिल जाने पर आज शाम प्रसन्न हैं? क्या कुल मिला कर यह एक ही शहर है?

सड़कें ख़ामोश थीं। उन सज्जन ने स्थिति का लाभ ले पूरे दिन अपनी श्रीमती को साइकिल चलाना सिखाया। धीरे-धीरे सड़कों पर कर्फ़्यू और आदमी साथ-साथ चलने लगे। धीरे-धीरे वही पुराना आदमी रह जाएगा। पुलिस वाले की चौराहे से ड्यूटी हट जाएगी और तब अख़बार की यह रक्तपात-भरी हेडलाइन बासी लगने लगेगी। भाव बढ़ेंगे, अभाव बढ़ेंगे, मगर स्वभाव वही रहेंगे। यह दुनिया आटे के लिए परेशान लोगों की नहीं है, यह कार से हरी मिर्च लाने वालों की है। मृतकों और घायलों को यह पता न था?

बैठे से बेगार भली

आजकल मैंने एक नया 'पार्ट टाइम' धन्धा खोला है और वह चल भी निकला है। विश्वविद्यालयों के पब्लिक सेक्टर में शोध कराने का कारखाना ख़ूब काम करता है पर निजी स्तर पर एक कुटीर उद्योग के रूप में चलाकर भी मैं इसमें सफल हुआ हूँ। पारिश्रमिक के रूप में प्रारम्भ में कॉफ़ी, घर के बिल चुक जाने तथा तीन-चार डिनर की उपलब्धि के सिवाय पचास रुपया नकद मिला था। पर इधर कुछ दिनों से तो यह हाल है कि अक्सर खटखट की आवाज़ सुन जब दरवाज़ा खोलता हूँ तो किसी दीन-हीन (बुद्धि से) छात्र को सामने खड़ा पाता हूँ।

"नमस्कार।"

"कहो भाई!" मैं नमस्कार का उत्तर नहीं दे, पूछता हूँ।

"मैं पी-एच.डी. करना चाहता हूँ।"

"अच्छा, फिर?"

"आप कोई विषय सुझा दें और सिनोप्सिस बनवा दें।"

"हूँ।" मैं अन्दर आकर तख़्त पर बैठ जाता हूँ—"क्या लिया था तुमने एम.ए. में?"

"हिन्दी।"

"सब साले हिन्दी में ही एम.ए. करते हैं!" मैं गुरुजनों की अदा से बड़बड़ाता हूँ और अपनी पिंडलियाँ सहलाता हूँ। वह लड़का सिर झुका बैठ जाता है। हिन्दी में एम.ए. करने का अपराधी भाव उसके चेहरे पर है।

"क्या रुपया दे रहे हो?" मैंने अमिधा का एक उदाहरण प्रस्तुत किया।

वह गिड़गिड़ाने लगा। हाथ धोने की-सी मुद्रा।

"हमारा समय कुछ मूल्य रखता है।" मैंने मुग़लई अन्दाज़ से कहा।

"अभी पच्चीस रुपए ले लीजिए। सिनोप्सिस यदि स्वीकृत हो गई तो आपको और दूँगा," वह बोला।

"लाओ पच्चीस।" मैंने हाथ बढ़ाया और नोट गिनने के बाद पूछा, "क्या नाम है तुम्हारा?"

“केशवलाल शर्मा!” फिर लजाकर बोला, “मैं ‘पंकज’ के नाम से कविताएँ भी लिखता हूँ।”

“हूँ। लिखा करो।” मैंने कहा।

वह काग़ज़-कलम लेकर तैयार बैठ गया, विषय और सिनोप्सिस लिखने।

“लिखो।” मैंने ख़ामोशी पर बम फेंका।

“जी।”

“छायावादी कविता में बुद्धि तत्त्व की खोज।”

उसने लिखना आरम्भ किया।

“यह विषय है। अब सिनोप्सिस लिखो।”

“काव्य की परिभाषा। अभिनवगुप्त, अग्निपुराण, भरतमुनि, भामह, दंडी, मम्मट, पंडितराज जगन्नाथ, अफ़लातून, डॉ. नगेन्द्र, आचार्य नन्ददुलारे वाजपेयी तथा चाहो तो हमारे भी काव्य सम्बन्धी कोटेशन दे सकते हो।”

“जी।” वह लिखता रहा।

“दूसरा अध्याय होगा ‘बुद्धि की परिभाषा।’ कविता में बुद्धि गौण तत्त्व है, यह सिद्ध करने वाले वाक्यों का मंडन और ‘बुद्धि’ पर ज़ोर देने वाले मतों का खंडन। काव्य और बुद्धि में परस्पर विरोध दर्शाते हुए आदिकवि वाल्मीकि के बौद्धिक स्तर पर प्रकाश।”

“सर, ज़रा धीरे-धीरे बोलिए, मैं लिख नहीं पा रहा हूँ।”

“हूँ।” मैं फिर बोला, “क्या महाकाव्य वास्तव में काव्य है, इस पर प्रकाश डालो। काव्य के विकास में अपढ़ कवियों का योगदान। घाघ मड्डुरी से लेकर कवि सम्मेलन में भाग लेने वाले कवियों के कतिपय उदाहरण।”

“उदाहरण का ‘उ’ बड़ा या छोटा?” उसने पूछा।

“छोटा।” मैंने उत्तर दिया। फिर आगे लिखाने लगा—“छायावाद के उदयकाल में देश में साक्षरता का प्रतिशत तथा साक्षरता के विकास के साथ छायावाद का पतन। फिर अगला अध्याय होगा—छायावाद शब्द की उत्पत्ति, प्रयोग और भ्रामकता। वाद के नामकरण में विचारशीलता का अभाव। आलोचकों द्वारा परिहास अथवा व्यंग्य में किए गए शब्द का तत्कालीन कवियों द्वारा गम्भीरतापूर्वक ग्रहण किया जाना, जो कि उनकी बौद्धिक स्थिति को देखते हुए स्वाभाविक ही था।”

मैं यथावत् अपना शरीर सहला रहा था और लिखा रहा था—“छायावादी काव्य की गौणतम तत्त्व-बुद्धि। पच्चीस-तीस पृष्ठों के उदाहरण। अगला अध्याय—बुद्धिहीनता की इस निराशापूर्ण पृष्ठभूमि में अपवादों की खोज और उनका मूल्यांकन। जो विद्वान इन उदाहरणों में भी बुद्धि का अभाव मानते हैं, उनसे सिद्धान्ततः सहमति।”

“जी, ज़रा धीरे कहिए।” वह बोला।

मैंने लम्बी साँस खींची।

"लिख लिया?"

"जी हाँ।"

"राष्ट्रीय जागृति और असमर्थ छायावाद। राष्ट्रीय नेताओं द्वारा छायावाद की उपेक्षा। छायावाद की समाप्ति और काव्य में बौद्धिकता के प्रारम्भिक संकेत। हिन्दी काव्य पर छायावाद का दीर्घगामी प्रभाव तथा फलस्वरूप काव्य में बुद्धि एक उपेक्षित तत्त्व।" यदि श्री जवाहरलाल नेहरू छायावादी कवि हो जाते तो देश की दुर्दशा की परिकल्पना। छायावाद का पुनर्मूल्यांकन एवं निराशा। छाया शब्द अन्धकार तथा विवेकशून्यता का प्रतीक। सूर्योदयी छायावाद की आधुनिक प्रवृत्ति, फलतः बुद्धिहीनता का नवयुग।

उसने पूरा लिख लिया।

"हो गया अप-टु-डेट?" मैंने कहा।

"जी हाँ।" वह मुझे मुग्ध भाव से देख रहा था।

"भाग जाओ।" मैंने कहा।

वह प्रणाम कर चल दिया और मैं पच्चीस रुपए फिर से गिनने लगा।

आजकल कहानियाँ लिखना लगभग समाप्त हो गया है। सिनोप्सिस बनाने में अजब रोमांटिक आकर्षण है। आनन्द आता है। मेरे दिए विषय और सिनोप्सिस पर कुछ छात्रों को जब पी-एच.डी. मिल गई तो पहले तो मैंने अपना सिर पीट लिया और बाद में मैं प्रोत्साहित हो गया।

यह सच है कि सिर्फ़ सिनोप्सिस बनाने से ही पी-एच.डी. नहीं मिल जाती, छात्रों को परिश्रम भी करना पड़ता है। पर मैं उन्हें एक ठोस आधार प्रदान करता हूँ, जो पच्चीस रुपयों में उन्हें महँगा नहीं पड़ता। यों तो लगभग सभी सिनोप्सिस स्वीकार हो जाते हैं पर कई बार उनमें नए सुधार भी करने पड़ जाते हैं। एक छात्र को मैंने विषय दिया था—'प्रेमचन्द के स्थायी पात्र।' इसमें पात्र शब्द से मेरा मतलब बर्तन से था और मैंने सिनोप्सिस में क्रमबद्ध रूप से वैदिक युग में प्रेमचन्द, महाभारत युग में प्रेमचन्द, गुप्तकाल में प्रेमचन्द आदि अध्याय देते हुए प्रेमचन्द के स्थायी पात्रों के रूप में थाली, लोटा, कटोरी, गिलास तथा एक पीकदान के विषय में चर्चा की थी। थीसिस मोटी करने के लिहाज से प्रेमचन्द के साहित्य में जिन बर्तनों का जिक्र है वह भी बताया था। ज्योंही छात्र ने वह सिनोप्सिस विश्वविद्यालय भेजा, वहाँ बहुत हल्ला मच गया। उनका कहना था, पात्र से तात्पर्य औपन्यासिक पात्रों से होना चाहिए। मेरे छात्र ने जो गाइड चुना था, वह उसकी जाति का एक 'हेड ऑफ़ दि डिपार्टमेंट' था। नतीजा यह हुआ कि फैकल्टी की बैठक में ख़ूब गरमागरम बहस हुई। गाइड सीना ठोककर खड़ा हो गया और बोला—"आप न कीजिए सिनोप्सिस मंजूर और हम देख लेते हैं कि इस वर्ष आपके यहाँ एम.ए. में कितने फर्स्ट क्लास आते हैं।"

इस पर फिर तू-तू, मैं-मैं शुरू हो गई और आख़िर में मामला शान्त हुआ। छात्र को सिनोप्सिस यह कहकर वापस कर दी गई कि भाई, यदि इसमें एक अध्याय साहित्यिक पात्रों पर भी जोड़ दिया जाए तो यह सर्वांगपूर्ण हो जाएगी। प्रेमचन्द जी के पात्रों पर यह शोध प्रबन्ध लगभग पूरा हो चुका है।

एक छात्र ने तीन वर्ष तक एक विषय पर काम कर छोड़ दिया तो मुझे उसको नया विषय देना पड़ा। मैंने उसे विषय दिया था—'हिन्दी साहित्य के ब्रह्मचारी पात्र'। पूरी रूपरेखा भी बना दी थी। वह बहुत निष्ठा से कार्य कर रहा था। यहाँ तक कि सिर्फ़ हनुमान पर अध्ययन करते हुए उसे डेढ़ वर्ष बीत गया। पढ़ते-पढ़ते उसकी विचित्र मनःस्थिति हो गई और उसे सपने में बजरंगबली नज़र आने लगे। वह रोज़ बजरंगबली के दर्शन के लिए मन्दिर भी जाता और मुझे जब मिलता, कपाल पर सिन्दूर का टीका लगाए मिलता। इसी बीच उसके पिता जी विवाह के लिए ज़ोर देने लगे। उसने बहुत टाला और कहा कि विवाह से मेरे पी-एच.डी. के अध्ययन में बाधा पड़ेगी पर वे नहीं माने। मारा गया ब्रह्मचारी, शादी कर बैठा। शादी के बाद हिन्दी के ब्रह्मचारी पात्रों के प्रति अजीब विरक्ति का भाव उसके मन में आ गया और वह उन पात्रों की खिल्ली उड़ाने लगा। कुछ दिनों बाद उसने विषय बदल लिया। आजकल वह 'हिन्दी कथा साहित्य में संगीत तत्त्व' पर अध्ययन कर रहा है। संगीत और कथा की उत्पत्ति एवं विकास के बाद मैंने उससे श्री राधेश्याम कथावाचक की कृतियाँ और आधुनिक युग में निर्मल वर्मा की समस्त रचनाएँ पढ़ने पर ज़ोर दिया है। आंचलिक साहित्य में ढोल और हरमोनियम तथा अन्य कथाओं में पियानो वाले पात्रों पर वह लिख रहा है।

पर सच यह है कि हिन्दी में विषय सुझाने या रूपरेखा बनाने में आनन्द नहीं आता। अन्य विषयों में जब सिनोप्सिस बनवाता हूँ तो उसका सुख अलग है। उस दिन कॉफ़ी हाउस में बैठा दोसा मँगवाने के लिए दोस्तों को पटा रहा था कि अर्थशास्त्र में एक एम.ए. का छात्र मुझे खोजता हुआ आ गया। इधर-उधर की बातचीत करता हुआ बोला—"रिसर्च करने की सोच रहा हूँ।"

"तो दोसा मँगवाइए।" मैंने जवाब दिया।

उसने ऑर्डर दे दिया।

"अर्थशास्त्र में कोई विषय सुझाइए?"

"भाई, मैंने इंटर, बी.ए. में अर्थशास्त्र नहीं लिया था, पर हाँ, रिसर्च में सहायता दे सकता हूँ।"

"कोई विषय सुझाइए?" वह बोला।

कुछ देर ख़ामोशी के बाद मुझे इलहाम हुआ—

"प्रकाशन व्यवसाय में लेखकीय पूँजी।"

मित्रों को तो यह विषय बहुत पसन्द आया पर वह छात्र कहने लगा कि इसमें भाग-दौड़ बहुत करनी पड़ेगी। कोई सस्ता नुस्ख़ा हो तो ठीक है।

“राजधानी नगर के ज्योतिषियों की आर्थिक स्थिति का सर्वेक्षण।”

उसे बात जमी। मैं प्रोत्साहित हुआ। एक और विषय दिया—

“स्वातन्त्र्योत्तर काल में भोंगा व्यवसाय।

“क्या मतलब?”

“आज़ादी के बाद जो हर शहर और गाँव में माइक्रोफ़ोन की दुकानें खुल गई हैं, उसका सर्वे।”

सब हँसने लगे। उन्हें हँसता देख मेरे अन्तः को चोट लगी। मैंने नया विषय दिया—“सांस्कृतिक गतिविधियों में लगा चोरबाज़ारी का धन।”

“मैं समझा नहीं?” वह बोला।

“दो हज़ार रुपयों का पेंटिंग कौन ख़रीदता है? तुम ख़रीदते हो या मैं? ब्लैक मार्केट वाले ख़रीदते हैं। उनका देश के सांस्कृतिक विकास में कितना बड़ा योग है, इसका मूल्यांकन होना ज़रूरी है।”

“विश्वविद्यालय इसे स्वीकार नहीं करेगा। कोई योजना सम्बन्धी बताइए।”

“भारत में कद्दू की खेती।” मैंने मज़ाक किया।

इस पर वह उछल गया, “वंडरफुल! क्या बढ़िया विषय है! अभी तक किसी ने ‘टच’ नहीं किया।”

“बताइए, कद्दू ‘टच’ नहीं किया! कितने पिछड़े हुए हैं हम! एक ही तो हमारे पास पूँजी है और वह उपेक्षित पड़ी है।”

हमलोग दोसा खाते रहे और वह बैठा हुआ कुछ सोचता रहा।

नतीज़ा यह है कि आजकल हम नगर के उदीयमान विद्वान हैं। विषय-वासना में फँसे शोधार्थी रोज़ ही आते हैं, सन्तों के मुख से जो वचन फूट गए सीकरी के विश्वविद्यालय को सौंप आते हैं। दूसरे विश्वविद्यालयों के छात्रों के फँसने की उम्मीदें हैं। सप्ताह भर हुआ, पटना से एक छात्रा का पत्र और मनीऑर्डर आया था। हिन्दी में विषय बताइए शोध का। ‘सूरदास की रंगदृष्टि’ बताया है। सूर सागर के सहारे कविताओं में रंग-योजना एवं वर्णन पर लिखेगी। मैंने ‘सूर सागर’ नहीं पढ़ा, पर विषय उत्तम है, यह जानता हूँ। मेरे सुझाव पर एक सज्जन सुकरमा गाँव का आर्थिक सर्वेक्षण कर रहे हैं। बहुत बड़ा रिस्क लिया था। मैंने उनसे, जब वे एम.ए. में थीसिस देने के लिए इच्छुक थे, पूछा था कि क्या आपकी थीसिस कमिश्नर, कलेक्टर या तहसीलदार भी जाँचते हैं, तो उसने बताया कि नहीं, प्रोफ़ेसर लोग ही जाँचते हैं।

“बस, तो सुकरमा गाँव पर थीसिस लिख दो।”

“कहाँ है यह सुकरमा गाँव?”

“तुम्हें इससे क्या मतलब? कहीं हो, न हो।”

“फिर लिखूँगा कैसे?”

"गधे हो। अरे, क्या तहसीलदार जाँचते हैं थीसिस? बस, लिख दो 'इकोनॉमिक एंड सोशल सर्वे ऑफ़ सुकरमा विलेज'–कहीं की स्थिति बता दो, एक अध्याय भूगोल, दूसरा जनसंख्या, तीसरा जाति-विभाजन, चौथा खेती, पाँचवाँ व्यवसाय और दीगर ऐसे अध्याय और चार्ट-ग्राफ वगैरह। किसानों की फ़ोटो खींचकर लगा देना यहाँ-वहाँ से।"

वह एम.ए. हो गया, कुशल से है। कुछ दिन हुए मिला था, तो बोला–"उस सुकरमा विलेज पर गुरु जी, आप कहें तो पी-एच.डी. कर लूँ?"

"मुझे कोई उज्र नहीं," मैंने कहा।

और जब मुझे उज्र नहीं, उसे नहीं, तो विश्वविद्यालय को क्यों होने लगी? सिनोप्सिस मंज़ूर हो गई है और वह उस गाँव के विषय में विस्तार से लिख रहा है, जो कहाँ है, है या नहीं है, उसे पता नहीं। ज़रूरी भी नहीं।

आवश्यकता आविष्कार की जननी है और व्यवसाय उसका पिता है। इस नए धन्धे ने बड़ा आत्मबल दिया है। अब कमा खाऊँगा। एक ठेले पर किताबें लादे विश्वविद्यालयीन नगरों की गलियों में फेरी लगाया करूँगा–शोध करवा लो, सिनोप्सिस लिखवा लो।

और होस्टलों के दरवाज़े मेरी आवाज़ सुन खुलने लगेंगे।

एक ठिठुरते हुए दिन की डायरी

गहरी ठंड और ऊपर से बरसात। मेरे काका जी आज जीवित होते, तो गेहूँ ख़रीदने निकल जाते। बड़े दादा होते, तो पूस के जुल्म पर सवैया रचते, जिसे सुन बड़ी भाभी घूँघट में हँसती और पकौड़ियाँ तलने के लिए कड़ाही धीरे से आग पर रख देतीं। ज़माना बदल गया। पूस अभी भी उतना ही जालिम है। ऐसे ही मौसम में लोग ड्राइक्लीन' वाले से अपने कपड़े उठाने या श्रीमती को एक्सप्रेस भेजने के लिए तार घर पर क्यू लगा देते हैं और अगर मैके की ओर भी यही मौसम रहा तो वह तब तक रवाना भी हो चुकी होती है। ऐसे ही मौक़ों के लिए पुराने रसिक ने नीति की बात कही थी कि 'आयो सखि पूसो, भूलि कन्त सों न रुसो।' पुरानी रचनाएँ ऐसे क्लासिक मौसम में बड़ा काम देती हैं।

मैं रज़ाई में कहीं हूँ। खोजने से मैं या मेरे शरीर का कोई भाग मिल सकता है। मुझे एक आकार से पहचाना जा सकता है। एक बड़ा-सा धब्बा लगता हूँ, काँपता हुआ। इसमें कहीं मैं हूँ, अकेला, स्नेह भरा (मुझे पंक्ति को दिया तो घूँसा जड़ दूँगा)। मैं डिस्टर्ब नहीं होना चाहता। जब चाय का कप आता है, मैं चेहरा बाहर निकालता हूँ, जैसे बादलों में एक बदशक्ल-सा चाँद झाँके। चाय पीता हूँ और फिर कहीं गहरे अन्दर चला जाता हूँ। अगर लगातार ऐसा मौसम रहे तो दार्शनिक हो सकता हूँ। आश्चर्य नहीं, शायद हो भी गया होऊँ, क्योंकि दार्शनिकों को कई बार बरसों पता नहीं चल पाता कि वे दार्शनिक हैं। जैसे अभी मैंने सोचा कि देह रज़ाई है और आत्मा शरीर है। आत्मा शरीर नहीं छोड़ना चाहती है। छोड़ती है तो भी अमर रहती है और तुरन्त दूसरे शरीर में प्रवेश कर जाती है, जैसे किसी ओवरकोट में या सूट में।

ऐसे अवसरों पर नहीं नहाने का विधान है। पड़ोस के पंडित जी बता रहे थे और उन्होंने प्रमाणस्वरूप एक श्लोक भी सुनाया था। शास्त्र जो भी कहते हों, रीत यही चली आई है कि नहीं नहाया जाए। हम तो लकीर के फ़कीर हैं। नहीं नहाएँगे। पांडव जब हिमालय पर गए थे, क्या वे रोज़ नहाते थे? नहीं। यद्यपि उनके साथ द्रौपदी थी और वे उससे पानी गर्म करवा सकते थे। फिर भी वे नहीं नहाए। महाभारत का योद्धा होना अलग बात है, गहरी ठंड में नहाना अलग बात है।

ऐसी ही सर्दियों में रुक्मिणी हरण हुआ था। उस लाला की लड़की गए साल इन ही दिनों में एक लोअर डिवीज़न क्लर्क के साथ भागी थी। इस साल ईश्वर जो न करवाए। मैं गर्म सुर्ख़ियों की प्रतीक्षा में हूँ। मैं ख़ुद तो रज़ाई के बाहर पैर नहीं निकाल सकता। साहस का काम है। साहसी विरले ही होते हैं। काका जी आज जीवित होते, तो अभी बाज़ार जाते और जलेबियाँ ख़रीद कर लाते। फिर वे पुरानी जर्सी पहनकर गेहूँ ख़रीदने जाते। जब ठंड में पानी गिरता था, तो उन्हें शक हो जाता था कि गेहूँ महँगा होगा। आज वे जीवित नहीं हैं तो गेहूँ महँगा होने का सवाल ही नहीं उठा। काश, मैं ही जीवित होता! यह रज़ाई मेरा मक़बरा है, सिकन्दरा।

लगता है कि सूर्य उगे ज़माना गुज़र गया। एक साहब कह रहे थे कि इन बादलों के पीछे सूर्य है, तो मुझे विश्वास नहीं हुआ। अगर कुछ दिनों यों ही रहा, तो बच्चों के कोर्स में सूर्य वाला पाठ प्राकृतिक विज्ञान की पोथी से निकल कर इतिहास की पोथी में चला जाएगा। फ़िलहाल गवर्नमेंट इसके लिए राज़ी नहीं होगी। कल के अख़बार में एक नेता का वक्तव्य था कि उच्च स्तर पर सूर्य के लिए कोशिशें जारी हैं और राज्य सरकार केन्द्र से इस विषय में चर्चा कर रही है। सुना, कुछ राज्यों में सूर्य नज़र आ रहा है। यह भेदभाव है। पक्षपात है। इसमें कोई गहरी राजनीति है।

फ़िलहाल हम ठंडी हवा निर्यात करने की स्थिति में हैं। इसके बदले हम गर्म कपड़े और दस्ताने चाहेंगे। एक दस्ताना मुझे चाहिए। मैं अपने हाथ रज़ाई से बाहर निकालना चाहता हूँ। मुझे लगता है कि देश की बड़ी सेवा होगी, अगर मैं कम-से-कम हाथ बाहर निकाल लूँ। कोई मुझे इसके लिए प्रोत्साहित करे। मैं देशसेवा करना चाहता हूँ।

रज़ाई के अन्दर मुझे अनहद की झंकार सुनाई दे रही है। पूरे प्रहर भर से सुन रहा हूँ और बोर हो रहा हूँ। इस रज़ाई में इसके सिवाय और कुछ नहीं सुनाई देता। ठंड में अपने-आप ही यह परम स्थिति प्राप्त हो गई है। काका जी जीवित होते तो पैलेस में नौकरी के दिनों के अपने क़ीमती अनुभव सुनाते, जब सारा स्टाफ़ हुज़ूर के ख़र्च से गिजा खाता था, अब तो निराशा की स्थितियाँ हैं। कवियों को चाहिए कि साल भर का इस मौसम में लिख लें। बाद में काम देगा। फ्रस्ट्रेशन के लिए इससे अच्छा क्या समय होगा! आत्महत्या के पूर्व वाली तीखी कविताओं के लिए यह वक़्त ब्लेड की तरह तीखा है और बाद में आत्महत्या की भी ज़रूरत नहीं।

इन दिनों में ही हमारे कॉलेज के 'सोशल गेदरिंग' हुआ करते थे, जिन्हें हम अपनी प्रतिभा और कौशल से 'प्राइवेट गेदरिंग' कर देते थे। नया सूट सिलवाया था उसके पुलोवर की टक्कर में और बड़े सक्रिय रहते थे। उसकी मुस्कुराहट कम-से-कम चार आने की होती थी यानी एक चाय का ख़र्च बच जाता, इतनी गर्मी आ जाती थी। विद्यार्थी कंसेशन में एकाध मुस्कुराहट ज़्यादा ही प्राप्त हो जाती थी। स्मृतियों

के रेफ्रीज़रेटर में उसकी याद आज भी ताज़ा है। पता नहीं, आजकल कहाँ ठंड में कुड़क रही है! गुलाब सिंह जिन्हें हम प्यार से डैडी कहते थे, ऐसे ही मौसम में रज़ाई लपेटे कॉलेज आ गए। जो देखता था, हँसता था।

क्या ठंड है! पुराने कांग्रेसियों को ऐसे वक़्त कांग्रेस के पुराने अधिवेशन याद आ जाते हैं, जब उन्होंने शेरवानी के लिए गर्म कपड़ा ख़रीदा था। ऐसे ही दिन सोफ़े पर पैर समेटकर बैठे मन्त्री अपने पी.ए. से मज़ाक कर बैठते हैं और दफ़्तर में बात फैल जाती है कि आज अच्छे मूड में हैं। ऐसे ही मौसम में ठेकेदार लोग भाभी से मज़ाक करने अफ़सरों के बँगलों पर पहुँच जाते हैं। ऐसे ही मौसम में ठुनक-ठुनककर देवर लोग अपना स्वेटर बुनने के लिए कहते हैं और भाभियाँ बदन में दर्द का बहाना करती हैं, जो कि सच भी होता है।

काका जी जीवित होते, तो आज च्यवनप्राश का महत्त्व समझाते और कहते कि जो बात आँवले में है, वह मुर्ग़ी के अंडे में नहीं। आज उनके लिए चाय बनती तो अदरक और लौंग ज़रूर डलता।

यह रज़ाई शरणगाह है। ठंड का मारा मेरा सोल्जर व्यक्तित्व इस बैरक में बन्द है और परेड को राज़ी नहीं। कोई मुझसे परेड करवा भी नहीं सकता। इस ठंड ने मुझे अनुशासनहीन बना दिया है।

कुछ देशों में ठंड इतनी अधिक और धारावाहिक उपन्यास की तरह लगातार कई महीनों पड़ती है कि आदमी सिर्फ़ अनुशासनहीन ही नहीं होता, वह क्रान्ति कर देता है। पश्चिम के देशों में इसी कारण क्रान्ति हो जाती है। यहाँ क्रान्ति की परिस्थितियाँ बनने के पूर्व ही गर्मियाँ आ जाती हैं और इरादों की बर्फ़ गल जाती है। लोग पसीना पोंछने लगते हैं, पेड़ों की छाँह में खड़े हो जाते हैं और एयर कंडीशन के ख़्वाब देखते हैं। काका जी इसी कारण इत्मीनान से कहते थे कि हमारे देश में क्रान्ति हो ही नहीं सकती। ऐसी गहरी ठंड में अगर बरसात हो जाए तो वे बजाय क्रान्ति करने के गेहूँ का स्टॉक करने की सोचते थे। रज़ाई में घुसा हुआ मैं भी उनसे सहमत हूँ। यह ठंड मुझे कंजर्वेटिव बना रही है। हालाँकि मुझमें गेहूँ की दुकान तक जाने का साहस नहीं। काका जी होते, चले जाते। उन्होंने गिजा खाई थी। आजकल काजू-किशमिश महँगे हैं। सभी चीज़ें महँगी हैं। एक व्यापारी से मैंने बात की थी। कहने लगा, रिजर्व बैंक ने हाथ खींच लिया, फुगावा बढ़ रहा है, बेपारी 'नाकाबन्दी' से परेशान हैं, दिशावरी माल की आवक कम है। मुझे कुछ समझ नहीं आया। मैंने कहा, तुम्हारी आत्मा ब्रह्म में क्यों नहीं मिल जाती? कहने लगा, इसमें भी फ़ायदा नहीं है, क्योंकि रोकड़ नहीं मिलता और मिलावट का मार्केट भी गिर रहा है। स्टॉक की पोज़ीशन ख़राब है।

इस रज़ाई में भी रोकड़ नहीं मिल रहा, पर आत्मा सुरक्षित है। लिखने-पढ़ने के सारे इरादे स्टॉक कर लेने के कारण साहित्य में पोज़ीशन ख़राब हो रही है। अहं का फुगावा बढ़ रहा है पर आवक कम है। यह ठंड जो न करवाए। बिहारी के दोहों से लेकर ब्रह्म और परलोक सभी एक साथ सूझ रहे हैं। चरित्र का संकट उत्पन्न हो रहा है। काका जी जीवित होते, तो ऐसी ठंड में अपने कुँवारे होने का गम्भीरतापूर्वक अफ़सोस करते।

इधर एक महापुरुष होना

बहुत दिनों से इस देश में कोई महापुरुष कम्बख़्त पैदा नहीं हुआ। अब तक हो जाना चाहिए था। इस देश की आबोहवा और मिट्टी ऐसी है कि इधर इफ़रात से महापुरुष पाया जाता है। कौन-सा आदमी कब महापुरुष हो जाए और किधर से पता लगे कि वहाँ हो गया, कह नहीं सकते। मगर किसी को होना ज़रूर। अपने देश को एक महापुरुष होना। अवश्य करके होना। लगता है। इस मुल्क की पब्लिक को एक महापुरुष लगता है और एक बार में अगर आधा दर्जन तक महापुरुष भी हो गया ना, तो चलेंगा। देश में खप जाएँगा, क्योंकि कसकर डिमांड है। यहाँ का पब्लिक महापुरुष माँगती है कि लाओ। पचास करोड़ के देश में दस करोड़ पीछे एक महापुरुष भी हो गया, तो काफ़ी। पर इधर कोई पैदा नहीं हो रहा। मैं सोचा कई बार, बन जाऊँ महापुरुष, मगर ये धन्धा अपन को सधता नहीं। बड़ा 'मोबिलिटी' लगता है, आज इधर, कल उधर। फोकट में टप्पा मारो। फिर यहाँ ऐसा कि महापुरुष यानी लुकमान हक़ीम की दवा। जो हो तो पब्लिक पूछती है कि बताओ, अब तुम्हारा क्या कहना पड़ता है। ज़्यादा देर ख़ामोश नहीं रख सकती। बड़ा माथा खरच होता है। फिर पब्लिक का माँग है कि ऊँची बात बोलो।

अब रोज-रोज़ कहाँ से ऊँची बात बोलो। मगर यह भी कहूँगा, माफ़ करना कि एक बार अगर इंसान महापुरुष हो जाए न धूल में लट्ठ लगने की बात है, तो फिर बड़ा मज़ा है। तर माल खाने को मिलता है और बड़ी-बड़ी इम्पाला वाली बाई लोग चरण छूती है। है न मज़ा! मगर रौब होना। महापुरुष बनेंगा, तो रौब होना। दिल पर थोड़ा कंट्रोल माँगता। अपन की ये बात ज़रा मुश्किल है। वास्ते बोला ना कि मैं महापुरुष हो नहीं सकता। करके ही तो बोला।

आज़ादी आ गया, मगर क़िस्मत का बात देखो। उधर अंग्रेज़ का बख़त में इधर मुलक में कितना महापुरुष पैदा हो गया था। साला जिधर देखो, उधर महापुरुष। आज़ादी आ गया, तो सोचा, अब देश में ख़ूब महापुरुष लोग जनम लेगा। मगर नया तो आया नहीं और पहले का भी खुट गया। इधर जनता बोलती, महापुरुष माँगता,

फोक नेता से काम नहीं चलेगा। डालडा नहीं माँगता, असल वाला दिखाओ, जो ऊँची बात बोले। नेता लोग बोला, हम महापुरुष है, हम महापुरुष है, मगर पब्लिक ने साफ़ बोला, नो-नो, इधर खालिस चाहिए। चप्पल फेकेंगा, अंडा फेकेंगा। मगर अब करे क्या साब, हो महापुरुष, तो हाजिर करे, नहीं हो तो कहाँ से लाए। ब्लैक में भी नहीं मिलता।

एक बात तो मैं बताऊँगा साहब कि इस मुलक को जो भी महपुरुष होना, कंट्री होना, पक्का देसी, धोतीबाज़। इधर बुश्शर्ट-पेंट वाला महापुरुष चलेगाच् नहीं। पब्लिक को अपनी तरफ़ खींचना माँगता। लिबास कपड़ा जो सादा हो ना, तो पब्लिक बोलता है, आदमी फ़कीर तबीयत का अपना वाला है, धोखा नहीं देगा। रुपया वाला लोग भी खिंचता है कि इसको रुपया-पैसा देने में नुकसान नहीं, क्योंकि खाएँगा नहीं। थोड़ा-बहुत खाएँगा भी, तो नुकसान नहीं, क्योंकि ऐसा कि महापुरुष से बड़ा फ़ायदा रहता है। एक बात बोलूँ कि महापुरुष होने से अपर क्लास को, हाय क्लास को, बड़ा फ़ायदा होता है। अब जैसे मज़दूर लोग ने हड़ताल किया, तो लोग परेशान। अब ऐसे बख़त पर अगर कोई महापुरुष होगा तो क्या बोलेंगा? बोलेंगा कि भाई लोग, ज़रा शान्ति से रहो और प्रेम रखो। ये आपस में लड़ाई-झगड़ा बेकार का बात है। त्याग करो, ख़ुश रहो। कर्म करो। वो क्या बोलते हैं, कर्मण्येवाधिकारस्ये, जाने क्या बोलते रे। तो कर्म करो और धन का लोभ मत करो। ज़िन्दगी चार दिन का मेला, अरे मर जाएँगा कल, ईश्वर का नाम ले तू, हड़तालबाज़ी में क्या पड़ा है। बड़ा मज़ा है। फिर जो असली महापुरुष होएँगा ना, तो लगे हाथ चार गाली रुपया वाले को भी ठोंक देगा। तुम शोषक, देश का दुश्मन, हवेली तानकर बैठा है, ग़रीब पब्लिक का ध्यान नहीं देता। ऐसा बोलेगा। रुपया वाले को भी बोलेंगा। मगर माइंड नहीं करेंगा। महापुरुष का बात कोई माइंड नहीं करता साब, यही तो मज़ा है।

महापुरुष लोग बोलते क्या, कि सच बोलो और प्रेम रखो। अब आप सोचिए कि जो सच-सच बोल दिया ना, तो प्रेम कैसे होगा? अरे, प्रेम जो करना है, तो थोड़ा-बहुत झूठ बोलना ही पड़ेगा। अपनी लुगाई को बोल दो कि तेरी शक्ल ख़राब। आपने जो सच बात थी, सो बोल दी। अब क्या उससे प्रेम हो सकता क्या? हाथ नहीं धरने देगी साब। महापुरुष बोलता कि सच बोलो और प्रेम रखो। आप सोचो। ऐसा हो सकता क्या।

मगर जो आम जनता है, उसके वास्ते महापुरुष जो बोले, सो पत्थर की लकीर। वो कुछ भी बोले। थोड़ा पागल जैसा बोल जाए ना, तो लोग कहेंगे बहुत ऊँचा इंसान है। अब होना तो कुछ है नहीं। सिर्फ जुबान का खेल है, मगर आत्मा को शान्ति होता है। सारा देश का आत्मा को शान्ति होता है। फिर आप फॉरेन में रौब जमाओ। सारा दुनिया सोचेगा, क्या ग्रेट कंट्री है, जहाँ ऐसा लोग हर पाँच-दस साल में पैदा हो जाता है। उधर विदेश के मुलक में तो सौ साल में जो एक भी महापुरुष हो जाए ना, तो

क़िस्मत समझो। वो लोग तो बिना महापुरुष के चला लेता है काम, मगर अपन लोग को तो एक हमेशा होना।

महापुरुष मर भी जाएगा तो कोई नुकसान नहीं। उसका नाम लेकर काम चल जाता है। गाय का चमड़ा बाद में भी जूता बनाने के काम आता है। वैसा ही महापुरुष का क़िस्सा। बाद में भी नाम धकता है। बच्चा लोग के कोर्स में लग जाता है।

पर कोई होना। एक महापुरुष देश में बोर करने को होना। ये सारा धाँधलबाजी खतम हो जाएगा। मगर अब लाएँ कहाँ से? अपन कू तो सधता नहीं। नहीं अपन साला हो जाता।

अनिश्चय में लटका हुआ कैजुअल का मारा

एक मन करता है जाएँ, एक मन करता है कि न जाएँ। समझ में नहीं आ रहा। कई बार सोचते हैं कि चले ही चलो। फिर सोचते हैं, क्या धरा है, रहने दो। सुबह से यही सोच रहे हैं। तबीयत होती है कि न ही जाएँ। घर ही पर रहें। तानखूँटी सोएँ या मूड हुआ तो एकाध मैटिनी जमा लेंगे। दो-तीन दिनों से इच्छा हो रही है। फिर सोचते हैं, बेकार है, क्या फ़ायदा। कल यों भी छुट्टी है। दोपहर को सो लेंगे। बिना वजह एक दिन जाएगा।

पर छुट्टी के रोज़ तो जो सोचते हैं, वही नहीं हो पाता है। मित्र आ जाते हैं। कोई काम लग जाता है। बाहर घूमने और मिलने-जुलने जाने की बात भी उठ जाती है। जाना पड़ता है। न गए, तो कोई आ धमकता है। फिर वही। सारा दिन बेकार जाता है। आज न जाएँ तो रेस्ट हो जाए एक दिन का। दो रोज़ मिल जाएँगे। मगर ख़्याल आता है यार, बेकार में एक कैजुअल गल जाएगी। बाद में शायद ज़रूरत पड़े। क्योंकि ऐसा है कि जानते हो, साल ख़त्म होने में दो महीने हैं। क्या जाने कब क्या हो? पर क्या होगा? कैजुअल पड़ी-पड़ी अचार देगी क्या? ले लो कम्बख़्त को, देखा जाएगा। तीन कैजुअल बची हैं। दो फिर भी बच जाएँगी। बाद में ले लेंगे।

फिर एक विचार होता है कि उधर तीन दिन की इकट्ठी ले लेंगे। एक दिसम्बर में और अगर हुआ तो कहीं हो आएँगे।

कहाँ जाएँगे? आजकल कहीं आना-जाना हो ही नहीं पाता। घर के घर में। फिर तीन दिन का कैजुअल लेने में तगड़ा बहाना ढूँढ़ना पड़ता है। कम्बख़्त पूछते हैं कि तीन दिनों का आकस्मिक अवकाश क्यों लेना पड़ा—स्पष्ट कीजिए। क्या पूर्व सूचना नहीं दी जा सकती थी? और पूर्व सूचना दो तो छुट्टी अस्वीकार कर देते हैं। परेशानी है। बात यह है कि दिसम्बर में सब अपनी कैजुअल ख़त्म करने की सोचते हैं। करें क्या! सो क्या हर्ज है कि एक दिन की अभी ले लें। कल छुट्टी है ही। दो रोज़ की हो जाएगी। सो लेंगे दोपहर को तानखूँटी। हुआ तो एक मैटिनी जमा लेंगे।

पर बड़ा गड़बड़ है। दफ़्तर चले ही जाएँ। घर भी क्या करेंगे! नहीं, गए तो फिर आना नहीं हो पाएगा। कल छुट्टी है ही। घर ही रहना है। कहीं जाएँगे-आएँगे नहीं।

दफ़्तर में भी क्या काम है, बैठना ही तो है। मौक़ा लगा तो वही रिकॉर्ड रूम या स्टोर में घुसकर घंटा-दो घंटा सो लेंगे। क्या है! कोई काम तो है ही नहीं। साहब तो दो बजे से मीटिंग में जाएगा तो यों भी कुछ होना-जाना नहीं है। सब साले कैंटीन के चक्कर काटेंगे। गप-सड़ाके और क्या! जैसा घर, वैसा दफ़्तर।

तो चले ही जाएँ। वह फ़ाइल भी आज देनी है साहब को दस्तख़त करने के लिए। कहीं माँग बैठे तो? बुलाएगा और पता लगेगा कि छुट्टी पर हूँ तो यों ही भिनकेगा। दफ़्तर चले ही जाएँ। फिर सोचते हैं, रहने दें। क्या है! कोई ज़रूरी है कि फ़ाइल पर आज ही दस्तख़त हो। शायद ही माँगे फ़ाइल आज। इसका दिमाग़ तो मीटिंग पर लगा रहेगा। ग्यारह बजे वह दफ़्तर आएगा, दो बजे मीटिंग है। इस बीच में क्या कर लेगा! हो सकता है, फ़ाइल लेकर जाओ तो भी दस्तख़त न करे। 'आई ऐम वेरी बिज़ी'। फिर जल्दी क्या है! परसों हो जाएँगे दस्तख़त। इतने दिन पड़ी रही तो दो रोज़ और सही।

सब चलता है। और माँगेगा भी तो वर्मा दस्तख़त करवा लेगा। सामने टेबल पर ही तो पड़ी है। वह छुट्टी लेता है तो हम भी तो उसका काम कर देते हैं। क्या है उसमें! दस्तख़त ही तो करवाना है। ड्राफ़्ट साहब देख ही चुके हैं। दो मिनट का काम है। मगर वर्मा बड़बड़ाएगा। हो सकता है, कह दे कि सर, फ़ाइल मिल नहीं रही। नीच। यों ही बात बढ़ेगी। दस्तख़त हो जाएँगे पर फोकट का ऑब्लीगेशन। दफ़्तर चले ही जाएँ। एक मन करता है, रहने दें। कैजुअल तो कैजुअल है। इंसान का हक़ है। जब ज़रूरत होगी, वह लेगा। आई ऐम सिक। कर लो, क्या करते हो? अनेबुल टु अटेंड ऑफ़िस। बस। हमारी तबीयत। नहीं आते। क्या है? यों ही क्या होता है? एक दिन नहीं गए तो कौन से काम रुक जाएँगे?

वह उठा और अन्दर चला गया। रसोई के दरवाज़े की चौखट से टिककर खड़ा कुछ देर काम करती हुई पत्नी को देखता रहा। फिर बोला—"आज दफ़्तर जाने को मन नहीं कर रहा।"

"क्यों?"

"यों ही, सोचते हैं, छुट्टी ले लें। तीन दिन की कैजुअल बकाया है। बेकार जाएगी।"

"ले लो," पत्नी ने कहा और काम करती रही।

कुछ देर चुप खड़े रहने के बाद वह फिर बोला—"क्या ख़्याल है, ले लें छुट्टी, मगर घर पर भी क्या करेंगे?"

"हाँ, काम तो कुछ है नहीं," पत्नी ने कहा।

"वही सोच रहे हैं। बेकार एक दिन की कैजुअल जाएगी। फ़ायदा क्या? आगे शायद लेनी पड़ जाए। चले ही जाएँ दफ़्तर।"

"चले जाओ," वह बोली।

"हूँ, यही सोच रहे हैं। क्या करें?" कुछ क्षण रुककर फिर कहने लगा—"ले लेते छुट्टी तो एक दिन का रेस्ट हो जाता। कल छुट्टी है ही। फिर ठाठ से परसों जाते दफ़्तर। तबीयत नहीं कर रही आज दफ़्तर जाने की, मगर अब घर भी रहकर क्या करेंगे? क्यों?"

वह पीछे बाड़े में चला गया और धूप में खड़ा हो गया। नल पतला बह रहा था। उसने सोचा, अगर दफ़्तर जाना ही है तो अब उसे नहा लेना चाहिए। फिर देर हो जाएगी। न भी जाना हो तो भी नहा लेने में क्या हर्ज़ है? पानी गर्म करवा लेते तो ठीक रहता। जल्दी क्या है? नहीं गए दफ़्तर तो बाद में गर्म करवाकर तबीयत से नहाएँगे। उसने दोनों हाथ सिर पर रखे और पैर पटकता फिर अन्दर आ गया। कुछ देर कमरे के बीच खड़े रहने के बाद वह पलँग पर बैठ गया।

क्या करें? एक मन करता है, रहने दो। आज कुछ तबीयत नहीं हो रही। आलस आ रहा है। यों जाने में भी कोई हर्ज़ नहीं। वहाँ भी कोई काम तो है नहीं। साहब शायद बुलाएँ फ़ाइल के लिए। नहीं मिलेगी तो नाराज़ होंगे। यों ही इम्प्रेशन बिगड़ेगा। बिगड़े साला। हमने कोई ख़ैरख़्वाही का ठेका ले रखा है? सब मौज मारते हैं और हम एक दिन की कैजुअल भी नहीं ले सकते? हद है! आख़िर इंसान का हक़ है। नौकरी की है तो कोई बेच दिया है अपने को। आई ऐम सिक। क्या मतलब होता है इसका? तीन दिन की कैजुअल बकाया है। बचा के करना क्या है? बेकार है। हम ही बेवकूफ़ बनेंगे। कोई तारीफ़ करने वाला तो है नहीं। कितनी ही ख़ैरख़्वाही दिखाओ, क्या है! घर पर रहेंगे तो दिन भर रेस्ट करेंगे। जाएँ जिनको दफ़्तर जाना हो। इंसान को कभी-कभी थोड़ा रेस्ट करना चाहिए।

पर कहाँ रेस्ट मिलता है। घर पर भी कहाँ रेस्ट मिलता है। बेकार सुस्ती चढ़ेगी, और क्या! जहाँ तक आराम का सवाल है, दफ़्तर में भी हो सकता है। दो बजे से मीटिंग है। साहब रहेंगे नहीं। सब मौज करेंगे। जाना, नहीं जाना एक ही मतलब है। एक कैजुअल बिना वजह गल जाएगी।

अपनी साड़ी से हाथ पोंछती हुई पत्नी कमरे में आई और उसको देख कर बोली—"फिर क्या तुम दफ़्तर जा रहे हो या नहीं जा रहे हो?"

"वही सोच रहे हैं, जाएँ कि न जाएँ। एक मन करता है कि चले जाएँ, एक मन करता है, रहने दें।"

"सोच लो," पत्नी ने कहा।

"हूँ।" उसने कहा और फिर सोचने लगा।

उस दिन की दोपहरी

पोलिंग-बूथ की तरफ़ तेज़-तेज़ जाते हुए मुन्नीलाल ने उनकी तरफ़ देखा और बोला—"काहे वोट-भोट देने नहीं जा रहे?"

"अब जाएँगे, ऐसी जल्दी भी क्या है," कहते हुए सिरीराम बाबू अहाते के तारों को पैर से झुलाते खड़े रहे। जब से देख रहे हैं, पोलिंग-बूथ की तरफ़ जाने वालों का ताँता लगा है। 'सो तो होना ही था। चुनाव जो हैं,' सिरीराम बाबू ने सोचा।

वातावरण में सारी चहल-पहल के बावजूद ख़ामोशी है। सुबह सबसे पहले केसरीमल ने अपनी तरफ़ के चौबीस आदमियों को लाइन में खड़ा कर फटाफट वोट डलवा दिया और उन्हें दुकान पहुँचने को कह स्कूटर पर चल दिया। तब से कभी लाइन 15-20 से ज़्यादा नहीं बढ़ी। नेताओं को फ़िक्र थी कि बाबुओं की बस्ती का वोट किधर गिरेगा। 'वहाँ चाल यह है कि मरद जिधर वोट करेगा, लुगाई उधर ही करेगी।' सुबह-सुबह की सुस्ती से ख़ुद पोलिंग एजेंट हैरान थे। सोचा—लोग नहाने-खाने के बाद आराम से आएँगे। जो भी हो, धीरे-धीरे वोट पड़ रहे थे।

सिरीराम बाबू आँगन की धूप से हट घर में आ गए। पत्नी बर्तनों को पल्ले से पोंछती करीने से जमा रही थी। बोले—"सब वोट देने जा रहे हैं।"

"तुम नहीं जाओगे?" पत्नी ने पूछा।

"यही सोच रहे हैं, जाएँ, और क्या करें?"

"हो आओ।"

"हूँ। मगर दें किसे, सो समझ में नहीं आ रहा।"

"अब अख़बार तुम पढ़ते हो, कोई हम तो नहीं पढ़ते।" पत्नी ने कटोरियाँ सजाते हुए कहा।

सिरीराम बाबू चुप सोचते रहे, फिर आईने में अपने दाँत देखने लगे। दो दाँतों के बीच एक काला-सा कण जमा था सो नाख़ून से कुरेदकर फेंक दिया।

जीपों में कुछ राजनीतिक कार्यकर्ता पोलिंग-बूथ पर आए। "यार, यहाँ बड़ी सुस्ती है। क्या बात है?"

"लोग आ ही नहीं रहे।" जवाब मिला।

"निकालो यार, वोटरों को घर से निकालो।"

चार-पाँच लड़कों का जत्था बना घर-घर जाकर पूछने के लिए—"अंकल जी आपने वोट दिया कि नहीं? दे आइए न! प्लीज, इसी निशान पर वोट दीजिए!"

वे लोग सिरीराम बाबू के यहाँ भी चक्कर लगा गए। सिरीराम बाबू ने कहा—"खाना खाकर आएँगे।"

पराँठे के साथ भरवाँ बैंगन सिरीराम बाबू की ख़ास पसन्द है। पत्नी जानती है उनकी यह कमज़ोरी। कल सब्ज़ी वाले के पास ताज़ा बैंगन थे। सोचा, कल वोटिंग के रोज़ छुट्टी रहेगी तो बना देंगे। सुबह-सुबह पहला काम उसने यह किया कि बैंगनों को चीर-काट मसाला भरकर रख दिया और फिर गई नल का काम निपटाने।

"तुम दोगी वोट?" सिरीराम बाबू ने खाट की रस्सियाँ खींचते हुए पत्नी से पूछा।

"उँहूँ, तुम ही दे आओ।"

"इच्छा हो तो दे आओ, आस पास वालियाँ जा रही होंगी, साथ चली जाओ।"

"अब किसे दें? हमें कुछ पता नहीं, क्या! रहने भी दो।" वह भरा घड़ा उठा मटके में डाल आई।

"किसी को दे आओ!" सिरीराम बाबू बोले।

"अरे वहाँ कौन खड़ा रहे लाइन में! हमें नहीं देना वोट।"

"लाइन तो होगी। सुबह से सब उधर ही भीड़ लगा रहे हैं।"

"तुम दे आओ।"

"हूँ!" सिरीराम बाबू ने तकिया खाट पर डाला और लेट गए।

फिर पोलिंग-बूथ पर भीड़ बढ़ने लगी। बाबू बस्ती के वे लोग जो घर में बैठे बोर हो चुके थे, अब बूथ के आसपास आ रहे थे। कुछ स्त्रियाँ और ख़ासकर नई दुल्हनें जो मोहल्ले में नई साड़ी के प्रदर्शन के इस अवसर का लाभ लेना चाहती थीं, बूथ तक आईं, लजाती-शरमाती इधर-उधर देखती रहीं और वोट देने के बाद स्याही के निशान को मिटाने का प्रयत्न करती लौट आईं।

"सुनो!" सिरीराम बाबू ने धीरे से कहा।

कोई जवाब नहीं मिला।

"सुनो, क्या कर रही हो?"

"हूँ...क्या है?" पत्नी के उत्तर देने के ढंग से स्पष्ट था कि वह सिरीराम बाबू का आशय समझ गई है।

बाहर के दरवाज़े बन्द थे।

वह धीरे-धीरे पास आई। सिरीराम बाबू ने हाथ खींचकर बिठा लिया।

"वोट देने नहीं जाना है?" वह सिरीराम बाबू के बनियान से खेलती हुई बोली।

"अरे चले जाएँगे, अभी बहुत वक़्त है।" वह एक चतुर रसीली मुस्कान से पत्नी की तरफ़ देख कर मुस्कुराए।

"अरे, दोपहर को? यह भी कोई बख़त है! कोई आ गया तो?" पत्नी ने हटने का असफल प्रयत्न किया।

"कौन आता है, सब वोट देने गए हैं।"

वह हँसी। एक शरारत-भरी चोरी की कार्यवाही की कल्पना में मग्न।

और वाक़ई दोहपर बाद बाबू बस्ती के पोलिंग-बूथ पर भीड़ एकाएक बढ़ गई। हुआ यह कि मज़दूर-मज़दूरनियों का एक जत्था जो सुबह से चुनाव-केन्द्र तलाश रहा था, दोपहर बाद यहाँ पहुँच गया। कुछ दिन पहले नए क्वार्टर बनाने के लिए पानी की टंकी के पास वाले पूरे मैदान पर बनी झोंपड़पट्टियों को सरकार ने साफ़ करवा दिया था और उन लोगों को एक पहाड़ी के बाजू में जगह दे दी थी। सुबह से वे लोग यह पता लगा रहे थे कि उनके नाम कहाँ हैं? बामुश्किल तमाम दोपहर को कुछ कार्यकर्ताओं की मदद से वे इस बूथ पर पहुँचे। उन लोगों के आ जाने के कारण आख़िरी समय में क्यू बहुत लम्बा हो गया था।

चार बज गए। सिरीराम बाबू के क्वार्टर का नल सूँ-सूँ करने लगा था। पत्नी सोच रही थी कि अब उठना है, बर्तन साफ़ करने हैं। पास में सिरीराम बाबू आँखें मूँदे लेटे थे।

"मिसेज दूबे गेहूँ का बोल रही थीं।"

"क्या?" सिरीराम बाबू ने पूछा।

"चार क्विंटल मँगवा रही हैं गाँव से। दो अपने लिए, दो शर्मा जी के लिए। गेहूँ अच्छा है, जैसा पार साल लिया था।"

"गेहूँ तो अच्छा है।"

"कह रही थीं कि लेना हो तो जल्दी बता दें, साथ ही आ जाएगा।"

"गेहूँ तो अच्छा है। अभी तो होंगे दूबे जी घर पर?"

मुँह पर पानी के छींटे डाल वह फुर्ती से आए और कुर्ता पहन लिया।

"चाय पी लो, फिर चले जाना!" पत्नी ने कहा।

"दूबे जी अभी मिल जाएँगे, सो कह ही दें उनसे। गेहूँ अच्छा है और सस्ता भी। दो बोरा डलवा लें तो साल भर की बेफ़िक्री हो जाए," सिरीराम बाबू कहते हुए तेज़ी से घर से बाहर निकले।

"वोट देने नहीं जाओगे?"

"अब छोड़ो, गेहूँ ज़्यादा ज़रूरी है।"

पोलिंग-बूथ पर शायद चहल-पहल अभी भी शेष थी। पत्नी के साथ सुखद दोपहरी बिताने के बाद सिरीराम बाबू सस्ते गेहूँ की तलाश में चले जा रहे थे।

इस वर्ष मुकुन्दी टॉप करेंगे

कहाँ मिल पाता है विद्वानों को ऐसा सत्संग! उस दिन मेरे भाग्य थे, हो गया। वे ज्ञान चर्चाएँ कर रहे थे। ऐसी चर्चाएँ रोज़ सुनने को नहीं मिलतीं। जब से कॉलेज छोड़ा, ऐसे बौद्धिक वातावरण से एकदम दूर पड़ गए हैं। उधर निकलना नहीं होता। जीवन कुछ ऐसा व्यस्त है कि इन विद्वानों के संग बैठ कर किसी विषय पर चिन्तन-मनन का समय ही नहीं जुट पाता।

ज्ञान-चर्चा एक बड़े विद्वान के बँगले के लॉन पर हो रही थी। ठंड के दिनों में दोपहर की धूप में ऐसी ज्ञान-चर्चाएँ मन के साथ तन को सुख प्रदान करती हैं। बड़ा विद्वान अधिक बोलता था, छोटा विद्वान कम बोलता था। इसका कारण यह था कि बड़ा विद्वान सहायक प्राध्यापक के पद पर पहुँच चुका था, वह अब एम.ए. की कक्षाएँ ऐसी सरलता से पढ़ा देता था जैसे छठी-सातवीं के बच्चे पढ़ा रहा हो और छोटा विद्वान अभी शिक्षा के पावन क्षेत्र में एक नम्र उदीयमान लेक्चरर था जिसकी सुषुम्ना नाड़ी एम.ए. कक्षा में प्रवेश के क्षणों में काँप जाती थी। बड़ा विद्वान हर बात पर शर्त बदने और अपने कथन को काग़ज़ पर लिख कर दे देने के लिए तत्पर था। छोटा विद्वान शर्त नहीं बदता था, वह अपने अग्रज और वरिष्ठ का कथन ज्यों-का-त्यों स्वीकार कर लेता था। यों हम जिस लॉन पर बैठे थे, वहाँ काग़ज़ थे भी नहीं।

चर्चा का विषय रोचक था। मुकुन्दी उर्फ़ मनोहर बाबू इस वर्ष एम.ए. हिन्दी में विश्वविद्यालय टॉप करेंगे या नहीं? मुकुन्दी उर्फ़ मनोहर बाबू एम.ए. फ़ाइनल के सम्माननीय छात्र थे। सम्माननीय इन अर्थों में कि वे राज्य के युवा शिक्षा मन्त्री के छोटे भाई हैं। मनोहर बाबू की टक्कर में हैं सरला जी। वे भी टॉप करने की आकांक्षी हैं। वे अतीत में भी सदैव टॉप करती रही हैं पर इस बार मुकुन्दी अर्थात् मनोहर बाबू भारी पड़ रहे हैं। सरला जी को सारा नगर जानता है विभिन्न दृष्टियों से। वे स्वर्गीय शिक्षा संचालक की भतीजी हैं, लाड़ली क़िस्म की। लगे-हाथ सुन्दर भी हैं। ज्ञान-चर्चा के दो प्रमुख बिन्दु यही थे।

"मुकुन्दी इस साल टॉप करेंगे और करेंगे। हम शर्त बद सकते हैं, आप हमसे काग़ज़ पर लिखवा लीजिए। जो कहिए सो हार जाएँ।" बड़े विद्वान के स्वरों में चुनौती-सी थी।

"सरला जी...!"

छोटे विद्वान ने कहा ही था कि बड़ा विद्वान बोल पड़ा—"हाँ, कुछ लोग यह भी सोच रहे हैं मगर आप हमसे शर्त बद लीजिए। माना कि सरला जी बिसवासीशरण के घर रोज़ दोपहर जाती हैं और चरणों में सिर रख दिया है कि मेरी नैया पार लगाओ और यह बिसवासीशरण का बच्चा भी स्थिति का पूरा लाभ ले रहा है। यहाँ तक कि सरला जी बदनाम हो गई हैं। मगर मैं कहता हूँ, कुछ नहीं होने का। टॉप तो मुकुन्दी करेंगे, मनोहर बाबू।"

बिसवासीशरण यहाँ हेड ऑफ़ द हिन्दी डिपार्टमेंट हैं। वे भी विद्वान हैं। इस हिसाब से वे ही वास्तव में बड़े विद्वान हैं और लॉन पर जो बातें कर रहे हैं, सहायक प्राध्यापक और लेक्चरर, वे मँझले विद्वान हैं और छोटे विद्वान। मगर हेड की अनुपस्थिति में मैं उन्हें ही बड़ा मान रहा हूँ, जैसे अपेक्षाकृत बड़ी लकीर के अभाव में छोटी लकीर बड़ी हो जाती है।

"प्राचीन पद्य में तो सरला जी को ही ज़्यादा मार्क्स देंगे, बिसवासीशरण।" छोटे विद्वान ने कहा।

"अरे पहले अपनी नौकरी देखेंगे या इश्क! उस दिन मुकुन्दी ने उनसे साफ़ कह दिया कि सर, अगर आपने सरला को ज़्यादा मार्क्स दिए तो मुझसे बुरा कोई नहीं होगा। आप अगर भ्रष्टाचारी हैं तो हम भी कोई कम भ्रष्टाचारी नहीं। आप मेरे गुरु हैं, हेड ऑफ़ द डिपार्टमेंट हैं, इसलिए आपका आदर करता हूँ मगर इतना समझ लीजिए कि आप-जैसे विद्वान मेरी जेब में पड़े रहते हैं।" मुकुन्दी ने स्टाफ़ रूम में सबके सामने कहा।

"फिर क्या हुआ?"

"घिघियाने लगे बिसवासीशरण। सबके सामने क्या कहते। बोले—'मेरा तो सिद्धान्त है कि उत्तर देख कर मार्क्स देता हूँ। सरला और तुम मेरे लिए बराबर हो।' और मुझे यही लगता है कि वे दोनों को बराबर मार्क्स दे देंगे।"

"वायवा में भी तो बिसवासीशरण बैठेंगे!" छोटे विद्वान ने कहा।

"उसमें तो मुकुन्दी को हाइएस्ट मिलेंगे क्योंकि इस वर्ष मौखिक के लिए डॉ. भूतनाथ मिश्र आ रहे हैं और वे मुकुन्दी को हाइएस्ट देंगे। आप हमसे काग़ज़ पर लिखवा लो।" बड़े विद्वान ने शंका का समाधान किया। मगर छोटे की शंका समाधित नहीं हुई।

"मेरे ख़्याल से सर, डॉक्टर भूतनाथ मिश्र विद्वान आदमी हैं और वे मुकुन्दी-फुकुन्दी के चक्कर में नहीं फँसेंगे।"

"शर्त बदते हो? आप चलो हमारे साथ। हम मुकुन्दी यानी मनोहर बाबू को डॉ. भूतनाथ मिश्र का पता दे दें, जिसमें लिखा है कि मैं आ रहा हूँ और मेरे ठहरने की व्यवस्था अपने बँगले पर ही करना। भई, वायवा के लिए भूतनाथ जी की व्यवस्था

तो मुकुन्दी ने ही वाइस-चांसलर से मिलकर करवाई है। और यह तुम समझ लो कि इसकी गरज मुकुन्दी को नहीं, स्वयं डॉ. भूतनाथ मिश्र को है।''

''सो क्यों?''

''अरे डॉ. भूतनाथ मिश्र अगले वर्ष यू.पी. से रिटायर हो रहे हैं, और यहाँ राज्य के किसी विश्वविद्यालय में ठँसना चाहते हैं। मुकुन्दी को ख़ुश करेंगे यानी शिक्षा मन्त्री को ख़ुश करेंगे। वे उनको कहीं जमा देंगे। तुम हमसे काग़ज़ पर लिखवा लो। उनके फ़रिश्ते भी मुकुन्दी को वायवा में सर्वाधिक अंक देंगे। बिसवासीशरण क्या कर सकता है?''

''मिनिस्टर साहब का उधर दौरा हुआ तो मुकुन्दी साथ लग लिए। वहाँ पहुँचे तो कलेक्टर से कहा कि यहाँ कॉलेज में हिन्दी के हेड ऑफ़ द डिपार्टमेंट हैं डॉक्टर आचार्य, उन्हें बुलवा दीजिए। कलेक्टर ने गाड़ी भेजकर डॉक्टर आचार्य को बुलवा दिया। वहीं डाकबँगले पर मन्त्री महोदय ने डॉक्टर आचार्य से कलेक्टर के सामने कहा कि आपको मुकुन्दी को हाइएस्ट देने पड़ेंगे। डॉक्टर आचार्य ने कुछ देर तो सिद्धान्त छाँटा, बाद में साफ़ बात कही। बोले–'आपके मन्त्रित्व काल में मेरे साथ घोर अन्याय हुआ है, मुझे तबादला कर यहाँ फेंक दिया गया है, मैं पीड़ित हूँ और यदि पीड़ित व्यक्ति विवश होकर पर्चे जाँचते समय अन्याय कर जाए तो आश्चर्य नहीं।' मिनिस्टर साहब ने कहा–'देखो आचार्य जी, मुकुन्दी को गद्य में सर्वाधिक दे दो, मैं तुम्हें मनचाही जगह पर नियुक्त कर दूँगा।' ''–इसके बाद बड़े विद्वान का स्वर मद्धिम हो गया और वे छोटे विद्वान के कान में फुसफुसाए–''डॉक्टर आचार्य यहाँ आना चाहते हैं। इस सेशन के बाद बिसवासीशरण गए यहाँ से। तुम चाहो, हमसे काग़ज़ पर लिखवा लो।''

उसके उपरान्त एकाएक दोनों विद्वानों का ध्यान मुझ पर गया जिसने यह रहस्य की बात सुन ली। वे मुझे घूरने लगे। फिर बड़ा विद्वान मुझे आगाह करता बोला–''यह बात अपने तक ही रखिए, किसी से कहिएगा नहीं।''

''जी नहीं, मुझे क्या करना।'' मैंने कहा।

''आपका अच्छा है, आप व्यंग्यकार आदमी, न किसी के लेने में न देने में।''

मैं मुस्कुरा दिया। वे आश्वस्त हुए। फिर बड़े विद्वान का एकाएक मुझ पर प्रेम उमड़ा और बड़े अपनत्व से बोले–''बिसवासीशरण और सरला के रोमांस पर कुछ क़लम घुमाओ। आजकल इधर बड़ा रस बरस रहा है। किसी और नाम से लिख दो। सरला की जगह कमला कर दो और बिसवासीशरण की जगह कुछ और शरण। बना दो क़िस्सा, छपा दो साले को। हम इधर कॉलेज में फैला देंगे कि बिसवासीशरण पर है। ऐं, बोलो, हम तुम्हें आइडिया देते हैं यार!''

मैं धन्यवाद-स्वरूप मुस्कुरा दिया।

“मुझे तो सरला जी का अफ़सोस है। हमेशा टॉप करती रहीं, इस बार रह जाएँगी। बहुत ब्रिलियंट कैरियर रहा है उनका, कुछ भी हो।”–छोटे विद्वान ने चर्चा को नया मोड़ दिया।

“देखो, वह ज़माना दूसरा था। उस वक़्त एजूकेशन में आनन्द बिहारीलाल का जूता चलता था। किसी के बाप की हिम्मत नहीं थी कि उनकी लाड़ली भतीजी को डिस्टिंक्शन से कम मार्क्स दे। उनकी मृत्यु के बाद से स्थिति बदल गई है। स्वार्थी दुनिया है। किसी में इतनी शराफ़त नहीं कि उनकी भतीजी का ख़्याल रखे। आज बेचारी को एम.ए. में टॉप करने के लिए बिसवासीशरण जैसे नीच व्यक्ति की मदद लेनी पड़ रही है। ज़रा सोचिए। एक ज़माने में बिसवासीशरण जैसे लोग उसके चाचा के चरणों में पड़े रहते थे।” बड़ा विद्वान उग्र हो गया पर जल्दी ही नरम पड़ा–“हमने तो सरला जी को सुझाया था कि इस वर्ष एम.ए. से ड्रॉप ले लो क्योंकि टॉप तो मनोहर करेगा, मगर वे मानीं नहीं। कहने लगीं कि परीक्षाओं तक गवर्नमेंट बदल जाएगी और मनोहर के भाई मन्त्री नहीं रहेंगे। मगर उनका ख़्याल ग़लत है। यह शासन इतना अच्छा काम कर रहा है कि फ़िलहाल बदलने वाला नहीं।”

मैंने कहा–“आप हमसे काग़ज़ पर लिखवा लीजिए–सत्ता में परिवर्तन शीघ्र नहीं होगा। मुकुन्दी एम.ए. में टॉप करके रहेंगे।”

क्या ख़ूब सौदा नगद है

जिस तरह चुनाव जीतने वाला अपनी बस्तियों की हर गली में सम्मान का हार पहने बिना घर नहीं लौटता, उसी तरह हॉकी के विजयी खिलाड़ी हर शहर में सम्मान करवाए बिना नहीं रहेंगे, अन्यथा उस महान भारतीय परम्परा का क्या होगा जिसमें हर आगे बढ़ने वाले की टाँग खींची जाती है और फिर भी यदि सफल हो जाए तो उसे फूलों से लाद अपने पाप धो लिए जाते हैं? वे जहाँ जा रहे हैं, उन्हें इनाम मिल रहे हैं। ख़ुद खिलाड़ियों को नहीं पता था कि जीतने पर इतने पुरस्कार मिलने वाले हैं, अन्यथा वे इसके पहले के ओलम्पिकों में भी गोल मार कर आते। कहीं भी जीत जाना इन भारतवासियों के लिए कदापि कठिन नहीं बशर्ते यह पता तो हो कि जीतने से फ़ायदे क्या होंगे? मेरा मतलब है कि खिलाड़ियों को इस बार पुरस्कृत करने के साथ यह भी बता दिया जाना चाहिए कि भई, अगले ओलम्पिक में जीतने पर प्रति खिलाड़ी, प्रति गोल, प्रति विजय क्या रक़म दी जाएगी।

रिवाज यही है। ये लोग कोई गवैए तो हैं नहीं कि राजा और पैसे वाले से बड़ी रक़म मिलने पर उत्साहित अनुभव करें। ये हमारे मोहल्ले के लड़के हैं। जब शुरू में खेलने लगे तब घर वालों ने डाँटा—"क्यों दिन भर खेलता रहता है, साले की टाँग तोड़ दूँगा।" स्कूल में शिक्षकों ने झाड़ा—"पढ़ते-लिखते क्यों नहीं, हॉकी लिए घूमते हो, क्या गुंडे-आवारा बनना है? ग्राउंड पर गए तो विरोधियों ने पैर में हॉकियाँ मारीं, धक्के दिए, मारपीट की, गालियाँ बकीं। जब सिलेक्शन का मौक़ा आया तो एसोसिएशन के मेम्बर और अफ़सरान अपनी तड़ी दिखाने लगे। इस सबसे उबरकर ये खिलाड़ी बने हैं, बाहर खेलने गए हैं और जीत कर आए हैं। किसी का अहसान नहीं है इन्हें खिलाड़ी बनाने में। मगर जीत कर आए तो सब दौड़े पीठ ठोंकने। वाह प्यारे, वाह, हम तो पहले ही कहते थे कि इस बार ज़रूर जीतोगे! अजी सो तो ठीक है, थोड़ा आगे की बात करो न। आगे के लिए क्या दोगे, रेट तय करो तो बच्चे काम से लगें।

हमारे शहर में एक हॉकी के उस्ताद थे। अपनी टीम लेकर उतरते तो हॉफ टाइम के पहले दो-चार गोल खा लेते। खेलते ही नहीं, इधर-उधर दौड़ते रहते। सारे दर्शक चिल्लाते—उस्ताद, यह क्या हो रहा है? उस्ताद, मारे जाएँगे, शहर की नाक कट

जाएगी। उस्ताद ध्यान नहीं देते। एक गोल और खा लेते। तब दर्शकों की आँखों में आँसू आ जाते। वे करुण स्वर से उस्ताद से अपीलें करते। उस्ताद तब हॉकी लेकर ग्राउंड के चारों ओर दौड़ते। दर्शकों में से उनके प्रेमी चिल्लाते—उस्ताद, एक गोल पीछे दस रुपया दूँगा। बन्ने पान वाला कहता—उस्ताद, जीत कर दिखाओ तो पान-सिगरेट की पिछली उधारी माफ। चतुरलाल दर्जी कहता—उस्ताद, जीतोगे तो निकरें मुफ़्त में सीएँगे सालभर। मिर्जा फतह बेग कहते—उस्ताद, हर गोल पीछे पच्चीस रुपया दूँगा। पंसारी हरप्रसाद कहता—चार सेर घी की कनस्तरी! कोई दीवाना चिल्लाता—उस्ताद, सौ का नोट दूँगा। उस्ताद बाउंड्री के क़रीब दौड़ते हुए सबसे वादे-सौदे कर लेते। शक्लें याद रखते ताकि बाद को मुकर न जाएँ। हाफ़ टाइम के बाद बुली होती और खेल का रंग बदलता। उस्ताद के हाथों में गेंद होती और वे सबको नचाते-घुमाते अलग-अलग स्टाइल से गोल मार कर पब्लिक की तबीयत ख़ुश कर देते। उस ज़माने में गोल मारने के लिए कोई शॉर्ट कॉर्नर का मोहताज़ नहीं होता था। सीधे अकेले जाकर खिलाड़ी गेंद नेट में उलझा आते थे। उस्ताद पिछले गोल तो उतार ही आते, दो-चार नए भी चढ़ा आते। फिर शहर में हॉकी लिये घूम-घूमकर सबसे वचन के अनुसार इनाम, बख़्शीशें वसूल करते।

परम्परा यही है। हॉकी को प्रश्रय जनता ने इसी तरह दिया है। हॉकी की टीम जब शहर से बाहर खेलने जाती थी, लौंडों से शहर के बड़े-बूढ़े साफ़ कह देते थे—अगर हार कर आए तो कम्बख़्तों की निकरें स्टेशन पर उतरवा ली जाएँगी और जीत कर आए तो मुर्ग़-मुसल्लम की पार्टी देंगे। खेलते समय सब जानते थे कि जीतेंगे तो हलवा और मुर्ग़-मुसल्लम मिलेगा और हारेंगे तो जूते पड़ेंगे। वे उस समय शहर या राष्ट्र की ही नहीं, अपनी इज़्ज़त की रक्षा के लिए भिड़ जाते थे। दोनों शहरों के खिलाड़ियों से उनके शहर में वैसे ही वादे किए जाते थे। एक टीम हारती थी एक जीतती थी, सो एक टीम आधी रात रेल से चुपके से सिग्नल के पास उतर शहर में घुसती थी और तीन दिन मुँह छिपाए पड़ी रहती थी और जीतने वाली टीम रौब से अपने शहर में घूमती, होटलों में मुफ़्त चाय पीती, मुर्ग़-मुसल्लम खाती।

इसलिए अगर हॉकी में लगातार जीतना हो तो प्रोत्साहन की इस परम्परा से जुड़िए। जीतोगे तो दो इंक्रीमेंट, हारोगे तो दो डिमोशन। जीतोगे तो मुफ़्त की रेवड़ियाँ बँटेंगी, हारोगे तो नाकों चने चबवाए जाएँगे। जीतोगे तो पूरा मुल्क मुफ़्त में घूमोगे, हारोगे तो मोहल्ले में से नहीं गुज़रने दिया जाएगा। हॉकी में भी वही सिद्धान्त काम करता है कि खाने को सोने का निवाला दो, और नज़र शेर की-सी कड़ी रखो। फिर देखो, यही प्यारे जवान क्या कमाल दिखाते हैं! यह क्रिकेट नहीं है जिसमें अमीरज़ादे खेलने जाते हैं, यह हॉकी है, ग़रीबों का खेल। खेलने वाला जानता है कि कल शहर में होटल या बिजलीघर में नौकरी या म्युनिसिपैलिटी में बाबूगीरी से बड़ा काम-धन्धा हमें नहीं मिलेगा। वह जानता है कि उसके खेलने से बाप और बड़ा भाई दोनों नाराज़

हैं, लड़का बिगड़ गया। जब उसे आर्थिक सुरक्षा मिलेगी, बड़े इनाम मिलेंगे, तभी वह अपने घर सीना फुलाए लौटेगा। आप उसका रौब बढ़ाइए, वह आपका बढ़ाएगा। क्या ख़ूब सौदा नगद है, गोल कर और इनाम ले। लोक-नाटक की तरह हॉकी भी एक लोक-क्रीड़ा है। नौटंकी आदि में प्रदर्शन के दौरान जिस तरह यह घोषित किया जाता है कि अमुक के पार्ट से ख़ुश होकर फलाने ने इतने रुपए दिये, उसी तरह हॉकी के खेल के बीच भी कुछ ऐसा ही चलना चाहिए। अमुक गेंद लेकर आगे बढ़ा—फलाँ की ओर से दो रुपए। इनामों की ऐसी तात्कालिक घोषणाएँ खेल में जान डाल देंगी।

इस देश ने उन्हें रुपया दिया है जो मुल्क की नाक कटवाने के धन्धों में लगे रहते हैं, तो खिलाड़ियों को देकर हम कोई बड़ी बात नहीं कर रहे। पर इनका स्टेमिना बना रहे, चर्बी न चढ़ जाए, सम्मान की दावतें खा ये नेताओं जैसे फूल न जाएँ, इसलिए ज़रूरी है कि साफ़ बात कर ली जाए कि आगे कभी हारे तो लेने के देने पड़ जाएँगे। खिलाड़ी सम्मान का कप जीत कर उठाता है, जीत जाओ और घर-घर में, हर शहर, क़स्बे में सम्मान के कप उठाओ, फ़ायदे कमाओ। इस सिलसिले में मेरी घोषणा है कि अगर ओलम्पिक में जीतोगे तो ज़ोरदार रचना तुम्हारी तारीफ़ में लिखूँगा और अगर हार कर आए तो तुम और तुम्हारे अफ़सरान सबकी ख़बर लेते ऐसा प्रहार करूँगा कि सारी हॉकी भूल जाओगे। फ़िलहाल थ्री चीअर्स, हमारी टीम ज़िन्दाबाद। और उसे भी दाद दीजिए जिसने असलम की जेब काट रुपए निकाल लिए। भई, हॉकी भारतीय कला है तो जेब काटना भी तो भारतीय कला है।

कालिदास की उपमाओं से, महेश योगी के विचारों तक

प्राचीन समय की बात है, मध्यप्रदेश नामक राज्य में डॉ. कैलाशनाथ काटजू नामी एक मुख्यमन्त्री हुआ करते थे। यों तो वे धन्धे और अनुभव से अच्छे वकील और नेता थे पर जाने कैसे उन्हें संस्कृत और संस्कृति का बड़ा शौक़ था। उन्होंने अपने ज़माने में कालिदास समारोह चलाया, संस्कृत के नाटक खेले जाने लगे, विचार-विमर्श के लिए विद्वान बुलाए जाते और उस ज़माने में इस तरह की काफ़ी ऊँची बातें हुईं। वे उज्जैन में एक 'कृष्ण-सुदामा आश्रम' बनाने की भी सोच रहे थे कि इसी बीच बलिहारी राजनीति की, ये बिचारे संस्कृति के प्रेमी चुनाव में जनसंघ से हार गए। उनके काल में उन्नति के अभिलाषी और हवा देख कर ज्ञान बढ़ाने वाले राज्य के अफ़सर, विद्वान और नीम-विद्वान जन भी कालिदास का अध्ययन करते, श्लोक वग़ैरा रटते और अपनी योग्यता की हवा बाँधते। मध्यप्रदेश राज्य के इतिहास में वह एक ऐसा स्वर्णकाल था जब हर शाला से महाविद्यालय तक कालिदास जयन्ती मनाई जाती थी। डॉ. काटजू गए और बेचारे कालिदास भी उखड़ गए। उज्जैन का समारोह एक उर्स बनकर रह गया। ख़ानापूरी हो जानी है। फ़ाइल जीवित है, कालिदास मर गया!

उसके बाद तुलसीदास के अच्छे दिन आए। मध्यप्रदेश राज्य में एक शम्भुनाथ शुक्ल नामक वनमन्त्री हुआ करते थे, जिन्हें तुलसीदास की रामायण का शौक़ था। उस ज़माने में वन विभाग के अफ़सरों में तुलसीकृत रामायण पढ़ने का बड़ा उत्साह देखा गया। कालान्तर में जब वे वनमन्त्री राज्य के शिक्षा मन्त्री बने तब राज्य के सभी हिन्दी शिक्षकों, प्रोफ़ेसरों, हेडमास्टरों और शिक्षा विभाग के अफ़सरों में गोस्वामी तुलसीदास के प्रति गहरे आदर की सरकारी भावना-सी जाग्रत हुई और इतिहास साक्षी है कि मध्यप्रदेश राज्य में जितनी तुलसी जयन्तियाँ उस काल में मनीं, उतनी तुलसी जयन्तियाँ कभी नहीं मनीं।

कुछ काल बाद पंडित शुक्ल का दिल्लीवास हो गया और उनके साथ ही मध्यप्रदेश से तुलसी समारोह के वैचारिक सर्कस ने अपना तम्बू उठा लिया। और तभी

मध्यप्रदेश राज्य का त्रेतायुग समाप्त हुआ और सांस्कृतिक दृष्टि से हमने द्वापर युग में प्रवेश किया। पंडित द्वारकाप्रसाद मिश्र मुख्यमन्त्री बने जो 'कृष्णायन' के रचयिता हैं। उसके साथ ही कृष्ण काव्य की चर्चा आरम्भ हुई। अफ़सरों और विद्वानों ने रामायण फेंक कृष्णायन पढ़ना शुरू किया, गीता को समझने का यत्न किया। मध्यप्रदेश शासन साहित्य परिषद् ने तुलसी को भगाया और कृष्णकाव्य के विभिन्न पक्षों पर भाषण मालाएँ आयोजित कीं।

पंडित द्वारकाप्रसाद मिश्र की सत्ता जब श्री गोविन्दनारायण सिंह ने अपने पाकेटस्थ की तब से सांस्कृतिक दृष्टि से वैचारिक शून्यता रही। यों श्री सिंह अपने को पंडित रामचन्द्र शुक्ल का शिष्य कहते थे, पर उनकी मूल रुचि शिकार और टेनिस में रही। अफ़सरों ने उनकी रुचियाँ भाँपकर साहित्य को कचरा पेटी में फेंक दिया और वे बन्दूक, छर्रे और शिकार की बातें करने लगे। यहाँ तक कि ग़ालिब जैसे महान कवि का पूरा स्मृति-वर्ष सिर पर से गुज़र गया, मध्यप्रदेश शासन ने उसकी तरफ़ नज़र नहीं डाली। ग़ालिब बेचारा सिर पीटता रहा और मुख्यमन्त्री हिरण मारते रहे। कुछ साल पहले जब टैगोर का साल मना था तब कुछ बंगाली आई.ए.एस. अफ़सरान की व्यक्तिगत पहल से राज्य में महाकवि टैगोर की शान रह गई थी, मगर ग़ालिब बेचारे को न हम सुखन मिला न तरफ़दार (सरकारी क्षेत्र में)।

और अब पंडित श्यामाचरण शुक्ल का समय चल रहा है। वह भी क्या मुख्यमन्त्री, जिसका कोई सांस्कृतिक शग़ल न हो! किसी का कालिदास हुआ, किसी का कृष्ण, तो वर्तमान मुख्यमन्त्री क्या केवल राजनेता रहेंगे? राज्य के बड़े अफ़सर और विद्वान पिछले दिनों परेशान थे कि इस शख़्स के न कविता का शौक़, न शिकार का। किस जंज़ीर में बँधेगा मेरा भाई! चलिए समस्या सुलझी। हमारे मुख्यमन्त्री को महेश योगी मिल गए और 'ध्यानातीत योग' में शुक्ल जी को आत्मिक शान्ति मिली! महेश योगी इंटरनेशनल गुरु हैं, बीटलों को नचा चुके हैं मनमाफ़िक, तो पंडित शुक्ल कुछ भी नहीं। गुरु बने देर नहीं हुई कि गुरुदक्षिणा वसूल कर ली, यानी पचमढ़ी में सौ एकड़ ज़मीन! इन दिनों हमारे मुख्यमन्त्री को आत्मिक शान्ति की सख़्त ज़रूरत है। गुरु ठीक मौक़े पर मिला।

मगर इसी के साथ उन सभी लोगों की, जो डॉ. काटजू के ज़माने में कालिदास, बाद में तुलसीदास और कृष्णायन तथा उपरान्त टेनिस में रुचि लेने लगे थे, समस्या सुलझ गई। अब वे सब ध्यानातीत योग में ध्यान देने लगेंगे और महेश योगी के विचार पढ़ेंगे और सुनेंगे। कोई आश्चर्य नहीं, सरकारी अफ़सरों में 'आत्मा की शान्ति' का फ़ैशन हो जाए। यों महेश योगी का मज़ा यह है कि वे कहते हैं कि– जो करते हो, करते रहो, निषेध किसी बात का नहीं है, मगर लगे हाथ कुछ समय निकाल कर ज़रा योग भी कर लो, जिससे आत्मा को शान्ति मिले। चाहिए क्या और! नेता नेतागीरी करते रहें, अफ़सर अफ़सरी करते रहें और इंटरवल में थोड़ा

'ध्यानातीत योग' भी साध लें। इहलोक और परलोक दोनों दृष्टि से फ़ायदे की बात है!

निश्चित ही मध्यप्रदेश राज्य को आध्यात्मिक ऊँचाई प्राप्त होने वाली है। एक पिछड़े हुए राज्य के आत्मसन्तोष के लिए यह कितनी बड़ी बात है कि हम महेश योगी के सान्निध्य से आध्यात्मिक उच्चता स्पर्श कर रहे हैं। अतः अपने विकास के अभिलाषी भाइयो, तुम महेश योगी के विचारों के अध्ययन में डूब जाओ, योग को समझो क्योंकि वक़्त की यही माँग है। चिन्ता मत करो, इससे न बीअर की बोतलों की बिक्री कम होगी और न भ्रष्टाचार की दरों में गिरावट आएगी। राज्य के विचारको, चिन्तको, अफ़सरो, ज़रा योग पर ध्यान दो। बहुत भोगी रह लिये, अब योगी बनो, क्योंकि समय बदल रहा है। आज तो नया नारा यह है–'सब योगी बनो।'

कवि-सम्मेलन बोर था, रेडियो का क़ुसूर नहीं

आकाशवाणी से प्रसारित कवि-सम्मेलन से जो भाई लोग निराश हुए, उनके विषय में जान शब्दवीर* को गहरी निराशा हुई। बड़ी-बड़ी शिकायतें गली-मोहल्लों में की गईं, अख़बारों में लिखा गया और दबे-खुले प्रोड्यूसर और डायरेक्टर को गाली दी गई। इस मामले में शब्दवीर* रेडियो से पूरी सहानुभूति रखता है और यह स्पष्टीकरण प्रस्तुत करता है :

"भैया, हम क्या करें, हमने तो दिनकर, बच्चन को बुलाया था, अज्ञेय को बुलाया था, वे नहीं आए। उनको इसलिए बुलाया था कि यहाँ का कवि-सम्मेलन सफल हो जाता और उनको भी लाभ मिल जाता। उन बड़े कवियों की दिल्ली में भैया, बड़ी धाक है और हम जो कई सालों से प्रोड्यूसरी कर रहे हैं, अब हमको दिल्ली में बड़ी नौकरी की सख़्त ज़रूरत है। यहाँ हम इन कवियों से निवेदन करते, मक्खन मारते तो वे दिल्ली में हमारे वास्ते कोशिश करते। फिर हम उसके दम पर यहाँ डी. पी. मिश्रा और दिगर मन्त्रियों से कहते कि या मुझे अकादमी में बड़ी नौकरी दो, नहीं मैं तो चला। इसीलिए तो मुख्यमन्त्री को अध्यक्षता के लिए बोला था। सब मामला बिगड़ गया, साले आए नहीं। मेरा सब मामला चौपट कर दिया।

"दूसरी बात यह कि भैया, मार्च का आख़िर था, पैसा लेप्स हो रहा था, उसे बत्ती लगाना ज़रूरी था। कवि-सम्मेलन करके हम बजट फूँकना चाहते थे सो हमने किया। उसमें ग़लत क्या है? यह तो देश और साहित्य की सेवा साथ-साथ है।

"सारे कवि अच्छे नहीं थे, यह बात सच है पर हमारी नज़र में मध्यप्रदेश की बनने वाली अकादमी थी। उन लोगों को ही बुलाया गया जो मिश्रा जी के घनिष्ठ थे या असर करते थे। बाकी सब पुराने लोग थे जो राज्य के क्षेत्रों का प्रतिनिधित्व करते थे। उनको भी अकादमी से सम्बद्ध होना था। इन लोगों की मार्फ़त ही सब काम होता सो इनको इकट्ठा करना ज़रूरी था।

"फिर बात यह है भैया कि हमारी नीति है कि हम उनको ही बुलाते हैं जिनसे हमारे सम्बन्ध होते हैं या जो हमें मक्खन मारते हैं। अब यह दूसरी बात है कि वे अच्छे कवि नहीं हैं, तो इसमें बुलाने वालों का क्या कसूर? रेडियो की अपनी सीमाएँ

* शरद जी ने कुछ समय 'शब्दवीर' के नाम से भी लिखा था।

हैं, वहाँ पर अच्छी रचनाएँ पढ़ी नहीं जा सकती। वहाँ पर वे ही रचनाएँ पढ़ी जाती हैं जो बोर हों और यही हुआ भी।

"अपनी सफाई में हम एक बात और कहना चाहेंगे कि भैया, जब रेडियो पर कवि-सम्मेलन होता है तो जनता को यह मान लेना चाहिए कि यह बोर होगा। यह जानकर अफ़सोस हुआ कि जनता वहाँ बड़ी तादाद में आ गई। रेडियो के सभी साहित्यिक कार्यक्रम बोर होते हैं तो सिर्फ़ रेडियो कवि-सम्मेलन से क्यों नाराज़ी है?

"हमें यह जानकर भी अफ़सोस हुआ भाई कि यहाँ के अख़बार वालों ने उसके खिलाफ़ लिखा। हम सारे सम्पादकों और पत्रकारों को टॉक के लिए बुलाते हैं और पैसा बाँटते हैं। इसके बावजूद अख़बार वालों ने इसके खिलाफ़ लिख कर उस पवित्र आर्थिक सम्बन्ध पर आघात किया है जो रेडियो और अख़बारों के बीच होता है।

"यहाँ हम स्पष्ट कर दें कि भैया, हमारे यहाँ कार्यक्रम किस तरह के लोगों को दिया जाता है। वार्ताओं के लिए सबसे पहले मन्त्रिगण, दूसरे, बड़े साहित्यिक, जैसे नन्ददुलारे, सुमन या राजेश्वर गुरु, तीसरे, वे मक्खनबाज़ साहित्यकार जो हमारे घर चक्कर काटते हैं, सम्मान में झुके रहते हैं, चौथे, वे अख़बार वाले जिनसे गरज रहती है और पाँचवें, वे अफ़सर जिनसे काम निकालना है। जैसे बीबी को लेक्चरर बनाना हो तो शिक्षा सचिव को टॉक के लिए कॉन्टेक्ट भेजो। महिलाओं के कार्यक्रम में नियम यह है कि अफ़सरों की बीबियाँ, लड़कियाँ और वे काली-कजरारी आँखों वाली जो प्रोड्यूसरों के दिल की धड़कन बनी हों, बुलाई जाती हैं। बच्चों के कार्यक्रम में सिर्फ़ अफ़सरों व मन्त्रियों के बच्चे। ग्रामीण कार्यक्रम में छोटे अफ़सर और विधान सभा सदस्य व सदस्याएँ।

"भैया, यह है हमारी नीति। अब यदि कोई हमारे कार्यक्रम की बुराई करे तो भैया, सीलोन रेडियो सुनो, भोपाल क्यों सुनते हो। रेडियो तो हमारा नौकरी का माध्यम है, आपका नहीं। अभी हमारे एक प्रोड्यूसर ने समझदारी की और बराबर शिक्षा सचिव को, मन्त्रियों को टॉक के लिए बुलाया तो वह राज्य शासन में अफ़सर हो गया। हम भी होना चाहते हैं। और उसी अन्दाज़ से कार्यक्रम करते हैं। आशा है, अब स्थिति स्पष्ट हो गई होगी।"

शब्दवीर ने रेडियो की ओर से यह सफाई प्रस्तुत की है कि इस उम्मीद के साथ कि मुझे इस ख़िदमत के लिए भोपाल रेडियो स्टेशन वाले कार्यक्रम देंगे। मैं हर विषय पर लिख सकता हूँ। भारतीय दर्शन, बुद्ध जयन्ती से लेकर गोबर के सदुपयोग तक मैं लिख सकता हूँ। एक अफ़सर या बड़े अख़बार का सम्पादक पच्चीस रुपए की टॉक में पटता है मैं तो सिर्फ़ पन्द्रह रुपयों में पट सकता हूँ। मुझे आशा है कि रेडियो वाले मुझे बुलाएँगे। मैं गला फाड़कर कहता हूँ कि कवि-सम्मेलन सुन्दर था और सुन्दर था।

किशोर-सा दूसरा न होगा

किशोर कुमार की मस्ती और प्रकृति शायद ही कोई अपने व्यक्तित्व में दोहरा सकेगा। जैसा वह था, वैसा होने के लिए एक शरारती बचपन नाकाफ़ी है। उसके लिए धुनी होना भी ज़रूरी है। कुछ किसी-न-किसी बात में इतना समर्पित होकर ही कोई श्रेष्ठ हास्यकार बन सकता है। कॉलेज के दिनों से मेरा वह प्रिय गायक था। 'फंटूश' फ़िल्म का उसका गीत 'दुखी मन मेरे, सुन मेरा कहना' मैं अकेले में छुप-छुपकर गाता-गुनगुनाता था। उन दिनों नवकेतन समूह की फ़िल्में, सचिन देव बर्मन का संगीत, गुरुदत्त और विमल राय के निर्देशन के साथ किशोर कुमार के गाए गाने हमें फ़िल्मों की ओर आकर्षित करते थे। गीताबाली हमारी प्रिय अभिनेत्री हुआ करती थी। ग्वालियर में जब मैं दिनेश भटनागर के साथ रहता था, हम दोनों किशोर के गीत 'कुएँ में डूबकर मर जाना यार, तुम शादी मत करना' लगभग रोज़ ही ग्रामोफ़ोन पर सुनते थे। उसके बावजूद दिनेश ने शादी की, मैंने की और ख़ुद किशोर कुमार ने चार बार की। उन ही दिनों एक फ़िल्म आई थी 'मिस मैरी'। उसमें मैंने देखा कि इस अभिनेता की हर रग फड़कती रहती है, अभिनय के समय। उल्लास का अतिरेक इसे अपने बड़े भाई अशोक कुमार से अलग करता था। मज़ेदार बात यह थी कि वह पूरे आत्मविश्वास से अति करता था। यह गुण संसार के महान इंटरटेनर्स में होते हैं। मैंने 'चलती का नाम गाड़ी' तीन-चार बार देखी और 'पड़ोसन' में किशोर का अभिनय और उसका दह गाना 'बिन्दु रे बिन्दु, माथे के बिन्दु' पर तो मैं मुग्ध था। बहुत सालों बाद जब मैंने किशोर से कहा, " 'बिन्दु रे बिन्दु' में आपकी मस्ती कमाल की थी, तो उसने मुझे एक मज़ेदार बात बताई। किशोर ने कहा कि वह दरअसल एक लम्बा डायलॉग था जिसे उन लोगों ने वहाँ गाने की स्थिति महसूस कर गा लिया था।

गाते समय किशोर कुमार का हर अंग थिरकता रहता था मानो वह शरीर में लय उत्पन्न कर शब्दों को अर्थ दे रहा हो! लोकगायकों में यह गुण होता है, पर किशोर कुमार में हर बार विविधता रहती थी। यह सचमुच आश्चर्य की बात है कि लाखों श्रोताओं के सामने कलाबाज़ियाँ खाकर गाने वाला खंडवा का यह लड़का मूलतः बहुत शर्मीला था। क्रिश्चियन कॉलेज, इन्दौर के सीनियर छात्र और

किशोर कुमार के साथी बताते थे कि उन दिनों वह होस्टल में या सोशल गैदरिंग के मौक़े पर इसी शर्त पर गाने के लिए राज़ी होता था कि वह परदे के पीछे रहेगा, सामने नहीं आएगा। किशोर विंग्स में छुपकर गाता था और मंच पर कोई लड़का गाने का अभिनय करता था। यह जो प्रथा इन्दौर के कॉलेजों में चली आ रही है, वह किशोर कुमार की ही शुरू की हुई है। किशोर कुमार में यह शर्मीलापन बाद तक रहा। कुछ दिन पहले जब मैं उससे मिलने गया था, मुझे दरवाज़े पर विदा करते समय, मैंने देखा कि वह एकाएक छुप गया। मैंने पूछा, "आप छुप क्यों रहे हैं?" तो बोला, "बाहर लोग मुझे देख लेंगे।"

किशोर को शायद कॉलेज-स्कूल के ज़माने में दोहे, पद आदि ख़ूब याद थे। वह अच्छे-ख़ासे गानों के बीच उन्हें डाल देता था। वह किसी भी पंक्ति को गा सकता था। 'चलती का नाम गाड़ी' में उसका 'पाँच रुपैया बारह आना' गा देना इसका बढ़िया प्रमाण है। उसकी कोई राजनीतिक आकांक्षा नहीं थी। सरकारी लोग उसका सम्मान करते थे तो वह सुखद आश्चर्य में डूब जाता था। चैरिटी में गाकर वह अपनी समाज-सेवा की आकांक्षा पूरी कर लेता था। पैसों के मामले में वह बड़ा होशियार समझा जाता था, पर वह बहुत भोला भी था। उसे फ़िल्म वालों ने सैकड़ों बार गाने के बाद ऐसे चैक थमा दिए जो बाद में बैंक से लौट आए। वह डरा हुआ आदमी था। बदमाश फ़िल्मी लोग उसे हँसी-हँसी में बेवकूफ़ बना ठगना चाहते थे। वह सबसे घबराता था। वह खंडवा लौट जाना चाहता था। ख़ाली समय वह घर पर ही रहता था। अकसर ही वह अपना घर ठीक करवाया करता था। व्यर्थ की ध्वनियाँ उसे परेशान करती थीं। वह चला गया। हम उसे अपनी उदासी और मस्ती के दोनों क्षणों में याद करेंगे। उसकी याद हमें कुम्हलाएगी नहीं, उस-सा अब दूसरा न होगा।

हीरो की नियति

रचना अधूरी थी, कोई चार-पाँच पृष्ठ ही बने थे। मैंने उसे आगे लिखने का विचार लगभग छोड़ दिया था। तभी यह घटना हुई।

नई कॉलोनी के दुमंज़िला मकानों की पीली पाँत में बड़ी देर तक ठीक नम्बर खोजने के बाद मेरे हीरो जुगल ने कुमारी पन्त का दरवाज़ा खटखटाया। मकान खोजने की चकल्लस में वह काफ़ी थक चुका था, पर जैसे पुराने ज़माने में यात्रियों की प्यास कुएँ पर घड़ा भरती सुन्दरी को देख कर ही बुझ जाती थी, जुगल भी रुक्मा पन्त का नन्हा साइनबोर्ड देख फ्रेश हो गया। कुमारी रुक्मा पन्त, जैसा कि मैंने अपनी अधूरी कहानी में बयान किया था, असली हीरे का टुकड़ा थी। साधु-सन्त जब तपस्या ज़्यादा कर बैठते थे तब राजा इन्दर ऐसी ही किसी को जंगल में कत्थक करने भेजता था। अमृत का घड़ा राक्षसों से छीनने वाली शायद यही थी। इन्हीं ने पुराने ज़माने में हातिमताई को सात सवालों के लिए दुनिया में घुमाया था। आजकल भी पत्र-पत्रिकाओं के मुखपृष्ठ पर इनका चित्र छपता है। जिस साबुन की बट्टी को छू लेती हैं, सारा देश उससे नहा लेता है। तो इन्हीं रुक्मा पन्त के दरवाज़े पर जब मेरे हीरो जुगल (पूरा नाम नहीं लूँगा, नहीं तो पीटेगा) ने दरवाज़ा खटखटाया तब वह सद्यःमेकपा बाहर आई। मेरे हीरो ने उसे पहली बार देखा तो जो अनुभूति उसे हुई, वह अपने-आप में एक सुन्दर कविता और घटिया फ़िल्म का विषय है। वह वहीं क़ुर्बान गया और मुझे अधूरी रचना छोड़ने पर मन-ही-मन गाली देने लगा। अगर ऐसी हीरोइन हो तो कोई भी जवाँ मर्द कहानी छोड़ उपन्यास का हीरो बनना क़ुबूल करेगा।

''कहिए, आपकी तारीफ़?'' रुक्मा ने पूछा।

''मैं हूँ जुगल। आपने नाम सुना होगा। शरद जोशी की एक कहानी में मेरी शादी आपसे तय हुई है।'' वह मुस्कुराया और फिर शरमा गया।

''हाँ, मगर जहाँ तक मेरी जानकारी है, वह कहानी अधूरी है और मेरा आपसे कोई सम्बन्ध नहीं होता। तशरीफ़ रखिए।''

जुगल ने तुरन्त तशरीफ़ रख दी। वह कमरे के कोने में रखे कैक्टस की ओर देखने लगा, जिसका सम्बन्ध मेरी उस अधूरी कहानी के शीर्षक से था। फिर यों ही जैसे ख़ुद से ही बातें कर रहा हो, कहने लगा—"रुक्मा जी, मैं कई दिनों से आपको खोज रहा हूँ। काव्य की भाषा में कहूँ तो एक युग से संगिनी! शरद अगर कहानी पूरी कर देते... ।"

"देखिए, उस आदमी के कहानी पूरी कर देने से मेरे भविष्य का कोई सम्बन्ध नहीं। अगर वह पूरी भी कर देते तो सम्पादक उसे रिजेक्ट कर देता। मैं एक रिजेक्टेड कहानी की हीरोइन होने के बजाय एक अधूरी कहानी की हीरोइन होना पसन्द करूँगी।"

"आप ठीक कह रही हैं। पर मैं सोचता था कि यदि वे कहानी पूरी कर देते तो मैं उसमें ही आपसे मिलता, साथ रहता और इस अधूरेपन को पूर्णता मिलती। यदि स्वप्न में चुम्बन लेने पर होंठ नीले पड़ सकते हैं तो कहानी में विवाह हो जाने पर आप मेरी पत्नी क्यों नहीं हो सकतीं? यही सोचता आज आपके पास आ गया। जो बात कहानी में अधूरी रह गई, क्या जीवन में पूरी नहीं हो सकती?"

रुक्मा हँस दी।

"आप बिला-वजह सीरियस हो रहे हैं जुगल साहब। आपकी इसी भावुकता से शायद लेखक परेशान है और कहानी अधूरी। यों भी एक ऐसे युवक को जिसकी कोई नौकरी नहीं हो, जो बी.डी.ओ. के इंटरव्यू में असफल रहा हो, कहानी का हीरो बनाया नहीं जाना चाहिए। मगर आप बन गए तो ख़ैर, भूल जाइए। बेकार क्यों दुखी होते हैं?"

"आप तो क्लासिक पढ़ी हुई हैं, जानती हैं कि पैसा ही सब कुछ नहीं होता। पुराने उपन्यासों में प्रायः सेठ की लड़कियाँ स्कूल-मास्टरों के साथ ब्याह कर लेती थीं।"

"जुगल जी, ऐसी निरी भावुकता वाले उपन्यासों की ज़्यादा प्रतियाँ नहीं बिक सकीं। पैसा कुछ नहीं होता तो क्या हीरोइन की सुन्दरता ही सब कुछ होती है? मैंने पढ़ी हैं ऐसी किताबें और मैं उन्हें नापसन्द करती हूँ। एक फटेहाल आदमी के पीछे भटकने की आदर्शवादिता से मैं ऊब चुकी। भाड़ में जाए ऐसा हीरो जिसे नौकरी तक नहीं मिलती।"

"आप अप्रत्यक्ष रूप से मेरा अपमान कर रही हैं।"

"यानी मैं एक भारतीय एक्ट्रेस की तरह जिसे एक बार हीरो मान लूँ, ज़िन्दगी के आख़िरी सीन तक उसी के साथ गाती रहूँ? आख़िर क्यों? आप कोई फ़रिश्ता हैं? आप एक आदमी हैं, हाथ, पैर, आँखों और एक भूखी नरवस सिस्टम वाले, जिसे लड़की की तलाश है।"

"कब कहता हूँ कि मैं फ़रिश्ता हूँ? मनुष्य हूँ और इसलिए आपका घर तलाशता आपसे चर्चा करने आया हूँ।"

"क्या चर्चा करना चाहते हैं?" रुक्मा ने पूछा।

"शरद जोशी की कहानी जाने दीजिए भाड़ में। वह तो मुझे बी.डी.ओ. के लिए भी नाक़ाबिल मानता है। यह देखिए मेरा अपाइंटमेंट लेटर। मुझे इस कम्पनी ने एरिया ऑफ़िसर बनाया है। अभी मात्र आठ सौ देंगे, पर तीन साल बाद चौदह सौ, और बँगला। कहानी तो अब बनेगी। वह साला खाक समझता है।"

नियुक्ति-पत्र देख रुक्मा की उन यथावर्णित हिरनी-सी आँखों में चमक आ गई। उसकी रीढ़ की हड्डी में मधुर छायावादी कम्पन हुआ और पिया के संग जाने को पैर गुदगुदाने लगे। वही चमक, जो स्वयंवर से भाग पृथ्वीराज के घोड़े पर बैठते समय संयोगिता की आँखों में थी। वह ख़ुशी, जो सीज़र को पटा लेने के बाद मिस्र की रानी के चेहरे पर रही होगी।

"बहुत-बहुत बधाई जुगल! तुम गरम लोगे या ठंडा, मेरा मतलब चाय या शरबत?" रुक्मा चहकने लगी।

"तुम ख़ुश हो न रुक्मा!"

"मैं बहुत ख़ुश हूँ जुगल। अगर मास्टरों का वेतन इतना हो जाए तो सेठ की लड़की को ब्याह करने में क्या आपत्ति हो सकती है।"

"उस कहानी में..."

"अजी छोड़ो भी उसे। ये कथाकार बड़े अन-रिअलिस्ट होते हैं। वह तुम्हें समझ नहीं सका। तुम्हारी क्षमताओं और सम्भावनाओं का कितना ग़लत अनुमान लगाया उसने!"

जुगल ने भावविभोर हो रुक्मा की ओर देखा और एक परम्परागत हीरो की तरह हीरोइन के हाथ अपने हाथों में ले लिये।

उस दिन कॉफ़ी हाउस में जब मैं अपने तीन-चार लेखक मित्रों से घिरा नई कहानी के कुछ पक्षों को ले बहसबाज़ी कर रहा था, मैंने देखा कि रुक्मा पन्त और जुगल अन्दर आए और मुझे विश करते हुए कोने की टेबल की ओर बढ़ गए। जुगल नए सूट में था और रुक्मा बनारसी साड़ी धारे हुई थी। जुगल का सूट देख कर मेरी जान जल गई। कोई भी आधुनिक कथाकार इस युग में हीरो को अपने से अच्छी अवस्था में नहीं देख सकता। जुगल इस तरह से रुक्मा के साथ घूमे और मेरी रचना अधूरी पड़ी रहे, मुझे बहुत दुख हुआ। मैं एकाएक वह विषय ही भूल गया जिस पर बहस कर रहा था।

"यह है कथाकार की स्थिति। एक लड़की को देख सब कुछ भूल जाता है और बातें फाँकता है निस्संगता की, अलगाव की।" किसी ने कहा।

"यार, इन्हें देख मुझे अपनी एक अधूरी कहानी याद आ गई। यह छोकरा मेरा 'हीरो' है। तब बेकार भटकता था, आज बड़े ठाठ में है।"

''बेकार न होता तो आपका हीरो कैसे होता!'' कोई बोला। मैं हँस दिया और 'हाँ...मैं...क्या...कह...रहा...था' बोलता मैं फिर बहस पर आ गया।

बातचीत तो मैं कर रहा था पर रह-रहकर मेरा ध्यान जुगल और रुक्मा की ओर चला जाता था। वे जिस तरह घुल-मिलकर बातें कर रहे थे, मुग्ध भाव से एक-दूसरे को निहार रहे थे—मैं चकित था। जो कुछ मेरी आँखों के सामने चल रहा था, यदि यह यथार्थ है तो मुझे सचमुच अपने हीरो से रश्क है। एक क्षण को यदि इस कॉफ़ी हाउस में हम अपनी कुर्सियाँ बदल लेते तो मैं अभी, इसी वक़्त रुक्मा का हाथ पकड़ कहता—अगर जीवन में तुम मिल सकती हो तो मैं लेखक होने के बजाय एक ऐसा हीरो होना पसन्द करूँगा जो बी.डी.ओ. के पद के लिए अयोग्य करार दिया गया।

मैं मन के कोरे काग़ज़ पर व्यर्थ के पैराग्राफ़ लिखता ही रहा और वे दोनों कॉफ़ी हाउस से उठ कर बाहर चले गए। लगता था, जल्दी में हैं। तबीयत हुई, उनका पीछा करूँ, पर मन मसोस कर बैठ गया। आधुनिक लेखक आत्मा का डिटेक्टिव होता है, शरीर का नहीं।

और बहस चलती रही।

जुगल और रुक्मा तो कुछ दिनों नहीं दिखे पर मैं उनके विषय में लगातार सोचता रहा। ये दोनों मेरे लिए अलग इकाइयाँ हैं। कहानी में मैं उन्हें पास लाता और फिर दूर कर देता। नई कहानियों में हीरो की नियति यही है कि उसे हीरोइन नहीं मिलती; बल्कि प्रायः कहानी हीरोइन छूट जाने के बाद से ही आरम्भ होती है। मेरी कहानी में जुगल को अपना प्रेम रुक्मा भीख के रूप में देती और आगे बढ़ जाती। रुक्मा से मेरा परिचय है और कुछ दिनों मैं उसके पीछे पागल रहा हूँ। उसके पास शायद वे पत्र अभी भी सँभले रखे हों जो मैंने उसे पोस्ट किए थे। जुगल को मैं अलग से जानता था। हम एक होटल में खाना खाते थे और प्रायः वक़्त साथ ही बीतता था। मैंने उसकी बेकारी, निराशा देखी है। जुगल और रुक्मा परस्पर एक-दूसरे से कैसे परिचित हुए, मैं नहीं जानता। इस कहानी का प्रारम्भिक अंश जिसमें जुगल रुक्मा का मकान खोजने जाता है और मेरी अधूरी कहानी के सन्दर्भ में परिचय प्राप्त करता है, काल्पनिक है। मेरे मन में वे एक-दूसरे से सिर्फ़ एक कहानी के कारण ही मिलते हैं। यों जीवन में ये दोनों उसी सामान्य ढंग से मिले होंगे जिसमें एक टेरेलीन का सूट बनारसी साड़ी से मिलता है—किसी पार्टी में, क्लब में और तब से ये दोनों साथ हैं। कॉफ़ी हाउस में मैंने देखा था—रुक्मा बिल्कुल समर्पित मूड में है।

आज वे पत्र, जो मैंने रुक्मा को भेजे थे, मिलें तो उन्हें पढ़ कर ख़ूब हँसूँ। रुक्मा तब हँसती थी तो ग़लती नहीं करती थी। भावुकता का एक पूरा दौर ख़त्म होने के बाद मैं रुक्मा से दूर हट गया। मेरे लिए वह एक ऐसी लड़की की तस्वीर भर शेष

रही, जो नहीं झुकती, जो अपने में पूर्ण है और एक पॉकेटबुक की हीरोइन बनने योग्य है। तभी से कुछ लिखने की सोच रहा था पर नहीं लिख पाया। जुगल से मिला तो मुझे अचानक उसमें एक सुप्त हीरो नज़र आया, जो एक लड़की को पाने के लिए अपने-आपको शून्य के स्तर पर ला सकता है, जो रिरिया सकता है और ख़ुद को मिटाकर पति होना पसन्द कर सकता है, और इसके बावजूद वह असफल और निराश है। उन दिनों जुगल के सामने दो समस्याएँ थीं—एक नौकरी और दूसरी लड़की। कई बार वह इन दोनों समस्याओं के संयुक्त हल की कल्पना करता। वह सपने बुनता कि नौकरी कर कमाने वाली सुन्दर लड़की उसे पति बना लेती है। बड़ी जायदाद की वारिस, पाँच मंज़िल मकान की मालकिनें उसे सपनों में दिखतीं और दूसरे दिन वह सपना मुझे सुना भी देता। जुगल और रुक्मा का अध्ययन मैंने अलग-अलग दौर में किया था। लिखा तो कहानी अधूरी रह गई। हिन्दी के दुर्भाग्य!

आख़िरी बस निकल गई तो सोचा, अब पैदल ही घर लौट जाऊँ। कोई फर्लांग भर ही चला होऊँगा कि एक टैक्सी पास आकर रुक गई। किसी ने कहा—"ओ कथाकार, जोशी साहब, आ जाइए, घर छोड़ दूँ।"

मैंने देखा, टैक्सी की पिछली सीट पर बैठा जुगल मुझे बुला रहा था।

"क्यों बे, आजकल बहुत बड़ा आदमी हो गया!"

मैंने टैक्सी का दरवाज़ा खोला और अन्दर जा बैठा।

"क्या मतलब?"

"मिलता ही नहीं है। उस दिन कॉफ़ी हाउस में एक मिनट को..."

वह ठठाकर हँसा और फिर बोला—"तेरी तो जान जल गई मुझे रुक्मा के साथ देख कर न। तेरा वश चलता तो मुझे खा जाता।"

"नहीं, ऐसी बात बिल्कुल नहीं।" मैंने सफ़ाई-सी दी—"बात यह थी कि मैं सोच रहा था कि तुम दोनों मिल कैसे गए!"

"बस, ऐसे ही जैसे तेरी कहानियों में लड़के-लड़की मिल जाते हैं।" वह फिर ठठाकर हँसा।

मैं चुप हो गया। ऐसा लगा, जैसे यह जानता है कि मैंने इसे और रुक्मा को लेकर एक कहानी लिखी थी।

"मुझे हैरानी तो हुई पर साथ ही ख़ुशी भी। रुक्मा तुम्हारे लायक लड़की है। मैं उसे जानता हूँ।" मैंने कहा।

"कैसे जानता है?"

"ऐसे ही, जैसे कहानियों में एक लड़का..." मेरा घर पास आ रहा है। जुगल एकाध बार धीरे से बड़बड़ाया—"हीरो की नियति।" और चुप रह गया।

“यहाँ रोकना भाई।” मैंने टैक्सी वाले से कहा। मेरा घर आ गया था।

मैं टैक्सी से उतरा और दरवाज़ा बन्द कर बोला—“अच्छा, गुड नाइट प्यारे!”

“सुनो एक बात।”

“कहो।” मैं बन्द दरवाज़े से हाथ टिका खड़ा हो गया।

“सच कहना, उस कहानी का हीरो मैं ही हूँ?”

“हाँ तुम हो।”

“कहीं तुम तो नहीं?”

मैं चौंक गया। वह फिर बोला—“मैंने वे पत्र पढ़े हैं जो तुमने कभी रुक्मा को लिखे थे। रुक्मा ने मुझे बताया। उसने तुम्हें निराश किया, तुम उसे पा नहीं सके। हीरो की नियति। है न!”

मैं उसे देखता रह गया।

“गुड नाइट!” टैक्सी चली गई।

मैं घर लौट आया हूँ। ख़ाली कमरे को पार कर गैलरी में आकर खड़ा हो गया हूँ। इस समय रात है। मैंने पूरी कहानी-भर कहीं प्रकृति का वर्णन नहीं किया, अब करना चाहता हूँ, पाठक, क्षमा करें। प्रकृति-वर्णन की व्यर्थता समझते हुए भी जाने क्यों रह-रहकर यह सामने का यूक्लिप्टस का वृक्ष मुझे बाँध रहा है। यह पेड़ इस रात का हीरो है जिसकी नियति है यों ही हाथ-पैर फेंकना और अपनी ज़मीन में गिरफ़्तार रहना। हवा है, तारे हैं, चाँद है, और रात अधूरी है। अगर कुछ सम्पूर्ण है तो एक कहानी, जिसका हीरो और लेखक लुटा हुआ खड़ा है। कॉलोनी ख़ामोश है, सिवाय मेरे हाथों के कहीं कुछ हिलता-काँपता नहीं।

‘गम्भीर न बनो मेरे यार! यह तुम्हारी प्रकृति नहीं। जो नियति रिजेक्टेड बी.डी.ओ. की होती है, वही लिख कर तीस-चालीस रुपल्ली पाने वाले लेखक की। दफ़्तरों में तुम्हारे आवेदन सड़ रहे हैं, लड़कियों के यहाँ प्रेम-पत्र।’ मैंने ख़ुद को सलाह दी और कमरे में आ गया। पेन्सिल उठा कर दीवार पर लिखा—दर्द में जी। कहानी बना। पोस्ट कर।...

सुराही से एक गिलास पानी निकाल यों पी रहा हूँ, जैसे बीयर हो और पीने वाला कोई और हो!

पुनश्चः कोई ग़लतफ़हमी न रहे, इसलिए बता दूँ कि वह कैक्टस जिसका सम्बन्ध मेरी अधूरी कहानी के शीर्षक से था और जिसका सन्दर्भ इस कहानी में आया है, रुक्मा पन्त के नहीं, मेरे कमरे के हैं।

साहित्य-गोष्ठी में पुलिस वाला

नगर के साहित्यिक जीवन के हरे-भरे लॉन पर तीन कहानियों और दो स्केच के बलबूते पर वे रूमाल बिछाकर बैठ गए तो हम सबको ख़ुशी हुई कि चलो, एक आदमी और जाति में आ मिला। पत्रकारों में से साहित्यिक बनते, मास्टरों में कवि उभरते हमने कई बार देखा था पर ख़ाकी वर्दी में अपनी अनुभूतियों वाले मन को ढके एक सब-इंस्पेक्टर पुलिस जब कथा-कहानी की क्यारी में बेंत हिलाता चक्कर लगाने लगा तो शुरू में हम कुछ डरे, पर बाद में—पुलिस वाला भी आख़िर मनुष्य है—इस दर्शन का विकास कर उनसे मिलने-जुलने लगे। उन दिनों में हमारे इस नगर के नए-नए कवियों और कहानीकारों में इस बात की बड़ी ज़िद थी कि जल्दी-से-जल्दी हर जन अपनी पगडंडी तय करे। कुछ लोग मुलेठी चबा-चबाकर गीतकार बन रहे थे और कवि-सम्मेलनों में उनकी प्रतिभा का नया दीया टिमटिमाने लग गया था, कुछ लोग कॉफ़ी हाउस में बैठे प्रयोगवाद की बात करते और कुछ भी आड़ा-टेढ़ा लिखते रहे। कहानीकारों के भी दो दल थे, एक मज़दूर-बस्ती में हाँकता फिरता था और दूसरा शाम को गर्ल्स हॉस्टल की तरफ़ घूमने जाता। यों मिलते रहते पर विशेष चर्चा होती थी रविवार की सबेरे वाली गोष्ठी में। गोष्ठियाँ बड़ी सफल होती थीं, काफ़ी साहित्यिक-असाहित्यिक आ जुटते थे। कुमारी वासन्ती चौधरी के सौन्दर्य का असर!

तब यदि कोई नया कवि या कहानीकार आ जाता और लम्बे-लम्बे पन्ने फैलाए प्रेमकथा बाँचने बैठ जाता तो काफ़ी देर तक हम लोग बैठे यही सोचते रहते कि यह वास्तव में उदीयमान लेखक है या यों ही वासन्ती चौधरी के रूप पर रीझ कहीं से आ उसे प्रभावित कर रहा है? कोई माने या न माने, सुन्दर लड़की कहानी-कविता पर ही नहीं, आलोचना पर भी गहरा असर डालती है। वासन्ती चौधरी के पँखुरी-जैसे होंठ साहित्य की कसौटी बन गए थे। वासन्ती को हँसी आ जाए, वह हास्य रस और जिसे सुन वह रुआँसी हो जाए, वह करुण रस। रचना सुनने वाले उसकी दो आँखों में अपना कैरियर देखते थे। वे प्रभावित हो जाएँ तो देवी सरस्वती सर्टीफिकेट इश्यू कर देंगी, यह पूरा विश्वास था।

पर वर्मा जी जब पहली बार अपनी पुलिस वाली पोशाक में आए तो हैट एक तरफ़ रख कालीन के कोने पर बैठ गए। तब यह बिल्कुल नहीं लग रहा था कि

वासन्ती चौधरी को प्रभावित करने आए हैं, बल्कि मुझे यह डर था कि गोष्ठी के बाद ये कुछ गिरफ़्तारियाँ करेंगे। कुछ समय बाद जब उन्होंने कहा कि वे एक कहानी सुनाना चाहते हैं तो सब ओर से 'अवश्य-अवश्य' की आवाज़ें आईं और पैंट की जेब से कुछ काग़ज़ात निकाल वे किसी मुसम्मात के साथ गुंडे की हरकतें और बाद के गुंडे के हृदय-परिवर्तन हो नेक बन जाने और शादी हो जाने का क़िस्सा बयान करने लगे। हम लोगों को हँसी आ रही थी उनकी पुलिस वाली धज और उर्दू-अंग्रेज़ी मिश्रित अजीब भाषा सुन कर। वासन्ती चौधरी कहानी ख़त्म होने पर व्यंग्य से मुस्कुराई और खिड़की के बाहर देखने लगीं एकटक, जैसे हर दूर आकाश से कोई वार्तालापों से सजा-सँवरा कहानी का प्लाट उतर कर उनके दिमाग़ में आ रहा हो!

वर्मा जी ने रूमाल से पसीना पोंछा और कहानी पर हम सबकी राय माँगी। मुझमें इतनी शराफ़त है कि नए लेखक की आरम्भिक रचना की कभी बुराई नहीं करता हूँ, पर कुछ मित्रों के मन में बैठा आलोचक वासन्ती चौधरी के रूप देख कर जाग गया था, सो चर्चा चलने लगी।

''अन्त आदर्शवादी है, बनावटी लगता है।''

''ऐसा होता नहीं कहीं।''

''भाषा बड़ी गड़बड़ है, पढ़ने वाले को नहीं जमेगी।''

''प्रारम्भ ठीक है, पर अन्त कुछ सिनेमा की तरह हो गया।''

''ठीक है। पहली रचना है शायद आपकी। और लिखिए।''

मैं देख रहा था, वर्मा जी ने फिर रूमाल से पसीना पोंछा। सारे आलोचकों को घूर-घूरकर उन्होंने देखा। शायद तबीयत हुई, लाठी चार्ज करवा दूँ। कुछ क्षणों के बाद वासन्ती चौधरी धीरे से बोलीं—''अत्यन्त साधारण कहानी है, बल्कि कहानी है ही नहीं। जब तक अध्ययन न हो...!'' और इसके पूर्व कि वे वाक्य पूरा करतीं, वर्मा जी कड़क आवाज़ में बोले—''क्या कहा आपने, यह कहानी नहीं है?''

''जी, मुझे तो नहीं लगती,'' वासन्ती ने आँखें चौड़ी करके कहा।

''मैंने अपनी आँखों से यह घटना देखी है और लिखा है। आपको समझ नहीं है।''

''देखिए वर्मा जी, नाराज़ न होइए,'' किसी ने तब कहा।

''जनाब, मैं लिपस्टिक छाप रचनाएँ नहीं लिख सकता। मैं डंडा छाप लिखता हूँ। मैंने जितनी किताबें पढ़ी हैं, इन कुमारी जी ने उतनी देखी भी नहीं होंगी। यह इसे कहानी नहीं मानतीं!''

''पुलिस वालों के लिए पढ़ना कब से अनिवार्य हो गया?'' वसन्ती ने उद्दंडता से प्रश्न किया।

''जब से नासमझ लड़कियाँ आलोचना करने लगीं,'' वे बोले।

सबको हँसी आ गई। गोष्ठी के संयोजक ने हल्ला-गुल्ला बन्द करवाया और एक लम्बा-सा भाषण दे डाला, जिसका सार यह था कि साहित्य चर्चा टु द पाइंट होनी चाहिए, कभी विषय से कूद कर व्यक्ति पर नहीं आना चाहिए और वर्मा जी से हिन्दी साहित्य को बड़ी-बड़ी आशाएँ हैं।

बात आई-गई हो गई, पर वर्मा के मन में यह तीर-सी बात चुभी रही कि वासन्ती चौधरी नामक यह शरीर लड़की (सुन्दर लड़की) उसे साहित्यकार नहीं मानती और उसकी रचना को कचरा समझती है। मुझे वे प्रायः मिल जाते और कहते—"यार, वह लौंडिया बड़ी बदतमीज़ है।" एक दिन मुझे पूछने लगे, "वासन्ती आख़िर ख़ुद क्या लिखती है?"

"गद्य काव्य लिखती है। महादेवी वर्मा टाइप गीत लिखती है," मैंने कहा।

वे खिलखिलाकर हँसे और अपने ख़ाकी पैंट पर डंडा मारते हुए बोले—"इन लड़कियों को सिर्फ़ लव लेटर लिखना चाहिए। कहानी-कविता में बेकार घुसती हैं ये लोग।"

"लव लेटर भी लिखेंगी तो आपको थोड़े लिखेंगी।"

"क्यों साहब, हमें क्यों नहीं लिखेंगी?" बारीक मूँछों पर उन्होंने अँगुलियाँ फेरीं और एक विशेष कोण से मुझे देखने लगे।

"आपको वह साहित्यिक नहीं मानती। पुलिस वाले में क्या प्रेम और क्या कविता!"

"आपने देखा जनाब, एक दिन यही लड़की, क्या नाम है इसका—वासन्ती चौधरी, मेरी क़लम का लोहा मान जाएगी।"

"थाने पर बुलवा के मनवाएँगे उससे यह बात?"

"थाने पर नहीं, साहित्य-गोष्ठी में मानेगी। अभी मेरी क़लम के चमत्कार सामने आए कहाँ हैं!"

"मनवा के छोड़िएगा उससे?"

"बिल्कुल। मैंने ऐसी बहुत लड़कियाँ देखी हैं। अगले रविवार को और सुनिए मुझसे एक कहानी।"

"ज़रूर! उस कहानी का अन्त भी हीरो-हीरोइन की शादी से करवाइए।"

"शादी से? अजी, दो-चार बच्चों के जन्म से करवाऊँगा अन्त उसका।" साइकिल पर पैडल मार वे बढ़ लिए मुझे आदाबअर्ज़ करते।

इधर वासन्ती चौधरी कॉलेज में मिलतीं तो कहतीं—"देखिए भाई साहब, ऐसे नहीं चलेगा। साहित्य-गोष्ठी कोई हाट-बाज़ार तो नहीं है कि सब अपना माल बेचने आ जाएँ। कैसे-कैसे बोर लोग आ जाते हैं!"

"आपका मतलब वर्मा सब-इंस्पेक्टर से है?"

"और नहीं तो क्या! अब वो पुलिस का नाम छोड़ साहित्य में क्यों घुसते हैं?"

"मिस चौधरी, पुलिस की तो नौकरी है। सब-इंस्पेक्टर के दिल में भी कालिदास का वास हो, क्या आश्चर्य?"

"बेकार बात है जी! हर कोई थोड़े कवि हो सकता है।"

"अब उन्हें आने से तो नहीं रोक सकते," मैंने कहा।

"क्यों, पुलिस वाले से डर लगता है?"

"बहुत डर लगता है, हम ग़रीब आदमी।"

वे दुपट्टा सिर पर डालती मुँह बिचकाती चली गईं।

दूसरी गोष्ठी में समय से पन्द्रह मिनट पूर्व सब-इंस्पेक्टर वर्मा जी ने अपनी हाज़िरी की रिपोर्ट संयोजक साहब को दी और एक फ़ाइल में नत्थी किए हुए कहानी के काग़ज़ात पेश करते हुए बताया कि आज वे कहानी पढ़ेंगे।

वासन्ती चौधरी देर से आईं और फलस्वरूप गोष्ठी भी देर से प्रारम्भ हुई। संयोजक ने शायद सोचा कि बोरियत पहले छँट जाए इसलिए वर्मा जी से पहले कहानी पढ़ने के लिए कहा। वासन्ती धीरे से मुस्कुराईं और खाँसने के बाद वर्मा ने कहानी शुरू की, जो कुछ इस तरह की थी कि एक मुसम्मात को, जो ख़ूबसूरत और बेवा थी, अर्जी दाख़िल करने कोर्ट जाना पड़ा जहाँ मुंशी जी ने उससे रिश्वत माँगी। बेवा पैसे वाली थी और पाँच रुपया देना उसे क़ुबूल हुआ पर इसी बीच हीरो आ गया और रिश्वत की बुरी आदत पर उसने मुंशी जी को एक लेक्चर दे दिया और मुसम्मात से कहा कि आप इसे रिश्वत न दें। उसी से दोनों की बातचीत का सिलसिला बढ़ा और हीरो ने अपने कोर्ट में आने का मक़सद खोलते हुए कहा कि उस पर इल्ज़ाम चोरी दफा चार सौ बीस लगा है, जो झूठा है। यह ग़रीब है और मुसीबत का मारा है। बेवा मुसम्मात के दिल में उस आवारा शहज़ादे के लिए, जिसे समाज घृणा की निगाह से देखता है, प्रेम और ममता की भावना उमड़ आई और उसने बटुए से पैसे निकाल तुरन्त बढ़िया वकील हीरो की मदद के लिए बुलाया। इजलास की बेंच पर बैठी कठघरे में बन्द प्रेमी के लम्बे-लम्बे डायलॉग वह सुनती रही और जैसा कि होता था, दूध-का-दूध, पानी-का-पानी हुआ, हीरो बाइज़्ज़त बरी किया गया। कुछ दिन बाद लोग-बाग अख़बार उठाके क्या देखते हैं कि बेवा मुसम्मात ने, जिसके पास काफ़ी पैसा था, उस ग़रीब इंसान से शादी कर ली जिसे समाज घृणा से देखता था।

कहानी लम्बी थी, हम सब चुपचाप सुनते रहे। कहानी पढ़ कर वर्मा ने रूमाल से पसीना पोंछा और चारों ओर गर्व से देखा, जैसे कह रहा हो—मानते हो मुझे कहानी लेखक?

सबने मत दिए—अलग-अलग।

"अच्छी कहानी है मगर लम्बी हो गई," एक ने कहा।

"प्लाट ही लम्बा है, मैं क्या करूँ," वर्मा ने तड़ से उत्तर दिया।

"आदर्शवादी कहानी है।"

"मैं साहित्य में आदर्शवाद का हामी हूँ," वे बोले।

"भाषा उर्दू है।"

"कोर्ट-कचहरी की यही भाषा है," वे बोले।

"इस कहानी से आपका उद्देश्य क्या है, बताएँगे वर्मा जी?"

"गुदड़ी में भी लाल रहते हैं। बेवा के भी दिल होता है। जिसे समाज चोर समझता है, वे दरअसल चोर नहीं होते। रिश्वत बुरी चीज़ है।" उन्होंने जैसे रटा-रटाया उत्तर दिया।

मैंने देखा, अपने हिसाब से सब-इंस्पेक्टर महोदय बिल्कुल लैस होकर आए थे। उत्तर का तमंचा उनकी बग़ल में था। किसी ने प्रश्न किया कि तड़ से गोली दाग़ देते। थोड़ी देर की उनकी फायरिंग ने सब तरफ़ शान्ति स्थापित कर दी। आख़िरी तोप के रूप में थी कुमारी वासन्ती चौधरी जिसकी ओर सब देख रहे थे।

संयोजक ने पूछा—"आपकी क्या राय है, इस कहानी पर चौधरीजी?"

"कोई आवश्यक तो नहीं कि हर कहानी पर राय दी ही जाए।" वासन्ती ने टका-सा जवाब दिया और सब जगह वर्मा के प्रति नाराज़ी के स्थायी भाव की जानकारी हो गई।

गोष्ठी के बाद वे हम लोगों को कॉफ़ी हाउस में ले गए और इतना खिलाया और ऐसी बढ़िया कॉफ़ी पिलाई कि सबने स्वीकार कर लिया कि वर्मा जी की कहानी बहुत सुन्दर है और कुमारी वासन्ती को साहित्य की, विशेषकर कहानी की विधा के सम्बन्ध में कोई समझ नहीं।

"यार, आज वो मेरी कहानी पर कुछ बोली नहीं।"

"क्या बोलती वर्मा साब, आपका रौब खाती है।"

"नहीं, मुझसे कुछ चहकी हुई है। बड़ी गुस्ताख़ है।"

"अभी आपको पहचाना नहीं है। पहचान लेगी तब रुख़ बदल जाएगा।"

"सच कहते हो! भई, मुझसे भी ग़लती हो गई। पिछली गोष्ठी में मैं वर्दी पहने चला आया, मुझे कुर्ते-पाजामे में आना चाहिए था।"

"जी हाँ, कुर्ते-पाजामे में आप साहित्यिक लगते और यह झगड़ा ही खड़ा नहीं होता।"

उस दिन हमने वासन्ती चौधरी के रजिस्टर में एक और प्रेमी का नाम लिखा : बृजेन्द्र नारायण वर्मा, सब-इंस्पेक्टर पुलिस, सदर कोतवाली और मीडियम ऑफ़ एप्रोच—साहित्य।

कॉलेज में वासन्ती चौधरी मिलीं तो हम लोग घुमा-फिराकर सब-इंस्पेक्टर वर्मा की बात ले आए।

"वासन्ती जी, आपने उसकी कहानी पर राय नहीं दी। टाल गईं बात?"

"मेरी समझ में नहीं आता कि आख़िर पुलिस वाला क्यों अपने को कहानीकार समझे है? उसे लिखना नहीं आता तो क्यों लिखता है?"

"आप अकारण क्रोध करती हैं बेचारे पर। अच्छा-ख़ासा लेखक है, अपनी समझ से कहानी लिखता है। धीरे-धीरे अच्छी कहानी लिखने लग जाएगा।"

"ख़ाक़ लिखेंगे वे कहानी। मैं शर्त बदकर कह सकती हूँ कि वह आदमी कभी ज़िन्दगी-भर कहानी लेखक नहीं हो सकता।" वह बड़े जोश से बोल गईं।

"देखते हैं।"

"देख लीजिए।"

उस दिन की बात ख़त्म हो गई पर अजीब-सा तनाव आ गया। हम लोग प्रायः सोचते रहते कि इस प्रतियोगिता में कौन जीतेगा। इधर वर्मा ने कहानियाँ लिख़ने के लिए एक माह की छुट्टी ले ली और जब वे मिलते, चार-छह नई लिखी कहानियों की चर्चा करते। स्थानीय दैनिक के साहित्य संस्करण में उनकी वे कहानियाँ छप भी गईं। देखते-देखते नगर के साहित्य गगन पर धूमकेतु की तरह वर्मा जी छा गए। उनकी लिखी कहानियाँ अगर सुनी जाएँ तो साहित्य-गोष्ठी का माह भर के लिए दैनिक रूप से आयोजन आवश्यक था। रह-रहकर सोचते कि देखो, प्रेम का दीया थाने की कोठरियों को कैसा प्रकाशित कर रहा है कि सब ओर कहानियाँ-ही-कहानियाँ दिखने लगीं दरोगा जी को।

घटना ने नया मोड़ लिया और कथानक के सारे सूत्र साहित्य-गोष्ठी से उठ कर सदर कोतवाली और सिविल लाइंस की ओर चले गए। उस रात वासन्ती चौधरी के घर पाँच सौ रुपए की चोरी करने जो चोर आए थे, वे तो आकर चले गए पर उस सम्बन्ध में तफ़तीश करने सब-इंस्पेक्टर वर्मा जो चौधरी जी के यहाँ जाने लगे थे, वे जाते ही रहे। जिस फुर्ती से आठ रोज़ में वर्मा जी ने चोरी का पता लगाया और मुलज़िम को मय माल पकड़ा, वह पुलिस के और प्रेम के इतिहास में अविस्मरणीय घटना है। वासन्ती चौधरी ने इस बार उनके रोब को मान लिया और वर्मा जी के शब्दों में कहा जाए तो—"जनाब, बहुत अपने को होशियार लगाती थी, इस बार मान गई कि मैं भी बढ़िया लेखक हूँ।"

"आपने क्या उसे थाने में बन्द कर कहानी सुनाई?"

"अजी नहीं। चोरी वाले मामले में हमने मुलज़िम पकड़ कर बता दिया। उसने और उसके बाप ने मेरा आभार माना है।"

"तो इससे यह कैसे सिद्ध हुआ कि आप अच्छे लेखक हैं?"

"तुम औरत की सायकोलॉजी नहीं समझते। अगर वह आदमी पसन्द कर ले तो उसकी कहानी भी पसन्द करेगी, उसकी पोशाक भी पसन्द करेगी। उसकी हर हरकत पसन्द करेगी।"

"तो आप पसन्द आ गए वासन्ती चौधरी को?"

वे कुछ सोचने लगे, फिर बोले—''पूरी तरह से कह नहीं सकते, पर अब वह नाराज़ी नहीं रही जो पहले थी।''

वर्मा जी के इस कथन की पूरी जाँच करने के लिए हमने फिर साहित्य-गोष्ठी का आयोजन किया। इस बार वर्मा जी ने जो कहानी पढ़ी, उसे वे ही समझते हैं। जाने क्या-क्या बातें गुँथी थीं और अन्त कुछ ऐसा था कि हीरो आज भी ज़िन्दा है, हीरोइन आज भी ज़िन्दा है और वे चाहे दूर-दूर हों पर एक-दूसरे की याद उनकी आँखों में आँसू ला देती है। स्पष्ट था कि वर्मा के हृदय-गमले में वासन्ती के प्रेम का जो पौधा था, उसने जड़ें गहरी पकड़ी हैं। कहानी में हीरो जो हीरोइन की याद में रो रहा था, उसका कारण वर्मा जी की यही कल्पना थी कि वे वासन्ती से बिछड़ गए हैं और न वह इन्हें भूल पाती है और न उसे आप।

कहानी पढ़ने के बाद उस पर चर्चा हुई और हम सब लोगों ने पूर्व निर्णय के अनुसार उस कहानी की बड़ी प्रशंसा की। किसी ने कहा कि यों तो हिन्दी में कहानी के नाम पर बड़ा कचरा लिखा जा रहा है पर जो ताज़गी वर्मा भाई की कहानी में है, वह और कहीं नहीं। योगेन्द्र भाई ने फ्रांस के एक लेखक से वर्मा जी की कहानी की तुलना कर दी। जब अच्छा वातावरण बन गया तब संयोजक महोदय वासन्ती चौधरी की ओर उन्मुख हुए। वे आधे मिनट सोचती रहीं और कड़े स्वरों में बोलीं—''मेरी समझ में कहानी ज़रा भी नहीं आई। बड़ी उलझन है इसमें। वर्मा जी ने इसे दुखान्त बना कर समझा है, प्रभाव बढ़ जाएगा, पर हो उलटा गया। यह कहानी ही नहीं रही।''

आहा! उनके पँखुरी जैसे होंठों को साहित्य का निकष जिन्होंने माना था, वे धन्य हैं।

वर्मा उस रोज़ बड़े क्रोधित रहे। गोष्ठी के बाद बोले नहीं। हमें कॉफ़ी भी नहीं पिलाई। उनका वश चलता तो वासन्ती को हवालात में डाल देते और साहित्य-गोष्ठी पर बैन लगवा देते।

हमें कुछ नहीं पता आगे। कहते हैं, वासन्ती ने वर्मा को लम्बी चिट्‌ठी लिखी। कुछ कहते हैं, वर्मा वासन्ती के घर जाकर ख़ूब रोए। परिणाम यह हुआ कि एकाएक हृदय-परिवर्तन हो गया। वे मैटिनी शो में साथ-साथ जाते देखे गए। सिटी बस में कई बार उन्हें पास-पास बैठे देखा गया। शाम के अँधेरे में घने पेड़ के नीचे वे बातें कर रहे थे, ऐसी भी अफ़वाह थी। मैंने वर्मा को रास्ते में रोक कर पूछा—''कहिए वर्मा जी, आजकल क्या सीधे वासन्ती जी के घर जाकर कहानी सुना आते हैं?''

वे हँसे—''अजी मनवाकर रहूँगा कि मैं अच्छा लेखक हूँ।''

उस रोज़ जब यह ख़बर मिली कि सब-इंस्पेक्टर वर्मा और वासन्ती विवाह कर रहे हैं तो पहले हमें आदत के अनुसार घटना के इस आदर्शवादी अन्त पर विश्वास नहीं हुआ। जब विश्वास हुआ तो हम सब कॉफ़ी हाउस से उठ कर सीधे सदर

कोतवाली गए और वर्मा जी को बधाई दी, इसलिए कि वे हिन्दी के अच्छे कथाकार सिद्ध हुए।

पुलिस वालों, पत्रकारों, लेखकों और प्रोफ़ेसरों का जो जमघट विवाह के रोज़ था, वह हमें कभी नहीं भूलेगा। विवाह के बाद जब दुल्हन के रूप में खड़ी वासन्ती को घेर हमने पूछा—"कहिए, अब तो आप वर्मा जी को अच्छा कहानीकार मानेंगी?"

पहले लेखक थे, न आगे लेखक रहेंगे। तब भी उन्होंने अच्छी कहानी नहीं लिखी और आगे भी लिख नहीं सकते।" वासन्ती ने कड़क कर कहा—"यह आदमी ज़िन्दगी-भर कहानीकार नहीं हो सकता।"

तब वर्मा वासन्ती के वक्तव्य पर ठहाका मार कर हँसे थे, क्योंकि वे समझते थे कि वासन्ती उन्हें मन-ही-मन में बहुत बड़ा कहानीकार मानती है और कहानी की सबसे ऊँची सीढ़ी पर बिठा उनकी पूजा करती है, पर अब वे हँस नहीं सकते। बाद के वर्षों में हमने सब-इंस्पेक्टर वर्मा को डी.एस.पी. बनते देखा, नए-नए तमगे लटकाए देखा, बाज़ार में साड़ियाँ ख़रीदते देखा, प्रसूतिगृह के बाहर थरमस लेकर खड़े देखा, मुसम्मात से रिश्वत लेते देखा। लेकिन वे कभी कहानी के बाबत रँगे काग़ज़ों को एक फ़ाइल में नत्थी किए साहित्य-गोष्ठी में दाखिल नहीं हुए, न उन्होंने कभी कुछ लिखा। वासन्ती अब काफ़ी मुटा गई हैं। ऊपर से नीचे तक जेवरों से लदी हुई जब वे भारी-भरकम बाँह उठा कर कहती हैं—'नमस्ते भाई साहब,' तो हमें आदर्शवादी कहानियों के प्लाट सूझने लगते हैं। इनके पँखुरी-से होंठ...आह!

चक्रवर्ती गीतों का अर्थशास्त्र

कंगन, मेहँदी, पायल, आँगन, चाँद, चमेली, श्मशान, हरसिंगार, सिन्दूर, शाम, तस्वीर, प्यार, बहार, कारवाँ, अरमान, होली, हथेली, द्वार, गागर, सागर, नाव, खिवैया, कली, गली और प्रतीक्षा जैसे कोमल और ख़ुशबूदार शब्दों से इधर अपना साबका नहीं पड़ता। दस-ग्यारह वर्ष हुए, इन्हें डिपोज़िट करवा दिया था तो बाद में इश्यू कराने का काम ही नहीं पड़ा। धरे-धरे सड़ गए और फफूँद लग गई। फफूँद शब्द एक बार काम आया था पर जिन पर फफूँद लगी, वे शब्द काम नहीं आए। निरंजन जी अक्सर कहते हैं—यार, ये तुम कहाँ गद्य में फँस गए, इधर रहते तो आज क्या-से-क्या हो जाते, कह नहीं सकता। क्या-से-क्या बड़ा मज़ेदार मुहावरा है। वास्तविक अतीत से एक काल्पनिक वर्तमान को जोड़ने वाला जिसे पूरी तौर से समझने के लिए दिमाग़ पर ज़ोर लगाना पड़ता है। मैं लगाता हूँ और डूब-सा जाता हूँ। चाँदनी, झरोखा और गुलाब जैसे शब्द मुझे याद आने लगते हैं, जो किसी ज़माने में चिल्लर की तरह पॉकेट में पड़े रहते थे। जब चाहा, निकाल कर उछाल दिया।

निरंजन जी कहते हैं कि तुममें प्रतिभा थी, कंठ मधुर था और तुम जम सकते थे। उनकी बात में दम है। आज तक वे ख़ुद सिर्फ़ मधुर कंठ के कारण जमे हुए हैं। प्रतिभा उनके मामले में प्रारम्भ से ही बहस का विषय रही है, सो एक ग़ैरज़रूरी-सी बात है। निरंजन जी को आज कौन नहीं जानता! जयपुर से मथुरा, वहाँ से बुलन्दशहर एक रात ठहर दूसरे दिन दतिया से चले इन्दौर और अब परेशान कि कानपुर जाएँ या अजमेर क्योंकि एक ही तारीख़ें पड़ गई हैं। अजमेर वाले दो फर्स्ट क्लास और दो सौ रुपए दे रहे हैं पर कानपुर वाले पिछले तीन साल से बुला रहे हैं। फिर उन्हें बम्बई भी जाना है। बस में घूमते रहते हैं। सो मुझसे जब वे कहते हैं कि यार, तुम कहाँ गद्य में फँस गए तो मेरी हालत उस पुराने हॉकी-खिलाड़ी की तरह हो जाती है, जो हाईस्कूल तक ग़ज़ब का खेलता था पर बाद में क्लर्क हो गया, शादी कर ली, सो नहीं खेल सका और वह मिल जाए अपने उस साथी से जो हाईस्कूल के बाद भी खेलता रहा और बढ़ते-बढ़ते इतना बढ़ा कि आज ओलम्पिक में जा रहा है और जाने के पहले अपने शहर आया है, माँ और मित्रों से मिलने, और तब वह कहे कि यार, क्या तुमने खेलना छोड़ दिया, कैसा बढ़िया गोल रोकते थे, आज अगर खेलते

रहते तो कहाँ-से-कहाँ पहुँचते, क्योंकि तुम तो मुझसे भी अच्छा खेलते थे और यह सुन कर वह सोच में पड़ जाए कि हाय, मैंने क्या किया? (आप समझे? नहीं समझे तो भाड़ में जाइए। उदाहरण देने के लिए या बतौर उपमा के इतना लम्बा वाक्य लिखने के बावजूद कोई नहीं समझे तो क्या मैं अपना सिर फोड़ लूँ?)

कुछ तुकें मिलाई थीं, उन्हें धुना था यानी उनकी धुन बनाई थी और कवि-सम्मेलन में जाने लगे थे। कुछ बार गए, शहर में और आसपास के क़स्बों में। जमे भी और एक-दो बार हूट भी हुए। निरंजन जी भी तब चालू हुए थे। उनके पास कोई उन्हें निमन्त्रण देने आता यानी बुलाने आता तो वे कहते कि भई, अगर कवि-सम्मेलन सफल ही बनाना है तो कुछ अच्छे लोगों को बुलाओ और मेरा नाम सजेस्ट कर देते। मेरे हाथ कोई संयोजक पड़ जाता तो मैं उनका जमा देता। मंच पर भी जब मैं कविता पढ़ता तो वे मुझे जमाने के लिए बीच-बीच में वाह-वाह करते या दुबारा पढ़ने के लिए कहते और मैं उनकी कविताओं पर झूमता और निरंजन जी के बैठने के पूर्व खड़ा होकर माइक पर कहता कि मैं निरंजन जी से प्रार्थना करूँगा कि वे अपनी 'सोनचिरैया' ज़रूर सुनाएँ। मेरे कहने पर वे बड़े नाटकीय अन्दाज़ से मुस्कुराते हुए उठते और कहते कि मुझे आज्ञा हुई है कि 'सोनचिरैया' सुनाऊँ सो सुना रहा हूँ। बड़े मज़े थे। कवि-सम्मेलन से जब शहर लौटते तो ऐसी हवा बाँधते कि जैसे नीरज को पछाड़कर आए हों! 'बड़ा रस बरसा' या 'रात के तीन बजे तक चला' या 'निरंजन जी को लोगों ने ख़ूब सुना' या 'हमें तो रोक रहे थे संस्था वाले पर हम नहीं रुके'—जैसी बातें करते और अपना दबदबा फैलाते। एक बार मैं हूट हो गया सो निराश था। रात को चार बजे तक उस धर्मशाला में, जहाँ हमारे ठहरने की व्यवस्था की गई थी, निरंजन जी मुझे समझाते रहे कि देखो, हूटिंग से घबराना नहीं चाहिए। तुम्हें संघर्ष करके अपना स्थान बनाना है तो हूटिंग से निराश होने पर कैसे चलेगा? तुम्हारा कंठ मधुर है, तुम जम जाओगे वगैरह। मुझे वे दिन अच्छी तरह याद हैं।

जब मैं निरंजन जी से कहता कि आख़िर गद्य लिखना भी तो हिन्दी की सेवा है तो वे मुँह बिचका देते हैं। यह सेवा वाला मेरा अन्तिम तर्क वे ऐसे सहज उखाड़ देते कि मुझे अपना जीवन अकारथ लगने लगता है।

"गद्य में मिलता क्या है?" वे कहा करते हैं।

उनका इशारा गद्य से होने वाले आर्थिक लाभ की तरफ़ होता। उनके गीतों का एक अपना अर्थशास्त्र है। उनके गीत अपने-आप में चक्रवर्ती हैं और चक्रवर्ती ब्याज की तरह रिस-रिसकर लगातार लाभ देते हैं। यों साहित्य की सभी विधाओं से कुछ-न-कुछ फ़ायदा टपकता है पर निरंजन जी को एक सतत प्रवाहित झरना मिल गया है। उन्होंने एक ऐसी मुर्ग़ी पाली है जो बुलन्दशहर से अजमेर तक अंडे देती है और इन्दौर में भी इन्कार नहीं करती यद्यपि जलवायु बदल जाता है। सोने के अंडे देने में जलवायु आड़े नहीं आता। हिन्दी वही है, क्षेत्र वही है, पर उन्हीं संख्याओं में

गद्य महत्तम समापवर्तक है, जो सबसे छोटा है और गीत लघुत्तम समापवर्त्य है, जो सबसे बड़ा है, यानी आठ, बारह और सोलह की संख्याओं में मेरी प्राप्ति दो है, जो चाहे सबको काटती है पर छोटी है और निरंजन जी की अड़तालीस, जिसमें तीनों का भाग लगता है। अब क्या कीजिए! इसी को ध्यान करके निरंजन जी कहते हैं—यार, तुम गद्य में चले आए, आज वहाँ रहते तो क्या-से-क्या हो जाते!

निरंजन जी या कोई और कवि जैसे मैं ही होता तो कल बीस गीतों से काम चल जाता। दस काम आते और दस पड़े रहते मुसीबत के समय उपयोग के लिए। अब हिसाब के लिए पूरे बीस गीत ही मानकर चलो। निरंजन जी का रेट ढाई सौ रुपए है। फ़र्स्ट क्लास का किराया लेते हैं पर अक्सर थर्ड क्लास स्लीपिंग बर्थ से जाते हैं। सो छोड़ो! ठहरने एवं भोजन की व्यवस्था संयोजक के सिर रहती है। ताँगा-कुली भी अक्सर बच जाता है। उसकी चर्चा नहीं करें तो बेहतर है। हम सिर्फ़ ढाई सौ रुपए की रक़म पकड़ें और हिसाब समझें। माह में उन्हें दस निमन्त्रण औसतन मिलते हैं, जहाँ वे जाते हैं। पूरे वर्ष नहीं मिलते। गर्मी की छुट्टियों में जब संस्थाएँ बन्द रहती है, सीज़न ठंडा रहता है। वर्ष में दस माह मानो, ढाई सौ रुपए प्रति कवि-सम्मेलन की दर से माह के दस कार्यक्रमों के ढाई हज़ार कुल और पूरे वर्ष में पच्चीस हज़ार। अब निरंजन जी अपने वे ही गीत यानी सोनचिरैया, 'मैं तुम्हारा हूँ, तुम्हारा रहूँगा', 'सितारों ने इक रात धोखा किया', 'तुम मुझे बुला लेना साथी', 'आज तेरा पत्र मिला मुझको', 'वह सुहानी रात शहर के घंटाघर के तले', 'सींखचों में बन्द क़ैदी', 'मेरे गीतों को स्वर दो रानी', 'कौन पुकारता है नदिया के पार से', 'लूटने नहीं, लुटाने चला हूँ', 'ललकारता है आज दुश्मन को हर भारतवासी', वगैरह पिछले दस वर्षों से सुना रहे हैं और आगामी दस वर्ष उन्हें नई रचना लिखने की ज़रूरत नहीं। इस हिसाब से वे पिछले दस वर्षों में उन गीतों से दो लाख पचास हज़ार प्राप्त कर चुके। इसमें पचास हज़ार कम कर दो, क्योंकि हो सकता है कि उन्हें कहीं कम भी मिलता हो तो भी दो लाख रुपए मानकर चलें। बीस गीतों पर दो लाख अर्थात् प्रति गीत उनकी प्राप्ति दस हज़ार रुपए हुई। यदि अगले दस वर्ष और काम चालू रहा तो बीस हज़ार रुपए मानो। इसकी तुलना में निरंजन जी के अनुसार मैं गद्य में महज मुँह सेंक रहा हूँ, जीवन गँवा रहा हूँ, मैंने ग़लती की।

निरंजन जी अभी नए हैं। कवि-सम्मेलनों में बीस-पच्चीस साल के जमे हुए लोग हैं जो बराबर चल रहे हैं। वे भी चलेंगे, क्योंकि उनकी माँग है। उनका कंठ मधुर है और धुन अच्छी देते हैं।

उन दिनों जब मैं निरंजन जी के साथ जाता था सुनाने के लिए तब हम सोचते कि जब हमारा नाम हो जाएगा तो कितने फ़ायदे होंगे तो यह सब मुझे शेख़चिल्ली का हिसाब लगता था। निरंजन जी उस हिसाब के प्रति गम्भीर रहे और धीरे-धीरे रेट बढ़ाते गए। आज वे पोस्टकार्ड पर अपना रेट लिख भिजवा देते हैं तो उन्हें तार से

स्वीकृति मिल जाती है। आधी रात को जब तार वाला उनकी नींद तोड़ता है तो वे डिस्टर्ब नहीं होते। पत्नी करवट ले पूछती है—"कहाँ का है?"

"झुमरी तलैया का।" वे पढ़ते हुए उत्तर देते।

"जाना है?"

"हाँ।"

वे सिरहाने रखा टाइम टेबल उठा हिसाब लगाते हैं कि वे कब रेल में बैठें और कहाँ चेंज करें कि पहुँच जाएँगे वक़्त से और वे सचमुच चल देते हैं। उनका बिस्तर हमेशा गोल रहता है। स्टेशन वाले उन्हें जानने लगे हैं क्योंकि रेलवे कॉलोनी में भी वे अपनी 'सोनचिरैया' सुना आए हैं और आराम से सफ़र करते हैं।

कल वे मेरे नगर में निमन्त्रित थे। कॉलेज की हिन्दी सभा के वार्षिक कवि-सम्मेलन में मेरे ही यहाँ ठहरे थे। मेरे गद्यकार होने को उन्होंने नियमानुसार कोसा और कहने लगे कि आज भी मुझे तुम्हारे वे गीत याद आते हैं तो बड़ी प्रेरणा मिलती है। ज़रा अपना गीत 'भटकता राही' सुनाओ तो मैंने कहा—याद नहीं रहा। उन्हें दुख हुआ कि मैं अब कुछ नहीं रहा।

रात के दो बजे तक मैं कवि-सम्मेलन में श्रोता बना उनको सुनता रहा। वही नाज़ो-अन्दाज़, वही स्वरों में माधुरी, वही नख़रे, लटके-झटके, पहले रुबाई, दूसरी रुबाई, फिर गीत, फिर बैठने लगे तो 'वन्स मोर, वन्स मोर!'

"अरे भाई, दूसरों को भी सुनिए।" वे बोले और बैठ गए। यह उनका पुराना झटका है। जब देखते हैं कि रंग जम रहा है तो कवियाने लगते हैं, यानी अपने मूडी होने का प्रदर्शन करने लगते हैं।

संयोजक ने कहा—"जी हाँ, आप अभी निरंजन जी से और भी सुनेंगे जब दूसरा दौर शुरू होगा।"

फिर दूसरा दौर। लड़के माँग कर रहे हैं। 'सोनचिरैया, सोनचिरैया' और निरंजन जी सब-कुछ सुना रहे हैं पर 'सोनचिरैया' ही नहीं सुना रहे। आख़िर में उन्होंने वह भी सुनाई। मैं बारह वर्ष पुरानी लहरी को देर रात तक सुनता रहा—ओ मेरी सोनचिरैया!

कई बार सोचता हूँ कि निरंजन जी से पूँछूँ कि सोनचिरैया से आपका तात्पर्य हिन्दी से तो नहीं, क्योंकि यही आपके लिए सोने की चिड़िया है। संसार की कौन-सी भाषा में एक गीत पर कवि की इतनी कमाई होती होगी? हिन्दी है जो लगातार उनके गीतों के कर्ज़ की आर्थिक किस्तें चुका रही है। अजमेर, जयपुर, मथुरा और बुलन्दशहर से लेकर मेरे शहर तक उनके गीत चक्रवर्ती की अदा से घूमते हैं। मैं तो उनकी नम्रता का क़ायल हूँ। गीत है उनका—लूटने नहीं लुटाने चला हूँ भई, क्या कहने! वन्स मोर!

हमारे शहर की हड़ताल

इधर हमारे शहर के छात्रों ने भी हड़ताल कर दी। चलो, अच्छा हुआ। शहर की नाक कटने से बच गई। सब शहरों के छात्र हड़तालें कर रहे थे और हमारा शहर नींद ले रहा था। सब कहते थे कि अजब मुर्दा शहर है, यहाँ कुछ नहीं होता, कोई लाइफ़ नहीं है। लड़कों ने भी इस ठंडी स्थिति से अपने को अपमानित अनुभव किया। शुरू में उन्हें शायद पता नहीं लगा और इसी कारण देर हो गई, नहीं तो रिकॉर्ड यही है कि हमारा शहर हड़तालों में सबसे आगे रहा है। हर पुराने छात्र के दिमाग़ में कम-से-कम एक शानदार हड़ताल की शानदार याद है। इधर जब उन्होंने देखा कि नई पीढ़ी कुछ नहीं कर रही है तो पुराने छात्रों ने नए छात्रों को धिक्कारा और कहा–चुल्लू भर पानी में डूब मरो, चूड़ियाँ पहन लो, लूप लगा लो वगैरह तो नए छात्रों ने कहा–नहीं, हम शहर में जो हड़तालों की समृद्ध परम्परा रही है, उसे क़ायम रखेंगे।

बड़ा मज़ा आया। हड़ताल का तरीक़ा वही था और सरकार की समस्या निपटाने की शैली भी वही थी, जो पहले रही थी। पहले दिन कुछ लड़के प्रिंसिपल के कमरे में गए और कुछ समस्याएँ रखीं। प्रिंसिपल साहब ने उन्हें डाँटकर कमरे से भगा दिया और कहा–यह असम्भव है। 'गो टू योर क्लासेस्' और 'आई हैव नो टाइम' जैसे वाक्यों से उन्होंने व्यस्तता ज़ाहिर की। वे व्यस्त थे भी, क्योंकि उन्हें अपने एक विरोधी प्रोफ़ेसर के खिलाफ़ डी.ओ. शिक्षा सचिव को भेजना था।

शाम को कुछ लड़कों ने मीटिंग की और कहा–अब यह जुल्म बर्दाश्त नहीं होगा और कोई क़दम उठाना ही होगा। क़दम होता है हड़ताल। एकाध प्रस्ताव (मौखिक) प्रिंसिपल की पिटाई का भी आया पर वह अवैधानिक माना गया। शाम को प्रोफ़ेसर शर्मा को पता लगा कि लड़के कल से हड़ताल करने की सोच रहे हैं तो उन्हें बड़ी प्रसन्नता हुई। वे साइकिल उठा डॉ. पन्त को ख़बर देने पहुँचे और दोनों काफ़ी देर तक यह सोचकर मज़ा लेते रहे कि अब इस प्रिंसिपल से बदले का अवसर आया है।

सुबह कॉलेज के दरवाज़े पर भीड़ लग गई। लड़कों को रोका गया, लड़कियाँ स्वयं रुक गईं और एक जगह झुंड बना कर खीं-खीं-खीं करने लगीं। एक नेता क़िस्म के लड़के ने उन्हें 'बहन जी' कहकर सम्बोधित किया तो वे एकाएक गम्भीर हो गईं। कुछ लड़कियाँ आगे बढ़कर लड़कों से बातें करने लगीं कि आख़िर आप लोगों का प्रोग्राम क्या है। कुछ लड़के यह सुन सब बातें छोड़ प्रोग्राम बनाने लगे। इधर कुछ प्रोफ़ेसर लोग सिर झुकाए कॉलेज के अन्दर चले गए। प्रोफ़ेसर शर्मा और डॉ. पन्त भी आए और उन्होंने लड़कों से कहा—"नहीं भई, यह तरीक़ा ठीक नहीं है, आप लोगों को मेहनत कर फर्स्ट क्लास लाना चाहिए।" लड़के नारे लगाने लगे तो वे भी हँसते हुए अन्दर चले गए।

अन्दर प्रिंसिपल के कमरे में सब जमा थे और प्रिंसिपल उन छात्रों की सूची बना रहा था जो लीडर हैं और बार-बार कह रहा था कि वह इन लोगों का साल बिगाड़ कर छोड़ेगा। उसने यह भी कहा कि उसने ऐसी अनेक हड़तालें देखी हैं और वह किसी से डरता नहीं। उसके गुट के प्रोफ़ेसरों ने कहा कि हड़ताल दो रोज़ में टूट जाएगी। शर्मा और पन्त हँसते रहे मन-ही-मन।

बाहर लड़कों की मीटिंग हुई जिसमें तय हुआ कि वे अपना प्रदर्शन शान्त रूप से करेंगे और अपनी माँगें पूरी करवा कर रहेंगे। एक संघर्ष-समिति भी बनाई गई जिसने प्रिंसिपल को अल्टीमेटम दिया कि माँगें पूरी हों। उस दिन का जुलूस शानदार रहा। रास्ते में सारे दुकानदार तारीफ़ें कर रहे थे। सभी लोगों ने बड़े चाव से जुलूस देखा। शाम को शहर में कुछ इस तरह की बातें हुईं :

"हमने ऐसा शानदार जुलूस आज तक नहीं देखा।"

"भई वाह! तिवारी जी का छोटा भाई राधे लीडर बना हुआ था।"

"बनर्जी साहब का छोकरा भी तो था।"

"लड़कियाँ काफ़ी थीं। हमारी मुनिया भी थी—हमने देखा, नारे लगा रही है। हमने कहा—भई वाह!"

रात को कलेक्टर की जीप आई और प्रिंसिपल साहब को घर बुलवाया गया। ज़िले के पुलिस सुपरिंटेंडेंट वहीं थे जिनका कहना था कि उन्होंने सुबह से वर्दी नहीं उतारी है और खाना नहीं खाया है। विधान सभा सदस्य भी वहीं आ गए क्योंकि वे मामले को समझना चाहते थे।

"कहिए प्रिंसिपल साहब, क्या करवा रहे हैं, कॉलेज में?" कलेक्टर ने हँसते हुए पूछा।

"सर, आई डोंट नो।" प्रिंसिपल हँसकर बोले।

"आख़िर लड़के चाहते क्या हैं? मैं तो आज दौरे पर जाने की सोच रहा था मगर मैंने सुना कि हंगामा हो रहा है तो रुक जाना पड़ा।"

"यस सर, यस सर! गुंडाग़र्दी है साहब। इस साल बड़ा ख़राब बैच आया है। दुनिया भर के छँटे हुए लड़के इकट्ठे हुए हैं।"

"माँगें क्या हैं?" विधान सभा सदस्य ने सीधे पूछा।

"सेक्शन खुलवाइए, टाइम टेबल ठीक नहीं है, बायलॉजी में कोई पढ़ाने वाला नहीं है और यूँ ही कुछ बेकार बातें प्लेग्राउंड वग़ैरह। मैंने कहा—आप लोग क्लास में जाइए, मगर वे सुनने को राज़ी नहीं।"

"मेरे ख़्याल से विरोधी दल के लोग उचका रहे हैं।" विधान सभा सदस्य ने कलेक्टर से धीरे से कहा, जैसे कोई गम्भीर रहस्य खोल रहे हों। कलेक्टर ने उनकी ओर देखा और फिर कुछ सोचने लगे।

"लीडर कौन-कौन हैं?" क्लेक्टर ने पूछा।

"मेरे पास लिस्ट है।" प्रिंसिपल ने अपनी सूची निकाली।

"आपने इन लोगों से चर्चा की थी?"

"कोई सुनने को तैयार नहीं। मुझे ख़ुद अपनी जान का डर है। मुझ पर हमला कर सकते हैं।"

इसे सुन सब हँसने लगे।

दूसरे दिन जुलूस ज़्यादा बड़ा हो गया और शहर के दूसरे कॉलेज भी सहानुभूति में आकर शामिल हो गए। जुलूस शहर के बीच आया तो लोगों ने तनाव देख दुकानें बन्द करनी शुरू कर दीं। उस दिन सुबह यद्यपि शहर के नेताओं के वक्तव्य अख़बार में आ गए थे कि विद्यार्थियों को हड़ताल का मार्ग नहीं अपनाना चाहिए। गाँधी जी के समय बात और थी, देश गुलाम था वग़ैरह, पर उस पर किसी ने ध्यान नहीं दिया क्योंकि कोई नई बात नहीं कही गई थी।

उस दिन भीड़ पर काबू पाने के लिए पुलिस ने वे सब बातें कीं जो सब लोगों ने अख़बार में पढ़ी होंगी। लड़कों ने भी ख़ूब पत्थर चलाए। पुलिस वालों ने भी पत्थर चलाए। लड़के इस डर से पत्थर फेंकना नहीं रोक रहे थे कि बन्द करने से पुलिस लाठी लेकर आगे बढ़ेगी। फिर अश्रु-गैस फेंकी गई।

दूसरे दिन प्रशासन ने कॉलेज बन्द कर दिया। शिक्षा मन्त्री ने वक्तव्य में विरोधी दल को और विरोधी दल के नेता ने शिक्षा मन्त्री की नीतियों को घटना का दोषी ठहराया।

शहर के सभी लोगों को यह सब देख अपना ज़माना याद आ गया। तब यह प्रिंसिपल नहीं थे और न यह क्लेक्टर थे, मगर आन्दोलन का रंग यही था जो आज है। कल तिवारी जी बता रहे थे—बस, मज़ा था उन दिनों में। हम आठ-दस थे ख़ास-ख़ास। वह शिवप्रसाद जो इटारसी में है, यह नवल अग्रवाल, एक ज्योति आचार्य करके था, पता नहीं आजकल कहाँ है और यह अपने चन्दू ग्रामोफ़ोन वाला। हाथों में स्टिकें रखकर हमेशा चलते थे। किसी ने गड़बड़ की नहीं कि उठा कर दिया नहीं।

बड़ा रौब था। तब भी बड़ी शानदार हड़ताल हुई थी साहब। आठ रोज़ तक कॉलेज बन्द रहा। जग्गू के यहाँ मीटिंग होती थी।

शाम को कॉफ़ी हाउस के कोने में ऊषा मेहता राजेश से कह रही थीं—''उस दिन मैंने पहली बार देखा कि तुम कितना शानदार बोलते हो। कितना अच्छा बोले थे, कितना बढ़िया, सच! आई वाज़ फीलिंग सो प्राउड ऑफ़ यू।''

राजेश ऊषा की आँखों में आँखें डाले रहा—जब तक शासन ने कॉलेज बन्द करने की घोषणा वापस न ली।

कैक्टस और मैं

पिछले दिनों मेरी सदाबहार आधुनिकता गड़बड़ में पड़ गई। विशेष रूप से कैक्टसों के मामले में मैं पिछड़ गया। आज जो थोड़े-बहुत कैक्टस मेरे पास हैं, वे अँगुलियों पर गिने जा सकते हैं और मकान के पिछले हिस्से में ख़राब हालत में पड़े हैं। चूँकि बुनियादी रूप से बेशरम पौधा है इसलिए साहित्य की तरह पनप रहा है। मगर मेरा उसमें कोई योग नहीं। गमले टूट रहे हैं, मिट्टी बदली नहीं गई और कैक्टस का जो मूल आग्रह होता है कि उसे ड्राइंगरूम में प्रदर्शित किया जाए, उसे पूर्ण करने में मैं असमर्थ रहा हूँ। मैं यदा-कदा इसके लिए शर्मिन्दा भी हो लेता हूँ, जैसे पारिश्रामिक डकार जाने वाला सम्पादक मुलाक़ात होने पर लेखक के सामने शर्मिन्दा हो जाता है। इससे कोई फ़र्क़ नहीं पड़ता। लेखक की हालत नहीं बदलती। कैक्टस भी वैसे ही रहते हैं।

कुछ कारण हैं। और जैसी कि कारणों की श्रेणियाँ होती हैं, वे आर्थिक, सामाजिक, भौगोलिक, नैतिक वगैरह हैं। मैं उन कारणों पर अभी नहीं जाऊँगा, जैसा कि लोग जो कारण बताते हैं, उन पर तुरन्त कभी नहीं आते। मैं अकारण ही अपनी बात कहूँगा यानी व्यक्तिगत। बात यह है...ख़ैर। मैं सोचता हूँ कि पहले मैं अपने और कैक्टस के सम्बन्धों के विकास के बारे में कहूँ। यह स्टाइल ठीक रहेगी।

मेरे पास कुछ वर्ष पूर्व अड़तालीस के लगभग कैक्टस थे और दो की झूठ बोलकर मैं लोगों से कह दिया करता था कि मेरे पास पचास कैक्टस हैं। यह सच बात है। इस मामले में सोमदत्त गर्ग के इस झूठे प्रचार से सहमत होने की आवश्यकता नहीं है कि शरद जी के पास तीस से ज़्यादा कैक्टस कभी नहीं रहे। ग़लत है। मैं हिसाब दे सकता हूँ। मैं सिर्फ़ दो की झूठ बोलता था, बीस की नहीं।

तो मेरे पास एक समय पचास कैक्टस थे। यह स्थिति बहुत बाद को आई। आरम्भ नम्र था यानी कुल दो-तीन कैक्टसों से मैंने अपना काम शुरू किया था और धीरे-धीरे अध्यवसाय, लगन और दो-चार इसी प्रकार के गुणों से मैं पचास कैक्टसों तक पहुँचा जो मेरे कैरियर का उच्चतम बिन्दु था। दो-तीन कैक्टसों से पचास तक पहुँचना एक कड़ी मंज़िल थी जिसे मैंने बड़े धैर्य से पार की। कई बार निराशा मुझे चारों ओर से घेर लेती थी (बादल घिरना आदि) पर मैं हिम्मत नहीं

हारता था और एक के बाद दूसरा कैक्टस प्राप्त कर उस कँटीले मार्ग पर निरन्तर बढ़ता चला जा रहा था। और आज इतने वर्षों के बाद जब मैं पीछे मुड़कर देखता हूँ तो संस्मरण लिखने की तबीयत होती है, जैसा कि हर पीछे मुड़कर देखने वालों के साथ होता है।

कैक्टसों के विषय में आप यह शायद जानते होंगे कि वे माँगे से नहीं मिलते। उन्हें चुराना पड़ता है। मैंने यह किया और इस क्षेत्र में मेरे मित्रों ने मेरा बहुत साथ दिया और उत्साह बढ़ाया। कहना न होगा कि जो सफलता मुझे प्राप्त हुई, उसमें एक बड़ा हाथ मेरे मित्रों का रहा था। कैक्टस चुराने के सिलसिले में मैं देश भर में भटका बल्कि मैंने एक नियम-सा बना लिया था कि जहाँ जाऊँगा, कैक्टस ज़रूर हासिल करूँगा।

शुरुआत हमने शहर के बाग़ों से की। मैं रामविलास शर्मा (सुप्रसिद्ध कँटीले आलोचक डॉ. रामविलास शर्मा नहीं, कवि रामविलास शर्मा जो मध्यप्रदेशवासी हैं), सोमदत्त गर्ग या घनश्याम मधुप के साथ बाग़ में घुस जाता। चेहरे-मोहरे से हम लोग प्रकृति-प्रेमी लगते थे। बाग़ में आए हैं फूल-पत्ता निहारने, थोड़ा बैठेंगे, हरी घास पर घंटा भर, मूँगफली वगैरह खाएँगे और चले जाएँगे। हम यहाँ-वहाँ घूमते भी, जैसे रसिक लोग उद्यान में घूमते हैं और पुष्पों की शोभा देखते हैं। हमारे चेहरों पर बड़ी कोमलता रहती। रामविलास शर्मा प्रकृति की कविताएँ लिखता है, भरा-पूरा गोल-सा शख़्स है इसलिए वह बड़ी आसानी से कोमल हो जाता। उसका गोल चेहरा अपेक्षाकृत अधिक गोल हो जाता ऐसा कि आप नाक पर सुआ रखकर जॉमेट्री बॉक्स पर परकार घुमा लो। उसके चेहरे की मुस्कुराहट भी सिमटकर गोल होने लगती। प्रसन्नता की बात यही थी कि उसका दिल कोमल नहीं होता। उसकी आन्तरिक दृढ़ता बनी रहती जो कैक्टस प्राप्त करने की पहली आवश्यकता है। रामविलास के काम करने के ढंग में एक सहजता है और इस मामले में उसकी दृष्टि का मैं सदैव प्रशंसक रहा हूँ। उसकी दृढ़ता ही उसके साहस का मूल है। उस घटना को तो मैं भुला नहीं सकता जब मेरे पीछे कुत्ते दौड़ रहे थे और रामविलास ने उन्हें डाँटकर भगाया था। उस दिन मेरा पाजामा उसके ही साहस के कारण सलामत रहा नहीं तो वह बच नहीं पाता। कवि की वाणी में बड़ा बल होता है, मैंने पहली बार अनुभव किया।

सोमदत्त गर्ग जी जल्दबाज़ हैं। बाग़ में घुसने के बाद वह जल्दी वहाँ से भागना चाहते हैं, जैसे कैक्टस चोरी कोई सरकारी काम हो, फ़ाइल निपटाना हो! यों उनके चेहरे पर कोमलता के भाव क़रीब स्थायी रूप से फिट हैं। अपना यह मुस्कुराता चेहरा कभी वे उतारते-हटाते होंगे तो झाड़ने-पोंछने के लिए ही अन्यथा कभी नहीं। बाग़ में घुसने के बाद उस चेहरे की उपयोगिता स्पष्ट होती। किसी भी अच्छे विकसित कैक्टस के पास पहुँचकर वे मुझे आवाज़ लगाते—शरद जी, शरद जी।

मुझे लगता कोई सीटी बजा रहा है। शीर्जी, शीर्जी! मैं पास जाता–''चिल्ला क्यों रहे हो?''

''कितना अच्छा कैक्टस है!'' उनकी आँखों में चमक आ जाती। वे कनखी से एक कैक्टस की ओर इशारा करते।

''यह मेरे पास है।''

''आपके पास नहीं है।''

''है भई।''

''तो आपकी आज्ञा हो तो मैं अपने लिए चुरा लूँ?''

''चुरा लो। मगर असली माल तो उधर है।''

''कहाँ?''

''मेरे पीछे-पीछे आओ।''

और हम किसी अन्य कैक्टस के पास पहुँच जाते और उसे देख कर भी सोमदत्त अपनी महँगी मगर दानेदार शक्कर वाली मुस्कुराहट चेहरे पर ले आते। एक 'हाय' उनके होंठ से फूट जाता।

आप एक बार में किसी बाग़ के सारे कैक्टस नहीं चुरा सकते। धीरज रखना पड़ता है। सबर का कैक्टस अधिक काँटेदार होता है। जल्दी में सिर्फ़ घास कट सकती है, कैक्टस नहीं; और चोरी के कैक्टस, बिल्कुल नहीं।

तब रात हो गई थी। चाँद था मगर चमक नहीं रहा था। ऐसा हो सकता है क्या? नहीं हो सकता। तो ख़ैर, हम अपना वर्णन वापस लेते हैं। चाँद था भी और चमक भी रहा था। रात के मामले में कोई सन्देह नहीं। वह थी। सबूत के रूप में चाँद चमक रहा था। यह भरोसे का सबूत नहीं। कई बार रात होती है और चाँद नहीं चमकता। कई बार चाँद चमकता है और रात नहीं होती। ग़लत। चाँद रात के अलावा सिर्फ़ तस्वीरों में चमकता है अगर वह रात की तस्वीर हो। अन्यथा सूरज चमकता है। ख़ैर, माने लेते हैं। ऐसा ही कुछ दिन-रात में चलता रहता है। प्रकृति-वर्णन भी क्या बोर-सी चीज़ है!

चाँद तालाब पर चमक रहा था और उसका अक्स पानी में गिर रहा था। ऐसा होता है। आप किसी पुलिस वाले से पूछ लीजिए या किसी एक्साइज़ इंस्पेक्टर से पूछ लीजिए तो वह भी बता देगा। इसमें किसी कवि की ज़रूरत नहीं। सोमदत्त गर्ग की ज़रूरत नहीं। रामविलास शर्मा की ज़रूरत नहीं। मगर वे वहाँ थे और महज इस छोटी-सी बात से ख़ुश हो रहे थे कि चाँद चमक रहा है और तालाब के ऐन ऊपर चमक रहा है। वह तो ख़ैर हुई कि तालाब दो मंज़िला या चार मंज़िला नहीं था अन्यथा ये दोनों उसके ऊपर चढ़ जाते और क़रीब से चाँद देखते, जैसा लोग-बाग़ ऊँचे मकानों पर चढ़कर करते हैं।

''आज चाँदनी रात है।'' सोमदत्त ने कहा।

"अच्छा! आई डोंट नो।" मैंने चाँद की ओर देख कर कहा।

"आपको नहीं लगता?"

"क्या नहीं लगता? छाता?"

"मेरा मतलब है, चाँदनी रात।"

"देखो सोम, हम लोग यहाँ कैक्टस चुराने के लिए एकत्र हुए हैं, न कि प्रकृति की शोभा निहारने। हमारा वक़्त क़ीमती है। हमें जीवन में एक नहीं, अनेक कैक्टस चुराने हैं। अगर हम चाँद-तारों में अपना वक़्त गँवाते रहे तो हम कुछ नहीं कर सकेंगे। मैं जानता हूँ कि तुम कवि हो और हरियाली और गाय-ढोर देख तुम्हारे मन में अनेक भावनाएँ उठती हैं पर यह हमेशा ध्यान रखो कि अच्छे कैक्टस वे ही चुरा सके हैं जो निस्संग और अनुशासित हैं। तुम इस क्षेत्र में नए हो और अभी तुम्हें बहुत-कुछ सीखना है। तुम चाकू लाए हो?"

"लाया हूँ।" वह धीरे से बोला।

"बेकार लाए।" मैंने कहा।

उस रात हमने तालाब के पास वाले बाग़ से तीन कैक्टस चुराए। एक मैंने रखा और सोमदत्त और रामविलास को एक-एक दे दिया। प्राप्त करने में उलझन नहीं हुई। किसी ने हमें नहीं देखा। कुछ लोग बाग़ की बेंचों पर बैठे थे। एक परिवार भी था जिसमें एक लड़की बहुत सुन्दर थी। विशेष रूप से उसकी आँखें। उसने मेरी ओर ऐसे देखा, जैसे शरीफ़ ख़ानदान के लोग शोहदों की तरफ़ देखते हैं। मुझे अच्छा लगा। नए रोमान्स् के लिए यह बुरी शुरुआत नहीं थी। पर समय नहीं था कि जो लड़ गईं, उसके अतिरिक्त आँखें लड़ाई जाएँ। मैं वहाँ कैक्टस चुराने आया था। वही काम मेरे सामने था। यही क्या कम था कि मैंने उस लड़की को देख लिया। उसकी आँखें सुन्दर थीं। और भी अंग सुन्दर रहे होंगे मगर मैंने नहीं देखे। जहाँ तक मेरी जानकारी जाती है, जिन लड़कियों की आँखें सुन्दर होती हैं, उनके अन्य अंग भी सुन्दर रहते हैं। कुछ चश्मे वालियाँ इस नियम की अपवाद हैं। उस समय मैं नियमों की पड़ताल के लिए ख़ाली नहीं था। डर था कि माली लौट न आए। वह सपरिवार शराब पीने के लिए गया था। माली जब शाम को या रात को बाग़ से बाहर जाते हैं तो वे शराब पीने के लिए जाते हैं। तब उसका परिवार भी नहीं था अतः मुझे यह जानने में देर नहीं लगी कि माली सपरिवार शराब पीने गया है। मैंने रामविलास से कहा।

"सिनेमा देखने गया होगा, सपरिवार।" वह बोला।

"बाग़ के माली सिनेमा नहीं देखते।"

"क्यों?"

"सिनेमा में उन्हें वे ही बाग़ और फूल-पत्तों के चित्र देखने को मिलते हैं जिनसे वे बोर हो चुके होते हैं। इसकी बजाय वे शराब पीना पसन्द करते हैं।"

"माली क्या, कोई भी करेगा।" सोम बोला।

बाग़ से बाहर निकल मैंने एक सुझाव शून्य में उछाला "चाय पी जाए।"

"मेरे पास पैसे नहीं हैं।" उसने कहा।

प्रस्ताव सचमुच शून्य में उछला था।

"देखो सोम, तुम्हारे पास कभी पैसे नहीं होते। तुम मन, वचन, कर्म से नंगे हो। यह तुम्हारा हमेशा रवैया रहा है। तुम समाज के साथ सहयोग नहीं करते। तुम हर प्रकार के चन्दे से कतराते हो। हम लोग कोई अनाथाश्रम नहीं हैं जिसे तुम इन्कार करो। हम तुम्हारे मित्र हैं, साथ मिलकर कैक्टस चुराने वाले।"

"मेरे पास सिर्फ़ दस पैसे हैं।" वह बोला।

"तुम्हें शर्म आनी चाहिए। तुम किस युग में जी रहे हो। दस पैसे का इस दुनिया में क्या महत्त्व रह गया है! हमें बड़े-बड़े काम करने हैं। क़ीमती कैक्टस चुराने हैं। बिना कठिन श्रम के यह सम्भव नहीं। श्रम बीच-बीच में चाय माँगता है। तुम्हारे पास सिर्फ़ दस पैसे हैं। तुम श्रम नहीं कर सकते। और जो श्रम नहीं कर सकता, उसके लिए आज की दुनिया में जगह नहीं—चाहे वह हमारा मित्र ही क्यों न हो! चाहे वह हमारे साथ कैक्टस ही क्यों न चुराता हो!

"मैं बीस पैसे तक दे सकता हूँ।"—वह थोड़ा ढीला हुआ।

"व्यर्थ है। बीस पैसे में हद-से-हद एक कप चाय आ सकती है। हम तीन व्यक्ति हैं। तीन व्यक्ति यदि कम-से-कम चाय पीएँ तो वह तीन कप होगी। यह उनका अधिकार है। बहुमूल्य कैक्टस चुराने के बाद यह उनका अधिकार है कि वे चाय पीएँ। तुम इस अधिकार की पूर्ति में बाधक हो। तुम सदैव बाधक रहे हो। तुम मनुष्यों के बुनियादी अधिकारों की उपेक्षा करते हो। तुम भूल जाते हो कि तुम किस वर्ग के हो। तुम अपने वर्ग को बिट्रे करते हो।"

"मैं मजबूर हूँ।"

"मजबूरी शब्द का इधर अनुचित उपयोग हो रहा है। यह कंजूसी का पर्याय बन गया है। हर लखपति चन्दा देने से इन्कार करते समय कहता है—मैं मजबूर हूँ। सर्वहारा की पेटेंट शब्दावली पर उच्च वर्ग अपना अधिकार जमा रहा है। मैं इसका विरोध करता हूँ। मैं तुम्हारा विरोध करता हूँ कि इस महत्त्वपूर्ण कार्य में सिर्फ़ बीस पैसे का योग दे रहे हो। तुम्हारी यह हरकत राष्ट्र-विरोधी घोषित कर दी जानी चाहिए। राष्ट्र क्या है? इस प्रकार की विरोधी हरकतों से परेशान ज़मीन का एक हिस्सा है।"

"मैं पच्चीस पैसे से अधिक नहीं दूँगा, चाहे आप कितना कहें।" इस बार सोमदत्त ने ज़ोर देकर कहा और लगता है कि बस अन्तिम बार कहा।

"ठीक है। यह तुम्हारी सीमा है। तुम उदारता के किसी भी क्षण में इस सीमा को पार नहीं कर सकोगे। मैं जानता हूँ। निकालो चवन्नी।"

सोमदत्त ने चार आने निकाल़ मेरे हाथ पर रख दिये।

"रामविलास, तुम्हारी स्थिति क्या है? तुम सोमदत्त की आर्थिक सीमा के इस पार हो या उस पार?" मैंने सीधे प्रश्न किया।

"मैं सीमान्त पर खड़ा हूँ। मैं भी चवन्नी दे दूँगा।"

"कम्बख़्त साहित्य में भी तेरी यही स्थिति है। तू सीमान्त पर खड़ा है। सीमा तोड़ नहीं पाता।"

"मैं जानता हूँ।"

"मगर अब वक़्त आ गया है कि तू सीमा तोड़। साहित्य में चाहे मत तोड़ मगर यहाँ तो तोड़। कम-से-कम अठन्नी दे।"

"असम्भव है।"

"इतनी मुसीबत तो वित्तमन्त्री को दूसरे देशों से आर्थिक सहायता लेने में भी नहीं पड़ती होगी जितनी मुझे तुम लोगों से चार आने लेने में पड़ रही है। प्रजातन्त्र से लेकर समाजवाद तक सारे सिद्धान्तों का सहारा लेने के बावजूद तुम अमेरिका, रूस की तरह ठस्स खड़े हो। दोगे, मगर नख़रे से। हद है घटियापन की! निकालो, क्या दे रहे हो?"

रामविलास ने चवन्नी दी।

"आप क्या दे रहे हैं?" सोम बोला।

"शटऽप।"

वातावरण में चुप्पी थी, जैसे किसी अन्तरंग 'शटऽप' की आत्मा हवा में बस गई हो! हम लोग धीरे-धीरे होटल की तरफ़ बढ़े। हमारे हाथों में कैक्टस थे। रामविलास की अँगुली में कैक्टस का एक छोटा-सा काँटा चुभ गया था। वह बार-बार अँगुली सहला रहा था।

होटल की टेबल पर कैक्टस रख दिये गए और हम लोग चाय पीने लगे। कैक्टस बहुत सुन्दर लग रहे थे। हमारी नज़रें बार-बार उस पर जाती थीं। कोने की मेज़ पर बैठा मैले कपड़े पहने एक साँवला-सा व्यक्ति बार-बार हमारी तरफ़ और उन कैक्टसों की तरफ़ देख रहा था।

मुझे सन्देह हुआ कि कहीं यह उस बाग़ का माली न हो जहाँ से हम कैक्टस चुराकर लाए थे।

2

बाँस की खपच्चियों से ताजिया बनाने वालों की प्रतिभा अगर सीमेंट-चूने के निर्माण में लग जाए तो जो इमारत खड़ी होगी, वह बिल्कुल सचिवालय-सी होगी। काफ़ी ऊँची, छह मंज़िला। जिन लोगों ने बनाई है, वे इस पर मुग्ध हैं। ठेकेदार, इंजीनियर, मन्त्री वगैरह इसकी तरफ़ ऐसे ही देखते हैं, जैसे मुग़ल बादशाह अपनी बीवियों के

मकबरों की तरफ़ देखते थे। जो इस इमारत में रहते हैं, उन पर इस भव्यता का कोई असर नहीं पड़ता। इमारत में देखने लायक़ कुछ नहीं है—सिवाय एक कैक्टस के, जो पोर्च के सामने बने फव्वारे से कुछ दूर रखा है। कैक्टस एक गमले में है जो क़तार में रखे हैं। दूसरे कुछ पौधे हैं फूलों के। जिस अफ़सर ने इन सामान्य पौधों के बीच यह कैक्टस रखने की सलाह दी, वह ख़ानदानी नहीं था। उसने कैक्टस को नहीं समझा। उसने तो गमले क़तार से लगा दिये। यही अक़्ल उसमें थी कि गमले क़तार से लगने चाहिए, जैसे गमले न हों—पुलिस के रंगरूट हों!

मैं तीन-चार बार उस कैक्टस को देख चुका था और मैंने दोस्तों से कह दिया था कि मैं इसे एक दिन पब्लिक सेक्टर से प्राइवेट सेक्टर में ले आऊँगा। इसी सिलसिले में मैं तीन-चार बार सचिवालय जाकर स्थिति का अध्ययन कर चुका था।

उस कैक्टस को प्राप्त करना सरल नहीं था। पोर्च के पास ही सन्तरी खड़ा रहता था। इस क़िस्म के दो-तीन सन्तरी उस क्षेत्र में हिलते-डुलते रहते थे। उनके नालदार जूते और बन्दूक के कुन्दे सीमेंट की चिकनी फ़र्श पर रगड़ खाकर बड़ी भोंडी आवाज़ करते थे। वे भयानक थे और उनकी शक़्ल से लगता था कि हिन्दी नहीं समझते। ऐसे निर्मम सन्तरी तो देश की सीमा पर पहरेदारी के लिए खड़े किए जाने चाहिए। सचिवालय के दरवाज़े पर इनकी क्षमता व्यर्थ नष्ट हो रही है। मगर क्या किया जा सकता था! वे थे और कैक्टस के रक्षक थे। यद्यपि वे जानते नहीं थे, उस कैक्टस का अस्तित्व भी ख़तरे में है। उनकी नज़र पोर्च में आने वाली कारों पर और दरवाज़े पर रहती थी। अगर कोई बड़ा अफ़सर या मन्त्री कार से उतरता तो वे तुरन्त सैल्यूट ठोंकते थे। मुख्यमन्त्री और गृहमन्त्री भी उसी दरवाज़े से सचिवालय में जाते और आते थे। बड़े ख़तरनाक वातावरण में वह कैक्टस अपने दिन बिता रहा था।

गमलों की क़तार के पास एक लॉन था जहाँ सचिवालय के निठल्ले बाबू बैठे रहते थे। फ़व्वारे के हौद से माली पानी भरकर पौधों में डालते थे। उनकी भी नज़र पड़ सकती थी।

तय किया गया कि 'ऑपरेशन कैक्टस' सोमवार को होगा। उस दिन दस तारीख़ थी। दल बदलने के बाद आठ तारीख़ को नए मुख्यमन्त्री शपथ लेने वाले थे। स्वाभाविक था कि वे अपनी नई कैबिनेट के सदस्यों सहित सोमवार को पहली बार सचिवालय जाएँगे और अपने कार्यक्रम होने का परिचय देंगे। वे सचिवों से मुलाक़ातें करेंगे, कुछ ज़रूरी फ़ाइलों पर दस्तख़्त करेंगे। दफ़्तर के निठल्ले बाबू उस दिन अपनी कुर्सियों पर रहेंगे। लॉन साफ़ रहेगा। लगातार आने-जाने वाले मन्त्रियों और उपमन्त्रियों की कारों पर नज़र रखने के कारण वे बड़ी मूँछों वाले भयानक सन्तरी कैक्टस की ओर नहीं देख सकेंगे।

मैं ग्यारह बजे के क़रीब लॉन पर बैठ गया। कैक्टस के गमले से मेरा फ़ासला कोई एक मीटर रहा होगा। मगर मेरे बैठने के कुछ ही देर बाद लॉन पर काफ़ी सारे

लोग आ गए। इसकी अपेक्षा नहीं थी। वे सचिवालय के निठल्ले बाबू नहीं थे। वह भूमिहीन किसानों का एक जत्था था जो नए मुख्यमन्त्री से मिलने आया था। वे चाहते थे कि सरकार ख़ाली ज़मीन भूमिहीनों में बाँट दे। इसी डिवीज़न में ऐसी ज़मीन काफ़ी है जिसके अगर पट्टे इन लोगों को मिल जाएँ तो बेकारी कम हो। जत्थे में आए किसान दुबले-पतले और सहमे हुए थे। उन्हें विश्वास नहीं था कि ज़मीन मिल जाएगी खेती के लिए, पर उनके नेता पूरी तरह से आश्वस्त थे। वे साफ़ धुले कपड़े पहने और भरे हुए शरीर के लोग सचमुच ग़रीब किसानों के नेता लगते थे। वे डिबिया खोल-खोल कर पान खा रहे थे और किसानों को समझा रहे थे कि उन्हें क्या करना है। उन्हें मुख्यमन्त्री के आते ही कार को घेर लेना है और नारे लगाना है। इस राज्य में बेज़मीन किसानों की समस्या प्रमुख है और नई सरकार के मुख्यमन्त्री को इसे शासन सँभालने के पहले ही दिन सुलझाना है। किसानों के नेता उसी पार्टी के थे जिस पार्टी का व्यक्ति मिली-जुली सरकार में मुख्यमन्त्री बना था। सारा प्रदर्शन अपनी पार्टी के मुख्यमन्त्री की लोकप्रियता बढ़ाने के लिए आयोजित किया गया था। भूमिहीन किसान उसे घेरेंगे और माँगपत्र रखेंगे। बदले में मुख्यमन्त्री आश्वासन देंगे और उसी वक़्त कमिश्नर और कलेक्टर को बुलाकर आदेश देंगे कि इन किसानों को ज़मीन दी जाए।

मैं कैक्टस के गमले के पास खिसक गया। मुझे उपयुक्त अवसर के लिए दस मिनट साँस रोक कर प्रतीक्षा करनी पड़ी। थोड़ी-सी भी ग़लती से सारा ऑपरेशन गड़बड़ हो सकता था। वे सन्तरी लॉन पर खड़े भूमिहीनों की ओर देखते मुस्तैद खड़े थे। उन्हें लगता था कि आज सचिवालय पर आक्रमण होगा और उन्हें सुरक्षात्मक लड़ाई लड़नी होगी।

मुख्यमन्त्री की कार झंडा हिलाती निश्चित वक़्त पर आई। किसान और नेता उस ओर लपके। नारे लगने लगे। मैंने तुरन्त हाथ मारा और कैक्टस को जड़ सहित गमले से खींच लिया। मिट्टी ढीली और रेतीली थी, जैसी कि कैक्टसों की होती है। कैक्टस गमले के नीचे था। मैंने कन्धे से झोला निकाला और कैक्टस उसमें डाल लिया। मैं अगर एक मिनट की देर करता तो उसे पाना कठिन हो जाता। नारों का स्वर सुन सचिवालय के बाबू उस ऊँची इमारत की खिड़कियों से झाँकने लगे थे। अगर मैं देर करता तो उनकी नज़र मुझ पर पड़ जाती। मुझे कैक्टस चुराता देख पता नहीं उन पर क्या प्रतिक्रिया होती। वे शायद हँसते। वे मुझे एक सामान्य स्तर का चोर समझते क्योंकि सचिवालय में जो हो रहा था, उसकी तुलना में ऐसी चोरियाँ नगण्य हैं।

मैं लॉन से उठा और पोर्च की तरफ़ चला गया जहाँ भूमिहीनों का कार्यक्रम जारी था। उस समय मुख्यमन्त्री कार के पास खड़े माँगपत्र पढ़ रहे थे। पढ़ने के बाद उनके चेहरे पर मधुर मुस्कुराहट तैरने लगी। वे बोले—भाई, मैं तो भूमिहीनों की माँगों का

हमेशा समर्थक रहा हूँ। आपने जो माँगपत्र में लिखा है, उससे मैं सहमत हूँ। इस विषय में हमें एक प्रान्तव्यापी कार्यक्रम बनाना होगा। जहाँ तक आपकी माँगों का सवाल है, मैं आज ही सम्बन्धित अधिकारियों से उस पर चर्चा करूँगा और...!

मैं धीरे से खिसक लिया। जिनके पास कैक्टस नहीं है, मैं उनकी माँगों का हमेशा समर्थक रहा हूँ। आज जो सचिवालय से कैक्टस उखाड़ा गया, वह इसी दिशा में चल रहे दीर्घकालीन कार्यक्रम का एक महत्त्वपूर्ण चरण है। कहना न होगा कि हमें इसमें सफलता मिली है। यह इस मुल्क के नौजवानों के लिए और मुल्क के लिए फ़ख्र की बात है जिसका हमें हमेशा नाज़ रहेगा कि आज इस मुल्क के एक नौजवान ने, जो इसी मिट्टी में पला और बड़ा हुआ, जो हमारा ही भाई है, सचिवालय के बिल्कुल सामने संगीनों के साए में पलने वाला एक कैक्टस ग़ायब कर दिया और उसका पता नहीं चल रहा। कितनी अजीब और शानदार बात है पूरी कौम के लिए, जिसका बहुत पुराना इतिहास है, जिसे आप सब जानते हैं। कैसे हम ग़ुलाम रहे, अंग्रेज़ों से लड़े और आज़ाद हुए और हमारे नौजवानों को यह मौक़ा मिला कि वे कैक्टस चुरा सकें। बड़ी बात है। यह हालत एक दिन में नहीं आती। इसके लिए वक़्त लगता है। यह ख़ुशी का मौक़ा है कि कैक्टस गमलों से निकाले जाने लगे। अब जल्दी ही हम भूमिहीनों के लिए ज़मीन का मसला, जो कि पुराना मसला है, काफ़ी पुराना। आप तो जानते हैं, ज़मींदारी और जागीरदारी के ज़माने में देश के क्या हाल थे। आपसे कुछ छुपा नहीं है। मगर हमने...।

मन-ही-मन भाषण बनाता मैं घर लौट आया।

उस रात मुझे लगा, किसी ने धीरे से मेरा दरवाज़ा थपथपाया। बहुत सभ्य तरीक़े से। मैंने खोला तो देखा कि सचिवालय का प्रमुख आई.सी.एस. अधिकारी दरवाज़े पर खड़ा मुस्कुरा रहा है। वह हल्की छींटदार बुश्शर्ट पहने था और मुँह में चुरुट लिये था। उसके चश्मे की फ्रेम मोटी थी। वह ऐसे खड़ा था जैसे मुझे दो मिनट के लिए डिस्टर्ब करने आया हो या उसे किसी का पता जानना हो। उसके पीछे संगीन लिये वह ख़ौफ़नाक चेहरे वाला सिपाही था जो सचिवालय के पोर्च के पास खड़ा रहकर कारों पर नज़र रखता है। कुछ पीछे वह नेता खड़ा हुआ था जो भूमिहीनों को भूमि दिलवाने के लिए किसानों का जत्था लेकर मुख्यमन्त्री से मिलने आया था।

इसके पूर्व कि मैं कुछ कहता, अफ़सर ने मेरे कन्धे पर हाथ रखकर कहा—"आज आप सचिवालय आए थे?"

मेरा चेहरा फक़ हो जाता है। भय से मेरी सुषुम्ना नीचे तक काँप जाती है। मैं सहज होने का प्रयत्न करता हूँ। वे लोग मेरा उड़ा हुआ चेहरा देख हँसते हैं।

"जी हाँ, आया था।"

"क्यों?"

"ऐसे ही घूमने।"

वे सब हँसते हैं।

"सचिवालय घूमने की जगह है?"

मैं चुप रह जाता हूँ।

"आज सचिवालय के उद्यान से एक कैक्टस चोरी चला गया है। गवर्नमेंट का ख़्याल है कि वह आपने चुराया है। हम तलाशी लेना चाहते हैं।"

"मैंने सचिवालय से कोई कैक्टस नहीं लिया। मेरे पास अपने कैक्टस हैं।"—मैं यह कहकर दरवाज़ा बन्द कर देता हूँ।

वे लोग दरवाज़ा खटखटा रहे हैं। मैं खिड़की से देखता हूँ—मेरे घर के सामने सैकड़ों पुलिस के जवान खड़े हैं। स्थानीय लॉ कॉलेज के कुछ प्रोफ़ेसर्स भी वहीं खड़े बातें कर रहे हैं। वे सब मेरे घर की ओर देख रहे हैं। दरवाज़ा अब तोड़ा जा रहा है। वह संगीन वाला मुछक्कड़ बन्दूक के कुन्दे से दरवाज़ा तोड़ रहा है। मैं घबरा रहा हूँ। मुझे समझ नहीं आ रहा कि क्या करूँ। सचिवालय से चुराया कैक्टस पास ही टेबल पर रखा है। मैं उसका गमला उठा कर बग़ल में दाबता हूँ और पीछे के दरवाज़े से निकल जाता हूँ।

पुलिस मेरे पीछे है। सीटियाँ बज रही हैं। गोलियाँ चलने की आवाज़ सुनाई दे रही है। कुत्ते भौंक रहे हैं। अफ़सर आदेश दे रहे हैं—"पकड़ो, पकड़ो!"

मैं भागता हुआ तालाब तक पहुँच जाता हूँ और वहाँ से सहसा ऊपर उड़ने लगता हूँ। कैक्टस का गमला मेरी बग़ल में दबा है। मैं आकाश में ऊपर पहुँच जाता हूँ। नीचे तालाब है। तालाब के किनारे रामविलास और सोमदत्त गर्ग खड़े दिखाई दे रहे हैं। वे चिल्ला रहे हैं—"शरद जी, शरद जी, घबराइए मत, उड़ते रहिए, कैक्टस को मज़बूती से पकड़िए।"

मैं ऊपर-ऊपर उड़ता जा रहा हूँ। दूर, बहुत दूर से आवाज़ आ रही है—"शरद जी, शरद जी...!"

दरवाज़े पर सोमदत्त था। सुबह वह मुझे आवाज़ दे रहा था—"शरद जी, शरद जी।" नींद में मुझे उसके स्वर सुनाई दे रहे हैं। बन्द दरवाज़े के पीछे से आ रही हल्की आवाज़ लगता था, कहीं दूर से आ रही है।

सत्यम् शिवम् कार्टूनम्

उस दिन एक कार्टून देख कर मन लिखूँ-लिखूँ होने लगा। यार लोगों ने लिअनार्ड द विंसी और हसन के चित्र देखने के बाद कविताएँ लिखी हैं। अली अकबर का सरोद और रविशंकर का सरोद सुन उन्होंने कोरे काग़ज़ काले किए हैं, तो मेरा मन मचल उठा, तो क्या हुआ? वे तो आर्ट गैलरी में डायरी लेकर जाते हैं और पुरस्कृत चित्र की ओर देखते-देखते लिख डालते हैं। मैं कार्टून स्तर का आदमी ठहरा। जैसे पत्रकार ख़बर देने को उतावला हो जाता है, मैं लिखने को हो गया। सादा-सा कार्टून, टेढ़े-तिरछे चेहरे। ब्लैक एंड व्हाइट में छपा था, रंग की भरमार नहीं थी। सिर्फ़ काले रंग की रेखाएँ थीं और वे भी इसलिए कि अख़बार काले रंग में छपता है। यदि लाल या नीले रंग में छपता तो वे रेखाएँ लाल या नीले रंग की होतीं। पर कार्टून देख कर लगता था, रंग और रेखा से परे भी ऐसा कुछ है जो प्रकट हो रहा है। मन में लहर-सी उठने लगी, तूफ़ान आने लगे। अष्टग्रही-सी मच गई, कुछ ऐसा वातावरण बन गया, जैसा हीरोइन की शादी विलेन से होते समय फ़िल्म में बन जाता है। सोचने लगा, कार्टून देख कर जो अनुभूति हुई है, क्या वह तबला बजा कर अभिव्यक्त की जा सकती है? नहीं की जा सकती। डायरी खोल कर लिखने बैठा और उस रात, उन कार्टूनों वाली रात को मैंने जो लिखा, उसे ज्यों-का-त्यों, बिना नमक-मिर्च या टमाटो सॉस लगाए प्रस्तुत करता हूँ।

तारीख़....................
समय....................
मूड .... वगैरह

नींद नहीं आ रही है। बार-बार लगता है जैसे खिड़की से कोई झाँक रहा है। झाँकने वाला चाँद होता, यदि मैं कवि होता। पर मैं कवि नहीं हूँ, अतः वह चाँद नहीं है। मैं देख रहा हूँ कि आज जाने क्यों बाज़ार में बिकने वाले साढ़े चार आने रास के चेहरे धीरे-धीरे मेरी खिड़की के पास से गुज़र रहे हैं। उनकी गेंदे की फूल-सी नाक...मनिपुरी नर्तक-सी आँखें और चुनाव जीतने के बाद प्रसन्न राजा से खिले हुए

दाँत...जाने क्यों मेरा मुँह चिढ़ाते हैं। मैं भी मुँह बना रहा हूँ। कभी नथुने फुलाता हूँ तो मुझे लगता है, बनिहाल सुरंग आसपास कहीं है। कभी आँखें छोटी करता हूँ तो लगता है, सरकारी योजना के अन्तर्गत किसी ने दो तालाब मिट्टी से पाट दिये हों। आईना मेरे हाथ में है। मैं मुँह खोलता हूँ। दाँत ऐसे जमे हैं जैसे केबिनेट हों। ज़ुबान जनता है, पेट समाज है और ये दाँत सेवक हैं। यदि ये कस जाएँ तो जनता गिरफ़्तार हो जाए और पेट ख़ाली, जैसा पाक़िस्तान में हुआ। मेरी ज़ुबान बाहर आती है, जैसे पति के चले जाने के बाद औरत खिड़की से झाँकती है,...इधर देखती है, उधर देखती है और फिर गर्दन अन्दर डाल लेती है। जाने क्यों आज मेरी नाक ज़्यादा लम्बी हो रही है, बहुत लम्बी, यहाँ तक कि मिट्टी में मिलने को है। साँस के बजाय धूल अन्दर जाती है। मेरी नाक पर संस्कृति का झंडा लाकर किसी ने गाड़ दिया और माइक हाथ में लेकर मेरे कान में बोला—'विश्वास रखो प्यारे, हम यह नाक कटने नहीं देंगे।' मैं ताली बजाता हूँ...तिरताली...चौताली और झपताली और खिड़की से बाहर गुज़र रहे चेहरे नाचने लगे हैं। वे मुकुट पहनकर नाचते हैं, टोपी पहनकर नाचते हैं या साफ़ा लगा कर—कोई कैसा है, कोई कैसा! मैं ताली बजा रहा हूँ क्योंकि मुझे उनका नाच देख कर आनन्द आता है। सरकार इनसे एन्टरटेनमेन्ट टैक्स नहीं लेती। संविधान में शायद नाचने की स्वतन्त्रता है।

डेम पॉलिटिक्स! मैं आईना फेंक देता हूँ, पर जाते-जाते एक प्रश्न आईने से झाँककर मेरे चेहरे ने मुझसे पूछा—आदमी के यदि तीसरा नेत्र भी होता तो चश्मे का आकार कैसा होता?

फिर कार्टून की बात! मुझे हँसी आती है।

मुझे भ्रम हुआ कि मैं शिव हूँ। मेरे सिर पर बड़े बाल हैं जिसका फ़ोटो खींचकर तेल कम्पनी वाले विज्ञापन देते हैं। बालों में अर्ध चन्द्रमा है जिसे देख कर ईद मनाने को जी करता है। ऊपर से उतरी गंगा मैंने अपनी जटा में लपेट ली है, जैसे प्राकृतिक वरदान प्राइवेट सेक्टर अपने वश में कर ले। मेरे तीसरा नेत्र है जिसे जब चाहें तब मैं खोल सकता हूँ, जैसे जेब में पड़ा लाइटर कोई जब चाहे जला ले। मैं तीसरा नेत्र खोलता हूँ और उसकी आग से सिगरेट जला लेता हूँ। एनर्जी के शान्तिमय उपयोग का क़ायल हूँ।

नींद नहीं आ रही है। अनेक कार्टून दिल में हॉस्टल किए हैं और मैं प्रसन्न भी हूँ और परेशान भी हूँ। मैं ख़ुद अख़बार में छपा एक कार्टून हूँ। कहीं सुन्दर पेंटिंग्स् की प्रदर्शनी चल रही है, वहाँ भूले से अख़बार पहुँच गया है और उस पर बना मैं भी। उन क़ीमती क्लासिक तस्वीरों को देख कर मैं विचित्र हीन भाव अनुभव कर रहा हूँ। रात हो गई है, प्रदर्शनी बन्द हो चुकी और मैं शरमाया मेज़ पर पड़ा हूँ। तभी एक पेंटिंग में पनघट की ओर घड़ा लेकर जाती हुई सुन्दरी सहसा अपना घड़ा ज़मीन पर रख देती है और चित्र से नीचे उतर कर आ जाती है।

“हलो प्यारे!” मैं उसकी आवाज़ सुनता हूँ और अपना बेडौल शरीर हिलाता-डुलाता खड़ा हो जाता हूँ।

“कौन हो तुम?”

“रीअलिस्ट!” मैं जवाब देता हूँ।

“झूठे, मैं रिअलिस्ट हूँ। देखो मेरी आँखें, जिन्हें कालिदास मेज़ पर सजाकर रखता था। मेरे उभरे वक्ष, जो खजुराहो की लाइब्रेरी से इश्यू कराए गए हैं। मेरी पतली कमर, जो शायरों की मुट्ठी में बन्द हो जाती है और देखो ख़ुद को 'बदशक्ल...मनहूस'।”

मैं फिर आईना उठा कर देखता हूँ।

“मेरी जान” यदि यह सम्बोधन तुम्हें स्वीकार हो तो सचमुच मैं बदशक्ल और मनहूस कार्टून हूँ। तुम आर्ट गैलरी में हज़ारों की क़ीमत में टँकी हो और मैं दो आने में ख़रीद कर फेंका गया हूँ। मुझे तुम दयामयी क्लासिक अदा से अपनी बाँह में कस लो। तुम मुझे प्यार दो और मैं तुम्हें पोस्टडेटेड चेक दूँगा। आओ, मैं तुम्हारे इस मखमली यथार्थ की शरण लेकर दो क्षण अपने को ग़फ़लत में डालना चाहता हूँ।”

वह क्लासिक अदा से हँसती है, जैसे निगोड़े दुष्यन्त को पानी पिलाते समय शकुन्तला हँसी होगी।

मैं कालिदास की मेज़ के पास खड़ा, खजुराहो की लाइब्रेरी देखता हूँ और शायराना अन्दाज़ से मुट्ठी कस लेता हूँ।

उसके मखमली सम्पर्क से मेरा शरीर तो 'सुन्दरम्' नहीं हुआ, पर वही अपनी सच्चाइयों में उभरने लगी। उसकी आँखों पर चश्मा लग गया, उसके वक्ष किसी बीमारी में सूखने लगे और कमर मोटी होने लगी। बीसवीं सदी के छोर पर बैठी वह अठारहवीं सदी में पनघट पर छोड़ कर आई अपना घड़ा देखने लगी, जो उस पेंटिंग में अभी भी रखा था।

“हाउ डू यू डू—सत्यं शिवं सुन्दरम्!”

“नहीं, नहीं—सत्यं शिवं कार्टूनम्!”

तलाश कुछ शब्दों की

कई बार उपयुक्त शब्द न मिलने से बड़ी कठिनाई होती है। कोश भी मदद नहीं करते, क्योंकि जब उस आशय का शब्द ही नहीं है तो कोश कहाँ से लाकर देगा, तब मजबूरी में आकर एक नया शब्द गढ़ना पड़ता है। धीरे-धीरे चल जाता है। यह समस्या हर लल्लू-जगधर के सम्मुख नहीं आती मगर हम जैसे प्रबुद्ध जन प्रायः इस बारे में परेशान रहते हैं। कुछ ऐसी स्थितियाँ हैं जो अपने लिए एक शब्द चाहती हैं। जैसे आप खाना खाने बैठे। एक कौर मुँह में रख आप क्रोध से पत्नी की ओर देखते हैं और कहते हैं—'यह खाना है? इसे खाना कहते हैं?' और आप मुँह का कौर थूक देते हैं। पत्नी कहती है—'मैं क्या करूँ, आज नौकर नहीं आया। अब जैसा बना है वैसा खा लो। लाओ, गरम कर दूँ।' अथवा वह कहेगी—'हाँ, तुम्हें घर का खाना क्यों अच्छा लगेगा, उस चुड़ैल के यहाँ खाकर जो आते हो' आदि। मगर प्रश्न यह नहीं है। प्रश्न शब्द का है। पति की परेशानी है—उपयुक्त शब्द का अभाव, अर्थात् उस भोजन अथवा खाने के लिए जो कदापि सुस्वादु नही है, कौन-सा शब्द दिया जाए? फिर वह अपने बुद्धि-कोश से एक शब्द लाता है—'भूसा' और पत्नी की परोसी थाली पर चस्पां कर देता है—'मैं भूसा नहीं खाऊँगा' या इसी क़िस्म का कोई वाक्य।

अब आप सात वर्ष पूर्व चलिए अर्थात् इन दोनों के विवाह के एक माह पूर्व। लड़की कहती है—'देखिए, मुझे खाना-वाना बनाना नहीं आता। न मुझे नमक-मिर्च का हिसाब पता है और न पकाना आता है। मुझसे रोटियाँ जल जाती हैं। आप कहेंगे, कैसी बीवी मिली है!' इस पर लड़का उसकी ओर यों देखता है जैसे वह सच न बोल मज़ाक कर रही हो और कहता है—'तुम तो भूसा भी रख दोगी तो खा लेंगे, हम तो प्रेम के भूखे हैं।' और उसे पास खींच लेता है। आदि।

समस्या है शब्द की। सुघड़ पत्नी की बनाई सुस्वादु खाद्य-सामग्री के लिए शब्द है भोजन, परन्तु जब प्रेमिका प्लेट में कचरा परोसे या पत्नी ऐसा करे तो उसके लिए उपयुक्त शब्द नहीं है।

कई ऐसी स्थितियाँ हैं जब एक शब्द की दरकार होती है। पार्टी में एक परिचित महिला या कन्या आई है, मगर अभी मिली नहीं है। आप उस क्षण की प्रतीक्षा में हैं जब वह आपके समीप से गुज़रे और मुस्कुराए। जवाब में आप भी मुस्कुराएँ। ऐसी स्थिति उत्पन्न करने के लिए हाथ में आइस्क्रीम ले आप बार-बार कोण बदलते हैं। बड़े सहज अन्दाज़ से इस ओर से उस ओर आते-जाते हैं। मिल-जुल भी रहे हैं, मगर वह कोमल क्रॉसिंग नहीं हो पा रही, जिसकी प्रतीक्षा है। बताइए, इस हालत को बयान करने के लिए कौन-सा शब्द है? है कोई? नहीं। बस, यहीं हिन्दी अखर जाती है हम प्रबुद्ध जनों को। मैं एक शब्द बनाता हूँ—टुकलाना। जैसे प्रशान्त जी पूरे समय मिस वर्मा के लिए टुकलाते रहे, अथवा प्रशान्त जी ने बड़ा टुकलाया मगर जालिम ने आँख उठा कर भी नहीं देखा।

आम भारतवासी जब रात को सोता है तब उसे एक सन्देह रह-रहकर सताता है कि बिल्ली दूध पी जाएगी। वह दूध अलमारी में बन्द कर देता है। मगर अब उसे यह शक सता रहा है कि एक बार बिल्ली आएगी ज़रूर कोशिश करने। वह पत्नी से बातें कर रहा है। पत्नी उससे। मगर दोनों का ध्यान बिल्ली पर है। गिलास में रखे पाव भर दूध पर जो ख़तरा है, वह मानो प्राणों का ख़तरा बन गया है। बताइए, भारतीय जीवन में रोज़ आने वाली इस मनःस्थिति के लिए कौन-सा शब्द है हिन्दी में? है कोई? मैंने एक शब्द गढ़ा है—बिल्लौसना। जैसे नौ बजे सोने के बाद मैं कोई दस बजे तक बिल्लौसता रहा, फिर नींद आ गई; अथवा 'डाक्ट-साब, मेरी पत्नी रात को बहुत बिल्लौसती है, कोई दवा दीजिए, अथवा यह विज्ञापन पंक्ति—'गुलज़ार रेफ़्रीजरेटर ख़रीदिए और हर रात के बिल्लौसने से मुक्ति पाइए।'

अनेक बातें हैं जिसके लिए आज शब्द नहीं हैं। नींद में दाँत पीसना, बैठे-बैठे यह हिसाब मन-ही-मन लगाना कि पिता जी मरेंगे तब क्रिया-कर्म में कितना ख़र्च बैठ जाएगा। यह एहसास कि जिस बड़े रेस्तराँ में हम बैठे हैं यहाँ बिल ज़्यादा आएगा, शत्रु की पत्नी सुन्दर होने की एक प्रशंसाभरी जलन, प्रेम करते समय यह भय कि लड़की का भाई किसी दिन मारेगा, वे सारे उपाय जिनसे बाल काले लगें, बैंक से रुपया निकालते समय क्लर्क की ओर याचना-भरी व्यर्थ की दृष्टि, भाषण देते हुए एक क्षण को यह डर कि कहीं लोग मुझे मूर्ख तो नहीं समझ रहे, बातचीत का कोई विषय न होने पर भी अपने ससुर के सम्मुख सोफ़े पर बैठे रहना, रचना भेजते समय लौट आने की शंका, किसी बोर को अपने घर की ओर आता देख मन में उठा पहला भाव, मेहमान को अपने कैक्टसों से प्रभावित करने का प्रयास, आटा पिसवाकर लौटते समय परिचितों से नज़रें बचाना, गर्दन तिरछी कर पीछे की सीट पर बैठी लड़कियों को अपना प्रोफ़ाइल देना, कॉफ़ी हाउस में सच बोलते समय आशंका से चारों ओर देखना, किसी मित्र अथवा कार्यक्रम की तलाश जिसके कारण घर जल्दी जाने से बचें आदि बातों के लिए कोई शब्द नहीं है, जिसे कहने से ही अर्थ खुल

जाए। हिन्दी बड़ी समृद्ध भाषा है, जिसमें सिटपिटाना जैसे शब्द हैं; मगर बदलते समय के साथ हर भाषा को नई दुर्दशाओं के अनुकूल शब्दों की आवश्यकता होती है। मैं किसी अध्यक्ष पद से नहीं बोल रहा फिर भी कहना चाहूँगा कि हिन्दी को अभी काफ़ी विकास करना है।

मुँह से नहीं कहें मगर किसी मित्र के यहाँ जाते समय यह इच्छा रही हो कि वहाँ चाय मिलेगी। मैं कहूँगा, वे यहाँ चाने आए थे। चाने अर्थात् चाय पीने की इच्छा से आने या उक्त इच्छा से जाने। मैं वहाँ चाने गया था। सफल हुआ। इसमें निमन्त्रण नहीं है कि कृपया खाने आइए। इसमें चाय के लिए डौल ज़माने की ख़ामोश स्थिति है। भावना को शब्द दिया गया है। मनुष्य प्रगति करता है, साथ में भाषा प्रगति करनी चाहिए। अच्छा, कुलकुलाना शब्द का क्या मतलब है, आप समझते हैं? किसी कार्यक्रम में जो बोर हो अथवा हमारे शत्रुओं द्वारा आयोजित हो और वहाँ हम निमन्त्रण पाकर शरीफ़ मुद्रा में बैठे हों और तभी वहाँ हूटिंग होने लगे। ज़रा कल्पना कीजिए। शराफ़त का चेहरा बनाने के कारण हम स्वयं हूटिंग नहीं कर रहे, मगर दूसरों के द्वारा हूटिंग होता देख प्रसन्न हैं। दाँत निपोरकर पीछे देख रहे हैं, आँखों में चमक आ गई है, कामना कर रहे हैं कि और हूटिंग हो, ख़ूब हूटिंग हो। शत्रु का कार्यक्रम है, हूट होना ही चाहिए। मैं कहूँगा, आप 'कुलकुला' रहे हैं। बाद में जब चर्चा चलेगी, मैं बताऊँगा कि कुछ लोग हूट कर रहे थे, कुछ कुलकुला रहे थे। आपका नाम लेकर कहूँगा कि आपने हूट तो नहीं किया, मगर कुलकुलाए ख़ूब। कभी आप मुझे इस स्थिति में देखें तो आप कहिए। सवाल यह है मित्र कि शब्द चलना चाहिए। इसी में भाषा की प्रगति है।

विषय-जाल में फँसा व्यंग्यकार कृपया मदद करें

इस सप्ताह मैं विषय-वासना में घिर गया हूँ और समझ नहीं पा रहा कि क्या लिखूँ, किस पर लिखूँ। अनेक विषय हैं जो मुझे आकर्षित कर रहे हैं और तय नहीं कर पा रहा कि किसे प्राथमिकता दूँ। मेरी हालत इस समय मध्यप्रदेश शासन की तरह हो रही है जिसकी आँख हज़ार हैं मगर सब काम नहीं करतीं और हाथ सिर्फ़ दो हैं जो जेबों में हैं। (जेबों में क्यों है और किसकी जेब में है, यह भी एक लिखने लायक विषय है।) मैं विषयों से घिरा हुआ हूँ। मैं निर्णय नहीं ले पा रहा हूँ, मानो व्यंग्य लिखना एक सरकारी फ़ाइल निपटाना हो कि सचिव और उपसचिव उसे देखते रहें और तय न कर पाएँ!

सबसे पहले मैंने सोचा कि मैं स्वामी विश्वभक्त पर लिखूँ जो शासन की कृपा से योग की पचमढ़ी ऊँचाइयों पर पहुँचे और कुछ ही दिनों बाद भोग की भोपाली तलहटी में उतर आए। हर शिक्षा मन्त्री को एक सनक होती है। किसी को नैतिक शिक्षा की, तो किसी को योग की। और शासकीय सनक को शास्त्र बनते देर नहीं लगती, जिसके अन्तर्गत अनुशासन क़ायम हो जाता है। शासन की श्रद्धापूरित आँखें (काश, ऐसी श्रद्धा और ऐसा सम्मान ईमानदार और मेहनती कर्मचारियों के प्रति होता!) योगी के रोगी व्यक्तित्व को नहीं पहचान सकीं। योगी पैर पटकते सचिवालय में घुस जाते, अधिकारियों और कर्मचारियों से बदतमीज़ी से पेश आते पर सब सहन किया जाता। हर दुर्व्यवस्था अपने दुर्वासा को बहलाना जानती है, चाहे वह ऋषि नक़ली ही क्यों न हो। जिसे मन्त्री कलेजे से लगाए, उसे सरकारी नौकर को सिर पर उठाना लाज़मी है। योगीराज सरकार को झुकाने का परम आसन जानते हैं, और वह आसन वे किसी को नहीं सिखाते। मौक़े की बात है कि एक मछली उनके गले में अटक गई, वे उसे निगल नहीं सके! शासन को उसे कहीं राजनीतिक स्तर पर न निगलना पड़े, इसके पूर्व शासन ने विश्वभक्त जी को अलग कर मुक्ति पा ली। 'जोगी मत जा, मत जा, मत जा' की बजाय शासन ने गाया—'जोगी भग जा, भग जा, भग जा।' योग और वासना से मुझे यह विषय इस कॉलम के लिए मिल रहा था। सोच रहा था कि इस सप्ताह इसी पर लिखूँगा कि तब एक नई ख़बर ने चौंका दिया।

हमारा मध्यप्रदेश इधर काफ़ी मशहूर हुआ है। भोपाल के हमीदिया अस्पताल के ऑपरेशन वार्ड में एअर कंडीशनिंग की व्यवस्था के लिए बम्बई से एक सज्जन ने एक हज़ार रुपए का चेक भिजवाया मुख्यमन्त्री महोदय को। क्या कहने! मध्यप्रदेश शासन मुख्यमन्त्री के कक्ष, आराम कक्ष आदि को एयरकंडीशन करने में लगा हुआ है और उसके लिए लाखों रुपयों का प्रावधान किया है और अस्पताल के ऑपरेशन वार्ड में जहाँ प्रतिदिन बीस-पच्चीस ऑपरेशन होते हैं, पर्याप्त पंखे भी नहीं हैं और सात वर्ष से वहाँ एयरकंडीशनिंग का मामला अटका हुआ है।

हाय रे समाजवाद, तू किस ठंडी गली से आएगा, पता नहीं! प्राथमिकताओं की यह ख़बर 'टाइम्स ऑफ़ इंडिया' में छपी और हमारा मध्यप्रदेश (सरकारी लेखों के अनुसार मध्यप्रदेश राज्य के क़दम समाजवाद की दिशा में तेज़ी से अग्रसर हो रहे हैं) सारे देश में मशहूर हो गया। आश्चर्य नहीं और भी स्थानों से दान के चेक आएँ और शर्मिन्दगी के क्षणों में भी हमारे इस राज्य को आर्थिक लाभ हो! मैं इस विषय पर लिखना चाहता था। मेरा दृष्टिकोण दूसरा था। मैं शासन की प्रशंसा करता। हमीदिया अस्पताल में सिर्फ़ मन्त्रियों और अफ़सरों के इलाज की ओर ध्यान दिया जाता है। अन्य रोगी बैठे अपनी मृत्यु की अनिवार्यता को दिल बहलाने के लिए ग़ालिब अस्पताल और दवाई का ख़्याल अच्छा समझ वक़्त गुजारते हैं। शासन की दूरदर्शिता यह है कि वह सचिवालय को एयरकंडीशंड करवा रही है। इससे लाभ यह होगा कि मन्त्री और अफ़सर बीमार कम होंगे और इसका लाभ हमीदिया अस्पताल को होगा। अन्य मरीज़ों को बिस्तर तथा सुविधाएँ मिलेंगी। सचिवालय को एयरकंडीशन करवाने के मूल में शासन की यही जनहित की भावना है। मैं प्रशंसा करने वाला था और शासन को सलाह दे रहा था कि लॉटरी से होने वाली कमाई से सचिवालय कालीन बिछवा दे, कूलर लगवा दे और सब कुछ डनलप पिलोमय कर दे! मगर तभी एक नई बात सुनी।

सरकार का लॉटरी चलाने वाला विभाग मध्यप्रदेश की जनता से सख़्त नाराज़ है, जो राज्य के लॉटरी टिकट कम ख़रीदती है। बड़ा इनाम न होने के बावजूद जनता न ख़रीदे, इससे अधिक खेद की क्या बात हो सकती है। लॉटरी वालों ने साफ़ कह दिया है कि हम राज्य की सीमा में अन्य राज्यों के टिकट बिकना बन्द कर देंगे या मध्यप्रदेश लॉटरी बन्द कर देंगे। मैं उनसे निवेदन कर रहा था लेख लिख कर, कि यह अत्यााचर मत करना। इस देश में समाजवाद सिर्फ़ लॉटरी से आ सकता है। सट्टे से आ सकता है। यह विषय दिमाग़ में ज़ोर पकड़ रहा था कि एक और घटना हुई।

श्रीमती इन्दिरा गाँधी ने अपने मन्त्रिमंडल में हेरफेर कर दिया। मुझे यह परिवर्तन देख पहले हँसी आई और फिर मैं गम्भीर हो गया। मुझे लगा कि वास्तविक परिवर्तन अर्थात् सामाजिक या आर्थिक परिवर्तन इस देश के लोगों के भाग्य में नहीं बदा। हम परिवर्तन नहीं, उसके अहसास में जीते हैं। इस भ्रम में जीते हैं कि तब्दीली हो रही

है। तब्दीली नहीं होती, सिर्फ़ तबादले होते हैं। इधर का मन्त्री उधर, यहाँ का अफ़सर वहाँ। कभी लगता है कि बम्बई के अधिवेशन के बाद कुछ होगा। फिर लगता है, बजट के वक़्त होगा। फिर लगता है, दिल्ली अधिवेशन के बाद कुछ होगा, मगर नहीं होता। अब यह भ्रम उत्पन्न कर दिया गया कि मन्त्रिमंडल के परिवर्तन के बाद कुछ होगा। मगर नहीं होता। चूड़ी के टुकड़े काँच की नली में घूमते हैं, कैल्डियोस्कोप को घुमाने से चूड़ी के वही टुकड़े नए प्रकार का फूल बनाते हैं और बच्चा प्रसन्न हो जाता है। दिल्ली में ऐसे फूल बनते हैं और भारत माँ के बच्चे उनमें खोए रहते हैं। जगजीवन राम वहाँ और फ़ख़रुद्दीन यों-से-यों। क्या होता है इससे! मन बहलता है, वक़्त गुज़रता है, समस्या टलती है मगर देश वहीं-का-वहीं खड़ा रहता है।

प्यारे पाठको, विषय बहुत हैं इस समय और समझ नहीं आ रहा है कि एक पूरा कॉलम किसको दूँ? इसको दूँ? उसको दूँ? यह दिल किसको दूँ? आप कुछ मदद कीजिए! अर्थात् इन विषयों पर ज़रा आप ही विचार कीजिए! कैसी व्यंग्य-स्थितियाँ हैं!

गुलमोहर

गुलमोहर–पतले ओठ, बड़ी-बड़ी आँखें, चढ़ी-चढ़ी उमर और खड़ी-खड़ी आशाओं वाली एक लड़की का नाम है। आपकी जिज्ञासा कुछ बढ़ी, सहज कुछ मन में अच्छा लगा, तो ऐसा ही कुछ अच्छा मुझे लगता है जब मैं गुलमोहर को देखता हूँ। गुलमोहर अर्थात् गुलमोहर का पेड़ और कुछ नहीं। लड़की की बात तो ऐसे ही छेड़ दी थी। बिना रूप-चर्चा के लेखनी को अन्य कौन से मोहक लोक में भटकाएँ, न कालिदास समझा था और न यह गुलमोहरदास। (कैसा नाम रहा?)

गुलमोहर पर लिखने की इस कारण मन में नहीं आई है कि कहीं मुझे अपनी खिड़की से उसकी लाल फूलों वाली डांल नज़र आती है, अथवा आज साँझ डूबे किसी ने उसके फूल मुझे दिये थे और मेरी टेबल पर वे सूखे सकुचाए पड़े हैं इसलिए कि बड़े दिन हो गए, कहीं आते-जाते गुलमोहर का पेड़ नहीं दिखा सो योंही याद आ गई। आप सोचेंगे, हिन्दी की प्रगद्यःक्यारी में अभाव पर निबन्ध नहीं लिखे जाते, सम्पादक के नाम पत्र लिखे जाते हैं। दूर के पिया पर लिखे छन्दों की प्रशंसा आपने कभी की ही होगी, मैं भी करता हूँ। दूर के पहाड़ का सुहावनापन कहावत स्वीकारती है। सो, मैं यदि बड़े दिन से अदिखे गुलमोहर पर लिखने की सोचूँ तो उसे स्वांतः सुखाय असफलता की कोटि में रखकर क्षमा कर दीजिएगा, अथवा न क्षमा कीजिएगा, कोई अन्तर नहीं। मैं और गुलमोहर राज़ी तो क्या करेगा काजी, मुल्ला या आलोचक।

गुलमोहर पर लिखना यों पुरानापन है। लिखाई के क्षेत्र में आजकल युक्लिप्टस् और नर्गिस जैसे फूलों की चर्चा है। कचनार के फूल भी मेरे प्यार के प्रतीक मान लिए जाते हैं। गुलमोहर की ओर कोई आँख नहीं फेरता। दोष गुलमोहर का ही है। जैसे मुझे ही कितनों दिनों से नहीं दिखा। आजकल विषय (विषय-वासना नहीं) के पीछे कोई नहीं दौड़ता, वस्तु स्वयं आ चरण छुए तो कला वाला दया कर सकता है। आज लिखे तो निश्चित योजना बना कर लिखते हैं और गुलमोहर इसमें सदा छूट जाता है।

ज़रा तटस्थ होकर सोचिए तो ऐसा गुलमोहर में है क्या? मोगरे की तरह बाग़ में सुगन्ध नहीं फैलाता। कचनार के जैसा फूल ढँका नहीं हो जाता। कृष्ण इसे नन्दन वन से नहीं लाए। नूरजहाँ ने इसकी वाहवाही नहीं की, वेणी के यह अयोग्य है, हार इसके बन नहीं पाएँगे। आख़िर है क्या इसमें? लम्बा-लम्बा कद, फूल बड़े ऊँचे-ऊँचे,

कलियाँ भोंडी मोटी-मोटी। पर यह सब तब जब आप तटस्थ होकर सोचें। ऐसे तो तटस्थता भी अपना विरोध या पक्षपात प्रकट करने का पवित्र पैंतरा भी है। क्योंकि ऐसे ऐब होने पर भी गुलमोहर किसे नहीं सुहाता, मन को लुभाता, प्यार बड़ा पाता, जिया भरमाता है।

गुलमोहर से मेरी प्रीत पुरानी है। पुरानी यानी जिसका सिलसिला विक्रम पूर्व से जा मिलता हो, ऐसी नहीं। बचपन में गुलमोहर नीचे कलियाँ बीनने के शौक़िया श्रमदान से इस बात के लक्षण पालने में दिखाई देते थे कि मुझमें वस्तु संग्रह की, परिग्रह की पूँजीवादी प्रवृत्ति है। बाद में तो बड़ा दुर्भाग्य रहा। सोचिए, कलियाँ बटोर कर कोई केपिटलिस्ट बना है! फिर गुलमोहर की कली न रूप की, न स्वाद की। गुलमोहर के फूल स्वाद में भी खट्टे रहते हैं। कई कसौटियों पर नापसन्द रहा। पर बड़े भाई, पसन्द हो तो अपनी, न पसन्द हो तो अपनी।

बड़े दिनों से न दिखे तो कह देते हैं, कहाँ ईद या दूज के चाँद हो गए। मैं तो कह दूँ कि कहाँ गुलमोहर हो गए। दिखाई देने के नाम पर गुलमोहर की भूमिका कितनी छोटी होती है! मन भी नहीं भरता और गुलमोहर अपने हल्के छींटेदार फूलों के साथ बिखर जाता है। शेष रह जाता है बस नन्ही-मुन्नी पत्तियों वाला घना पेड़, जो सूरज की किरणें अपने प्रदेश से नहीं गुज़रने दें।

एक दिन बॉटनी के प्रोफ़ेसर से पूछा कि गुलमोहर को आपकी दुरूह शब्दावली में क्या बोलते हैं तो बोले, 'पोहम्सिआना रेजिया'। मुझे यह शब्द दक्षिण अमेरिका के किसी प्रान्त का नाम लगा—गुलमोहर से ज़रा भी सम्बन्ध नहीं। इधर रघुवीरकृत अर्थ-अनर्थ कोश देखा तो मतलब मिला राज-आमरण। संशय के साथ शब्द मन को छू गया। गुलमोहर है तो राजा के आमरण के योग्य, पर इस थोड़े से काल के लिए अपनी लालिमा दिखाने वाले फूल को कौन अपना आमरण बनाना चाहेगा? राजा को सोने-हीरे के रक्तपात कचरा वाले आमरण चाहिए। गुलमोहर में स्वार्थ के इस भव्य क्षेत्र में प्रवेश करने की क्षमता नहीं।

फिर भी इन लाल फूलों में कुछ क्रान्तिकारी अदाएँ हैं। इसके नीचे उमंगें पनपती हैं। आज का यह रंगीन बावरापन कल तो नहीं रहेगा। अभूतपूर्व जवानी भूतपूर्व हो जाएगी। और हम एक रिटायर्ड नवयुवक। तब फिर ऐसे ही किसी गुलमोहर के नीचे सोफ़ा डाले सुबह का अख़बार पढ़ेंगे। मध्यवर्गीय लेखक सुखी जीवन की ओर क्या कल्पना करे! जिसमें सुधि संचित रहती है, उसी से कल्पना का ताना-बाना बुना जाता है। आज यह लाल-लाल फूल या रॉक-एन्-रोल की तर्ज से कहो तो लाल-लाल गाल गाने को ठीक है और कहीं काव्य फूटे तो 'सुधि से संचित वह साँझ कि जब सुन्दर व रतनारी सारी में तुम प्राण मिली गुलमुहर तले।'

अब सोचिए, गुलमोहर की क्यों याद आई!

मनीप्लांट

आज मनीप्लांट की डाल गमले में बोई है। बहुत दिन से कह रही थी कि ड्राइंग रूम में मनीप्लांट लगाना है। आज लग गया है। वह ख़ुश है। हम अपने अगले कमरे को ड्राइंग रूम कहते हैं। एक तख़्त बिछा है, दो-एक चौकियाँ पड़ी हैं और टेबल पर किताबों-पत्रिकाओं का ढेर। दीवारें सब गन्दी हैं। मोहल्ले के बच्चों ने तस्वीर बना रखी है। कभी-कभी जोश आता है तो इस कमरे को सजाने-सँवारने की सोचते हैं। तीन-चार दिन तक मूड रहता है। सब किताबें ठीक से रख दी जाती हैं, पर धीरे-धीरे फिर वही सब हो जाता है। मध्यम वर्ग के आदमी की सारी ज़िन्दगी अपने तीन कमरों की समस्या सुलझाने में गुज़रती है। ड्राइंग रूम के लिए कुर्सियाँ ख़रीदेगा तो रसोईघर में कोयला-आटा कम पड़ जाएगा। वह न हुआ तो चादरें कट जाएँगी। चादरें ख़रीद कर लाया तो बिजली का बिल चुकाना रह गया समझो। हँसी आती है और क्रोध भी। इसलिए अब घर को ड्राइंग रूम, किचन और बेड रूम में बाँटने का विचार छोड़, पूरे घर को घर पुकारने लगा हूँ। यही मुझ जैसे व्यक्ति करते हैं। वे सब, जो तुलसी का पौधा बोते हैं, पड़ोसी के घर से फूल चुरा अपने भगवान पूजते हैं,- पतलून खूँटी पर टाँग अंडरवियर पहन घूमते हैं और अपने गणित का सारा ज्ञान वेतन का ख़र्च जमाने में लगाते हैं। वे सब जो सिर्फ़ वस्त्र कम होने के संकोच में असामाजिक प्राणी हो गए। वे सब, जो सड़क से गुज़रता जुलूस उत्साह से देखते हैं पर घर पर आया अतिथि टालते हैं। मैं उन सबमें से ही एक हूँ। मनीप्लांट की डाल बोना मेरी हिमाकत है। यह पौधा मेरे यहाँ पनप पाएगा या नहीं, इसमें मुझे सन्देह है। पैसे का पौधा हमारे घर क्यों पनपने लगा?

पर अब पौधा लग ही गया है तो इसे बराबर पानी देना होगा। घर में अतिथि आ ही जावे तो खिलाना ही पड़ता है। मैंने सजाकर रख दिया है। इसके पत्ते बड़े चिकने हैं। मुझे कुछ दया आ गई है। क्या लेता है आख़िर? पानी ही तो पीता है मात्र। हम ख़ूब पानी देंगे। इस मामले में तो मैं किसी भी बँगले वाले से होड़ ले सकता हूँ। अगर इस पौधे को बजाय पानी के दूध देना पड़ता तो शायद मैं हार जाता। इसकी वही दुर्दशा होती जो बँगले वाले बच्चों की तुलना में एक मध्यवर्गीय बच्चे की होती है। पर पानी पीकर तो मैं पनप गया हूँ, यह भी पनपेगा।

मित्र आते हैं तो मेरे मनीप्लांट को ग़ौर से देखते हैं। कोई तारीफ़ भी कर बैठता है। यानी रौब पड़ता है। मनी शब्द की ही महिमा है। यहाँ पौधे के आगे ही मनी लगा है तो सब रौब खाते हैं। मेरे पास मनीऑर्डर आए तो मेरे ठाठ बढ़े, पर लगता है, इस मनीप्लांट से भी कुछ तो बढ़ ही सकते हैं ठाठ। मैं हँस देता हूँ। पत्ते फूट रहे हैं। कोमल छोटे पत्ते। फूल एक भी नहीं होता। सुगन्ध नाम को भी नहीं। पैसे की भी यही प्रकृति है। सोचता हूँ, इस पौधे का बीज भी होता है या नहीं। लोग पौधे की एक डाल काटकर ले जाते हैं और दूसरी जगह बो देते हैं। वहीं पनप जाता है। जैसे बैंक की शाखाएँ खुलें या किसी कम्पनी ने नई कम्पनी डाली हो। नए सिरे से श्रम नहीं करना पड़ता। अर्थशास्त्र और पौधा शास्त्र के नियमों में मनीप्लांट के मामले में एक ही नियम लगता है। सेठ साहब ने एक धन्धा पनपाया। रुपया पत्तों की तरह फूट घर आया। कई डालियाँ हैं जिन पर पैसा लगा है और वे सब उनके कब्जे में हैं। एक डाल है उनके अपने श्रम की, उनकी पूँजी और सूझ की। मनीप्लांट में नई जड़ें फूटती हैं। ब्लैक मनी, इन्कम टैक्स नहीं चुकाया, बोनस दाब गए, वेतन कम दिया, ग़लत खाते भरे, नक़ली ख़र्चा दिखाया, घाटा शो कर दिया, ओवर इनवाइस, अंडर इनवाइस, पूँजी बाँट ली, नक़ली शेयर होल्डर रावण के सिर की तरह बढ़ाए—यह सब एक ही मनीप्लांट की डालें हैं। इन सब में पत्ते फूटते हैं और मालिक की शोभा और शान बढ़ती है। बची हुई रक़म एक और व्यवसाय में डाल दी। मनीप्लांट की डाल यहाँ से वहाँ गई और पनप उठी। उसे पनपना ही है। बिना बीज के भी वह पनप सकती है। पानीनुमा पसीना ख़ूब-सा मिल जाता है, सस्ते दामों ख़रीद लो और अपने गमले में, कारख़ाने में, धन्धे में डालो और सींचो—देखो, कैसे पत्ते लहलहाते हैं! अर्थशास्त्र के नियम का प्रकृति से कैसा सम्बन्ध है! हमारी मिट्टी को डालियाँ भी स्वीकार हैं। जहाँ कारख़ाना डलता है, ख़ानदेश से लेकर पंजाब तक का पसीना उसे सींचने और पनपाने आ जाता है। नए पत्ते फूटते हैं। नई डालियाँ फूटती हैं। एक और कारख़ाने की भूमिका बनती है। इसी कारण तो अर्थशास्त्री कहते हैं कि हमारी मिट्टी में समाजवाद नहीं पनप सकता है। समझदार लोग हैं वे सब। समाजवाद कैक्टस की तरह खड़ा हुआ है। पानी नहीं, सहारा नहीं, पर फिर भी खड़ा है। आपकी लापरवाहियों से उसका कुछ बनता-बिगड़ता नहीं। वह हवा से नमी सोख लेता है और जीता है। मुझे तो इस मनीप्लांट का बड़ा ध्यान रखना पड़ता है। दिन में दो बार पानी देता हूँ।

पर मनीप्लांट तो शुद्ध प्राइवेट सेक्टर है। उसका अपना गमला है, पानी पर उसका अधिकार है। जनता को इससे फल-फूल न प्राप्त हों पर उसके अपने पत्ते तो ख़ूब फूटते हैं। डालियाँ फैलती हैं और जड़ जमती हैं। कमरे की शोभा इसी में है। इसी में देश की शोभा है। गन्दी झोंपड़ियों से घिरे कारख़ाने और मशीनें। मिक्स्ड इकोनॉमी का हरियाला वास्तव। व्यक्तिगत स्वाधीनता के गमलों में पनपता पूँजी का वृक्ष और असहयोग के मरुस्थल पर उगता हुआ कैक्टस-सा समाजवाद।

मैंने मनीप्लांट को शुद्ध हवा मिल सके, इसलिए खिड़की के पास रख दिया है। हवा के झोकों से पत्ते धीरे-धीरे हिलते हैं, जैसे बड़ा अख़बार हाथ में लेकर हवा करने से किसी सुन्दरी की लटें हिल रही हैं। कैक्टस पर हवा आती है, न भी आती। वह हवा के आश्वासन पर ही जी लेता है। अपनी प्राणशक्ति का भरपूर सदुपयोग करता है और पानी के इन्तज़ार में वक़्त गुज़ार देता है।

मेरा एक मित्र समझा रहा था, कैक्टस को पानी नहीं दिया करो ज़्यादा, जड़ें सड़ जाएँगी। उसके आसपास सूखी रेत डालो, ख़ुद पनपने दो। यह निष्ठुरता मुझसे नहीं होती। मैं रोज़ कैक्टस में पानी देता हूँ। वह बढ़ रहा है। तेज़ी से उसकी डालियाँ फूल रही हैं। वह हरा-भरा दिखता है, यद्यपि कँटीला है। मनीप्लांट की वैश्य प्रकृति है। उसमें स्निग्धता है, लोच है, यहाँ-वहाँ मुड़ जाने की आदत है। जैसा मौक़ा हो, वैसा निभा लेता है बशर्ते उसे बराबर पानी मिले यानी पूँजी का सरकुलेशन बना रहे। कैक्टस को पानी नहीं मिलता तो उसमें लोच नहीं है, वह ऐसे तना खड़ा है, क्रोध में घूरता है कि जैसे मज़दूरी नहीं मिलने पर बदतमीज़ कुली तने हुए देखता है। यह आक्रोश, यह काँटे, यह चिड़चिड़ाहट सब स्वाभाविक है पर उसी के कारण बदमाश भी है बेचारा। मेरा मित्र कहता है, इसे पानी न दो। पब्लिक सेक्टर में एक कारख़ाना डालो तो हज़ार गालियाँ सुनो। नेहरू भी परेशान हैं। मित्र अलग-अलग सलाहें देते हैं। इस कमरे के शुभचिन्तक कैक्टस का अशुभ सोचना ही फ़र्ज़ मानते हैं। क्या होगा पब्लिक सेक्टर का, क्या होगा समाजवाद?

मैं तो राष्ट्रीय नीति पर चल रहा हूँ। दोनों लगा रखे हैं। मनीप्लांट भी, कैक्टस भी। कमरे की शोभा बढ़ रही है। मेरी आर्थिक स्थिति खस्ता भी हो पर कमरा सजा हुआ लगे तो भ्रम बना रहता है। सब समझते हैं, सुख से कटती है। मैं समझता हूँ, आज मनीप्लांट पनपा है तो कल मनी भी आएगा। कल यह पौधा ही कल्पवृक्ष में बदल जाए। इसमें बजाय हरे पत्तों के हरे पत्ते उगने लगें यानी नोट दस रुपए के। एक पत्ता तोड़ लूँ और भाजी ख़रीदने चला जाऊँ। मनीप्लांट नाम सार्थक हो जाएगा। रोज़ सुबह उठ इसी उम्मीद में पानी डालता हूँ। लगता है कि यहाँ भी निराशा ही हाथ लगेगी। मेरी लाइन ही दूसरी है। यहाँ पानी डालने से भी जड़ सड़ती है। कुछ नहीं मिलता।

मात्र शोभा बढ़ती है—कमरे की, देश की, साहित्य की, संस्कृति की।

कान पर रखकर क़लम निकले

इच्छा होती है, पोस्ट ऑफ़िस के बाहर क़ातिब बनकर बैठ जाऊँ। दूसरों के पत्र लिखूँ। एक आने में लिफ़ाफ़ा और दो पैसे में पोस्टकार्ड। प्रेम-पत्रों पर एक पैसे की छूट दूँ। आख़िर डाक के डिब्बे की बहुमूल्य सामग्री है क्या, प्रेस-मैटर और प्रेम-मैटर। शेष बस नो मैटर है। हम तो थक गए प्रेस-मैटर भेजते। जिन हाथों से छोटे-छोटे नीले लिफ़ाफ़े लिखे जाते थे, वहाँ अब लम्बे बेडोल लिफ़ाफ़ों में रचनाएँ भरकर भेजना। क्या विडम्बना है! गुलाबी उम्र गुज़र गई। अब कोई नहीं रहा जिसे पत्र लिखें। अब कोई नहीं जो मुझे लिखे। पोस्टमैन मन-ही-मन हँसता होगा। डाक आज भी आती है—बिजली का बिल, इंश्योरेन्स का लिफ़ाफ़ा या लौटा हुआ लेख। वैसे पत्र नहीं आते। दुष्ट समय मेरी ख़ुशियों का टिकट उखाड़ मुझे बेरंग कर गया। अब कोई रास्ता नहीं, सिवा इसके कि पोस्ट ऑफ़िस के बाहर बैठ जाऊँ। एक आने में लिफ़ाफ़ा, दो पैसे में पोस्टकार्ड और प्रेम-पत्रों पर एक पैसे की छूट। ऊपर तख़्ती टाँग ग़ालिब का यह शेर लिख दूँ—

'मगर लिखवाए कोई उसको ख़त तो हमसे लिखवाए
हुई सुबह और घर से कान पर रखकर क़लम निकले'

मेरे नगर की वे सब हीरोइनें जो तिरछी माँग काढ़ती थीं, पहली बार जिन्होंने सैंडिल पहनने का साहस किया था, पत्रिकाएँ ऐसे पढ़ती थीं, जैसे किसी क्रान्ति में भाग ले रही हों! वे सब अब बूढ़ी माँ के रोल में दिखाई दे रही हैं। वे महादेवी वर्मा की कविताएँ पढ़ कर रोने लग जाती थीं। छायावादी शब्दावली उनकी आयु की कोमल आकांक्षाओं से मिल जाती और वे साहस कर गुलाबचन्द जी ठेकेदार के चिरंजीव कमल किशोर जी एडवोकेट को पत्र लिखतीं : हे नाथ! कल सायंकाल जब भगवान भास्कर अपनी समस्त किरणों को बटोर अस्ताचल की ओर चले जा रहे थे, तब मैं आपके ही विचारों में खोई हुई द्वार पर खड़ी आपकी प्रतीक्षा कर रही थी। सुना था कि आप किसी अत्यन्त आवश्यक कार्य से पूज्य पिता जी से मिलने आने वाले थे। मैं प्रतीक्षा करती रही, किन्तु आप नहीं आए। शायद हो सकता है, आपको कोई दूसरा अत्यन्त आवश्यक कार्य आ गया होगा। मानव जीवन में तो यह सब

चलता ही रहता है। मिलन-मार्ग में बाधाएँ आती ही रहती हैं। आपके दर्शन न कर सकी। क्या कभी कर पाऊँगी दर्शन? आएँगे आप क्या? आएँगे न? सपनों में ही नहीं, दिन के समय भी। पत्र में भूल-चूक रह गई हो तो क्षमा करें। क्षमा करेंगे न? आपके चरणों की दासी—कुमारी मायारानी।

आह! वे सब पत्र लेखिकाएँ आज अपना व्याकरण भूल चुकीं। कीर्तन के अलावा कहीं आतीं-जातीं नहीं। कल जब उनकी सुपुत्री रजनी ने बिना बाँहों के कसे वस्त्र पहने थे, वे चश्मे से घूरती देख रही होंगी। क्या चलन है आजकल का! दीपशिखा पर रामायण की पोथी जीत गई।

महादेवी की कविताएँ रजनी के कोर्स में हैं। पर कोर्स में सदैव मन उचटता है। इसका अर्थ तो माता जी भी बता सकती हैं। वह पढ़ती हैं इस्मत चुग़ताई, मन्नू भंडारी, कीर्ति चौधरी! और सोचती हैं, किसी को पत्र लिखें। जैसे थियेटर से लौटने के बाद चेख़व की हीरोइन के दिल में गुदगुदी हो जाती है।

निश्चित ही रजनी का लिखा पत्र कभी मुझे पढ़ने को नहीं मिलेगा। मैं कमलकिशोर एडवोकेट जो हूँ। समय दुष्ट मुझे बेरंग कर गया। अब कोई रास्ता नहीं है, सिवाय इसके कि पोस्ट ऑफ़िस के बाहर क़ातिब बन जाऊँ। प्रेम-पत्रों पर एक पैसा रिआयत दूँ और लिखता रहूँ। मेरी प्यासी आत्मा चीख़ कर कहे, कोई मुझसे लिखवाए। किसी का किसी को प्रेम-पत्र मुझसे लिखवाए।

जब से पोस्टमेन मोहल्ले में घूमने लगा है, दूती की लीला समाप्त हो गई है। जब सबको पढ़ने के लिए शालाएँ मिल जाएँगी, क़ातिब आत्महत्या कर लेगा। कौन आएगा उससे पत्र लिखवाने? कान पर क़लम रखकर पागलों की तरह भटकेगा। जिनकी आँखों में सपना है, उनके पास लिखने के काग़ज़ भी हैं। जिनके हृदय में आँधियाँ उठती हैं, उनके ब्लाउज़ों में पेन भी हैं। अब ग़ालिब बेचैन हैं। न ख़ुद चिट्ठी भेज सके, न दूसरों की लिख पाए। क्या करे, टेलीफ़ोन एक्सचेंज में ऑपरेटर बन जाएँ? जो जिसका नम्बर माँगे, दे दें? मायारानी की बेटी रजनी डॉक्टर पन्त के लड़के से बात करना चाहती है। लाओ, हम कनेक्ट कर दें। हम में भावना नहीं है, हम निष्प्राण हैं, हम कठपुतले हैं। हमें कभी किसी को फ़ोन नहीं करना है। हम व्यक्ति नहीं, विभाग हैं। कविता संग्रह नहीं, टेलीफ़ोन डायरेक्टरी हैं। हम यात्री नहीं, इन्क्वाइरी क्लर्क हैं। हम बोलना जानते हैं, पर मन की बात नहीं बोलेंगे। हम लिखना जानते हैं, पर पत्र नहीं लिख पाते। आख़िर इन्क्वाइरी क्लर्क रेल में बैठ भी जाए तो जाए कहाँ? क़ातिब लिखे भी तो लिखे किसे? दरवाज़े बन्द जो हो गए हैं। दुष्ट समय प्रसन्नता का टिकट उखाड़कर मुझे बेरंग कर गया।

उस रोज़ देखा, बाग़ की हरी दूब पर एक मेरे मित्र उदास बैठे हैं। चेहरा देख लगता है, अभी-अभी रोए थे। पूछा, उदास क्यों हैं प्रोफ़ेसर साहब? जवाब मिला, हमें मत चिढ़ाओ, परेशान न करो। शान्ति से मर जाने दो।

यों कैसे मर जाने देता? पहले अपनी कहानी सुना, फिर क्लाइमेक्स पर जाकर अन्तिम हिचकी ले लेना। बताया, कि उनकी एक छात्रा है, छरहरे तन की, गोरी और बड़ी आँखों वाली। वे उसे घर जाकर साहित्य पढ़ाते हैं। ट्यूटर हैं। साहित्य पढ़ाते-पढ़ाते उनके कुँवारे मन में प्रेम के अंकुर फूट आए हैं। पाठ्यक्रम की कविताओं में मन की कविता घुल-मिल गई। ढाई अक्षरों का महत्त्व जीवन में कितना है, समझ में आ गया। रात को सपना देखते, दिन को कविता पढ़ाते। शब्दों के अर्थ करते और किसी नदी में बह जाते। राधा-कृष्ण की प्रेम-भावना में स्वयं को मिला देते। बच्चन समझाते, पन्त समझाते और ऐसे ही धीरे-धीरे, बूँद-बूँद कर सागर भर दिया है उन्होंने। लहरें उठने लगीं और नाव डूबने लगी।

एक दिन छात्रा ने पढ़ने के बाद नीला लिफ़ाफ़ा दिया अपने गुरु के हाथ में—"सर, इसे कृपया डाक में डाल दीजिए।" किसी लड़के के नाम लिखा प्रेम-पत्र था।

उसी नीले लिफ़ाफ़े को लिये वे बाग़ में बैठे रो रहे हैं। इसीलिए सिखाई थी कविता मैंने? इसलिए भाषा दी थी, उपमाएँ बताई थीं, गीत समझाए थे? इसीलिए मैंने पाठ्यक्रम में अपना हृदय काट कर रखा था कि यह लिफ़ाफ़ा मुझे ही पोस्ट करने को दे? मैं भी उनके पास बैठ कर आँसू बहाने लगा।

हम माध्यम हैं, हम प्राणविहीन माध्यम हैं। हम आँखें बन्द रखें कि किसी का रूप न दिखे, हम कान बन्द कर लें कि किसी के स्वर हमें सुनाई न दें, मुँह पर हाथ रख लें कि हमारी भावनाएँ उजागर न हो जाएँ। हम नैतिकता के मर्तबान में सजाकर रखे गए मुरब्बे हैं। हमारे व्यक्तित्व पर लेबल लगा है—प्रेम-प्रूफ़ आदमी हैं, इनके मन पर कभी भावना की खरोंच नहीं लगेगी।

कवि है तो सौन्दर्य का वर्णन कर, पर रूप को कभी देख मत। प्रेम के गीत लिख, प्रेम मत कर। लेखक है तो स्त्रियों के मनोविज्ञान का सूक्ष्म चित्रण कर, पर किसी स्त्री से बातचीत न कर। जैसे भूखा कम्पोज़ीटर किसी बड़ी रेस्तराँ का मीनू कम्पोज कर रहा हो, वैसे तू कविता रच। ख़ुद किनारे खड़ा रह और दूसरों को पार लगा। सामाजिक नैतिकता के सबसे सस्ते टेंडर साहित्य ने ही तो भरे हैं।

साहित्यकार हर तीसरे व्यक्ति के स्थान पर खड़ा है। प्रेमी, प्रेमिका दो और तीसरा है कथाकार। राम, सीता और तीसरा तुलसी। राधा, कृष्ण और तीसरा सूरदास। पृथ्वीराज, संयोगिता और तीसरा चन्दबरदाई। देवदास, पारो और तीसरा शरत्चन्द्र। वह तीसरी भुजा है जो दो भुजाओं को मिलाती है, उन्हें कोण देती है। वह क़ातिब है जो पोस्ट ऑफ़िस के बाहर बैठा है। देवदास पारो को पत्र लिखना चाहता है, शरत्चन्द्र हाथ में पैन लेकर बैठे हैं। हर कवि ग़ालिब है कि सुबह हुई और कान पर क़लम रखकर निकला। किसी को कुछ लिखाना हो, हमसे लिखवाए। आप प्रेम कीजिए, हम आपको भाषा देंगे। साहस देंगे। सपना देंगे। हमसे भाषा लेकर आप चाँदनी रात में किसी को निमन्त्रण दीजिए। हम आपको बताएँगे कि बाँहों में डालियों

की लचक होती है, आँखों में सागर लहराते हैं। और आप प्रेयसी से कहें कि तुम्हारी बाँहें फूलों की डाल के समान हैं और तुम्हारी आँखें ऐसी हैं मानो कोई सागर! वह मुग्ध होकर आपके सीने से टिक जाएगी। हमने उसे भी बताया है कि प्रेमी का सीना पत्थर की चट्टान की तरह मज़बूत होता है। हम कभी झूठ बोलने के दोषी हो सकते हैं, पर हम चाहते हैं कि आप जीवन से आस्था न खोएँ। और सच, कभी आपने एक चाँदनी रात के बाद उन फूलों-सी बाँह को भुला दिया तो यह हमारी भाषा का अपमान होगा। आप चाहे राम क्यों न हों और रामराज्य बन जाने के बाद हमारी रामायण पूरी क्यों न हो गई हो, पर यदि हम सीता को बनवास का दुख भोगते देखेंगे तो हम अपनी पुस्तक में एक अध्याय बढ़ा देंगे—सीता की ख़ातिर। और आपके चमचमाते शानदार व्यक्तित्व पर कालिख पोत देंगे। क्योंकि हम सुबह से कान पर कलम रखकर निकले हैं। किसी को प्रेम-पत्र लिखना हो, हमसे लिखवाएँ, पर किसी को दर्द लिखवाना हो तो भी हम लिखेंगे।

हम क़ातिब जो हैं, पोस्ट ऑफ़िस के बाहर बैठे हुए।

प्रादेशिक कबाड़खाने की सफ़ाई

चारों तरफ़ जिन्हें हरा-भरा नज़र आता था, उन्हें फिर सूखा-सूखा दिखाई देने लगता है। शायद दिसम्बर तक मौसम असन्तोष का रहेगा। इधर ठंड शुरू होगी और विधायकों में उत्तेजना की गर्मी फैलने लगेगी। जनता की पीड़ा से उन्हें गहरा दर्द होने लगेगा और वे मुल्क, प्रान्त और पार्टी की तस्वीर बदलने के लिए उतावले होने लगेंगे। वे हो रहे हैं, इधर आपने देखा नहीं। चेहरा धोने से जूता पालिश करने की कार्यवाहियाँ प्रान्तों में बढ़ रही हैं। इन धुले चमकीले चेहरों से कुछ माह बाद भाषणों और गालियों के फूल झरने लगेंगे और चमकदार जूतों पर जनसम्पर्क की क़स्बई धूल चढ़ने लगेगी। चुनाव दूर खड़े दिखाई दे रहे हैं।

यह समय है जब विधायकों को अपनी पार्टी याद आती है। वह उससे ऊबा अनुभव करने लगता है और उसे बदलने, उसका रूपान्तरण करने को व्यग्र हो जाता है। पूरी बोतल ढक्कन के खिलाफ़ हो जाती है, उसे उछालकर एक तरफ़ गिरा देना चाहती है। ढक्कन अपनी विगत सेवाओं का स्मरण दिलाता है कि कब-कब उसने बोतल को ख़ाली हो जाने से बचाया और ग़लत तत्त्वों को प्रवेश होने से रोका। मगर बोतल ढक्कन को पुराना करार देती है।

वह साफ़तौर पर ज़ाहिर करती है कि जब तक वह बदला नहीं जाता, पूरी बोतल की इमेज ख़राब हो रही है। और एक दिन ढक्कन अपनी जगह से उखड़कर इतिहास के कूड़े पर फेंक दिया जाता है जहाँ वह बेसब्री से अपने लौटने की प्रतीक्षा करता है और प्रायः सफल भी होता है। जनता कुछ समय के लिए एक उफनती हुई, उतावली बोतल को देखती है जिसमें ताज़गी फूट रही है और तभी चुनाव आ जाते हैं। जोशीला इमेज वोट प्राप्ति के खुले काउंटर पर भुना लिया जाता है।

इन दिनों प्रदेश कांग्रेस पर ज़ोर है। कांग्रेस अपने प्रादेशिक और ज़िला स्तर पर एक खोखली संस्था है। दफ़्तर की चादरें धुलने के इन्तज़ार में बरसों बिछी रहती हैं, मोटे तकियों के सहारे भ्रष्ट कार्यकर्ता सोए रहते हैं, भंडार की अलमारियों में जमा चरखे वाले तिरंगे फटे हुए हैं, ऊपर लगी गाँधी-नेहरू की तस्वीर धूल खाती रहती है, अकाउंट गड़बड़, रसीदें जाली, सदस्यता बोगस, बैठकें कमज़ोर, निर्णय निकम्मे, कार्यकर्ता होंठों पर जीभ फिराते ललचाई नज़रों से ताकने वाले, पुराने तपस्वी जेल

से लौटे लोगों के मुँह में तम्बाकू की अकर्मण्य पीक, महिला नेत्री के नाम पर दो-तीन प्रभावहीन जुबानदराज औरतें, युवा के नाम पर एक-दो पैंतालीस वर्षीय गैस्ट्रिक के मरीज़, मार्गदर्शक के नाम पर एक पुराना मन्त्री, अपने समय में बदनाम, खटपटी, मजबूरी में त्यागी, अनेक अप्रकाशित रहस्यकथाओं का हीरो, अपनी राजनीतिक मृत्यु को शहादत का दर्जा देकर राज्य के मंच पर वापसी के लिए बेतरह आकुल।

ऐसी कुछ होती है ज़िला कांग्रेस और प्रदेश कांग्रेस। एक हास्यास्पद म्यूज़ियम, घायल बीमारों की सर्कस मंडली, आकर्षणविहीन नौटंकी, बुद्धिविहीन विचारक सभा, अख़बार खाकर नीतियाँ डकारने वालों का आलसी जमघट।

इधर कोशिश है कि इन फटीचर जहाज़ों में नई लकड़ी लगाई जाए। वार्निश किया जाए और इन्हें क्रान्ति के रंग में पेश किया जाए। वह घुन कहीं दुबक कर छुप जाए जो इसे खा रहा है। यह प्रयत्न भी अपने आप में हास्यास्पद है। शहर का आदमी उस गली से अक्सर गुज़रता है जहाँ ज़िला कांग्रेस का दफ़्तर है। वह उन लोगों से परिचित है जो घुटनों तक स्थानीय संस्थाओं के भ्रष्टाचारों में फँसे हुए हैं।

चूँकि दूध ही शुद्ध नहीं मिलता तो दूध का धुला हुआ आदमी कहाँ मिलेगा? अगर मिला भी तो उसका कलंकित अतीत उसके आगे दौड़कर ख़बर देगा कि जनाब फिर सक्रिय हो रहे हैं। कांग्रेस क्या करे? इन सारे गन्दे कोनों से मरे चूहों को दुम पकड़ कर बाहर फेंकने का काम कठिन है। घनघोर जातीयता के घमासान में राष्ट्रीयता का ध्वज लेकर घुसे तो उसकी चिन्दियाँ बिखर जाएँगी।

पहले चुनाव लड़ते तीन-चार कांग्रेसी विधायकों के कन्धों पर चढ़ कर एक लोकसभा का सदस्य आसानी से जीत जाता था। अब विजयी लोकसभा सदस्य को अपने कन्धे पर चार-चार विधायक बिठाकर जनता में जुलूस निकालना होगा। यदि एक लोकसभा सदस्य इन चारों को उठा ले तो यह राजनीतिक एक्रोबेटिक्स होगा। उनमें एक-दो ज़रूर भूतपूर्व दल-बदलू रहे होंगे, एक को पुराने राजनीतिक गोदाम से उठा कर उसका नवीनीकरण किया गया होगा और एक चुनाव कला के भिन्न आसनों का विशेषज्ञ होगा। इन्हें अपने समाजवादी कन्धों पर साधना कठिन काम है।

इसलिए ज़रूरी है कि कांग्रेस के प्रादेशिक कबाड़खानों की सजावट चालू की जाए और वोटरों को मोहित करने के लिए यह शगूफ़ा बढ़िया है कि हम पुरानों को लात मार कर निकाल रहे हैं और नए लोग ला रहे हैं। उम्मीद करना चाहिए कि पोपले मुँह वाले वृद्ध व्यक्ति को हटा कर नक़ली दाँतों का सेट लगाए वृद्ध व्यक्ति को कुर्सी पर बिठाने से कुछ माहों के लिए नौजवानी का भ्रम उत्पन्न हो जाएगा। समस्या चुनावों तक की तो ही है, जो पास आ रहे हैं।

चुनाव के पहले, चुनाव के बाद

चुनाव के पहले

"क्या ख़्याल है पंडित जी, अष्ठाना जीत जाएगा?"

"कुछ कह नहीं सकते साहब, विरोध काफ़ी है। लोग हराने के लिए तुले बैठे हैं। कर्मचारियों में फूट है सो काम कोई करेगा नहीं। लगता है, बुरा हारेगा।"

"ताज्जुब है।"

"इसमें ताज्जुब की क्या बात है, वह तो होना ही है। पहली बात तो यह कि अष्ठाना को कोई पसन्द नहीं करता। उसके झगड़े हैं लोगों से। उसके खिलाफ़ बहुत सारी शिकायतें हैं। अष्ठाना में अहं काफ़ी है, वह लोगों से सीधे मुँह बात भी नहीं करता। फिर एक बात हम आपसे पूछते हैं जोशी जी कि कांग्रेस ने इन्हें टिकट कैसे दे दिया? कल तक तो ये सरकारी नौकर थे और आज कांग्रेस के नेता हो गए। इसी नाराज़ी में जो लोग हमेशा कांग्रेस को वोट करते हैं, वे भी अष्ठाना को वोट नहीं करेंगे। इधर जहाँगीराबाद, बरखेड़ी में आरिफ़ बेग वोट ले जाएगा और एच.ई.एल. में भौमिक। फिर आप सोचो कि अष्ठाना जीतेगा कहाँ से? जहाँ तक जनसंघ का सवाल है, उसका वोट पक्का है। कहीं नहीं जाता। ऐसे में अष्ठाना के जीतने के चांसेज़ एकदम निल हैं। उसकी ज़मानत बचना मुश्किल है।"

"काम तो उसका काफ़ी ज़ोरों से चल रहा है?"

"क्या ख़ाक चल रहा है? लोग अन्दर-ही-अन्दर जड़ें काट रहे हैं। ऊपर से अष्ठाना के बनते हैं मगर पीठ पीछे पत्ती काटने में लगे हैं। सब नाराज़ हैं। टी.टी. नगर से उसका जीतना असम्भव समझिए।"

"आप तो उसे वोट देंगे या नहीं?"

'हें-हें, कुछ तय नहीं किया है अभी। कांग्रेस के नाम पर देने की इच्छा भी करती है फिर लगता है, किसी और को दे दें क्योंकि अष्ठाना तो जीतने वाला नहीं। अफ़सरों के बँगलों से भी अष्ठाना को वोट नहीं गिरेगा। वे क्यों चाहने लगे कि कल तक उनके अंडर में काम करने वाला बाबू आज उनका बॉस बन जाए?"

"अच्छा।"

"हम आपको राज़ की बात बताते हैं कि पंडित मिश्र ने अष्ठाना को टिकट ही इसलिए दिलवाया है कि वह हार जाए। वे जब मुख्यमन्त्री थे तब से अष्ठाना से नाराज़ हैं। टिकट दे दिया ताकि नौकरी से भी जाए और हार कर कर्मचारी नेता भी नहीं रहे।"

"क्या कहते हो?"

"बिल्कुल ठीक कह रहा हूँ। बड़ी गहरी पोलटिक्स है इसमें। ज़रा समझिए।"

"आपको क्या लगता है, कौन जीतेगा?"

"हमें तो जनसंघ की सम्भावना लग रही है भाई साहब, सच कहते हैं क्योंकि उसका काम सॉलिड है और अष्ठाना उसकी तुलना में ठहर नहीं सकेगा।"

चुनाव जीतने के बाद

"कहिए, पंडित जी, अष्ठाना तो जीत गया।"

"अष्ठाना जी तो जीतने ही थे साब, उसमें क्या बात है! जो सही उम्मीदवार है, वह तो जीतेगा।"

"विरोध तो काफ़ी था उसका।"

"क्या होता है विरोध करने से! मुट्ठी भर लोग जो चाहे बकें, क्या होता है! लोगों को तो आप जानते हैं कि उठाई जुबान और तालू से चिपका दी। कौन सुनता है! अरे, आज का वोटर बड़ा समझदार हो गया है, वह पार्टी देखता है, उम्मीदवार देखता है, सोच-समझ कर वोट करता है। अष्ठाना जी के विषय में कुछ भी कहें, आदमी बड़ा शरीफ़ है, ईमानदार है। कर्मचारियों की बड़ी सेवा की है साहब, उसने। और सबसे बड़ा गुण यह है कि अहं तो छू नहीं गया है। बड़े मिलनसार हैं। उन्होंने आज तक कभी किसी का नुकसान नहीं किया। पंडित मिश्र ने टिकट बहुत सोच-समझ कर दिया था। वे अष्ठाना को बरसों से जानते हैं। त्यागी आदमी हैं। जनता का सच्चा सेवक सरकारी नौकरी को लात मार कर पब्लिक की ख़िदमत में आया है तो क्या वह जीतेगा नहीं? उसे तो जीतना ही था। हमने तो पहले ही सबसे बोल दिया था कि कांग्रेस को हराना आज के ज़माने में मुश्किल है।

चुनाव के पहले

"आपका क्या ख़्याल है पंडित जी, मध्यप्रदेश में कांग्रेस आ जाएगी?"

"कुछ तो सीटें मिलेंगी ही मगर मेजॉरिटी आना ज़रा मुश्किल ही लगता है।"

“क्यों?”

“जनसंघ बहुत तगड़ा जा रहा है। मध्यभारत में तो उसका ज़ोर है ही मगर छत्तीसगढ़ में भी उसकी ताकत बढ़ी है। राजमाता का असर काफ़ी है।”

“यार, श्रीमती गाँधी का भी तो असर बढ़ा है।”

“हाँ, मगर लोग तो उम्मीदवार देखते हैं। टिकट ऐसे लोगों को मिल गए हैं जिनका जीतना मुश्किल लग रहा है।”

“सेठी जी काफ़ी दौड़धूप कर रहे हैं। बहुमत आना तो चाहिए। उन्हें पूरा विश्वास है।”

“यही तो गड़बड़ है। सेठी जी की वजह से उलटा नुकसान है। जहाँ वे भाषण देते हैं, लोग कांग्रेस के खिलाफ़ हो जाते हैं।”

“मगर वे जो कह रहे हैं, बात सच है।”

“चुनाव के समय इसका ठीक प्रभाव नहीं पड़ता। बाकी सब जगह चाहे कांग्रेस आ जाए, मध्यप्रदेश में मुश्किल है।”

चुनाव के बाद

“लीजिए पंडित जी, कांग्रेस जीत गई, बड़ी शानदार जीती।”

“हम तो पहले ही कह रहे थे कि दो सौ से कम सीटें कांग्रेस की नहीं आएँगी। जनता आज श्रीमती गाँधी के पीछे है। विश्वास करती है सो वोट देती है। कांग्रेस को तो जीतना ही था। और फिर सेठी जी ने मेहनत की है। जिन लोगों को इस बार टिकट मिले हैं, उनमें काफ़ी नए लोग हैं। राज्य की फ़िज़ा बदली है। ऐसे में कांग्रेस की मेजॉरिटी आनी ही थी। और देखिए साहब, साफ़ कह दें, जनसंघ में दम नहीं है। आज क्या, कभी भी दम नहीं रहा। कांग्रेस का मुक़ाबला मुश्किल है उसके लिए।

उनकी मुस्कुराहट, हमारा वोट

देखो, वक़्त कैसे बीत गया! अभी-अभी वे गए थे और फिर लौट आए। कुछ समझ में नहीं आ रहा है। न उन्हें, न हमें। अभी तो दिन बाकी थे। एकाध बार और दल बदला जा सकता था। कुछ सौदे किए जा सकते थे। मगर सब कुछ एकाएक हो गया। पिछली लड़ाई के बाद की हँफनी अभी समाप्त नहीं हुई थी, मज़े लेने के सुखद दिन चल रहे थे कि फिर चुनाव आ गया। चुनाव में जनता को क्या आश्वासन दें, यह भी नहीं सोचा था। दूसरों को बदनाम करने से ज़्यादा पाइंट सोचे भी नहीं थे कि ढोल पीटने की बेला आ गई चुनाव गले पड़ा ढोल है, बिना बजाए नहीं छूटेगा।

वे शनैः-शनैः बदलते हैं; अर्थात् वे चुनाव के छह-आठ माह पूर्व से बदलने लगते हैं और कोई माह भर पूर्व इतने मधुर-मीठे हो जाते हैं कि आप चाहें तो उन्हें प्लेट में रखकर खा लें। वह एम.पी. होने की तटस्थ कठोरता नरम होने लगती है। वे रॉ-सिल्क की गर्मी से उतर कर साधारण खादी पर आ जाते हैं। धीरे-धीरे स्वयं को जनता के अनुरूप साध लेते हैं। इस बार उन्हें इसका ज़रा भान नहीं था कि उन्हें इन कम्बख़्त वोटरों के सामने इतनी जल्दी आना होगा। मगर आना तो था।

वे नगर में आ गए हैं। कुछ बुनियादी बातें कर, वे फिर दिल्ली चले गए। फिर आ गए। तब से यहीं हैं। कुछ दिनों से ऐसा लग रहा है, जैसे वे इसी नगर के, इसी देश के नागरिक हैं। रोज़ वे जनता में गहरे उतरते जा रहे हैं।

आज उन्होंने एक अपरिचित बच्चे को प्यार से चूमा। आज उन्होंने एक युवक के गले में हाथ डाल दिया और उससे मज़ाक की। आज वे किसी बीमार से मिलने अन्दर तक गए और उसके इलाज के विषय में तहक़ीक़ात की। आज उन्होंने कुछ महिलाओं की ओर देखा मगर बुरी नज़र से नहीं। उन्हें वे माता-बहनें लगीं। वे आज अपना पशुत्व घर छोड़ आए हैं।

वे फिर, बाज़ार में नज़र आने लगे हैं। वे जो पिछली बार चुनाव जीतने के बाद ऐसे दिल्लीवासी हुए थे, मानो स्वर्गवासी हो गए हों, फिर प्रकट हुए हैं। जब से वे अपने चुनाव-क्षेत्र में लौटकर आए हैं (कुछ दिनों से), हम मूर्खों से सम्पर्क में व्यस्त हैं, जिनका इस धरा पर जन्म उन्हें वोट देने के लिए ही हुआ है। वे दिन को क्षेत्र के भिन्न भागों में भटकते हैं, रात को सभा आयोजित करते हैं। वे बोलते हैं। वे बड़ा

मधुर बोलते हैं। आज उनका बख़त बाँका पड़ा है और हम साधारण लोगों को जिनकी हस्ती सिवाय वोटर होने के कुछ नहीं है, वे काका कह रहे हैं।

कल कुछ लोगों ने उन्हें मुस्कुराते देखा, बल्कि कहिए, हँसते देखा। ऐसे लोगों की संख्या इस देश में बहुत कम है जिन्होंने उन्हें हँसते देखा हो। उनकी पार्टी में कुछ लोग ज़रूर होंगे जो उनकी मुस्कुराहटों और खिलखिलाहटों से परिचित होंगे। साधारण जनता के बीच वे आज मुस्कुराए। आज उनके दाँत होंठों की क़ैद से बाहर आए और उन्हें हवा लगी। वे दाँत, जो खाने के भी हैं और चुनाव के दिनों में दिखाने के भी, वे सूरज की किरणों में चमके। उनकी मुस्कुराहट किसी कम्पनी के ताज़े बँटे बोनस की तरह दिल और आत्मा पर गहरे असर कर गई। हमने उन्हें हँसते देखा। एक फ़ोटोग्राफ़र ने भी देखा। अफ़सोस है, तब उसके पास कैमरा नहीं था अन्यथा वह ऐतिहासिक क्षण तस्वीर में बँध जाता कि नेता महोदय चुनाव की बेला में जनता में खड़े मुस्कुराते हुए।

वे कार में नहीं थे। कार थी पर कहीं दूर थी। वे पैदल थे। उन्होंने भूतल पर आज अपने पैर रखे। जैसे पहली बार इंसान ने चाँद पर क़दम रखें हों, या दुल्हन पहली बार पिया के कमरे में प्रवेश कर रही हो, कुछ उसी तरह वे अपने चुनाव-क्षेत्र के एक साधारण मोहल्ले में घुसे, झुके और मुस्कुराए। वे उस जनता के बीच से चल रहे थे, जो वोटर हैं। जनता को हटाने के लिए आज उनके आसपास स्वयंसेवक, चमचे नहीं थे। वे कुछ दूर थे। वे अकेले भीड़ से घिरे रहे। वे हाथ जोड़ रहे थे, सकुचा रहे थे, कनखियों से सबको मधुर-मधुर निहार रहे थे। उन्होंने हाथ जोड़े थे तब गर्दन को लचक के साथ झुकाया भी था मगर पेट के बड़े होने से उनका इरादा सीमित हो गया। वे पूरी तरह झुक नहीं पाए जो चुनाव की मजबूरियों में आवश्यक भी था। उनके नमस्कार का दायरा आज विशाल था। वे चारों दिशाओं में खड़े मानव मात्र को नमस्कार कर रहे थे। उनकी कोशिश थी कि उनकी पहुँच से छूट न जाए। वे चारों ओर घूमकर देख रहे थे। नमस्कार के हंटर से शटाक-शटाक सबको घायल कर रहे थे। आज वे साधारण-सा कुर्ता पहने हुए थे। आज उन्हें अपने कुर्ते का फटा होना अखर नहीं रहा था। वे एक मोटी-सी धोती और साधारण चप्पलें पहने हुए थे। लोगों ने उन्हें देखा और सोचा कि हाय-हाय, देखो, चुनाव क्या गले आ पड़ा बेचारों को ये दिन भी देखने पड़ रहे हैं!

उनके वोटर उनकी अचल सम्पत्ति हैं जो गलियों, मोहल्लों और घरों के इस बड़े भारी तिलस्म् में बँधी हुई है। आज वे गलियों में धँस रहे थे, सँकरे मार्गों में प्रवेश कर रहे थे और पूरी जाँच करके तहख़ाने में सुरक्षित अपनी सम्पत्ति को जाँच लेना चाहते थे। वे अपनी अचल सम्पदा का मूल्यांकन करने आए हैं। वे देखना चाहते हैं कि उनके वोटर उतने ही मूर्ख हैं कि नहीं, जैसे पहले थे। कहीं उनका विकास तो नहीं हो गया! वे घट तो नहीं गए! वे देखना चाहते हैं। वे हज़ारों आँखों वाले वोटरों

के आईने में ख़ुद का प्रतिबिम्ब निहार रहे थे। उन्हें भ्रम होता है कभी कि आईना धुँधला है, उनकी छवि गड़बड़ा रही है। और वे मुस्कुराने लगते हैं, मधुर वचन बोलने लगते हैं, हाथ जोड़ने लगते हैं। दरअसल, इस तरह वे एक धुँधला आईना पोंछने लगते हैं। वे ख़ुद को निहारते हैं और उन्हें लगता है, वे जीत जाएँगे। शायद वे जीत भी जाएँ। ताज्जुब नहीं, इस बार भी लोग उन्हें वोट दें।

ज़िन्दगी को यदि चुनावों वाले कालखंडों में बाँट दिया जाए तो हद-से-हद सात-आठ चुनावों में हम मरने या नाक़ाबिल होने के पहले वोट देंगे; अर्थात् पूरी ज़िन्दगी में कुल सात-आठ बार यह शख़्स हमारे सामने आएगा, मुस्कुराएगा, दाँत दिखाएगा और हमारा वोट हर ले जाएगा। पहले भी ले चुका है, आगे भी ले जाएगा। और इस तरह सात-आठ मुस्कुराहटों के बल पर हमारी ज़िन्दगी का ठेकेदार हो जाएगा। हम क्या कर सकते हैं? सिवाय उसकी मुस्कुराहट पर वोट देते रहने के अतिरिक्त क्या कर सकते हैं?

एक कैफ़ियत मेरी भी

शायद वह 'माध्यम' था। हाँ, 'माध्यम' ही। उस कालखंड से सम्बन्धित, जिसे जनवरी कहते हैं। न होता तो भी माध्यम तो था ही। काल का क्या शीर्षक! मेरे लिए सत्य असीम और कालजयी है। 'माध्यम' उसी असीम तक पहुँचने का साधन है। जनवरी हो या फ़रवरी, अन्तर नहीं पड़ता। जन हो या फ़र, वरी अर्थहीन है। सत्य तो है उसका कालवरी होना। सब उसी विराट का अंश है। मैं भी उसका अंश बनकर रहता आया हूँ। अब मेरे ज्ञान-चक्षु खुल गए। श्री जैनेन्द्र कुमार की 'कुछ कैफ़ियत' मेरे लिए गीता का नव संस्करण बन गई। संस्करण ही कहना उचित होगा। नव तो इस संसार में कुछ नहीं है। जो भविष्य है सो भी किसी और भविष्य का अतीत है। जो अतीत था, वह अधिक अतीत का भविष्य था। वर्तमान न भर को है। मेरे नहीं ठहरता। ढुल जाता है, अतः नव कैसे कहूँ? नहीं कहता, पर जो दृश्यमान है, उसे समेटना चाहता हूँ। जैनेन्द्र कुमार के समान कुछ कैफ़ियत अपनी भी है। यही नाना प्रकार के कुछ-कुछ, मेरा, जैनेन्द्र का या अन्य जन का कुछ, एक अनन्त एवं अनादि कुछ का जो ईश्वरमय है, अंश ही तो है।

जैनेन्द्र के समान मुझे भी कुछ नहीं पता। मैं भी भगवान के दर्शन पाना चाहता हूँ। काफ़ी दिनों से इस चक्कर में हूँ। उसकी लीलाओं के माध्यम से उस तक जाना चाहता हूँ। सिनेमा, सुन्दरियाँ, कॉफ़ी हाउस, प्रकाशन, पुरस्कार और सम्मान आदि सब उसकी ही लीलाएँ हैं जो मुझे उसके दर्शन को लुभाती हैं। मेरी ज़िद है कि मैं लिखूँगा, अर्थात् उसके दर्शन करूँगा। मैं पुस्तकों के माध्यम से, एक लाख या नोबेल पुरस्कार से होते हुए उस तक पहुँचना, उसमें मिल जाना चाहता हूँ। यही मेरी योजना है—ईश्वर की प्राप्ति। राज्य-सरकारों के प्रत्येक वाचनालय तथा समस्त विश्वविद्यालयों के पाठ्यक्रम में अपनी पुस्तक लगा मैं उस परमतत्त्व की उपलब्धि की चेष्टा कर रहा हूँ जो अगम है, अपार है। यही मेरा यज्ञ है। यही मेरा योग है।

फ़िलहाल जीना अकारथ हुआ जा रहा है। चाहता हूँ, स्वयं में न रहा जाया जाए, कुल में मिल जाया जाए यानी जो कुल मिलना है, तुरन्त मिल जाए।

जो बीत रही है, उसे स्वीकार करूँ या इन्कार? 'स्वी' और 'इन' के बीच मेरी कार है जो बीत रही है। यह कार साकार हो या निराकार पर मुझे गति देती है, जो

जीवन है। होना भर जीवन नहीं है, न हो तो मृत्यु अवश्य है। ज़ीना वह, जिसे आप चढ़ सकें। उसी में पुरुषार्थ है। मैं उसी अनन्तगामी 'लिफ़्ट' का द्वार खोज रहा हूँ जो व्यक्ति को सामान्य रॉयल्टी और क्षुद्र पारिश्रमिक से बहुत ऊपर ले जाता है। भगवान का नाम उस 'लिफ़्ट' का द्वार है। मुझे प्रतीति हुई है और मैं साध रहा हूँ। यही मेरा दर्शन है।

मैं हूँ। यह 'हूँ' मैं के होने का साक्षी है। पर 'मैं शुद्ध नहीं है, 'हूँ' अवश्य शुद्ध है। 'मैं' मात्र नहीं है, 'हूँ' मात्र है। 'मैं' नश्वर है, 'हूँ' अनश्वर है। 'मैं' की परिणति 'हूँ' में होना है। 'हूँ' ब्रह्मानन्द है, परम है और 'मैं' उसका अभिलाषी। 'हूँ' ही में 'मैं' की शरण है, वही उसकी सत्ता है। 'मैं' की उपलब्धि है 'हूँ'। हुँकार ही ओंकार है। यही 'मैं' का उद्घोष है।

मेरा 'मैं' मेरी बड़ी समस्या है। मैं 'मैं' को 'मुझ' से अलग नहीं कर पाता। स्वयं को मेरे 'मैं' का साक्षी बनाना चाहता हूँ पर नहीं हो पाता। मैं 'मैं' को 'तू' इतना दूर करना और 'तू' को 'मैं'-सा समीप लाना चाहता हूँ। पर नहीं आता। यही बाधा है—व्यावसायिक स्व और लेखकीय स्व को दूर करना। एक अर्थ लोभी है, दूसरा दर्शनविद्। सत्यान्वेषी, ज्ञानी, त्यागी और महान 'मैं' को अपने धूर्त लोभी और तिकड़मी 'मैं' से अलग करने का प्रयत्न अब जीवन रह गया है। देखता हूँ, इतिहास और अनुभव भविष्य में बदलकर खाता-बही हो जाते हैं। ईश्वर की लीला है, मैं तो निमित्त मात्र हूँ। वह कराता है, मैं करता हूँ। वह बोलता है, मैं उसे भाषित करता हूँ।

अब 'मैं' क्या करे? उसकी मुक्ति एक 'तू' खोजने में है। मैं की मुक्ति तू के बन्धन में है। इसी पर सृष्टि टिकी है, यही प्रेम है और काम है। जैसे, मैं और मेरी पत्नी। वह 'मैं' के लिए 'तू' है। 'मैं' जब 'तू' पा लेता है तो ख़ुश हो जाता है। यही पूर्णता है या उसका भ्रम। इधर कुछ अन्य 'तू' भी दृष्टिगोचर होते हैं और 'मैं' खिंचाव अनुभव करता है। 'मैं' की लीला अपरम्पार है, वह 'तू' बदलने के चक्र में रहता है। यही पौरुष है, यही ज्ञान है। बहुत से 'तू' के सम्पर्क में आकर 'मैं' का ममत्व घुल जाता है और उसे परम तत्त्व, परम मूल्य का ध्यान आने लगता है। इसे सामान्य भाषा में वृद्धावस्था भी कहते हैं।

इधर 'मैं' और 'तू' का परस्पर दैविक आकर्षण और उसके प्राकृतिक परिणाम 'मैं' को व्यक्ति और वस्तु के सम्बन्ध में 'मैं' नई अनिवार्यता का प्रतिपादन करता है। यही सहजीवन है जो मानव को शक्कर अथवा गेहूँ की प्राप्ति के मानवी 'क्यू' (पंक्ति) में खड़ा कर देता है। यही माया है, जो समाज, धर्म, नीति तथा विज्ञान आदि रूपों में बाँधती है। यही विश्व है, जहाँ 'हाय-हाय' का संगीत सर्वत्र सुनाई देता है।

मेरी चाह है कि अधिक समाजमय, अधिक धर्ममय, अधिक विज्ञानमय होना जिसमें मैं परम तत्त्व के निकटतर हो सकूँ। इसके लिए मुझे अधिक अर्थमय, अधिक यशमय होना है। काल बन्धन नहीं है। काल करे सो आज कर। इसी कारण लेखन

का एक प्रयोजन भर है। मूल लक्ष्य है सोफ़ासेट पर ईश्वर की प्राप्ति, वायु यान में प्रभु के दर्शन, उत्तम आहार में उसकी सृष्टि को समझना, चेक-बुक पर अन्य अक्षर में उसी का नाम लिखना, रेस्तराँओं में उसके रूप का अन्वेषण और विदेश-यात्राओं में उसे पकड़ पाने का प्रयास। प्रभु आलोकमय है और मैं स्वर्णमय मार्ग से उनकी ओर बढ़ रहा हूँ।

भगवान की सृष्टि अगम है तो गम किस बात का! वहाँ विष है तो क्या, चाहने वाले को अमृत भी मिल सकता है। इच्छा करो और पाओ। मन में विकार मत रखो। और यदि किसी को या अधिक को वह अनुपलब्ध रही है तो यह न समझो कि वह लोप हो गई है। वह है और उसका न मिलना ही वस्तु की मर्यादा है। उसी मर्यादा में सृष्टि का रहस्य है और अनुपलब्धि स्वाभाविक है। प्रश्न है, क्या पाना ही मनुष्यता है? संस्कार कुछ भी नहीं, तप कुछ भी नहीं। अपनी इच्छा को रोको और तपस्वी बनो। नारे न लगाओ, माँगो नहीं, बल्कि माँग पर ही संशय करो, क्योंकि माँग अनन्त है और निरभिलाषिता में ही देवत्व है। सत और असत का निर्णय तुम न लो, क्योंकि ग़लती कर सकते हो। जो चलता है, चलने दो। भगवान के इस समाज को वर्गभेद के ख़ानों में मत बाँटो, क्योंकि वह ऐसा ही रहेगा। 'लेबल' मत चिपकाओ। हर रुपया सौ नए पैसे का है, चाहे वह पालिश-सा साधारण कर्म कर कमाया गया हो या चोर धन (ब्लैक मनी) हो। उसमें भेद न करो। पशु न बनो कि चारा दिखा और मुँह मारा। मनुष्य बनो और सूखे घूँट पियो। नम्र रहो। भागवत चेतना के सामने अहं की चेतना खड़ी न करो। आख़िर चाहते क्या हो? यह जुलूस क्या तुम्हें ईश्वर की ओर ले जाएगा, यह नारा क्या तुम्हें प्रभु के दर्शन कराएगा, यह संगठन क्या तुम्हें सुसंस्कृत बनाएगा? नहीं, अपने आत्म की ओर लौटो। यही दर्शन है, यही ज्ञान है, यही सत्य है। इसे मानो।

यह मेरी 'गुरुडमी' कैफ़ियत है। यह मेरे 'मैं' की कैफ़ियत है। उस 'मैं' को समझो, उसका लीला-इतिहास समझो, उसका सपाट भूगोल समझो, उसके बगुला-संस्कार समझो और देखो कि वह कितने स्वर्ग-तारों से जुड़ा है। चिन्तक की यह प्रतिभामय कठपुतली किन नीति सूत्रों से परिचालित होती है, उन सूत्रों का रहस्य नम्रता से खोजो। तुम्हें नई लीला दिखेगी।

मुझे विशिष्ट मानो क्योंकि इस भावना-प्रधान देश के साहित्यकारों में मैं मात्र ईश्वर के समीप हूँ। मेरा अध्ययन-मनन पाठक के जीवन-विकास की एक अनिवार्य प्रक्रिया होनी चाहिए। मेरा मान करना ईश्वर के सम्मुख नतमस्तक होने-सा पवित्र कर्म है। मैं विशिष्ट हूँ, मैं अलग हूँ, मैं भीड़ का अंग नहीं, भीड़ का उद्धारक हूँ। मुझे अतिरिक्त दो। मैं अद्वितीय हूँ। यदि हूँ तो। न हूँ तो होने की प्रक्रिया में हूँ। वर्तमान आगत की छाया है। आज के धूर्त कल के तीर्थंकर होंगे। यही प्रभु की मर्ज़ी है।

त्याग की प्रदर्शनगुणी प्रक्रिया में मैं सिमट रहा हूँ। शून्य के खोखले स्तर पर चिन्तन में मुफ़्त सरलता होती है न! इसी स्तर पर मूल्य बढ़ाने से आत्मबल आता है और विशाल को अपने में लेने की परम सिद्धि प्राप्त होती है। यही मेरे लेखन का आन्तरिक ध्येय है और यही मेरी बाह्य कैफ़ियत।

कुल मिला कर मतलब यह है कि चलती का नाम गाड़ी या अन्धे को मिली बटेर। चलने दे अब और जहाँ जमे जमा। यह संसार चमत्कार को नमस्कार करता है। प्रभु के नाम से बढ़कर कोई चमत्कार नहीं। कीर्तन सबसे बड़ा सर्कस है। तू कर और सुख से रह।

वाह जैनेन्द्र जी, आपने मेरा जीवन सुधार दिया!

गाँधी जी के अमर वाक्य और दमदार नेता

भारत में गाँधी मार्ग कितना लम्बा है, यानी कुल कितने किलोमीटर है, कितना चौड़ा है और उसमें फ़ुटपाथ की गुंजाइश कितनी निकलती है इसकी नाप-जोख इन दिनों में हो जानी चाहिए। गाँधी मार्ग या महात्मा गाँधी रोड कहाँ नहीं है। हर नगरपालिका ने अपने शहर की एक सड़क का नाम गाँधी मार्ग कर दिया है। इस तरह सारे गाँधी रोडों की कुल लम्बाई जोड़ी जाए, तो भारत में गाँधी मार्ग कितना लम्बा होगा, इसका पता लग सकता है। लाभ यह होगा कि हम शान से दुनिया को बता सकेंगे कि सारे भारतवासी दिन में एक बार ज़रूर गाँधी मार्ग से गुज़रते हैं, जो कुल इतना लम्बा है कि जिसे भविष्य में हम और बढ़ाने की सोच रहे हैं। हम चाहें तो बम्बई-आगरा रोड का नाम बदलकर महात्मा गाँधी मार्ग कर सकते हैं, और फिर रौब से कहें कि हमारे देश को जोड़ने वाली सबसे महत्त्वपूर्ण कड़ी है महात्मा गाँधी मार्ग।

कुछ दिन हुए, एक सज्जन ने सीधा सवाल उठाया (सवाल सीधा नहीं था, सिर्फ़ उठाने का ढंग सीधा था) कि आज हमारा देश गाँधी जी के बताए मार्ग पर चल रहा है? मैंने कहा कि मैं कोई चुनाव में नहीं खड़ा हो रहा हूँ, जो आप मुझसे ऐसे आड़े-टेढ़े सवाल पूछ रहे हैं। वे कहने लगे—"यह प्रश्न चुनाव का नहीं, एकेडेमिक है।"

मैंने कहा—"तो माचवे जी से पूछो, वे गाँधी के मार्ग पर चलकर एकेडेमी में चले गए हैं।"

वे सज्जन मेरा चेहरा देखने लगे, हालाँकि इधर कुछ वर्षों से यह विशेष देखने लायक़ नहीं रहा। कुछ बोले नहीं। फिर बड़े प्रोफ़ेसराना अन्दाज़ से अपनी बात स्पष्ट करते हुए बोले—"मेरा तात्पर्य है..."

मैंने कहा—"समझता हूँ साहब, सब समझता हूँ। मगर तात्पर्य नज़रअन्दाज़ करने का मेरा मर्ज पुराना है।" वे हँसने लगे। मैं भी हँसने लगा। बड़ी 'ही हो' ध्वनि हुई, जिसका गाँधी जी के बाद इधर देश में काफ़ी चलन बढ़ा है।

हमारा देश महात्मा गाँधी के बताए मार्ग पर कितना चला है, यह जानने के लिए पहले पता लगाओ कि गाँधी जी ने क्या कहा था और बाद में देशवासियों से चर्चा करो। दोनों में कम बोरियत नहीं। अतः मैंने ख़ुद विचार करना आरम्भ किया। अध्ययन और सर्वेक्षण के कष्ट से मुक्ति का सर्वश्रेष्ठ नुस्खा है 'आत्मनिर्णय'। जिस होटल में मैं चाय पीने जाता हूँ, वहाँ कुछ गाँधी जी के अमर वाक्य लिखे हैं। मैंने प्रायः चाय पीते हुए उन वाक्यों पर और उन वाक्यों के सन्दर्भ में देश की हालत पर विचार किया और इस नतीजे पर पहुँचा हूँ कि हमारा देश, और ख़ासतौर से देश के नेता, हमेशा से गाँधी जी की बताई राह पर चलते रहे हैं, और उनका वश चले, तो आगे भी वे यह राह नहीं छोड़ेंगे।

जैसे, गाँधी जी ने कहा था : 'एक बार में इकट्ठा खाना शरीर के लिए हानिकर है, वैसे ही एक समय पर अधिक काम आत्मा को दुख देता है।' क्या कहने! हमारे सभी नेता इसे मानते हैं। वे किसी भी समय अधिक काम कर आत्मा को दुख नहीं देते (मेरा पूरा विश्वास है कि यहाँ गाँधी जी का 'काम' से तात्पर्य कार्य या परिश्रम से ही है।) बल्कि हमारे नेता अपनी आत्मा को सदा प्रसन्न रखने के लिए कुछ काम ही नहीं करते। वे एक बार में जैसे, इकट्ठा नहीं खाते। रिश्वत हो, सामान्य भोजन या चन्दा, वे धीरे-धीरे थोड़ा-थोड़ा खाते हैं। यह उन्हें हानिकर नहीं होता और वे कष्ट में नहीं पड़ते। गाँधी जी ने कहा था : 'अगर ईश्वर हमें लालच में डालता है, तो उसमें से बच जाने का रास्ता भी वही बताता है,' हमारे नेता इसी कारण बेहिचक लालच में फँस जाते हैं और तब ईश्वर उन्हें बच जाने का रास्ता बताता है। वे वक्तव्य दे देते हैं। जाँच कमेटी बिठा देते हैं और उसकी रिपोर्ट दाब लेते हैं। ईश्वर उन्हें यही रास्ता बताता है और वे बच जाते हैं।

इस मामले में हमारे गाँधी मार्गी नेता विरोधियों की कौड़ी परवाह नहीं करते। गाँधी जी ने कहा है : 'धीरज रखो, विश्वास रखो और निराशा को कभी मन में स्थान न दो।' विरोधी लोग ऐसे नेता को चाहे जितना बदनाम करें, उसकी सारी पोलें खोलें, पर वह कभी निराश नहीं होता। वह फिर चुनाव में खड़ा हो जाता है। वह कर्मक्षेत्र नहीं छोड़ता, तिकड़में चालू रखता है। गाँधी जी ने कहा था कि जो अनिवार्य है, उस पर रंज करना व्यर्थ है। वह रंज नहीं करता, निराश नहीं होता और आगे बढ़ता रहता है। अगर वह मात्र विधान सभा सदस्य है तो मन्त्री बनने का प्रयास करता है और मन्त्री है तो मुख्यमन्त्री बनने का। गाँधी जी ने कहा है : 'रोज़ अपने-आप की जाँच करते रहें और सोचते रहें कि अभी कितनी दूरी तय करनी बाकी है।' वह रोज़ हिसाब लगाता है और दूरी कम करने की पहल करता है। वह रोज़ जाँच करता

है कि उसके मुख्यमन्त्री बनने में कितनी दूरी बाकी है। वह उसके अनुसार चाल चलता है।

गाँधी जी के अमर वाक्यों और नेताओं के कर्म देख मुझे तो नहीं लगता कि कुछ ऐसा हो रहा है जो ग़लत हो। गाँधी जी ने कहा है : 'दुनिया में ऐसा कोई नहीं है, जिससे हमें कुछ भी लेने को न मिले।' सरकार और हमारे नेता भी यही मानते हैं कि दुनिया में सबसे कुछ लेते रहना चाहिए। जैसे, विदेशों से अनाज तथा अन्य सहायता, पैसे वालों से चन्दा, ग़रीबों से टैक्स, सम्मान और वोट। जहाँ से जो मिले, प्राप्त करो और ख़र्च करो। गाँधी जी ने कहा है : 'जिनके हाथों में दम है, उन्हें धन की हानि से कभी नहीं डरना चाहिए।' सरकार के हाथों में दम है, नेता दमदार हैं तो वे अनाप-शनाप ख़र्च करते हैं, डरते नहीं। जमकर रुपया फूँकते हैं। दम है तो फूँकते हैं। जिनमें हिम्मत नहीं, वे क्या फूँकेंगे? ख़र्च बढ़ा तो टैक्स ज़्यादा लगा लेंगे। जनता देती ही है और ज़्यादा देगी। गाँधी जी का कहना है : 'अधिक देने वाले से और अधिक की आशा की जाती है।' अधिक टैक्स देने वाली जनता से यदि वित्तमन्त्री और अधिक टैक्स की आशा करते हैं, तो गाँधी जी के बताए मार्ग पर हैं। वे अधिक टैक्स लगाएँगे और जनता को बचत की तरकीब समझाएँगे।

गाँधी जी ने कहा है : 'बुद्धि का उपयोग समाज के लिए ही करना चाहिए।' नेता समाज के मामलों में ही बुद्धि का उपयोग करते हैं। ख़ुद के मामलों में नहीं। वित्तमन्त्री भी यही करते हैं।

आज देश के नेता गाँधी जी के अमर वाक्यों का बराबर पालन कर रहे हैं, और मरते दम तक पालन करते रहेंगे। गाँधी जी ने कहा है : 'हम दुष्ट मनुष्य को छोड़ दें, पर दुष्टता को धिक्कारने में ज़रा भी रियायत न करें।' हम कब दुष्ट को नहीं छोड़ते और कब दुष्टता को धिक्कारने में रियायत करते हैं! सरकार भ्रष्टाचारी को छोड़ देती है, पर भ्रष्टाचार की प्रवृत्ति को धिक्कारने में कभी रियायत नहीं करती। काला बाज़ार करने वालों को बख़्श दिया है, पर कालाबाज़ारी के दुर्गुण का हमेशा डटकर विरोध किया है। अपराधी हमने पकड़े ही नहीं और अगर पकड़ में आ गए, तो छोड़ दिये गए हैं; पर हर नेता अपने भाषणों में इन सामाजिक दुष्प्रवृत्तियों के खिलाफ़ बोलता रहा है।

मेरे ख़्याल से आज जो हो रहा है, गाँधी जी के अमर वाक्यों के अनुकूल ही हो रहा है। जिस होटल में मैं चाय पीने जाता हूँ (चाय पीने में समय-समय पर समोसा खाना भी शामिल है), वहाँ सामने ही महात्मा गाँधी का एक अदद अमर वाक्य लिखा है : 'मुझे भविष्य जानने की इच्छा नहीं है। यदि वर्तमान पर्याप्त आकर्षक हो, तो भविष्य उससे बहुत भिन्न नहीं होगा।'

मुझे जलेबी, समोसों और गर्म चाय वाला वर्तमान पर्याप्त आकर्षक लगता है। मैं जानता हूँ कि भविष्य इससे बहुत भिन्न नहीं होगा। और मैं डटकर खाता हूँ। गाँधी

जी के अमर वाक्यों को दोहराने वाले अनेक लोग आज इसी प्रकार डटकर खा रहे हैं। वे सिवाय इसके कुछ नहीं करते। जब चुनाव आता है, वे भाषण देने लगते हैं, और जनता में काम करने लगते हैं। चुनाव के बाद वे फिर चुपचाप खाने लगते हैं। गाँधी जी ने कहा है : 'कोई समय बोलने और काम करने का होता है, तो किसी समय मौन और अकर्मण्यता धारण करनी पड़ती है।' आज नेता लोग इसे धारण किए हैं, तो ग़लत क्या है? गाँधी जी ने कहा जो है!

चुनाव मंडी रिपोर्ट

गहरी ठंड जैसे उतार पर आ रही है, चुनाव की गर्मी चढ़ने लगी है। मंडी की सुस्ती टूट रही है। दिल्ली की टिकट-मंडी से छँटा हुआ माल उतर कर चुनाव के बाज़ारों में आ गया है। माल में मिक्सचर की शिकायत है मगर लेबल की चमक-दमक ग्राहक को आकर्षित कर रही है। शुरू में लगता था कि सरे बाज़ार सिद्धान्तों की पूछ-परख होगी मगर अभी ग्राहक इस बारे में उदासीन-सा लगता है। श्रीमती इन्दिरा गाँधी के दौरे से बहसों में उठान आने की उम्मीद है। समाजवाद और ग़ैर-बराबरी के जवाब में चार पार्टी ग्रुप ने अपने स्टॉक से प्रजातन्त्र और रबात जैसे तर्क बाज़ार में फेंके हैं जिनकी ले वाली धीमी है। चुनाव क्षेत्र में भावनात्मक कटाव आने की सम्भावना के साथ चाँदी ऊपर चढ़ेगी। राजाओं और व्यापारियों की सक्रिय रुचि के कारण दबा माल बाहर आएगा। ब्लैक की पूँजी निकल कर माइक वालों और टैक्सी चलाने वालों के घरों में घुस जाएगी। त्याग-पत्रों का शौक़ बढ़ जाने से अवसरवादी छुटभैयों का दलबदल सैद्धान्तिक ठेलों पर लदकर मोहल्लों में शोर कर रहा है मगर सबको तेज़ हवा का इन्तज़ार है। अख़बार और सुप्रीम कोर्ट के प्रेशर के बावजूद छोटे आदमी का वोट दाहिनी तरफ़ घूमना मुश्किल लगता है। मगर पिछड़े इलाकों में थोड़ी उम्मीद है। मानी राम से आई ख़बरों से बड़बोले क्षेत्रों में ठंडक का वातावरण और सुस्ती है। ऑल इंडिया लीडर प्रान्तों में और प्रान्तों का लीडर अपने क्षेत्र में घुस जाने से घर सँभालने की प्रवृत्ति ज़ोर पकड़ रही है। हवाई जहाज़ जला देने से पाकिस्तान के खिलाफ़ जनता को भड़का कर दीपक छाप उम्मीदवार अपने वोटों में उठान आने की उम्मीद लगाए थे मगर भारत सरकार का रुख कड़ा रहने से भावना भड़काने के कामकाज में मन्दी है। इन्दिरा गाँधी के साथ मुस्लिम लीग का नाम जोड़ कर जो कटान सम्भव है, वह उठाई जा रही है।

चार पार्टी ग्रुप में मेल-जोल की ऊपरी भावना है मगर नीचे के लेबल पर खींचतान है। प्रचारक का काम कर धन्धा-पानी करने वालों में सुस्ती का वातावरण है। जहाँ जिस दल का आदमी खड़ा हुआ है, वहाँ उस दल के प्रचारक का बटुआ भारी है और शेष तीन दल के आदमी सत्ता-कांग्रेस या निर्दलियों के दरवाज़े-खिड़कियों से ताक-झाँक कर रहे हैं। जनता में ध्रुवीकरण की लत बढ़ने से त्रिकोणी संघर्ष का

मज़ा किरकिरा होकर सीधी फाइट का बाज़ार गर्म है। दर्शक को स्वयंसेवक बना देने का टाइम नहीं रहने के कारण हाज़िर मार्केट में सीधी अपील का ज़ोर रहेगा हालाँकि खुसफुसाहट अपनी जगह काम करेगी। जैसे-जैसे गर्मी आवेगी, बड़े अख़बार का संवाददाता चश्मा चढ़ाएगा और उसे सफ़ेद-काला नज़र आने लगेगा। दबा हुआ स्टंट ऐन वक़्त पर बाज़ार में आ गया तो हवा में ऊपरी बदलाव सम्भव है मगर ज़्यादा गड़बड़ नहीं होगी। वायदा बाज़ार में आम गिरावट है क्योंकि श्रीमती गाँधी का समाजवाद हाज़िर स्टॉक में उपलब्ध है। सटोरियों में नरमी है और हर ग्राहक दिशावरी उपज की तरह ध्यान न दे बाहर ताक रहा है। दूसरी मंडियों से आने वाली रपट असर करती है मगर मानीराम के बाद ऊँची बोली की बढ़ान को शक-सन्देह का सामना करना पड़ रहा है।

चार मुँही मोर्चे की कमज़ोरी है कि वह फेरे करने लायक ऑल इंडिया लीडर नहीं उछाल सका। मोरारजी से उम्मीद थी जनसंघियों को तो वे गुजरात में घुस गए और कामराज दक्षिण में समा गए। अब अख़बार ही सहारा है जिसकी इज़्ज़त के अलावा कुछ नहीं डूबता। उसकी बेच वाली बढ़ी है मगर ऐन वक़्त की हेरा-फेरी के अलावा वे कितना कर सकेंगे इस पर व्यापारियों को शंका है। आशा पर पानी फिरने की बात पर भी उतना ही शक है जितनी आशा के अनुरूप सब कुछ हो जाने की। इसलिए बीच वाले अख़बार पर ग्राहक नज़र डालता है मगर उसकी गड़बड़ भी पहचान लेता है और विचारों की खपत ड्राइंगरूम से आगे नहीं हो पाती। चौराहे की होटल में चाय पीते हुए प्रचार करने वाले जनसंघी की आशा उतनी ही बलवान है जितनी रोटरी के डिनर में विश्लेषण करने वाले स्वतन्त्र पार्टी के नेता की या बूढ़े कार्यकर्ताओं को अपने उजड़े दफ़्तर में समझाइश देते संगठन-कांग्रेसी की, मगर भीड़ में सीधी खपत के मामले में सब एक-दूसरे का मुँह देखते हैं। स्मगलर उदास है क्योंकि इधर सख़्ती बढ़ने से उसका धन्धा मन्दा हुआ है, ब्लैक-मार्केट करने वाला ठंडा है क्योंकि माल उठ नहीं रहा। वह प्रचार के लिए पैसा फेंकने में संकोच कर रहा है। छोटे दुकानदार पर भार ज़्यादा नहीं डाला जा सकता क्योंकि बड़ी फर्में ज़्यादा रुचि शुरू से दिखा रही हैं। बैंकों ने हाथ रोक लिया है इसलिए लोकल उगाही बढ़ गई है। कार्यकर्ता पहले जैसी मौज में नहीं रहा। पब्लिक की मर्ज़ी और पुराने सम्बन्धों को भुलाने की अपील पर काफ़ी कुछ निर्भर है। पैसा किश्तों में आ रहा है क्योंकि शुरू में माल छोड़ देने से बाद में तंगी होगी मगर अनुभवी धन्धा करने वाला एक मुश्त माँगता है। राजा-रजवाड़े के पोलिटिक्स में उतरने से स्टाफ़ की ज़िम्मेदारी देश सँभालने की हो गई है और वे जाति वालों को खींच रहे हैं। हरिजन और महिला-वर्ग में कामकाज की उम्मीद कमज़ोर होने से सुबह-शाम की भीड़ में धन्धा हो रहा है। कलाली पोलिटिक्स सिर्फ़ आख़िरी सप्ताह ज़ोर पकड़ेगी जिससे थोड़ा हेर-फेर होगा हरिजन वोटों में क्योंकि राजपूत वोट तब तक पक्के हो चुके होंगे।

इम्तहान क़रीब होने से असन्तुष्ट युवा वर्ग तैयारियों में जुटा हुआ है इसलिए सभाओं में अपेक्षा से कम टमाटर फिकेंगे जिसका अनुमान कर हरित क्रान्ति के कारण सब्ज़ी का धन्धा बढ़ाने के उम्मीदवारों में निराशा है। अंडा इस ठंड में महँगा जा रहा है और सड़ने के पहले आमलेट बन जाने के कारण नेताओं में सुरक्षा की भावना बढ़ी है। चुनाव से कला क्षेत्र में मन्दी आ गई क्योंकि लेटरिंग करने और आड़ा-तिरछा लिख कर पोस्टर रँगने वाले मीडियाकरों का धन्धा चल गया है। संसोपाई बहस करने वाले इधर चुप हैं क्योंकि फील्ड में काम चल रहा है और नाव डूब न जाए, इसकी फिक्र बढ़ गई है। प्रबुद्ध क्लास में दो पाटों में पिसने वाले घुन के प्रति सहानुभूति की भावना है मगर संसोपा का वर्कर समझता है कि जनता के बीच भरोसे की भैंसें इस ज़माने में पाड़े नहीं जनतीं। वोटों की गिनती अलग-अलग बूथों में न की जाकर इकट्ठी किए जाने से 'बाद में देख लेंगे' वाले दादागीरी के रुतबे हल्के पड़ रहे हैं और इसका फ़ायदा सत्ता कांग्रेस को मिल सकता है।

चार पार्टी समूह में भावना यह थी कि सौ पीछे पच्चीस पिछले कामकाज के कारण और पच्चीस नए प्रचार से खींच लेंगे जिसमें दस पर्सेंट की भूल-चूक लेनी-देनी भी मान लो तो लोकसभा में इज़्ज़त रह जाएगी। मगर प्रचार के मामले में हाल यह है कि राजा-रानी के क्षेत्रों में भी निराशा है। आसमानी सुलतानी के नाम पर एक जला हुआ हवाई जहाज़ है मगर वह काम नहीं आ रहा। वायदा बाज़ार ठंडा है, ऊपर का प्रेशर फ़ायदा नहीं दे रहा और समाजवाद और इन्दिरा गाँधी का नाम ही भारी पड़ रहा है। कामराज और मोरारजी संस्मरणात्मक मूड में आ गए हैं जो आन्तरिक निराशा का द्योतक है और निजलिंगप्पा शहादत का क्रेडिट ले रहे हैं। ऐसे में छोटा कार्यकर्ता कहाँ तक खींचेगा, जो ग्रांड अलायंस के चक्कर में यों ही अपना चांस गँवा चुका। अगर इस समझौते को लागू मानो तो हर वह सीट उस पार्टी की बपौती हो जाएगी जो उसने जीत ली है इसलिए चुप्पी मार कर सभी मना रहे हैं कि खड़ा हुआ हार जाए ताकि अगली बार हमारा क्लेम बना रहे। इसमें 'इन्दिरा हटाओ' के पहले इसके इंट्रेस्ट काम करने लगे हैं। ज़्यादा देर नहीं है, 'नाई-नाई बाल कितने' वाला मामला है। वोट की बरकत बढ़ेगी। इस बार पोलिंग ज़्यादा होगा और वह इन्दिरा जी को ही फ़ायदा देगा, ऐसी आम धारणा है। व्यापारी देख रहा है कि ग्राहक स्थानीय व्यापार की लेन-देन में ज़्यादा रुचि नहीं ले रहा बल्कि ऑल इंडिया की फिक्र कर रहा है। ग्राहक की यह फिक्र देख व्यापारी छाती पीट रहा है और उसका रोना ही फ़िलहाल मंडी की रौनक़ है। नियम की बात है कि असली दुश्मन को कमज़ोर मत समझो मगर इतनी समझदारी की बात हर कोई कर रहा है यह बड़ा विचित्र है। देखें, मंडी में किसकी आवक होती है और किसका माल उठता है, इस जिज्ञासा के बावजूद सटोरियों की निराशा या उनका फ़क़त स्थानीय हो जाना भविष्य का स्पष्ट संकेत देता है।

हमारे शहर में चुनाव

अख़बारों में जो ख़बर छपी थी कि हमारे शहर में पोलिंग उत्साह से हुआ, वह सही ख़बर थी। मैं गवाह हूँ कि लोगों में उत्साह था। हमारे शहर के लोग नागरिक-ज़िम्मेदारियों के काम आम तौर पर नहीं करते और यदि करना पड़ ही जाए तो उसमें हल्की-सी शर्म अनुभव करते हैं। इसीलिए मुझे शक था कि हमारे यहाँ मतदान कम होगा या होगा ही नहीं क्योंकि लोगों के पास दीगर ज़रूरी काम हैं, वे उन्हें करेंगे या मतदान करेंगे? मगर बात उलटी हुई। मतदान के मामले में ऐसा उत्साह देखा गया जैसा हड़ताल के वक़्त होता है। ताज्जुब नहीं, कुछ लोग इस सिलसिले में जल्दी सुबह उठ गए हों, जैसा कि आम तौर पर नहीं होता। लोगों ने मुझे बताया कि आज मतदान केन्द्र पर सुबह से भीड़ लग गई। ऐसा हमारे शहर में तभी होता है जब नई पिक्चर लगी हो। लोग खिड़की खुलने के पहले जाकर डट जाते हैं। मुझे पता लगा कि मतदान केन्द्रों पर भीड़ है तो मैंने सोचा, चक्कर लगा कर देखा जाए। जब मैं घर से निकला तब मुझे कुछ लोग मतदान केन्द्र से वापस आते नज़र आए। वे मेरे यार अपना वोट डाल आए थे। हमेशा होता यह है कि लोग, ख़ास कर हमारे शहर के लोग, दोपहर तक इस टोह में इधर-उधर भटकते रहते हैं कि पता लगे, कौन जीत रहा है? अगर उन्हें पता लग जाए कि कांग्रेस जीत रही है तो वे कांग्रेस को वोट डाल आते हैं और अगर उन्हें पता लगे कि जनसंघ जीत रहा है तो वे जनसंघ को वोट डाल आते हैं। इससे वे कभी ग़लत नहीं होते, अर्थात् जिसे वोट देते हैं, वह जीत जाता है और जो जीत जाता है, वे उसी को वोट देते हैं।

मैं सारा दिन यहाँ-वहाँ घूमता रहा और लोगों की भीड़ देखता रहा और परिचितों से बातें करता रहा। यों आम तौर पर बहुत ख़ामोशी का वातावरण था, एक हद तक तिलस्मी मगर उस बीच में कुछ मज़ेदार से क़िस्से सुनने को मिले।

हमारे शहर के एक पोलिंग बूथ के पास एक भिखारिन कटोरा लिये खड़ी थी और कह रही थी—"भगवान के नाम पर एक वोट मुझे भी मिल जाए।" मैं क़रीब से गुज़र गया और मुझे समझ में नहीं आया, मगर बाद में ठिठक कर मैंने सुना कि वह यही कर रही है। मैंने उससे रुक कर पूछा कि तू वोट क्यों माँग रही है? वह मुझसे भी वोट माँगने लगी। मैंने फिर पूछा और उसे समझाया तो बोली कि सुना,

लोग आज वोट दे रहे हैं, तो भैया, एक वोट मुझ ग़रीब को भी मिल जाए। भगवान तेरी आस औलाद सुखी रखे। बड़ी अजीब स्थिति थी। मैंने उसे कहा कि माँगना बेकार है, तुझे कोई वोट नहीं देगा तो वह कहने लगी कि मुझे एक वोट ही तो चाहिए। जब उसे बताया कि कोई तुझे वोट नहीं देगा तो वह बड़ी निराश हो गई, जैसे चुनाव में खड़ी हुई हो! मैं उसे समझाकर आगे बढ़ गया मगर मैंने देखा कि वह फिर कोशिश में लग गई—"भगवान के नाम पर एक वोट मुझे भी मिल जाए, अन्धी-लूली पर दया करो भगवान।"

दोपहर को पोंलिग बूथ पर मुझे एक विचित्र शख़्स मिला जो अपनी बात पर अड़ा हुआ था। वह लोगों से पूछ रहा था—"श्रीमती इन्दिरा गाँधी कहाँ हैं? मैं उन्हें वोट देना चाहता हूँ।"

"वे यहाँ नहीं हैं।"

"फिर क्या किया जाए, मैं उन्हें वोट देना चाहता हूँ।"

"वे नहीं हैं तो क्या हुआ, उनकी पेटी तो है।" एक ने समझाया।

"अगर उनकी पेटी यहीं है तो वे ज़रूर लौटकर यहीं आएगी। मैं इन्तज़ार कर लेता हूँ। कहाँ गई हैं?" वह बोला।

"वे नहीं आएँगी।"

"क्यों, उनकी पेटी तो यहीं है?"

वह इसी तरह अजीब-सी बातें करता रहा और बड़ी मुश्किल से तैयार हुआ कि इन्दिरा गाँधी का वोट उनकी पेटी में डाल दिया जाए। बाहर आने पर फिर वह लोगों से निवेदन करता रहा कि उस पेटी को, जिसमें उसने वोट डाला है, श्रीमती गाँधी को भिजवा दिया जाए।

एक पोलिंग बूथ पर एक नव-विवाहित युवक अपनी नवेली को लेकर आया और रिटर्निंग ऑफ़िसर से कहने लगा कि मेरी पत्नी भी वोट डालना चाहती है।

"वोटर लिस्ट में नाम है?" अफ़सर ने पूछा।

"जी नहीं, मगर यह कह रही है कि मैं भी वोट डालूँगी।"

"यह कैसे हो सकता है?"

"मैंने इसे कहा मगर यह मानती नहीं है।" वह युवक बोला।

अफ़सर ने दुल्हन से बात की—"देखिए, आपका नाम लिस्ट में नहीं है, आप वोट नहीं दे सकतीं।"

दुल्हन कुछ लजाई खड़ी रही, फिर एकदम फूटी—"पाँच-दस रुपया खरच हो जाए, कोई बात नहीं मगर हमारा वोट करवा दो।"

अफ़सर हँसा, फिर बोला—"क्या उम्र है आपकी?"

दुल्हन ने लजाकर अपने साजन की तरफ़ देखा।

"सोलह साल, अभी शादी हुई, आठ-दस दिन हुए।"

''आप बहुत छोटी हैं। इक्कीस साल की होतीं तो वोट करतीं।'' अफ़सर ने कहा।

''इक्कीस साल की होती तो मैं शादी ही नहीं करता इससे। मैं ख़ुद इक्कीस का हूँ।'' लड़का बोला।

''आप हमें एक वोट देने दीजिए। आप ज़िसे कहेंगे, हम उसे वोट कर देंगे, मगर हमारा वोट करवा दीजिए।'' दुल्हन फिर बोली।

काफ़ी देर यह चलता रहा क़िस्सा। दुल्हन रूठी, दूल्हे ने मनाया, अफ़सर ने समझाया और वे लोग बड़ी कठिनाई से रवाना हुए। दुल्हन क्रोध में थी और दूल्हा उसे समझाता जा रहा था।

मैं अस्पताल के पास से गुज़रा तो वहाँ लोग एक डॉक्टर की प्रजातन्त्र के प्रति कर्तव्यनिष्ठा की दाद दे रहे थे। वे बता रहे थे कि डॉक्टर साहब ऑपरेशन छोड़ कर वोट डालने गए। उन्होंने बीच ऑपरेशन में कहा कि मेरा पहला दायित्व प्रजातन्त्र के प्रति है और कैंची मरीज़ के पेट में छोड़ वोट डालने चल दिये।

''मरीज़ मरा नहीं?''

''नहीं। इस बार पोलिंग बूथ क़रीब बने हैं। डॉक्टर साहब वोट देकर आए और फिर ऑपरेशन करने लगे।''

''इसे कहते हैं, प्रजातन्त्र के प्रति निष्ठा। पहले प्रजातन्त्र, सब चीज़ें बाद में।''

मैं यहाँ-वहाँ घूम रहा था और चुनाव के दृश्य देख रहा था। डॉक्टर के प्रजातन्त्र प्रेम से मुझे भी प्रेरणा मिली और मैं अपने पोलिंग बूथ पर वोट डालने आया। वहाँ मुझे अपने मोहल्ले के विषय में ख़बर मिली कि वहाँ क़रीब सब वोट डाल चुके हैं इन्दिरा जी के नाम पर और सत्ता कांग्रेस के उम्मीदवार से समाजवाद वसूलने के चक्कर में उसके बँगले की तरफ़ गए हैं।

उस शाम सत्ता कांग्रेस के उम्मीदवार के बँगले पर बड़ी भीड़ थी। लोग आकर उसे बताते कि हमने तुम्हें वोट दे दिया है मगर अब जल्दी से इधर समाजवाद होना, तुम आज रात की गाड़ी से दिल्ली जाओ और यहाँ समाजवाद भिजवाओ। कुछ लोग जो दादा क़िस्म के थे, उसे धमकी भी दे गए कि अगर जल्दी समाजवाद नहीं लाकर दिया तो तुम्हारा सिर तोड़ देंगे।

हमारे शहर के लोग अजीब हैं और ख़ासकर मेरे मोहल्ले के। काफ़ी रात तक हमारे मोहल्ले के चौराहे पर चुनाव की ही बातें करते रहे। उसमें एक ने बताया कि आज एक मुर्दे ने वोट दिया। क़िस्सा यों था कि कुछ लोग एक मुर्दे को तरकटी (अर्थी) पर रखकर श्मशान की ओर ले जा रहे थे। जब वे अपने क्षेत्र के पोलिंग बूथ के पास से गुज़रे तो मुर्दा एकाएक उठ बैठा और कहने लगा, मैं जनसंघ को वोट दूँगा। लोगों ने तरकटी उतारी, मुर्दा उठ कर मतदान केन्द्र के अन्दर गया और वोट देकर फिर तरकटी पर लेट गया। इस बार वह वाकई मर गया। लोगों ने तरकटी उठाई और उसे श्मशान की ओर ले गए।

कुछ लोग कहने लगे कि यह गप्प है। इस पर झगड़ा हो गया, जो काफ़ी रात तक चलता रहा। जिस शख़्स ने यह क़िस्सा सुनाया था, वह मानने को ही तैयार नहीं था कि यह गप्प है। मैं कुछ देर खड़ा रहा फिर चला आया। पता नहीं, वे कब तक झगड़ते रहे! हमारे यहाँ इसी तरह कुछ-न-कुछ चला करता है।

दूसरे दिन सुबह मुझे मोहल्ले के एक व्यक्ति ने बताया कि वह वोट नहीं दे सका क्योंकि वह दिन भर सोता रहा। उसका नियम है कि वह सरकारी छुट्टी के दिन जमकर सोता है।

चुनाव के कारण सरकार ने छुट्टी रखी थी उस दिन, सो वह तान खूँटी सोता रहा। वह अफ़सोस कर रहा था कि वह उस निर्दलीय प्रत्याशी को वोट नहीं दे सका जिसे वह देना चाहता था। मगर क्या किया जा सकता था! यदि वह जागता भी रहता तो विशेष अन्तर नहीं पड़ता क्योंकि चुनाव परिणाम निकलने पर पता लगा कि वह निर्दलीय प्रत्याशी कई हज़ार मतों से हारा है। हमारे शहर के बारे में यह बात सही है कि जो सोवत है वह कुछ ख़ास नहीं खोवत और जो जागत है वह कछु ख़ास पावत भी नाहीं। फिर भी यह कह सकते हैं कि पोलिंग उत्साह से हुआ।

जीप पर सवार इल्लियाँ

इतना मैं निश्चित रूप से कह सकता हूँ कि चने के पौधे होते हैं, पेड़ नहीं होते। चने का जंगल नहीं होता है, खेत होते हैं। यदि खेत नहीं होते तो बताइए, यह गीत कैसे बना कि 'समधन तेरी घोड़ी चने के खेत में!' यह पुष्ट प्रमाण है कि चने के खेत होते हैं। चने की झाड़ पर चढ़ने वाली बात सरासर ग़लत है, कपोल-कल्पना है। इससे आगे चने के बारे में मेरी जानकारी उतनी ही है, जितनी हर बेसन खाने वाले की होती है कि वाह, क्या बात है, आदि। मुझसे यदि चने पर भाषण देने के लिए कहा जाए, तो मैं कुछ यों शुरू करूँगा कि भाइयो, जिस तरह सूर्य मेरे मकान के इस बाजू उगकर उस बाजू डूब जाता है, उसी तरह चना भी खेत में उगकर आदमी अथवा घोड़े के मुँह में डूब जाता है। इतना कहकर मैं अपना स्थान ग्रहण कर लूँगा, यह भय बताकर कि समय अधिक हो रहा है। बात यह है कि मैं मुँह में पानी आ जाने के कारण अधिक बोल नहीं सकूँगा। चना मेरी कमज़ोरी है। यह कमज़ोरी मुझे ताक़त देती है। सिर्फ़ खाते समय, बोलते समय नहीं।

पर इधर शहर के अख़बारों में चने की चर्चा ज़ोर पर है। इन दिनों मौसम ख़राब रहा। हम तो घर में घुसे रहे। पर पता लगा कि बाहर पानी गिरा और ठंड बढ़ गई। इसका नतीजा यह हुआ कि शहर के आसपास चने के खेत में इल्ली लग गई। अख़बारों में शोर हुआ कि चने में इल्ली लग गई है और सरकार सो रही है, वगैरह। एक अख़बार ने चने के पौधे पर बैठी इल्ली की तस्वीर भी छापी, जिसमें इल्ली सचमुच में सुन्दर लग रही थी। चना हमने भी कम नहीं खाया पर देखिए पक्षपात कि तस्वीर इल्ली की छपी।

मैं इल्ली के विषय में कुछ नहीं जानता। कभी परिचय का सौभाग्य नहीं प्राप्त हुआ। इल्ली से बिल्ली और दिल्ली की तुक मिला कर एक बच्चों की क़विता लिख देने के सिवाय मेरी समझ में नहीं आ रहा था कि क्या करूँ पर लोग थे कि इल्ली का जिक्र ऐसे इत्मिनान से करते थे जैसे पड़ोस में रहती हो!

मेरे एक मित्र हैं। ज्ञानी हैं यानी पुरानी पोथियाँ पढ़े हुए हैं। मित्रों में एकाध मित्र बुद्धिमान भी होना चाहिए—इस नियम को मानकर मैं उनसे मित्रता बनाए हुए हूँ।

एक बार विद्वता की झोंक में उन्होंने बताया था एक नाम–'इला'। कह रहे थे कि अन्न की अधिष्ठात्री देवी हैं इला यानी पृथ्वी। मुझे बात याद रह गई। जब इल्ली लगने की ख़बरें चलीं, तो मैं सोचने लगा कि इस 'इला' को 'इल्ली' से क्या सम्बन्ध? इला अन्न की अधिष्ठात्री देवी है और इल्ली अन्न की नष्टार्थी देवी। धन्य है। ये इल्लियाँ इसी इला की पुत्रियाँ हैं। अपनी ममी मादाम इला की कमाई खाकर अख़बारों में पब्लिसिटी लूट रही हैं। मैं अपने इस इला-इल्ली ज्ञान से प्रभावित हो गया और सोचने लगा कि कोई विचार-गोष्ठी हो, तो मैं अपनी बुद्धि का प्रदर्शन करूँ। पर ये कृषि विभाग वाले अपनी गोष्ठी में हमें क्यों बुलाने लगे! इधर मैं अपने ज्ञानी मित्र से इल्ली के विषय में अधिक जानने हेतु मिलने को उतावला होने लगा। मेरी पुत्री ने तभी इल्ली सम्बन्धी अपने ज्ञान का परिचय देते हुए अपना 'प्राकृतिक विज्ञान : भाग चार', देख कर कहा कि इल्ली से तितली बनती है। तितली, जो फूलों पर मँडराती है, रस पीती उड़ जाती है। मेरे अन्तर में एक कवि है, जो काफ़ी हूट होने के बाद सुप्त हो गया है। तितली का नाम सुनते वह चौंक उठा और इल्ली के समर्थन में भाषण देने लगा कि यह तो बाग़ की शोभा है। मैंने कहा, अबे गोभी के बिग फूल, तेने कभी अख़बार पढ़ा, ये इल्लियाँ चने के खेत खा रही हैं और अगले वर्ष भजिए और बेसन के लड्डू महँगे होने की सम्भावना है। मूर्ख, चुप रह। कवि चुप क्यों रहने लगा! मैंने दुबारा बुलाने का आश्वासन दिया, तब माइक से हटा।

जब अख़बारों ने शोर मचाया, तो नेताओं ने भी भाषण शुरू किए या शायद नेताओं ने भाषण दिए, तब अख़बारों ने शोर मचाया। पता नहीं, पहले क्या हुआ! ख़ैर, सरकार जागी, मन्त्री जागे, अफ़सर जागे, फ़ाइल उदित हुई, बैठकें चहचहाईं, नींद में सोए चपरासी कैंटीन की ओर चाय लेने चल पड़े। वक्तव्यों की झाड़ुएँ सड़कों पर फिरने लगीं, कार्यकर्ताओं ने पंख फड़फड़ाए और वे गाँवों की ओर उड़ चले। सुबह हुई। रेंगती हुई रिपोर्टों ने राजधानी को घेर लिया और हड़बड़ा कर आदेश निकले। जीपें गुर्राईं। तार तानकर इल्ली का मामला दिल्ली तक गया और ठेठ हिन्दी के ठाठ में कार्यवाहियाँ हुईं कि खेतों पर हवाई जहाज़ सन्ना कर दवाइयाँ छिड़कने लगे। हेलीकॉप्टर मँडराने लगे। किसान दंग रह गए। फसल बची या नहीं, क्या मालूम पर वोट मज़बूत हुए। इस बात को विरोधियों ने भी स्वीकार किया कि अगर ऐसे ही हवाई जहाज़ खेतों पर दवा छिड़कते रहे, तो अपनी जड़ साफ़ हो जाएगी। शहर के आसपास यह होता रहा, पर बन्दा अपना छह पृष्ठ का अख़बार दस पैसों में पढ़ता यहीं बैठा रहा। स्मरण रहे, आलसियों की यथार्थवाद पर पकड़ हमेशा मज़बूत रहती है।

एक दिन एक कृषि अधिकारी ने कहा–चलो, इल्ली उन्मूलन की प्रगति देखने खेतों में चलें। तुम भी बैठो हमारी जीप में। मैंने सोचा–चलो, इसी बहाने पता लग जाएगा कि चने के पौधे होते हैं या झाड़ और मैं जीप में सवार हो लिया। रास्ते-भर

मैं उसके विभाग के अन्य अफ़सरों की बुराइयाँ करता उसका मनोरंजन करता रहा। कोई डेढ़ घंटे बाद हम एक ऐसी जगह पहुँच गए जहाँ चारों तरफ़ खेत थे। वहाँ एक छोटा अफ़सर खड़ा इस बड़े अफ़सर का इन्तज़ार कर रहा था। हम उतर गए। मैंने ग़ौर से देखा कि चने के पौधे होते हैं। खेत होते हैं यानी समधन की घोड़ी कोई ग़लत नहीं खड़ी थी। वह वहीं खड़ी थी, जहाँ हमारी जीप खड़ी थी।

हम पैदल चलने लगे। चारों ओर खेत थे। मैंने एक किसान से पूछा—"तुम जब खेतों में खोदते हो तो क्या निकलता है?"

वह समझा नहीं। फिर बोला—"मिट्टी निकलती है।"

"इसका मतलब है, प्राचीनकाल में भी यहाँ खेत ही थे।" मैंने कहा। मेरी ज़रा इतिहास में रुचि है। ख़ुदाई करने से इतिहास का पता लगता है। अगर ख़ुदाई करने से नगर निकले, तो समझना चाहिए कि यहाँ प्राचीनकाल में नगर था और यदि सिर्फ़ मिट्टी निकले तो समझना चाहिए कि यहाँ प्राचीनकाल में खेत थे, और यदि मिट्टी भी नहीं निकले तो समझना चाहिए कि खेत नहीं थे।

आगे-आगे बड़ा अफ़सर छोटे अफ़सर से बातें करता जा रहा था।

"इस खेत में तो इल्लियाँ नहीं हैं?" बड़े अफ़सर ने पूछा।

"जी, नहीं हैं।" छोटा अफ़सर बोला।

"कुछ तो नज़र आ रही हैं।"

"जी हाँ, कुछ तो हैं।"

"कुछ तो हमेशा रहती हैं।"

"जी हाँ, कुछ तो हमेशा रहती हैं।"

"ख़ास नुकसान नहीं करतीं।"

"जी, ख़ास नुकसान नहीं करतीं।"

"फिर भी ख़तरा है।"

"ख़तरा तो है।"

"कभी भी बढ़ सकती हैं।"

"जी हाँ, बढ़ सकती हैं।"

"सुना, सारा खेत साफ़ कर देती हैं?"

"बिल्कुल साफ़ कर देती हैं।"

"इस खेत पर छिड़काव हो जाना चाहिए।"

"जी हाँ, हो जाना चाहिए।"

"तुम्हारा क्या ख़्याल है?"

"जैसा आप फरमाएँ।" छोटे अफ़सर ने नम्रता से कहा। फिर वे दोनों चुपचाप चलने लगे।

"जैसी पोज़ीशन हो, मुझे बताना, मैं हुक्म कर दूँगा।"

"मैं, जैसी पोज़ीशन होगी, आपके सामने पेश कर दूँगा।"

"और सुनो?"

"जी, हुक्म।"

"मुझे चना चाहिए, हरा बूट। घर ले जाना है। जीप में रखवा दो।"

"अभी रखवाता हूँ।"

छोटा अफ़सर किसान की तरफ़ लपका।

"ओए, क्या नाम है तेरा?"

किसान भागकर पास आया। छोटे अफ़सर ने उससे घुड़क कर कहा—"अबे तेरे खेत में इल्ली है?"

"नहीं है हुज़ूर।"

"अबे थी ना, वो कहाँ गई?"

"हुज़ूर, पता नहीं कहाँ गई!"

"अबे बता, कहाँ गई सब इल्ली?"

किसान हाथ जोड़ काँपने लगा। उसे लगा, इस अपराध में उसका खेत ज़प्त हो जाएगा। छोटे अफ़सर ने क्रोध से सारे खेत की ओर देखा और फिर बोला—"अच्छा, ख़ैर, ज़रा हरा-हरा चना छाँटकर साहब की जीप में रखवा दे। चल, ज़रा जल्दी कर।"

किसान खेत से चने के पौधे उखाड़ने लगा। छोटा अफ़सर उसके सिर पर तना खड़ा था। इधर मैं और वह बड़ा अफ़सर चहल कदमी करते रहे। वह बोला—"मुझे खेतों में अच्छा लगता है। यहाँ सचमुच जीवन है, शान्ति है, सुख है।" वह जाने क्या-क्या बोलने लगा। उसने मुझे मैथिलीशरण गुप्त की ग्राम जीवन पर लिखी कविता सुनाई, जो उसने कभी आठवीं कक्षा में रटी थी। कहने लगा—"मेरे मन में जब यह कविता उठती है, मैं जीप पर सवार हो खेतों में चला आता हूँ।" मैं बूट तोड़ते किसान की ओर देखता सोचने लगा—गुप्त जी को क्या पता था कि वे कविता लिख कर क्या नुकसान करवा देंगे।

कुछ देर बाद हम लोग जीपों पर सवार हो आगे बढ़ गए। किसान ने हमें जाते देख राहत की साँस ली। जीप में काफ़ी हरा चना ढेर पड़ा था। मैं खाने लगा। वे लोग भी खाने लगे। एकाएक मुझे लगा कि जीप पर तीन इल्लियाँ सवार हैं, जो खेतों की ओर चली जा रही हैं। तीन बड़ी-बड़ी इल्लियाँ—सिर्फ़ तीन ही नहीं, ऐसी हज़ारों इल्लियाँ हैं, लाखों इल्लियाँ। ये सिर्फ़ चना ही नहीं खा रहीं, सब कुछ खाती हैं और निश्शंक जीपों पर सवार चली जा रही हैं।

मुस्कुराने की मुसीबत

पिछले दिनों हम सुसंस्कृत रहे। यह सिलसिला कोई बीस-पच्चीस दिनों चला। मजबूरी हमने ही निमन्त्रित की थी, अतः गले झूमने के बाद जल्दी न उतर सकी। स्वयं हमारे लिए यह आश्चर्य की बात थी और सेहत के लिए फ़ायदेमन्द कदापि नहीं कि मुस्कुराने के लिए हम जबड़े चौड़े करें, तो उसे काफ़ी दिनों वैसा ही रखें। आप क़सम ले लीजिए, यदि उन पूरे दिनों हमने नाक या भौं को सिकोड़ा हो! पत्नी बताती है कि रात को भी हम दाँत बाहर किए सोए रहते थे और बार-बार हमारे हाथ नमस्ते की मुद्रा में जुड़ जाया करते थे। जीवन में ऐसी परेशानी से गुज़रने का मौक़ा नहीं आया कि गालियाँ देने को तरस गए। जाने क्या हो गया था हमें! कोई राह चलता हमारे पेट में कुहनी भी मार दे, तो मुँह से आवाज़ फूटती थी–'धन्यवाद।' भारतीय संस्कृति के इतिहास में यह बात लिखने लायक होगी कि कोई एक पूरा माह हमने किसी को खरी-खोटी नहीं सुनाई। जीवन के कलिकाल में एक नन्हा-सा सतयुग आकर चला गया, जिसे आज याद करता हूँ तो काँप जाता हूँ, उसकी लम्बाई की याद कर–पूरे पच्चीस दिन!

असली सांस्कृतिक कार्यक्रम चार-पाँच दिनों चला। गाने-बजाने वाले आए, गा-बजा कर चले गए। कवि आए, कविया-कविया कर निकल गए। चिन्तक-फिन्तक आए, ख़ूब बोले-बड़बड़ाए। एक मुशायरा हुआ जो पूरी रात चला, तो दूसरे दिन हॉल के कचरे में अधजली-बुझी बीड़ी-सिगरेटों के टुकड़ों के साथ कोई दो क्विंटल 'वाह-वाह' और 'मुकर्रर-इरशाद' निकले, जो रात भर में हॉल में जमा हो गए थे। दर्शक आते, जब तक नींद हमला न करती, बैठे रहते। मगर हम संयोजक देर रात को जब तक कलाकारों की थपकी और लोरी से सुला नहीं देते, वापस घर नहीं लौटते। सब्र की कोई हद होती है। शरीफ़ इंसान की कब तक कोई अच्छी बात सुने लगातार। लड़ने-झगड़ने को तरस गए। कहीं हो भी रहा था झगड़ा तो निपटाते-सुलझाते गए। हमारी ज़िन्दगी का रिकॉर्ड रहा है कि हमने लड़ने-झगड़ने का काम करने वाली सभी पार्टियों को संघर्ष की प्रेरणा दी है और शान्त लोगों के ईमान को छेड़ दूसरे से भिड़वा

दिया है। वही हम, ऐसे खटकरमी हम, शान्त रहे। सांस्कृतिक कार्यक्रम संयोजक से जो न करवाए! पच्चीस दिनों हम पर शराफ़त का एक सौ पाँच डिग्री बुखार चढ़ा रहा। अब कहीं जाकर हम अपनी वाली पर लौटे हैं।

सांस्कृतिक कार्यक्रम का संस्कृति से कोई सम्बन्ध नहीं होता, इस बात को सभी पढ़े-लिखे समझते हैं, जो इन धन्धों में रहे हैं। मगर संयोजक की पीड़ा तो संयोजक ही समझता है। कला-कल्चर छोड़ आप कुश्ती करवा लीजिए, संयोजक नम्र रहने के लिए अभिशप्त रहेगा। मुख पर मिलन सरिता का मुखौटा कसे खड़े रहना पड़ता है। सभी हमसे बड़े हैं, बाप जी हैं, अन्नदाता हैं। गर्दन झुकाए रखो, क्योंकि तुम संयोजक हो। संस्कृति आती है, तो संयोजक की पीठ पर चढ़कर आती है। उसे निरन्तर अपना नाश्ता बनाए वातावरण को स्वस्थ रखती है।

'एल' पंक्ति की तेरहवीं कुर्सी टूट गई। वहाँ बैठे व्यक्ति को दो सीटें चाहिए, क्योंकि बारहवीं पर उसकी पत्नी बैठी थी। आगे सब भरी हैं और वह पीछे नहीं जाना चाहता। आप कृपया फ़िलहाल यहाँ बैठ जाइए, मैं इन्तज़ाम करता हूँ। तभी भीम जी की ख़बर आई कि वे गाड़ी माँग रहे हैं, क्योंकि तबला बदलवाना चाहते हैं। आइए! आइए! इतने में एक महत्त्वपूर्ण महिला आ गईं और पूछने लगीं कि 'ख़त्म कम होगा यह, क्योंकि उनका बाबा ठीक नौ बजे सो जाता है।'...'आज कौन-सा राग बजेगा?'...'बाथरूम किधर होगा भाई साहब?'...'यार, तुम यहाँ क्या कर रहे हो?'...' 'सी' गेट पर वालेंटियर नहीं हैं, वहाँ क्यों नहीं जाते?'...'मैं हार ले आया, कहाँ रखवा दूँ?'...'जरा सुनिए, आपसे एक ज़रूरी बात करनी थी।'...'वह स्टेशनवैगन गई थी, अभी तक लौटी नहीं?'...'वे लोग पान मँगवा रहे हैं किसे भेजूँ?'...'साइकिल स्टैंड पर लड़ाई हो गई। चलता है।'...'भई, 'स्वर्ण प्रभात' दफ़्तर वालों ने एकस्ट्रा पास मँगवाए थे, उन्हें पहुँचाओ। नहीं तो वे कल होने वाले कव्वाली कार्यक्रम को रुचिहीन और अनैतिक लिखने की सोच रहे हैं।'...'क्या व्यवस्था है तुम्हारी, आगे की सीट पर किन ऐरे-गैरे नत्थु-ख़ैरों को बिठा रखा है और वाइस-चांसलर पीछे बैठे हैं।'...'शुरू करवाइए, अब किसका इन्तज़ार है?'...'माइक टेस्ट हो गए?'...'भाभी आ गईं, भाभी आ गईं।'...'क्यों साहब, आज तो नज़रें मिलाने की भी फुरसत नहीं?'...'चलो छोड़ो। यार, यह सब चलता रहेगा, एक चाय पीकर आते हैं।'...'बबन कहाँ है? कमाल है!'

गरज यह है कि हर साँस के साथ एक प्रश्न बाहर निकलता था और दूसरा अन्दर जाता था। दोनों स्थिति में दोनों अनिश्चित रहते थे। जो काम आपने किए, वे महत्त्वहीन थे, जो नहीं किए वे महत्त्वपूर्ण थे। करने या न करने की दोनों स्थितियों में आप महत्त्वहीन थे, क्योंकि आप संयोजक थे। गाड़ी में पेट्रोल नहीं भरवाया, वह कैसे चलेगी; वादकों को चाय नहीं पहुँचाई, वे कैसे चलेंगे? दोनों नहीं चले तो इस

हूट करने को आतुर जनता के सामने आप कैसे खड़े रहेंगे? एक अहम् बिल्ले की तरह चिपका हुआ था, एक अदद दिमाग़ अन्दर से पूर्ण खोखलेपन की ओर विकसित हो रहा था, एक जुबान थी जो फूट पड़ने को बेचैन थी। एक हाथ था जो छूट पड़ना चाहकर भी सिमटा हुआ था। संस्कृति अनेक जूतों की शक्ल में खोपड़ी पर बरसती हुई अन्तरतम को पवित्र कर रही थीं। वातावरण में आलोचनाएँ, खुसफुसाहट की भारतीय शैली में महक रही थीं। मैं सूँघ रहा था, मुस्कुरा रहा था, क्योंकि मुस्कुराना संयोजक का धर्म था और असन्तुष्ट रहना दर्शक का। दोनों अपने धर्म पर अड़े थे। कलाकार अपना कर्म कर रहे थे। दर्शक जब पिघला, उनकी वाह-वाह करने लगा, मगर वह संयोजक पर दाँत पीसता रहा; क्योंकि जिस सीट पर बैठा वह अमृत पी रहा था, काफ़ी पीछे थी। जो आगे बैठे थे, वे भी दाँत पीस रहे थे, क्योंकि उन्हें कमेटी में नहीं लिया गया। संस्कृति के क्षेत्र में महान गायकों से लेकर अदना कव्वालों तक के विषय में जो उनकी धारणाएँ हैं, उसका समाज ने उपयोग नहीं किया। सभी दाँत पीस रहे थे और नम्रता ओढ़े संयोजक दाँत दिखाता सोच रहा था—कार्यक्रम हो जाने दो, फिर एक-एक को देख लूँगा।

सांस्कृतिक जो कुछ होना था, हो गया। कलाकार बिस्तर लपेटकर रेल के डिब्बों में जगह खोजते घुस गए, दर्शक अपने जूते फेंकने के जोखिम से बचकर घर जाकर खर्राटे भरने लगा, अख़बार समीक्षाएँ उगल भड़ाँस भरे पेट साफ़ करने लगे और उसी क्षण नम्र संयोजक ने सिर फड़फड़ाकर संस्कृति झटकी, सभ्यता के जामे से कूद निकला और खम ठोंककर खड़ा हो गया। कौन कहता है, प्रतिक्रिया नहीं होती? दर्शक पर किस्तों में होती है, संयोजक पर इकट्ठा थोक में होती है और वह गरियाता है। दर्शक गम्भीरता से मुस्कुराहट की ओर बढ़ता है, संयोजक मुस्कुराहट से मनहूसियत की ओर। आज वह बकने के लिए बेचैन है। बावला हो रहा है।

दूसरे दिन आपका भूतपूर्व गुलाम, नगर के पुच्छ विषाण हीनों के लिए साहित्य-संगीत-कला का हरा चारा प्रस्तुत करने वाला ना कुछ ठेकेदार, अपने असल मानवीय स्वरूप में हर आलोचक को सीधा जवाब देने के लिए निकला। हद होती है, क्रॉस पर चढ़ाकर क़ीलें ठोंकने की भी हद होती है। आज गुस्ताख़ी करने वाली हर जुबान खींच लूँगा, हाथ तोड़ दूँगा, चाहे लहूलुहान लौटूँ, मगर चौराहे पर सत्य की मूर्ति स्थापित कर वापस आऊँगा। भाड़ में गई संस्कृति और सांस्कृतिक उठा-घर। मुझे क्या करना, मुझे किसी से क्या करना?

और तभी हमने देखा कि एकाएक सुखद बदली घिर आई। हमारा चेहरा तना हुआ था, मगर जो मिला, मुस्कुराता मिला। यहाँ-वहाँ से बधाइयाँ उफनने लगीं। जाने कहाँ का कल्चर आ गया जो हमारे क्रोध को परास्त करने लगा! हर बधाई के साथ

छटाँक भर ख़ून बढ़ रहा था और हम ही नहीं, धीरे-धीरे समूचा वातावरण स्वस्थ लगने लगा। लौटे, फिर गए, फिर लौटे और हर बार उनकी शराफ़त से पिट कर लौटे। क्या कर सकते थे! सिवाय मुस्कुराने के क्या कर सकते थे? उनकी कोशिश है कि हम संयोजक बने रहें, ताकि वे हमें और हमारी चालू मुस्कान को पीटते रहें। उन्हें डर है कि कहीं हम टिकट ख़रीदने वाले मामूली आदमी न बन जाएँ। बेहतर पछाड़ना उठा कर पछाड़ना है। वे हमें उठा रहे हैं। कह रहे हैं कि ऐसा ही बार-बार चले। एक कार्यक्रम ठंडा न हो कि तुरन्त दूसरा जले। मगर मैं क्या करूँ? संयोजक की ज़िन्दगी जी बरबाद होने को अभिशप्त, मैं क्या करूँ? मैं मुस्कुराता हूँ, जबड़े चौड़े करता हूँ, और चौड़े करता हूँ। संस्कृति गली के मोड़ पर मुँह बाए मेरा इन्तज़ार कर रही है। मैं उधर जा रहा हूँ।

लम्बे प्रहर की उपयोगिता

यदि रोडवेज़ की बस एक स्थल से चले और अपने गन्तव्य पर बिना बिगड़े पहुँच जाए तो इसे उस दिन का आश्चर्य मानना चाहिए। इतिहास साक्षी है, ऐसे दिन भी आते हैं। इन्हें अपवाद कहा जा सकता है। बसों का सामान्य धर्म है कि वे अपना स्टॉप स्वयं निश्चित करती है। जहाँ भी हरियाली हो, ठंडी हवा हो, यात्रियों के लिए निस्तार की सुविधा हो, वहाँ बस रुक जाती है। रोडवेज़ की भाषा में इसे बस का एकाएक बिगड़ना कहते हैं और यात्रियों की भाषा में यह रोडवेज़ का प्रमुख लक्षण, पहली पहचान है। सुदूर वन क्षेत्र में अथवा खेतों के समीप यात्री स्वयं को अधिक और रोडवेज़ को कम कोसते हुए दूसरी बस में लदने के क्षण की प्रतीक्षा में घंटों बैठे रहते हैं। अब यह सब देह धरे का दंड बन गया है। मनुष्य शरीर पाया है तो रोडवेज़ की बस में बैठना होगा और बैठोगे तो बस बिगड़ेगी। यह मध्यप्रदेश का सौभाग्य है कि रोडवेज़ वाले नावें नहीं चलाते, अन्यथा प्रतिदिन नाव ख़राब निकलने अथवा ओवर लोडिंग के कारण कितने यात्री डूबते, कल्पना की जा सकती है। कंडक्टर-ड्राइवर तो तैर कर हेड ऑफ़िस निकल जाते, मगर डूबतों का क्या होता? हाथ में टिकट लिए वे उन लहरों में क्या करते?

क्या करते? सड़क किनारे गति की लाल क़ब्रगाहों के समीप अपने रोडवेज़ के यात्री होने का मातम मनाते लोग क्या करते हैं? क्या कर सकते हैं?

गति समय है आजकल। रुक गए तो व्यक्ति का नहीं, पूरे राष्ट्र का समय बर्बाद होता है। जिसे कहते हैं मानव घंटों की बर्बादी। यात्रियों को गम्भीरतापूर्वक विचारना चाहिए कि वे समय का क्या करें। बसों में रामायण तो रखी नहीं होती कि पाठ आरम्भ कर दें। वन में राम के साथ क्या गुज़री और धीरज धर्म है जिससे कई घंटों बाद बस आती है, आदि। कभी कोई समाजसेवी सज्जन गले में ट्रांज़िस्टर लटका यात्रा करते होते हैं तो उनका प्रदाय किया चालू संगीत बेचैन आत्माओं को सहारा देता है। पर ऐसा सदा तो नहीं होता। यात्री आवेश में रहते हैं और आवेश में बुद्धि भ्रष्ट हो जाती है। यह ग़लत है। यदि रोडवेज़ का धर्म बिगड़ना है तो यात्री का धर्म शान्त रहना है। मेरा सुझाव है, और अनेक नेता मेरे सुझाव से पूर्णतः सहमत हैं कि घंटों का यह समय यात्री रचनात्मक कार्यों में लगाएँ। वे दो-तीन किलोमीटर

इधर-उधर बसे किसी गाँव में घुस जाएँ और वहाँ श्रमदान करें, जैसे—कुएँ गहरे करना, सड़कें चौड़ी करना, सारे गन्दे बच्चों को नहलाना, नदी का पानी रोकने के लिए बाँध बनाना, साक्षरता का प्रसार, हरी खाद के लिए गड्ढे खोदना, राष्ट्रीयकृत बैंकों की ऋण योजनाओं का ग्रामवासियों में प्रसार अथवा जिसने राष्ट्रीयकृत बैंक का ऋण न लौटाया हो उस ग्रामवासी के घर के सम्मुख धरना, सरकार को गेहूँ बेचने के राष्ट्रीय लाभों पर चर्चा, आदि। यदि पूर्ण मनोयोग से किसी कार्य में यात्री-गण भिड़ जाएँ तो इससे राष्ट्र का लाभ है और तब तक बस भी ठीक हो जाएगी। इस प्रकार रोडवेज़ की बस बिगड़ना राज्य के ग्रामों के लिए वरदान सिद्ध होगा। फ़िलहाल अभिशाप है, क्योंकि यात्री-गण क़रीब के खेत में घुस भिंडियाँ चुराते हैं। यह सही है कि वे देर रात सब्ज़ी लेकर घर आते हैं और पत्नियों की विरहणी आत्माएँ अपेक्षाकृत अधिक गद्गद हो जाती हैं। पर सोचिए उस किसान पर क्या गुज़रती होगी जब वह तकावी लेकर कलेक्टोरेट से लौटता है और अपना उजड़ा खेत देख समझ जाता है कि आज भी क़रीब में कहीं रोडवेज़ की बस बिगड़ी थी। इस अभिशाप को वरदान में बदलने के महत उद्देश्य से ही मैं यात्रियों को रचनात्मक कार्यों में जुट जाने का सुझाव दे रहा हूँ। मैं रोडवेज़ को गाड़ियाँ दुरुस्त करने के लिए नहीं कह रहा, क्योंकि वह तो सरकारी विभाग को पत्र लिखने की तरह बेमानी होता।

प्रकृति मनुष्य की पुरानी संगिनी है। बस, बिगड़ी रहने के लम्बे प्रहर में यदि आसपास गाँव न हो तो यात्रियों को चाहिए कि वे प्रकृति से अपने पुराने रिश्ते मज़बूत करें। बबूल में इन दिनों फूल आए हैं और बेशरम की झाड़ियों के बेशरम विकास ने कैसी हरियाली ला दी है! सूनी दोपहर में कौन-सी चिड़ियाएँ जंगल में कार्यक्रम देती हैं? इन बातों के अध्ययन से ज्ञान बढ़ेगा और बस दुरुस्त होने तक का वक़्त कटेगा।

यह सब न हो तो आप राज्य के आर्थिक एवं सामाजिक विकास में रोडवेज़ के योगदान पर एक परिसंवाद आयोजित कर सकते हैं जिसमें यात्री-गण मुफ़्त भाग लें। आप चाहें अपने प्रिय गाने की फ़रमाइश के पत्र स्टेशन डायरेक्टर के नाम लिख उपस्थित यात्रियों से दस्तख़त करवा लें और अगले स्टॉप पर उसे पोस्ट कर दें। और यदि आप किसी अख़बार के स्तम्भ लेखक हैं तो आप बिगड़ती बसों की समस्या पर एक मज़ेदार-सा लेख लिख सकते हैं। इतना ध्यान रखें कि चूँकि रोडवेज़ की बस को घंटों बिगड़ी पड़ी रहना है; अतः कहीं आपका लेख लम्बा न हो जाए।

कटौती का मौसम

क्या आपने भूतपूर्व मुख्यमन्त्री को ताँगे से जाते देखा है, या पैदल या सिटी बस से? मैंने तो देखा है। बड़ा आँखें चौड़ी करने वाला दृश्य था। वे जा रहे थे और उनके समीप से उसी विभाग की जीप गुज़र रही थी जिसके वे कभी मन्त्री थे। एक भूतपूर्व मुख्यमन्त्री को मैंने रेल के थर्ड क्लास में घुसते और अपने लिए जगह बनाते देखा है। वे सफल नहीं हो रहे थे क्योंकि उन्हें कोई सीट नहीं दे रहा था। मैंने एक बड़े कार्यक्रम के बाद एक भूतपूर्व मुख्यमन्त्री को बाहर कार वालों की ओर घिघियाई नज़र से लिफ्ट की आशा से ताकते देखा है। कम दर्दनाक दृश्य नहीं था।

मैंने एक भूतपूर्व मन्त्री को सिटी बस में धक्के खाते देखा है। ठेकेदार के स्कूटर के पीछे बैठ जाते देखा है। लगता है, ठेकेदार मन्त्री महोदय के किसी पुराने अहसान का बदला चुका रहा था। कुछ दिन हुए, मैंने एक भूतपूर्व मन्त्री के साथ लंच लिया। दृश्य यों है। झाँसी स्टेशन, गाड़ी रुकी हुई है। एक थर्ड क्लास के डिब्बे से राज्य के भूतपूर्व मन्त्री महोदय उतरते हैं और चारों ओर जनता पर नज़र डाल धीरे से पूरी और आलू की सब्ज़ी वाले की तरफ़ बढ़ते हैं। दूसरे थर्ड क्लास के डिब्बे से व्यंग्यकार शरद जोशी उतरते हैं और ठाठ से उसी पूरी वाले की तरफ़ बढ़ते हैं।

"छह पूरी देना," वे कहते हैं।

"छह पूरी देना," मैं कहता हूँ।

और वहीं डेढ़ फुट की दूरी से अपने हाथों में आलू का दोना और पूरी सँभाले लंच आरम्भ होता है। उसके बाद हम दोनों प्लेटफॉर्म के नल की तरफ़ दौड़ते हैं। चार नल हैं। एक से वे पानी पी रहे हैं, एक से मैं पी रहा हूँ। वे मुझे नहीं जानते मगर मैं उन्हें जानता हूँ। वे मन्त्री रह चुके हैं, मैंने उनके भाषण सुने हैं, उनके खींचे झंडों को फहराते देखा है। वे मुझे नहीं जानते क्योंकि उनके मुख्यमन्त्रीत्वकाल में भी मैं इतना ही घटिया लेखक था, जैसा आज हूँ। अब हम दोनों चेहरे पर पूरियाँ खाने के बाद की तृप्ति लिये पान वाले को तलाश कर रहे हैं। मैं विशिष्ट तृप्त हूँ क्योंकि मुझे एक भूतपूर्व मन्त्री के साथ लंच खाने का सौभाग्य प्राप्त हुआ है। यह सौभाग्य सबको नहीं मिलता। उनके मन्त्रीत्वकाल में स्थानीय पत्रकारों को यह सौभाग्य अक्सर मिलते थे और पद छूट जाने के बाद शायद मैं अकेला हूँ जिसे यह सौभाग्य मिला है।

पिछले दिनों मैंने एक सभा में भूतपूर्व मन्त्री को बैठे हुए देखा। उसे कोई बोलने को नहीं कह रहा था। मुझे यह देख कर बड़ी पीड़ा हुई। वक्ता से पतन होकर यों श्रोता हो जाएँगे बेचारे, किसने सोचा था!

उस दिन जब कॉफ़ी हाउस में पेट्रोल की कमी और सरकार द्वारा ख़र्च की कटौती पर मित्रों में बातचीत चल रही थी तब एक सज्जन ने प्रस्ताव किया कि क्यों नहीं भोपाल के सारे मन्त्री सिटी बस में बैठ सचिवालय जाते? इससे ख़र्च की बचत होगी।

'सचिवालय जाता ही कौन है, सब बँगले पर रहते हैं।'' एक ने कहा।

''बस में बैठ जाने से क्या होगा? वहाँ पहुँचकर बँगले पर फ़ोन करेंगे और कार बुलवाएँगे।'' किसी ने कहा।

''कारें वापिस ले ले सरकार जब तक पेट्रोल कष्ट है।''

''यह हो नहीं सकता। ऐसा हुआ तो मन्त्रिगण त्यागपत्र दे देंगे। कार-बँगले के लिए तो मन्त्री बने हैं। वह छिन गया तो क्या रखा है?''

बात मज़ाक में टल गई।

मगर उस दिन जब अपने घर से दफ़्तर बग्घी में बैठ कर प्रधानमन्त्री श्रीमती इन्दिरा गाँधी गईं तब यही हुआ। वे बग्घी में थीं और साथ में सुरक्षा के लिए धीमी चाल से कारें चल रही थीं। ख़र्च उतना ही हो रहा, पेट्रोल उतना ही फुँक रहा था।

ख़ैर, प्रधानमन्त्री के लिए तो यह सम्भव नहीं, मगर मध्यप्रदेश के मुख्यमन्त्री और मन्त्री यदि ताँगे, साइकिल और सिटी बसों का उपभोग करने लग जाएँ तो कार्यक्षमता में कमी नहीं आएगी क्योंकि यों भी वे कोई ख़ास काम तो कर नहीं रहे।

दूसरे इसी बहाने प्रैक्टिस हो जाएगी। उस काल में जब मन्त्री-पद छूट जाएगा और उन भूतपूर्व मन्त्रियों की तरह, जिन्हें मैंने परेशानी से सफ़र करते देखा है, इन वर्तमान मन्त्रियों की भी हालत बनेगी, तब भीड़ के धक्के-मुक्के के बीच जगह निकाल सकेंगे। मेरा सुझाव है कि मन्त्रिगण तीन पहियों के ऑटो रिक्शा से आया-जाया करें। चर्बी छटेगी, धचके लगने पर सड़क की स्थिति की सही जानकारी होगी, ख़र्च कम होगा और समाजवाद आ रहा है, यह भ्रम मज़बूत होगा।

चन्दा ओ चन्दा

हमारी सामाजिक संस्थाएँ, हमारी संस्कृति, हमारी राजनीति चन्दाश्रित है। चन्दा हमारी गतिविधियों का मार्गदीप है, लालटेन है। चन्दा बूँद-बूँद टकपता है, और पोलटिक्स के पेड़-पत्ते हरे-भरे रहते हैं। राजनीति का यह विराट भारतीय जंगल चन्दे में सींचा जाता है। उदीयमान नगरपालिका नेता के विकास से लेकर राष्ट्र के कर्णधार की समाधि और मूरत खड़े करने तक में चन्दा देने वालों का योग है। यदि यह शीतल, मधुर लाभकारी चन्दा न होता तो कष्ट के तपते सूरज में नेता, कलाकार और सामाजिक कार्यकर्ता अभी तक झुलस कर मुरझा जाते। चन्दा हमारा प्राण है। एक नम्बर और दो नम्बर की नालियाँ और नहरें जब तक नहीं सूखतीं (और वे सूखने क्यों लगीं?) तब तक मन्त्र, फोरम, सम्मेलन और सभाओं का उत्साह समाप्त नहीं होगा। काला-सफ़ेद चन्दा इस प्रजातन्त्र का असली जीवन रस है। जो आज पोज़ीशन वाले नेता हैं, वे चन्दे के कारण हैं। जो अपोज़ीशन वाले नेता है, वे चन्दे के कारण हैं। इन दिनों दोनों शोर मचा रहे हैं कि राजनीति से चन्दे का सम्बन्ध टूटना चाहिए। भारतीय प्रजातन्त्र के इतिहास का यह सबसे बड़ा मज़ाक है कि चन्दे से चुनाव लड़ने वाले चन्दे के खिलाफ़ बोल रहे हैं। यह नारा ग़रीबी हटाओ से ज़्यादा ऊँचा है और नेताओं का आत्मविश्वास इसमें नज़र आता है। हमें तो मिल ही जाएगा, दूसरे को कटवा दो। सन्तुष्ट पूँजीपति सत्तारूढ़ दल को चन्दा देगा, असन्तुष्ट पूँजीपति विरोधी दलों को चन्दा देगा, समझदार पूँजीपति दोनों को देगा। देता ही है। सारी राजनीति मार्केट की कंडीशन पर निर्भर रहेगी। मन्दी और महँगाई में अपोज़ीशन पनपेगा, बोनस और लाभ में सत्ताधारी। वोटर कम्बख़्त अपने को समझता क्या है? यदि प्रचार में दम होगा, लड़ने वाले की गाँठ में पैसा होगा, तो वोट तो चाहे जब टपका लिये जाएँगे।

आज़ादी के बाद इतने चुनाव हो गए, कौन-सी पार्टी मध्यमवर्ग और निम्नवर्ग के दरवाज़े चन्दा माँगने गई? सबका ख़र्च चला कैसे? फिर आश्चर्य क्या कि पार्टियों ने जिसका नमक खाया, उसका बजाया। सबकी गाड़ियाँ पूँजीपतियों के चन्दे से पेट्रोल फूँकती वोट देने की अपील करती मोहल्ले से गुज़र गईं। किसी ने रुककर यह निवेदन नहीं किया कि भाई लोगो, पेट्रोल ख़त्म हो गया, थोड़ा एक-दो रुपयों की मदद कर

दीजिए ताकि हम आगे बढ़ें। चन्दाजीवी वर्ग उत्पन्न हो गया है देश में। चुनाव उनके लिए राहत कार्य-सा सुखद प्रसंग है। बिना खाने-पीने की और अतिरिक्त कमाई की गारंटी के कोई कार्यकर्ता अपनी पार्टी के उम्मीदवार के प्रचार के लिए घर से नहीं निकलता। चन्दा प्रजातन्त्र का प्राणाधार है। उसे न इन्दिरा गाँधी समाप्त करेंगी और न जयप्रकाश के साथी। यों यह सत्कामना वे परस्पर अवश्य करेंगे कि हमें मिल जाए, दूसरे को न मिले।

हर चन्दे के लिए कहा जाता है कि यह हमें जनता ने दिया है। जनता इस देश में भ्रामक शब्द है जिसके कई अर्थ और अनर्थ होते हैं। एम्बेसियों से जो रुपया राजनेता लाते हैं, वह भी जनता का दिया व्यापारी और कारखानेदारों से लाते हैं, वह भी जनता का दिया अफ़सर और अन्य सक्रिय मातहत अपनी अतिरिक्त कमाई से एक अंश नेता को चुनाव लड़ने के लिए देते हैं वह भी जनता का दिया ठेकेदारों-सप्लायरों से जो कमीशन आता है, वह जनता का दिया सरकारी काम करवा देने पर जो भेंट मिलती है, वह भी जनता का दिया। यह सब होता है। न होता है तो यही कि जनता जिसे कहते हैं, उससे कभी कोई एक रुपया नहीं माँगता। यों अप्रत्यक्ष रूप से सब कुछ जनता ही देती है क्योंकि जो बढ़े भाव में साबुन की बट्टी या शक्कर हम ख़रीद रहे हैं, इसका एक अंश साबुन कम्पनी का मालिक या शक्कर व्यापारी या शक्कर कारखानेदार चुनाव लड़ने वाले नेता और पार्टी को देंगे ही। जनता शब्द से अर्थ और अनर्थ दोनों उत्पन्न होते हैं। चन्दा शब्द भी लगभग ऐसा है। इन दिनों चन्दे के सवाल पर ज़ोरदार बयानों के बावजूद चूँकि चुनाव आ रहे हैं, पक्ष और प्रतिपक्ष के नेता एक ही गीत गाएँगे—चन्दा ओ चन्दा...तथा चकोर पक्षी की तरह ऊँचा मुँह किए चन्दा को तकते रहेंगे। प्रजातन्त्र की अमृत बूँद वहीं से टपकती है।

अहसाना

सन्त कहते हैं कि बच्चे ईश्वर के रूप हैं, और माँ-बाप कहते हैं कि बच्चे शैतान होते हैं।

ख़ैर, ईश्वर होते हों या शैतान, पर मैंने जब अहसाना से बातचीत की तो वह न तो मुझे ईश्वर नज़र आई और न शैतान ही। बस, अच्छी-भली लड़की थी और कुछ नहीं।

नेताओं का उच्चस्तरीय अज्ञान और विचित्र-सी बातें, अख़बारों की टेढ़ी-तिरछी चालें, व्यक्ति के कन्धे पर भागती राजनीति और राजनीति के कन्धे पर चढ़े शवों की यात्रा, त्याग की टेबलों पर होने वाले रोज़ के ऑपरेशन और परीक्षा से अपने को थोड़ा स्वच्छ करना हो, स्नान करना हो तो किसी बच्चे से बात करना ज़्यादा अच्छा।

इसी कारण सुभाष चौक न जाकर रजनी से, राज से मिल लेना बड़ा अच्छा है। भाषण न सुन किसी की तुतलाती मीठी बोली सुनना अधिक श्रेष्ठ है।

और शाजापुर में जब अहसाना से बातचीत की तो उसमें अकल और बचपना दोनों ऐसे पचास प्रतिशत के अनुपात से मिले हैं कि समझ नहीं पड़ता, इससे संजीदा रहकर बोलें या गुड्डे-गुड्डी की चर्चा करें।

मैंने पूछा—"तुम इन्दौर सबके साथ क्यों नहीं आईं?"

तो अपनी साँवले भोले चेहरे पर थोड़ी मुस्कान ला बोली—"अगर मैं चली जाती तो घर कौन सँभालता?" और उसका चेहरा एकाएक ऐसा बन गया जैसे सारे घर का भार उसके ही कन्धे पर हो!

"कोई तुमने बड़ा शहर देखा है?"

"बड़ा शहर तो नहीं देखा, शाजापुर और आसपास के गाँव देखे हैं।"

मैंने कहा—"बड़े शहर में सैकड़ों कारें, मोटरें होती हैं, बड़ी सड़कें..." तो एकाएक टोककर कहने लगीं—"यह सब तो मुझे पता है।"

मैंने पूछा—"तुम कभी गुड्डे-गुड्डी खेलती हो, खिलौने अच्छे लगते हैं?"

"नहीं, अब नहीं खेलते...यों कभी मिल जाते हैं तो खेल लेते हैं।"

मुझे हँसी आ गई।

उसकी आँखों से ऐसा लगता था, जैसे यदि मैंने बातचीत के सलीके में ज़रा ग़लती की तो यह भाँप लेगी, तो कुछ मुझे ऐसा हो जाना पड़ा जैसे प्रतिष्ठा समेट रहा होऊँ।

अहसाना बड़ी छोटी-सी है, फ्रॉक पहनती है और अपनी क्लास की मॉनीटर है।

बच्चों की बातों को सम्मान से कोई नहीं देखता और इसी कारण प्रायः सामने वाले को यह कहकर टाल दिया जाता है—क्या बच्चे-जैसी बातें कर रहे हो? पर अहसाना ने मुहावरा उलट कर रख दिया कि अब मैं किसी बड़े से बात करते समय कह सकता हूँ—क्या तुम बच्चे जैसी भी बात करना नहीं जानते?

बच्चों का मोह बड़ा विचित्र और अपार होता है। यों सबकी कहन अलग-अलग की तरह दिमाग़ भी अलग-अलग चलता है।

नेहरू इन्हें देश की आशा, भावी नागरिक आदि चाचा बनकर कहते हैं, गाँधी को इनके हाथों में लकड़ी दे भागना पड़ता था—पर कुछ तो बच्चों को देख ही सोचते हैं—क्या बेवकूफ़ी है, आख़िर लोग सोचते क्यों नहीं कि आबादी बढ़ती जा रही है? और किसी मोहल्ले में अपनी कार का ब्रेक रोक कहना पड़ता है—अरे, क्या घर से बेकार हो, माँ-बाप नहीं हैं?

बच्चे बच्चे हैं, बस। घरौंदे बना कर कपड़े ख़राब कर सकते हैं ठीक ऐसे, जैसे किसी मेहनती फिटर के हो जाते हैं और अम्मा को अपनी पड़ोसिन से कहना पड़ता है—देखो, अभी कपड़े बदले थे और फिर नालायक़ गन्दे कर लाया!

और पड़ोसिन सिवाय इसके क्या जवाब दे सकती है कि 'बच्चे हैं।'

यों आप नेहरू हैं या कोई भी बड़े हैं और आपको बच्चों से प्रेम है तो वह आपका सद्गुण है और सदैव आपका स्वागत करने वाले बच्चों को आगे बढ़ा देंगे ताकि आप प्रसन्न हों।

पर यदि आप साधारण हैं तो बस। आप प्राइमरी स्कूल के मास्टर बन जाइए। कम पगार में अपना घर चलाइए, बच्चों को बढ़ाइए, उन्हें प्रसन्न रखिए। यदि हो सके तो।

ख़ैर, फिर भी यह तो एक नशा है। जब सबको इस बात पर आश्चर्य हो रहा था कि अहसाना से सबको क्यों स्नेह हो जाता है तो वह एकाएक बोल पड़ी—अच्छे से अच्छों को मिलकर ख़ुशी होती ही है।

और या तो मैं अच्छा नहीं पर अधिकांश राजनीतिक नेताओं से मिल मुझे ख़ुशी नहीं होती।

दिसम्बर, 1987 : उस दिन भोपाल में

पिछले तीन दिनों में बन्दा अपने नसीब का मारा उसी भोपाल शहर में अटक रहा था, जहाँ उपराष्ट्रपति शंकर दयाल शर्मा पूरे दिन यहाँ से वहाँ और वहाँ से यहाँ हो रहे थे। अन्तर यह था कि मैं तिपहिया स्कूटर पर था और उनके साथ कारों का काफ़िला चल रहा था। मुझे कई छोटे-छोटे काम निपटाने थे, उन्हें कार्यक्रम करने थे। मैं जिस भी दिशा में जाता था, उसी दिशा में पुलिस वालों द्वारा रोक दिया जाता था। पता लगता, उधर से उपराष्ट्रपति गुज़रने वाले हैं। वे जब देखो तब गुज़रते ही रहते थे और मैं जहाँ देखो, वहाँ रुका ही रहता था। पुलिस वाले अपनी कर्तव्य से जुड़ी बदतमीज़ी का पूरा उपयोग करते लोगों के रास्ते बन्द किए थे, जगह-जगह उपराष्ट्रपति के लिए स्वागत द्वार बने थे। वे शायद वही थे जो कुछ दिन पहले राष्ट्रपति के लिए और उसके पूर्व किसी और के लिए बने थे। मैं भी उसी के नीचे से गुज़र सम्मानित-सा अनुभव कर लेता था। पर अधिकांश समय मैं मुख्य मार्ग से नहीं ही जा पाता था। हमेशा ही वे मेरे रिक्शे को किसी अन्य रास्ते से मोड़ देते थे। उपराष्ट्रपति की भोपाल में चलती-फिरती उपस्थिति के कारण मैं स्वयं को निरन्तर एक हकाले हुए जानवर की तरह महसूस करता था। सारा शहर लगभग रुका-रुका रहता। हमें विकल्प के रास्ते तलाशने पड़ते, पर कई बार वह भी व्यर्थ होते, क्योंकि उपराष्ट्रपति वहाँ से भी गुज़रने वाले होते थे। शायद उनके भोपाल आगमन का यही उद्देश्य था। मुझे नहीं लगता, उन्होंने कोई सड़क गुज़रने से छोड़ी हो। सड़क दिखी कि उपराष्ट्रपति उससे गुज़रे। चौराहा दिखा कि पुलिस वहाँ वाहन रोकने आ खड़ी हुई। अजीब उच्चस्तरीय बोरियत थी, जिसका निर्वाह करने में सारा अमला लगा था। शायद इस देश में आदमी को बड़ा आदमी साबित करने का यही एक घिसा-पिटा तरीक़ा है। लोगों को आने-जाने से रोका, भीड़ हो गई तो कह दिया, स्वागत में खड़ी थी।

उपराष्ट्रपति भोपाल में कोई दस कार्यक्रमों में भाग ले रहे थे। जहाँ ख़ाली ज़मीन दिखती, वहाँ वे शिलान्यास कर देते। संस्था नज़र आती तो उद्घाटन कर देते। पुस्तक मिलती तो उसका विमोचन कर देते। उनसे जिसने जो कहा, उसके लिए उन्होंने वही कर दिया। भारत के उपराष्ट्रपति हैं, इतने बड़े देश ने उन्हें इतना बड़ा पद दिया है।

पर भोपाल में आकर वे रास्ते रुकाने तक ही उपराष्ट्रपति थे। जो काम वे कर रहे थे, उसमें से अधिकांश के लिए एक उपमन्त्री की औकात का नेता काफ़ी था। पर भोपाल डॉ. शंकर दयाल शर्मा का गृहनगर ठहरा। वहाँ वे भारत के उपराष्ट्रपति की बजाय एक स्थानीय राजनेता हो जाते हैं। यों भी यदि डॉ. शंकर दयाल शर्मा के सीने पर स्टैथस्कोप रख यह प्रश्न पूछा जाता है कि आप भारत के उपराष्ट्रपति बनना पसन्द करेंगे अथवा मध्यप्रदेश के मुख्यमन्त्री तो अन्दर से 'मुख्यमन्त्री', 'मुख्यमन्त्री' की धड़कन सुनाई देती।

पर हाय रे विधना का विधान! इन दो दशकों में जब इस देश ने पता नहीं कितने गोबर, पुत्रों को गौरव, पुत्रों में तब्दील किया, डॉ. शर्मा एक बार मध्यप्रदेश से बाहर जाने के बाद वापस मुख्यमन्त्री बन मध्यप्रदेश नहीं लौट सके। कोई श्यामाचरण, कोई अर्जुन सिंह प्रकट हो मुख्यमन्त्री की कुर्सी घेरे बैठा रहा और वे सिवाय भोपाल से चुनाव लड़ दिल्ली जाने के कुछ न कर सके। उस दिन चाहे वे मेरा आवागमन रोकते रहे हों, पर भोपाल में अपनी हलचल और गमनागमन से अवश्य मन-ही-मन प्रसन्न रहे होंगे। कभी चुपचाप गुज़र जाते थे, आज इतने स्वागत द्वार कि पूरा शहर घर हो गया उनका। मैंने एक पत्रकार से पूछा कि यार, उपराष्ट्रपति होकर डॉ. शर्मा इतने कार्यक्रमों में भाग ले अपने पद की गरिमा क्यों कम कर रहे हैं? वह बोला कि प्रदेश में भी प्रभाव जमाना है। जनसम्पर्क ज़रूरी है। अपने रुके हुए वाहन में बैठा मैं सोच रहा था कि कोई कितने ऊँचे पै बैठ जाए, राजनीति में बुनियादी समस्याएँ जस-की-तस रहती हैं।

आह, क्या दिन थे वे!

आज जब मैंने अख़बार में यह बेदिल, निर्मम निर्णय पढ़ा कि गैस सिलेंडरों के घर-घर वितरण की व्यवस्था समाप्त होगी, तब मुझे अपने जीवन के वे दिन याद आ गए, जब दूध-दही की नदियाँ बहती थीं और हमारे पास कटोरे न थे। आह, क्या दिन थे वे! गैस उपलब्ध थी और बड़ी गम्भीरता से ग्राहकों को आकर्षित कर रही थी। तब इक्कीसवीं सदी का नारा नहीं था, पर गैस के प्रचारक कहते थे–''भाइयो, गैस ले लो, भविष्य के चूल्हे इसी से जलेंगे।'' लोग तब अपने लकड़ी के चूल्हे और कोयले की सिगड़ी से चिपके हुए थे। शहर में कोयले का व्यापारी उतने ही रौब से बात करता था, जैसे टी.वी., वीडियो आरम्भ होने के पहले फ़िल्मों में प्रोड्यूसर रौब में रहते थे। जो स्वयं को बड़ा आधुनिक और उन्नत मानते थे, वे ईंधन के क्षेत्र में प्राइमस स्टोव तक आ पहुँचे थे। आह, क्या दिन थे वे! जब कैरोसिन के स्टोव पर मेहमानों के लिए चाय बनती थी। उनसे बहुएँ नहीं जलाई जाती थीं। आज जब गैस सिलेंडर के वितरक और सरकार मध्य वर्ग की मजबूरी का लाभ लेने पर तुले हुए हैं, मुझे वे दिन याद आते हैं, जब आग का सम्बन्ध अंगारे से था, अंगारे का कोयले से, कोयले का लकड़ी से, लकड़ी का पेड़ से, पेड़ का जंगल से और जंगल का सम्बन्ध किसी से नहीं था, वह जंगल बने रहने के लिए स्वतन्त्र था।

उन दिनों शहर भोपाल में ताजुल मसजिद के क़रीब शाहजहाँनाबाद की सड़क पर गैस की पहली एजेंसी खुली थी। एक ज़रूरत-भर बात करने वाले पारसी सज्जन एजेंसी के मालिक थे और इस कोशिश में थे कि बड़े अफ़सरों में गैस के चूल्हे लगाने का शौक़ बढ़ जाए। उस काल में, जब गैस घिघिया-घिघियाकर भोपाल में ग्राहक तलाश रही थी, तब इतिहास में नाम लिखने की गरज़ से, सरकारी सूचना विभाग का प्रतिमाह पौने दो सौ रुपए पाने वाला एक कर्मचारी शरद जोशी भविष्य को पहचान कर, अपनी दूर दृष्टि से आक्रान्त, उठा और गैस का चूल्हा घर ले आया। मैं भोपाल की उस एजेंसी का सातवाँ ग्राहक था, जो यह साहस कर रहा था। मेरी ठोड़ी तब कितनी ऊपर थी, यह देखने वालों को याद होगा। आह, क्या दिन थे वे! एक सौ पाँच रुपए का गैस चूल्हा किस्तों में मिलता था और सिलेंडर अठारह रुपयों में आता था।

पर, जो भविष्य को दृष्टि में रख सोचते हैं, वे वर्तमान में उल्लू के पट्ठे सम्बोधित किए जाते हैं। मेरी कॉलोनी के लोगों की मेरे प्रति धारणा कुछ इसके समीप ही थी। उनका कहना था कि जब स्टोव है, केरॉसीन सस्ता उपलब्ध है, तब गैस का चूल्हा क्यों? किसलिए? रईसी के थोथे प्रदर्शन के लिए! दिखावे के लिए! पर मैं क्षितिज पर राजीव गाँधी के आगमन के बहुत पूर्व उन्नत टेक्नोलॉजी का समर्थक, सब कुछ सहन करता, अपने गैस के चूल्हे के उपयोग की वकालत करता रहा। मेरा तर्क था कि इस पर खाना जल्दी बनता है। समाज का तर्क था, ऐसी जल्दी भी क्या है? मेरा तर्क था कि इससे बर्तन काले नहीं होते। समाज का तर्क था, बर्तन माँजने में हाथ घिस जाते हैं क्या? मेरा घर डिमॉन्स्ट्रेशन सेंटर बना हुआ था। कोई भी दौड़ा चला आता—अपना गैस चूल्हा बताएँगे हमें? चाय बनवाकर पीकर देखता, फिर मुँह बिचका कर चला जाता।

गुज़र गए वे दिन जब भोपाल में गैस का अर्थ गैस ही हुआ करता था। अब वहाँ गैस का अर्थ है—वह गैस, जो उस भयावनी रात यूनियन कार्बाइड से छूटी थी।

पीड़ा से सुविधा तक

प्रायः विकास का अर्थ इस देश में होता है सुखी वर्ग को और अधिक सुविधाएँ प्रदान करना। आम भारतवासी तो विकास शब्द का दीवाना है। फिर उस शीर्षक के तहत जो भी हो जाए। स्वीमिंग पुल बना दीजिए या फाइव स्टार होटल, झोंपड़ी में और फ़ुटपाथ पर रहने वाला शिकायत नहीं करेगा कि हुज़ूर, यह क्या कर रहे हैं? ज़रा हमारी तरफ़ ध्यान दीजिए। उसे वर्षों से यह पाठ पढ़ा दिया गया कि विकास के काम में अड़ंगे डालना राष्ट्रीयता के विरुद्ध है। अतः देश का प्रमुख नारा हुआ 'ठेकेदारों को कमाने दो, ग़रीबों का उसी में हित है।'

भोपाल में गैस-पीड़ितों के लिए जो रुपया मिला है, उससे एक शानदार एयरपोर्ट बनाने की योजना है। भोपाल के जयप्रकाश नगर और छोला क्षेत्र में, जहाँ घर पर लोग गैस के शिकार हुए हैं, अधिकांश मकान कच्ची लकड़ी की पट्टियों से बने हैं। भोपाल में जिसे फ़र्रे कहते हैं, उन पटियों, खपच्चियों से बनी दीवारों से तेज़ हवा आती रहती है और ठंडी रातों में गुदड़ी से लिपटे लोग कुड़कुड़ाते काँपते रहते हैं। गैस या मौत उस रात उन्हीं छिद्रों से आई थी, जिससे रोज़ हवा आती है।

पर अब चूँकि यूनियन कार्बाइड का कारखाना काम नहीं करता, इसलिए भविष्य में गैस तो आएगी नहीं। जिन्हें मरना था, मर गए। अब उस धनराशि से एयरपोर्ट का विकास क्यों न किया जाए जिससे भविष्य के एंडरसन भोपाल में उतरते ही प्रसन्न हो जाएँ? बड़ा ख़ूबसूरत शहर है। यहीं लोग मरे थे?

वर्षों बाद जब गैस की रक़म से यह सब निर्माण हो जाएँगे, भोपाल के विकास का एक दौर पूरा हो जाएगा। तब कोई बीस वर्ष बाद शहर के मेयर अपने भाषण में कहेंगे—"भाइयों और बहनो, आपको याद होगा कि कई साल पहले हमारे शहर में एक गैस-दुर्घटना हुई थी। हमारे पत्रकार दोस्त कभी-कभी अपने लेखों में उसकी चर्चा करते हैं। कुछ लोग आज भी ज़िन्दा हैं जो उस वक़्त थे, जब वाकया हुआ। भोपाल के आधुनिक विकास में उस दुर्घटना का बड़ा हाथ है। यदि वह दुर्घटना न होती तो यह एयरपोर्ट, अस्पताल और स्टेशन, ये शानदार इमारतें नज़र नहीं आतीं। हम बहुत शुक्रगुज़ार हैं एंडरसन साहब के जिन्होंने एक कारखाना यहाँ खोला था, जिसमें दुर्घटना हुई और भोपाल का विकास हो सका। मगर भोपाल को अभी और

आगे बढ़ना है। हमारी गवर्नमेंट से गुजारिश है कि वह कुछ और ऐसे कारखाने खोले जिनसे दुर्घटनाएँ हों, भोपाल को उस बहाने करोड़ों रुपया मिले और हम विकास कर सकें। आज भोपाल का विकास रुक गया है और हमें कुछ दुर्घटनाओं की सख्त ज़रूरत है।''

सूखा-पीड़ित हो, बाढ़-पीड़ित या गैस-पीड़ित—आदमी का दर्द रुपए बटोरने में और बटोरा हुआ रुपया सुविधाएँ बढ़ाने के काम आता है। आदमी के दर्द से उसका कोई सरोकार नहीं। भोपाल में गैस पहले लिक्विड में बदली। लहर उठी और वातावरण भीग गया। अब लिक्विड या द्रव ठोस में बदल रहा है। एयरपोर्ट और कई ख़ूबसूरत सॉलिड इमारतें।

यह है पीड़ा से सुविधा तक की रासायनिक प्रक्रिया।

जब-जब गैस रिसे

हमारे देश में जब एक फ़ाइल दूसरी फ़ाइल को जन्म देती है और दूसरी फ़ाइल तीसरी को, तब धीरे-धीरे एक शास्त्र का उदय होता है। यह शास्त्र हमारी सोच को अनुशासित करता है और प्रसंग-दर-प्रसंग, प्रकरण-दर-प्रकरण हम वही और वैसे ही चिन्तन और निर्णय को दोहराने लगते हैं। तब एक फ़ाइल की तरह दूसरी फ़ाइल तो बनती ही है, एक प्रशासक की तरह दूसरा प्रशासक तैयार होने लगता है। समय, परिस्थितियाँ और स्थान का अन्तर बेमतलब हो जाता है। एक पुरानी, सुनिश्चित तर्क-प्रणाली का आतंक हम पर वर्षों के लिए छा जाता है। एक क़िस्म की बेफ़िक्री प्रशासन की रगों में समा जाती है।

गैस के मामले में एक सुनिश्चित शास्त्र विकसित हो रहा है। पहले भोपाल में और अब बम्बई के चेम्बूर में। मामले से निपटने की एक सुनिश्चित कार्यशैली विकसित हो रही है। वह यह कि जहाँ गैस फूटने या रिसने की सम्भावना है, वह क्षेत्र तभी हमारी चिन्ता के दायरे में आएगा जब वहाँ गैस रिसेगी। उसके पूर्व वह कारखाने का निजी मामला है और उस पर सामान्य नियम लागू होंगे। सामान्य नियम अर्थात् सुनिश्चित समय में ढीला-सा इंस्पेक्शन और मालिक से पूरी चुस्ती से नियमित हफ्ता अर्थात् नियमित रिश्वत की वसूली। सरकारी तन्त्र सरकारी तरीक़े से उस दिन काम करेगा जब गैस रिसेगी। पहला क़दम, मृतकों की संख्या को कम करके दिखाना। दूसरा क़दम, गैस-पीड़ितों से जल्दी-से-जल्दी अस्पताल से बिस्तर ख़ाली कराना। तीसरा क़दम, गैस को समाप्त करने या उसका पूरा उपयोग करने की कार्रवाई करना। चौथा, सरकार द्वारा प्राइवेट-व्यवस्था को दोषी बताना। पाँचवाँ, प्राइवेट-व्यवस्था द्वारा अपनी ग़लतियों से इन्कार कर मुद्दे के सवाल और बिन्दुओं पर एक रहस्यपूर्ण चुप्पी अख़्तियार करना। और अन्त में गैस-पीड़ितों को मुआवज़े के सवाल को अदालती लम्बाइयों तक खींच पेमेंट उस हद तक लटकाना, जब तक वह निरर्थक न हो जाए।

अब यह हो गई एक फ़ाइल। जैसी भोपाल में बनी थी, वैसी चेम्बूर में बन रही है। यह रास्ता खुला है, एक दिशा पक्की है कि यूँ होगा तो यूँ करेंगे।

अब गैस इस देश में निश्चिन्त हो गई। कार्यप्रणाली ने उसे मारने की खुली छूट दे दी। अब वह जब चाहे, जहाँ चाहे, रिसेगी। जब रिसेगी, सरकार उन ही मुद्राओं में वही अभिनय करेगी, जैसा उसने पिछली बार किया था।

गैस ख़तरनाक है, मगर गैस से अधिक ख़तरनाक है वह तन्त्र-प्रणाली, जो विकसित हुई है।

अब ज़हर ने हमारे बीच एक स्थायी जगह बना ली है—व्यवस्था की कृपा से।

भोपाल एक क्रिया है

व्याकरण की दृष्टि से काफ़ी वर्षों तक संज्ञा रहने के बाद भोपाल में सरकार यह दावे करती रही कि शीघ्र यह नगर एक विशेषण में बदल जाएगा, भाषा में विशेष उपमाओं के लिए काम आएगा। वे यह हवा बाँधते रहे कि यह क्रिया-विशेषण का क्षेत्र है। यहाँ जो कुछ होगा, क्रिया के गुणों का सूचक होगा। विशेष यह हो रहा था कि वहाँ सुरीले वाद्यों और ज़हरीली गैस को एक साथ स्वीकृति प्रदान की गई। ऐसा लगा कि व्याकरण में जो सम्बोधन 'हाँ', 'ही' और 'हैं' हैं, वे भोपाल में सर्वाधिक होंगे। कुछ वर्षों में आदमी क़दर दान हो जाएगा और उसकी वे नसें फड़कने लगेंगी, जो वर्षों से सुप्त रही हैं। इस तथाकथित सांस्कृतिक व्याकरण में संज्ञाओं का सम्मान सुरक्षित रखा गया और उसकी महँगी गरिमा भी। मतलब, संज्ञा और विशेषण की कार्रवाई इस तेज़ी से चल रही थी कि सर्वनाम के दर्जे पर ये कभी आए ही नहीं। सर्वनाम में जो 'तू', 'मैं', 'वह' की आत्मीयता और निजता का बोध है, उससे ऊपर रहे। भोपाल को विशिष्ट रहना है। संज्ञा और विशेषण की ऊँचाई पर। घोषणा यह थी कि लम्बी सांस्कृतिक फूँक भोपाल के नागरिकों को बाँसुरी में बदल देगी। आदमी सात सुरों के बंडल, रंगों की चकाचौंध में जीता, आलोचनात्मक न्याय और न्यायात्मक आलोचना के झूले पर झूलता, एक विराट नाटक का निरन्तर दर्शक और श्रोता के रूप में स्वयं एक पात्र हो जाएगा। इस निर्णय के साथ, नगर के हाशिए पर मिक गैस बनने लगी।

व्याकरण जुड़े न जुड़े, भाषा यथार्थ से जुड़ती है। नागरिक के शरीर से संगीत की धुन की बजाय गैस की लहर गुज़री और बाँसुरी बनने की बजाय वे काठ होकर रह गए। गैस और सरगम का नियन्ता ग्रीक ट्रेजिडी का रचना-कौशल जानता था। भोपाल के भाग्य में सम्पूर्ण व्याकरण जीना बदा था। वाह का प्रशिक्षण लेने वाले नगर को आह का अनुभव दिया गया। दरबारी की गत से कराह और दुर्गत तक संस्कृति पुरस्कारों की तरफ़ बढ़ रही थी, सभ्यता हवा में ज़हर घोलने की ओर। इन दोनों के बीच भोपाल का नागरिक मनुष्य के रूप में अपनी स्थिति जानने का प्रयत्न कर रहा था। वह जिस नाटक का पात्र बना, उस नाटक का शीर्षक पूछ रहा था। प्रॉम्प्टर उसे चुप रहने का संकेत कर रहे हैं क्योंकि अभी कई अंक अभिनीत किए जाने शेष हैं।

वह जो वर्षों व्यक्तिवाचक संज्ञा होने के अहम् में था, उसे पता लगा कि व्याकरण के नियम के अनुसार वह समुदायवाचक संज्ञा का एक अंग है, हिस्सा है।

वह अपनी असल संज्ञा खो बैठा और उसका नगर एक क्रिया कहलाने लगा। अब भोपाल एक क्रिया है। लोग कहते हैं, चेम्बूर में भोपाल हो गया, दिल्ली में भोपाल हो गया, बड़ौदा में भोपाल हो सकता है। भोपाल एक क्रिया है। ऐसी क्रिया, जो क्रिया कर्म की याद दिलाती है। तथाकथित संस्कृति इसे विशेषण या संज्ञा का मज़बूत दर्जा तो दे नहीं सकी; हाँ, सभ्यता ने इस नगर को क्रिया का दर्जा दे दिया। अब व्याकरण में इस नगर के नाम को इसी रूप में जीना है। सारे नगर प्रार्थना की मुद्रा में वाक्य-रचना करते हैं—हे प्रभु, कहीं हमारा शहर भोपाल न हो जाए! गैस रिसी और भोपाल हुआ। प्रक्रिया ने नगर को क्रिया बना दिया। व्याकरण-शास्त्रियों को कल इस पर एक अध्याय लिखना होगा।

आदिवासी निहारते रहिए

आदिवासियों की ओर देखने से क्या होता है? मैं युवतियों की बात नहीं कर रहा। उनकी ओर देखने से तो वही होता है, जो युवतियों की ओर देखने से होता है। मैं सामान्य आदिवासियों की बात कर रहा हूँ, जो देश के अलग-अलग भूखंडों में बिखरे पड़े हैं। उनमें से कुछ नमूने छब्बीस जनवरी के दिन दिल्ली की सड़कों पर देश के मनबहलाव के लिए गाते-नाचते निकलते हैं। अब बात बढ़ गई है और कई नए आयाम हैं उसके। एक नया शौक़ चर्राया है।

फ़िलहाल यह शौक़ हमारे प्रधानमन्त्री राजीव गाँधी में है। उनकी जिज्ञासा समझी जा सकती है। वे भारतीय समाजशास्त्रीय वास्तविकता से कटे हुए, 'दून स्कूल' के छात्र हैं और आदिवासियों की ज़िन्दगी से नितान्त अपरिचित हैं। मुख्यमन्त्री उनकी इस कमज़ोरी से वाकिफ हो गए हैं और उनसे करबद्ध निवेदन करते रहते हैं कि आइए, हमारे राज्य में आकर आदिवासियों को देखिए। हमारे आदिवासी थोड़े अलग डिज़ाइन के हैं, आपको मज़ा आएगा। राज्य के कांग्रेसियों में अपनी स्थिति मज़बूत करने के लिए प्रधानमन्त्री का राज्य में दौरा बड़ा मायने रखता है। दौरा हो जाता है। आदिवासी जैसे थे, वैसे बने रहते हैं। मुख्यमन्त्री कुछ मज़बूत हो जाता है। प्रधानमन्त्री के आसपास वाले सोचते हैं, चलो, थोड़ी छवि निर्माण हुई। आदिवासी क्षेत्रों के छुटभैये नेता आदिवासियों को समझा देते हैं कि देख रे गेल्या! थारा भाग। राजीव गाँधी ख़ुद हुई ने आबा, दिल्ली से मिलबा वास्ते। सारी बात वे समजी ने गया है। फिकर मत राख। अब दिन फिरेगा रे थारा। थोड़ी निरात राख।

और प्रधानमन्त्री की यात्रा के एक एलबम, टी.वी. के प्रोग्राम, राज्य सूचना विभाग के एक प्रकाशन से अधिक गहराई तक नहीं पहुँचती। कुल प्रभाव यही होता है कि हमारे देश में आदिवासी एक देखने लायक सामान बनता जा रहा है। आदिवासियों को देखने का शौक़ आज प्रधानमन्त्री और विदेशी पर्यटकों तक सीमित है। कल यह शौक़ नए रईसजादों में फैलेगा और हमारे आदिवासी हमेशा के लिए देखने लायक़ चीज़ बन जाएँगे।

मैंने एक मित्र से पूछा—"जब हम आदिवासी देखते हैं तो क्या देखते हैं?" उसने कहा—"हम उनमें एक संस्कृति देखते हैं।" मैंने कहा—"हम अपनी संस्कृति तो

देखते-समझते नहीं, उनके लिए क्यों परेशान हैं? और ऐसा करके क्या हम यह साबित करने का प्रयत्न करते हैं कि आदिवासी संस्कृति कुल मिला कर भारतीय संस्कृति से अलग कोई चीज़ है?"

आदिवासी की ओर देखो तो संस्कृति कम और ग़रीबी अधिक नज़र आती है। वे ज्ञानी-ध्यानी सचमुच बड़े बेरहम हैं, जो आदिवासियों में संस्कृति के दर्शन किया करते हैं। उनकी हालत देख, उनके साथ बजाय नाचने के, जेब का पैसा बाँटने की इच्छा होती है। जितना हम रेस्तराँ में नाश्ता करके 'टिप' दे देते हैं, उतने में पूरे आदिवासी परिवार का दिन भर का भोजन हो जाता है। इसलिए भारतीयों के सम्मुख, जिनमें देश का प्रधानमन्त्री भी शामिल है, यह सवाल होना चाहिए कि उन्हें निहारते रहा जाए या उन्हें सहायता दी जाए?

दृश्य यह है कि आदिवासी प्रधानमन्त्री को निहार रहे हैं, प्रधानमन्त्री आदिवासी को। प्रश्नोत्तर हो रहे हैं। क्यों भई, तू नंगा है? हाँ, मालिक, मैं नंगा हूँ। क्यों, तू भूखा है? जी हाँ, भूखा हूँ। उस क्षेत्र में देखने लायक़ तो वे छोटे-बड़े अफ़सर हैं, जिन्होंने इतने बरसों तक विकास का रुपया आदिवासियों तक न पहुँचने दिया। इतना बजट फूँकने के बावजूद आदिवासियों की बुनियादी ज़रूरतें पूरी न हुईं। देखना ही है तो प्रधानमन्त्री उन्हें देखें।

ओह विद्याचरण

अन्ततः खेल-कूद की घोड़ी उछली और विद्याचरण शुक्ल भूलुंठित हुए। बहस इतनी भर रहेगी कि इन्हें काठी से खींचा गया या घोड़ी ने उछालकर फेंक दिया। यह कुर्सी भी 'केंडी' सिद्ध हुई विद्याचरण के लिए। भारतीय राजनीति में कान्यकुब्जों की जन्मपत्री इन दिनों अच्छी नहीं चल रही। वे दिन गए जब उच्च का गुरु था। अब नीच के मंगल में फँसे हैं। कमलापति त्रिपाठी के पतन से जो क्रम चला, तो आज कहाँ तक आया? मुझे तो इन शुक्ल-बन्धुओं के प्रति रह-रहकर मन में करुण भाव जग जाता है। उधर श्यामाचरण कांग्रेस के भग्न मन्दिर के बाहर घंटे की तरह लटके बैठे हैं, मगर कोई उन्हें बजाने को ख़ाली नहीं है। इधर भारत में एक अदद ओलम्पिक घुसेड़ने का दम भरने वाले विद्याचरण महज एशियाड में बाधाओं की दौड़ में औंधे हो गए। खो-खो हुए, फ़ाउल किया, आउट भए, पीला कार्ड दिखाया गया, रिटायर्ड हर्ट। कल तक मज़े से कुर्सी गोल-गोल नचाते सिओल भेजने के लिए अपने वालों की सूची बना रहे थे। आज ख़ुद सूची से कट गए। कहाँ खेल की राजनीति और कहाँ भाग्य का खेल? छछूँदरों के सिरों में इम्पोर्टेड केश तेल। तुकबन्दी पर कृपया दाद दीजिए।

एक तो खेलों में राजनीति, फिर खेलों में राजनीति समाप्त करने की राजनीति। राम जाने, इस राजनीति को समाप्त करने की नीति कब बनेगी? अब तो खिलाड़ी युवा नेता बन रहे हैं। युवा नेता का अर्थ है, सारे राजनेताओं का बाप। तुरुप का पत्ता। बादशाहों के सिर पर इक्का। नेताओं के स्वार्थ जितने प्रबल, खिलाड़ियों की गुटबन्दी उससे कम नहीं। राइट-इन का प्रभाव बढ़ जाए तो वह लेफ्ट-इन को बदलवाकर अपना यार खड़ा कर दे। भीड़ इतनी कि जिसमें दम हो, वही अपनी जगह बना सके। खेल से अधिक ज़ोर अपना मेल बढ़ाने पर। जो अच्छा चमचा न हो सके, वह इस देश में मजाल है खिलाड़ी बन जाए!

अंग्रेज वायसराय थे, तब खेल-कूद के विकास की ज़िम्मेदारियाँ जागीरदारी की तरह बँटती थी। डीमेलो क्रिकेट सँभाल रहा है; पटियाला, भोपाल हॉकी पर नज़र रखे हैं, जयपुर पोलो का भार उठाए है, होल्कर क्रिकेटर पाल रहा है। वैसे ही जैसे कोल्हापुर और देवास राज्य पहलवानों का ख़र्चा उठाते हैं। राजकुमार विजयनगरम्

कमेंट्री और चयन में टाँग फँसाए हैं। खेल-कूद में धँसकर रीढ़हीन पिलपिले नरेश वायसराय की आँखों में अपनी छवि चमकाते थे। ख़ैर, जो भी हो, इसी सब में कई खेलों का विकास हो गया। गामा, ध्यानचन्द, रणजी, पटौदी, नायडू, मुश्ताक चमक लिए। अंग्रेज़ गए तो खेल-कूद की बागडोर गणतन्त्र के नए नरेशों के हाथ आ गई। इनके अपने चमचे। इनके अपने दलाल। अपने ठेकेदार। वही दुर्दशा, जो कल्चर-लिटरेचरों में है। खिलाड़ियों की ज़िन्दगी जुआ बन गई। जीतो या हारो, फड़ चलाने वाला हर बाजी पर अपना नाल अर्थात् अपना कमीशन ज़रूर काटेगा। भारत की जनता लगातार पराजय देख कर खिलाड़ियों के नाम पर रोती है और खिलाड़ी रोते हैं व्यवस्था, अफ़सर और खेल की क़िस्मत तय करने वाले नेताओं के नाम पर।

हमारे देश में तो यह है कि जिसके पल्ले जो क्षेत्र पड़ जाए, जितना निचोड़ सको, निचोड़ो। पॉलिटिक्स मज़बूत करो, छवि चमकाओ, पैसा बनाओ। शुक्ल पक्ष अब समाप्त हुआ तो क्या? अब दूसरों का उजाला शुरू होगा। खेल-कूद की छाती पर तो राजनीति के खिलाड़ी बैठे ही रहने को हैं। उन्हें कौन हटाएगा?

मुर्ग़ी-अंडा अर्थशास्त्र

आज़ादी के चालीसवें वर्ष में मध्यप्रदेश शासन ने आर्थिक विकास की दिशा में एक महान क़दम उठाया है कि आदिवासी क्षेत्रों में मुर्ग़ी पालन केन्द्र खोले जाएँ। ज़ाहिर है, जहाँ-जहाँ तक सड़के हैं, डाकबँगले हैं, सरकारी जीप गुज़र सकती है, ऐसे आदिवासी गाँवों को यह सौभाग्य प्रदान होगा। प्रत्येक मुर्ग़ी पालन केन्द्र के लिए पाँच सौ रुपए की राशि रखी गई है। ज़ाहिर है, उससे चार सौ रुपए का केन्द्र बनेगा और सौ रुपए की मुर्ग़ियाँ ख़रीदी जाएँगी। या हो सकता है, पहले वर्ष का बजट मुर्ग़ी के दड़बे बनाने में ख़र्च हो जाएँ। मुर्ग़ियाँ आज़ादी के इकतालीसवें वर्ष में आएँ और वे अंडे बयालीसवें वर्ष में दें।

जहाँ तक मेरी मध्यप्रदेश के आदिवासी क्षेत्रों की जानकारी है, मुर्ग़ी पालने का काम आदिवासियों में आज़ादी के पूर्व से होता रहा है। आदिवासी मुर्ग़ियाँ पालते हैं और वहाँ बड़े सस्ते दामों में अंडे या मुर्ग़ियाँ मिल जाती हैं। पर शायद मध्यप्रदेश सरकार ने सोचा हो कि इस महत्त्वपूर्ण उद्योग को प्राइवेट सेक्टर के भरोसे छोड़ पब्लिक सेक्टर में ले लेना चाहिए। अब दो प्रकार की मुर्ग़ियाँ मध्यप्रदेश के आदिवासी क्षेत्र में अंडे देंगी। एक सरकारी मुर्ग़ी और दूसरी आदिवासी मुर्ग़ी। सरकारी अर्थशास्त्रियों ने सोचा होगा कि इससे आदिवासी गाँव में अंडे के भाव फिक्सेशन में सहायता मिलेगी। सरकारी केन्द्र जिस भाव अंडे बेचेगा, लगभग उसी भाव आदिवासी मुर्ग़ी-मालिक को बेचना पड़ेगा। एक प्रशासकीय समस्या है, मुर्ग़ी चोरी की। आदिवासियों में एक-दूसरे की मुर्ग़ी चुरा लेने की घटनाएँ प्रायः होती हैं। डर यह है कि वे सरकारी मुर्ग़ी पालन केन्द्र की मुर्ग़ी न चुरा लें। इसलिए हो सकता है, एक पुलिस के सिपाही की ड्यूटी लगानी पड़े, जो अंडा मुफ़्त में खाएगा, पर हो सकता है, मुर्ग़ियाँ बच जाएँ या जब बड़ा पुलिस अफ़सर राउंड लगाने निकले, तब न भी बचें।

सोचने की सामग्री यह है कि यह क़दम मध्यप्रदेश की सरकार ने अब तक क्यों नहीं उठाया। जब नेहरू जी ने समाजवाद की या श्रीमती गाँधी ने 'ग़रीबी हटाओ' की घोषणा की थी, तब उठा लेना चाहिए था। मुझे इसका एक कारण समझ में आता है जो विचारार्थ प्रस्तुत है। पिछले चालीस वर्षों में अफ़सरों के आगमन पर मध्यप्रदेश

के आदिवासी डाकबँगले के डिनर के लिए मुफ़्त का मुर्ग़ा सिपाही के माँगने पर भेंट करते रहे। इधर शायद जागृति या सूखे के कारण मध्यप्रदेश के आदिवासी दौरे पर आए अफ़सरों के डिनर के लिए मुफ़्त का मुर्ग़ा भेंट करने से इन्कार कर रहे होंगे। मैं यह अनुमान लगाता हूँ कि आदिवासियों को दिल्ली ले जाकर लोक नृत्य करा देने के सरकारी लालच के बावजूद चालीस वर्षों में आदिवासियों में इतनी जागृति तो आ ही गई होगी कि वे सिपाही की धमकी पर मुर्ग़ा न दें। इस जागृति से मोर्चा लेने का अफ़सरी तरीक़ा यही हो सकता है कि वे गाँव-गाँव में सरकारी मुर्ग़ी पालन केन्द्र खोलने का प्रस्ताव करें। तब दौरे पर आया सरकारी अफ़सर डिनर के समय प्राइवेट सेक्टर की उदारता पर निर्भर न रहेगा। वह आत्मनिर्भर होगा अर्थात् वह सरकारी मुर्ग़ीख़ाने की मुर्ग़ी खाएगा और रजिस्टर में उसे मृत या चोरी गई नोट कर दिया जाएगा।

मुझे लगता है कि मध्यप्रदेश सरकार के इस महान निर्णय से आदिवासी गाँव का मुर्ग़ी-अंडा अर्थशास्त्र इस समय दोराहे पर आ गया है। आदिवासी या तो अफ़सरों को मुफ़्त मुर्ग़ी देकर इस योजना को प्रतिफलित् अर्थात् प्रतिअंडित होने से रोकें या अपनी मुर्ग़ी-अंडे के दाम सरकारी रेट लिस्ट के अनुसार निर्धारित करें।

विश्वास का सूखा

कुछ दिनों पहले मैं भोपाल गया तो मैंने देखा, चारों ओर हरा-भरा था। मुझे अच्छा लगा, क्योंकि इस मौसम में मुझे भोपाल को इसी तरह देखने की आदत रही है। बड़ा तालाब लबालब लग रहा था। एक सूखाग्रस्त प्रदेश की राजधानी इतनी हरी-भरी लगे, तो यह भ्रम हो सकता है कि सारा प्रदेश इसी तरह हरा-भरा होगा। मैंने एक अफ़सर से कहा भी कि भोपाल को देख तो ऐसा नहीं लगता कि मध्यप्रदेश में सूखा है। उसका चेहरा कुछ उदास हो गया। बोला, यही तो रोना है। कल केन्द्र की टीम आने वाली है, सूखे की जाँच करने के लिए। भोपाल में ही रिसीव होगी। चारों तरफ़ हरियाली देख कहीं सहायता में कमी न कर दे।

अब मेरा सवाल था, जो नियमानुसार नहीं होना चाहिए कि केन्द्र से सूखे की जाँच करने के लिए टीम क्यों आ रही है? यह सवाल करने पर वह अफ़सर मेरी ओर कुछ आश्चर्य से देखने लगा। यह वही निगाह थी जो मूर्खों और भोलों की तरफ़ देखने पर बनती है। यह मोटी बात है कि केन्द्र की टीम आकर जाँच करेगी कि सूखा वाकई है कि नहीं? है तो क्या उतना ही है जितना मध्यप्रदेश वाले बता रहे हैं? क्या सूखा उतना गहरा है जितना ये लोग दावा कर रहे हैं? क्या ये उतनी सहायता के पात्र हैं जितनी इन लोगों ने माँगी है? क्या करें? इन्हें दें कि न दें? केन्द्र की टीम दो दिन टिककर इस विराट आर्थिक प्रश्न का सही आकलन कर अपनी रपट देगी, इस पर निर्णय होगा और मध्यप्रदेश को रुपया मिलेगा।

अफ़सर मुझे मूर्ख समझता आश्चर्य से देख रहा था। मेरा सवाल यों था कि क्या केन्द्र के अफ़सर राज्य के अफ़सरों को झूठा मानते हैं? उन्हें यह शक क्यों है कि राज्य के अफ़सर सूखे के विषय में ग़लत सूचना दे रहे हैं? क्या राज्य के प्रति निष्ठा और राज्य के सत्य, केन्द्र के, देश के सत्य से भिन्न पड़ते हैं? अफ़सर मेरे प्रश्न का अर्थ नहीं समझ रहा था। पर मेरा कहना था कि दिल्ली के आई.ए.एस. अफ़सर मध्यप्रदेश के आई.ए.एस. अफ़सरों पर भरोसा क्यों नहीं करते? राजीव गाँधी का कांग्रेसी मन्त्रिमंडल मोतीलाल वोरा के कांग्रेसी मन्त्रिमंडल पर भरोसा क्यों नहीं करता? एक पार्टी है, एक तन्त्र है, अफ़सरों की निष्ठा देश के प्रति है, फिर यह शक क्यों कि मध्यप्रदेश सूखे के मामले में झूठ बोल रहा है? यदि उसके अफ़सरों ने सूखे

के झूठे आँकड़े केन्द्र के सामने पेश किए हैं तो आँकड़ों में सुधार होगा, मगर झूठ बोलने की क्या सज़ा है? अफ़सर या मन्त्रियों की ऐसी क्या निजी रुचि है, उन्हें क्या लाभ मिलने को है, जो वे केन्द्र से झूठ बोल रहे हैं? वे इस देश के नागरिक, मन्त्री और अफ़सर होने के बावजूद क्यों नहीं चाहते कि राहत का पैसा देश के सही सूखाग्रस्त इलाकों में जाए? निष्ठाएँ क्यों टकराती हैं, झूट क्यों बोला जाता है? अफ़सर मेरे प्रश्न का अर्थ ही नहीं समझा और मेरी ओर इस तरह देखता रहा, जैसे मैं मूर्ख हूँ। इस प्रदेश के अफ़सर और मन्त्री प्रायः सभी मामलों में मेरी ओर इसी तरह देखते हैं।

असल सूखा विश्वास का है। भरोसा ही नहीं करते एक-दूसरे पर; या सूखा-जाँच के बहाने यात्रा-भत्ता बनाना ज़रूरी लगता है। वर्ल्ड बैंक की टीम भारत में जाँच करने आएगी। तुम्हें ही एक-दूसरे पर भरोसा नहीं तो वे तुम पर क्यों भरोसा करने लगे कि सच बोल रहे हो?

राज्य न हो तो क्या हो?

मध्यप्रदेश में वही हो रहा है, जो महाराष्ट्र में हो रहा है या जो अन्य राज्यों में हो रहा है। प्रसंग अलग-अलग हैं—वे प्रथम पुरुष लड़ाकू भी सब के अलग हैं, पर थीम लगभग वही है, उसकी आत्मा वही है। कांग्रेस की आन्तरिक राजनीति एक महामूर्खता-भरा काइयाँ परिहास मात्र है, जो बरस-दर-बरस, मुख्यमन्त्री-दर-मुख्यमन्त्री वैसा ही चला आता है। आपको केन्द्र की घटिया राजनीति से घृणा हो सकती है, पर राज्यों की राजनीति ऐसी सड़ाँध है कि घृणा से कोई अधिक तीव्र शब्द बयान के लिए चाहिए। मध्यप्रदेश में इतने सालों मैंने कांग्रेसियों को आपस में एक-दूसरे की टाँग खींचते, लड़ते और परस्पर फ़जीहत करते ही देखा। लोग कहते हैं, बिहार में इससे ज़्यादा है। पर मैं तो मध्यप्रदेश की राजनीतिक गन्दगी को कम मार्क नहीं देता। इन दिनों या कहिए इन वर्षों में अर्जुन सिंह के पट्ठे मोतीलाल वोरा से लड़ रहे हैं। या कहिए, मोतीलाल वोरा उनसे लड़ रहे हैं। जब ये नहीं लड़ते थे, तब कोई और लड़ते थे। अर्जुन सिंह मुख्यमन्त्री थे तब वह विद्याचरण से या शायद श्यामाचरण से लड़ते थे। मतलब कभी-न-कभी, कोई-न-कोई, किसी-न-किसी से लड़ता ही रहता है। हमारे देश में जो इतिहास लिखने की परम्परा नहीं है, उसका एक कारण यही है कि इन आपस में लड़ने वालों का क्या इतिहास लिखें? भौंकना किसी स्वर-परम्परा में नहीं माना जाता, काटना कर्म नहीं है तो इन क्रिया-प्रतिक्रियाओं को कैसे महिमान्वित करें?

मैं भोपाल में भी सोचता था और यहाँ बम्बई में बैठा भी सोचता हूँ कि प्रदेशों को राज्य बना देने से लाभ क्या होता है देश का? साधारण आदमी पर क्या फ़र्क़ पड़ता है, हुकूमत केन्द्र की हो या राज्य की? एक ज़िले पर या तहसील, तालुका की ज़िन्दगी में कौन-सी तब्दीली आती है? प्रदेश के राज्य हो जाने से एक मुख्यमन्त्री बन जाता है, एक गवर्नर हो जाता है, कैबिनेट हो जाती है, कुर्सियाँ मिल जाती हैं, विधायक चुने जाते हैं, वे सब आपस में लड़ते हैं, सुविधाएँ बाँटते हैं, एक शहर राजधानी होता है, वहाँ विकास होता है, भवन होते हैं। पर यह सब न हो और केवल दिल्ली हो तो क्या ज़िलों का विकास नहीं हो सकता? वहाँ प्रशासन और प्रजातन्त्र नहीं हो सकता? वर्षों से राज्यों की अखाड़ेबाज़ी देख मैं प्रश्न करता हूँ कि क्या बिना

प्रान्तीय राजधानी के कोई अच्छे इंसान की ज़िन्दगी नहीं जी सकता? मेरे एक मित्र ने कहा कि यदि राज्य न रहेंगे तो प्रान्तीय व्यक्तित्व समाप्त हो जाएगा। कैसे हो जाएगा? यदि जयपुर में राजधानी नहीं हुई तो क्या राजस्थान का आदमी अपने को राजस्थानी कहना बन्द कर देगा? यों बंगलौर में राजधानी न हुई तो लोग अपने को कन्नड़ नहीं कहेंगे? मुझे नहीं लगता कि गाँव, तहसील या समूचे ज़िले के व्यक्तित्व, भाषा, विकास का उस प्रान्त में राजधानी होने-न-होने का कोई सम्बन्ध है। आज सेंट्रल स्कूल, पोस्ट ऑफ़िस, रेलवे स्टेशन, सी.आर.पी. आदि कई बातें केन्द्र के हाथ में हैं, बाकी छोटी-मोटी बातें ज़िला सँभाल लेगा। गाँव, शहर की जनसंख्या ज़िले के नेता चुन लेगी। वे काम सँभालेंगे। कलेक्टर निठल्ला नहीं, एक सक्रिय गवर्नर होगा। वे जैसा अपने क्षेत्र का विकास करना चाहते हैं, करेंगे। क्षेत्रीय पार्टियाँ ज़िले में चुनाव लड़ेंगी या वहाँ कोई अखिल भारतीय पार्टी जीतेगी? वहीं से प्रतिनिधि दिल्ली आएँगे और देश सँभालेंगे।

मेरे मित्र ने कहा—जोशी जी, आपके सोचने से क्या होता है? मैंने कहा—इस देश में किसी के सोचने से कुछ नहीं होता। हम इस पर भी सहमत थे कि तब भ्रष्टाचार ज़िला स्तर पर होगा। पर मेरा तर्क था कि राष्ट्रीय दैनिक के पाठक कई स्थानीय तू-तू, मैं-मैं पढ़ने से बच जाएँगे, जैसे हम रोज़ मध्यप्रदेश के झगड़ों को पढ़ते हैं।

तिलस्म्

भगवान भास्कर अपनी किरणों को समेटकर अस्ताचलगामी हो चुके थे और ख़ूबसूरत चिड़ियाएँ गाती हुई दिल पर बेढब असर डाल रही थीं। इस समय शहर भोपाल से दूर झरने की ओर जाने वाली सड़क पर एक जवान तेज़ी से चला जा रहा था। चलते-चलते वह चौंककर आसपास देख लेता था। उसके चेहरे पर फ़िक्र और तरद्दुद के निशान थे और उसकी गर्दन झुकी हुई थी। अभी हम पाठकों को इस शख़्स का नाम नहीं बताते हैं और उसके पीछे चलकर देखते हैं कि आख़िर वह कहाँ जाता है। कुछ ही दूर चलकर वह दाहिने को मुड़ता है। तीस-चालीस क़दम बाद वह एक ऐसी चौमुहानी पर पहुँचता है जिसके बीच में एक चबूतरा बना है। चबूतरे के बीच एक पेड़ लगा है और चबूतरे पर लगे एक पत्थर पर काले अक्षरों में एक इबारत लिखी हुई है। चबूतरे के चारों तरफ़ घूमकर देखने वाला इस पत्थर को बख़ूबी देख सकता है और इबारत पढ़ सकता है। इबारत में पेड़ लगाने वाले का नाम और समय दिया हुआ है। इस चौमुहानी के आसपास बहुत सारे मकान हैं और उन तक पहुँचने के लिए रास्ते बने हुए हैं। सारे मकान एक-जैसे हैं जिन्हें देख अनजान आदमी ताज्जुब में पड़ जाता है। किसी ऐयार या होशियार शख़्स के लिए जो मकानों पर लिखी संख्याएँ पहचानता है, यहाँ कोई तकलीफ़ नहीं पड़ती।

वह नौजवान शायद यहीं का रहने वाला है या इस बस्ती में कई बार आ-जा चुका है इसीलिए वह सीधा एक ख़ास मकान की तरफ़ बढ़ता है। मकान क्या, इसे छोटा-मोटा तिलस्म् कहिए। आइए, देखें कि यह शख़्स इसमें क्यों जा रहा है और कैसे जाता है। दस क़दम कच्चा रास्ता चलने के बाद वह एक गलियारे में घुसता है। गलियारा पक्का है और यहाँ रोशनी भी काफ़ी है। गलियारे के आख़िर में चार दरवाज़े हैं जो सभी बन्द हैं। ये दरवाज़े अलग-अलग मकानों में जाने के लिए हैं मगर अक्सर बन्द रहते हैं क्योंकि मकान के रहने वाले अपने लिए दूसरे दरवाज़ों का इस्तेमाल करते हैं। इस समय भी दरवाज़े बन्द हैं। दरवाज़ों के सामने एक सीढ़ी है जो ऊपर को चली गई है। कुछ ही सीढ़ियों के बाद फिर सीढ़ी विपरीत दिशा में मुड़ जाती है। यहाँ हवा और प्रकाश के लिए मौखे बने हैं जहाँ से सामने का नज़ारा भली भाँति देखा जा सकता है और इस तरह से कि जिसे देखा जाए, उसे पता भी न लग

सके। यहीं पर एक ताक है जिस पर अलमारी की तरह पलड़ा लगा हुआ है। पलड़े पर जाली है जिसमें से देखने पर ताक के अन्दर लगे कुछ कल-पुर्जे दिखाई देते हैं। यहीं पर एक खटका ऐसा है जिसे दबाने से कुल कमरों में अँधेरा हो सकता है। पाठकों की जानकारी के लिए हम बता दें कि यह बिजली का मीटर है।

वह शख़्स जिसकी हम बात कर रहे हैं, अब तक सीढ़ियों तक पहुँच गया। यहाँ फिर चार दरवाज़े हैं और पता नहीं लगता कि कौन दरवाज़ा कहाँ गया है। वह शख़्स बाएँ हाथ वाले दरवाज़े के पास जाकर खड़ा हो जाता है और ख़ास तरह से दरवाज़ा खटखटाता है। दरवाज़ा अन्दर से बन्द है और ज़ाहिर है कि जब तक अन्दर से कोई मददगार न हो, वह उसे क्योंकर खोल सकता है? वह फिर दरवाज़ा खटखटाता है और इस बार अन्दर से एक आवाज़ सुनाई देती है। कुछ ही पल बाद दरवाज़ा खुल जाता है। अन्दर घुसकर वह शख़्स फिर से दरवाज़ा लगा देता है और उस औरत के साथ एक ऐसी कुर्सी पर बैठ जाता है जिस पर चार आदमी बैठ सकते हैं और जिसकी नर्म गद्दी मानो थके हुए मुसाफ़िर को आराम देने के लिए ही बनी है। शख़्स ने जो बहुत थका हुआ लग रहा था, उस कुर्सी पर बैठ पैर फैला दिए और बदन को आराम देने लगा।

जिस कमरे में हम एक औरत के साथ इस शख़्स को बैठे देख रहे हैं, वह कोई ख़ास बड़ा नहीं। वहाँ सामान भी एक बार देखने से मामूली दर्जे का लगता है। दीवार पर एक बुज़ुर्ग की तस्वीर लगी है जिनके चेहरे पर सफ़ेद दाढ़ी है व बाल कान के पीछे तक चले गए हैं। बदन पर एक दोशाला या चादर के जैसा वस्त्र है और आँखें झुकी हुई हैं। पाठक इसे देखते ही पहचान जाएँगे कि यह रवीन्द्रनाथ की तस्वीर है। इसके अलावा कमरे में दो तस्वीर और हैं जिन्हें ग़ौर से देखने पर पता लगता है कि यह औरतों की तस्वीरें हैं। साधारण व्यक्ति तो इसे सिर्फ़ कुछ लकीरें और धब्बे ही समझेगा पर जो फ़न के जानकार और ऐयार हैं, वे इसे देखते ही समझ जाएँगे कि यह मॉडर्न आर्ट है।

सुनिए, वह औरत और आदमी आपस में बातें करने लगे हैं। ज़रूर यह कोई गुप्त बात होगी :

औरत—"आज बहुत थके हुए लग रहे हो?"

आदमी—"हाँ, आज दफ़्तर में बहुत काम था और मैं काफ़ी दूर से पैदल भी आ रहा हूँ।"

औरत—"क्या रास्ते में रुक गए थे?"

आदमी—"मुझे कुछ काम निपटाना था।"

औरत—"कौन-सा काम था? क्या कोई ख़ास बात हुई?"

आदमी—"किराने वाले का बिल चुकाना था। अब मेरे पास ज़रा भी रक़म नहीं बची और सारा माह गुज़ारना है।"

आदमी के इस आख़िरी वाक्य को सुन वह औरत भी चौंक उठी और चिन्ता में पड़ गई। फिर वह धीरे से उठी और अन्दर चली गई। जिस जगह यह आदमी आराम कर रहा था, उसके सामने ही दूसरे कमरे का दरवाज़ा था जिस पर एक परदा पड़ा हुआ था। परदे के कारण वह अन्दर के हॉल साफ़ तौर से देख तो नहीं सकता था पर जब हवा से परदा हिलता था तो उसे अन्दर की कार्यवाही की झलक ज़रूर मिल जाती थी। मगर उसकी आँखें थकान की वजह से बन्द थी। इसी तरह पाव घड़ी बीत गई और तब वही औरत एक प्याले में चाय लेकर आई और उस आदमी को उठाने के बाद सामने रखकर चली गई। कुछ देर बाद वह उस कमरे में आई। इस बार उसके हाथ में हू-ब-हू वैसा ही एक और प्याला था जिसमें चाय रखी थी। कुछ देर बाद आदमी ने उस औरत से एक सवाल पूछा—"बच्चे कहाँ हैं?"

"खेलने गए हैं।" औरत ने जवाब दिया।

इसके बाद फिर ख़ामोशी हो गई। फिर वह शख़्स सामने वाली मेज़ पर उस प्याले को रख खड़ा हो गया और परदा हटा कर अन्दर चला गया। अब उस कमरे में वह औरत अकेली रह गई है।

इस मकान में तीन कमरे हैं जिसमें तरह-तरह का ज़रूरी सामान रखा है। वह आदमी तीसरे कमरे में जाकर एक खटका दबाता है तो कमरे में उजाला हो जाता है। अब कमरे में रखी सभी चीज़ें साफ़ दिखाई देने लगी हैं। वह आदमी सामने दीवार में रखी अलमारी खोलता है और कपड़े निकालता है। फिर अपने कपड़े उतार कर दीवार पर लगी खूँटियों पर टाँग देता है और दूसरे कपड़े पहन लेता है। तभी वह स्त्री, जिसे हम पहले कमरे में छोड़ आए हैं, उस आदमी के पास आकर खड़ी हो जाती है।

"पोस्टमेन आज आया था," वह कहती है।

"अच्छा! क्या कोई चिट्ठी आई है?"

"हाँ, एक चिट्ठी आई है।" वह उत्तर देती है और एक साथ ही एक लिफ़ाफ़ा निकाल कर उसे देती है। लिफ़ाफ़ा खुला हुआ है यानी इससे साफ़ ज़ाहिर है कि इस आदमी को देने से पहले वह औरत यह चिट्ठी पढ़ चुकी है। जब तक वह आदमी चिट्ठी पढ़ता है, औरत उसके चेहरे के भाव देखती है। पूरी चिट्ठी पढ़ने के बाद वह शख़्स लम्बी साँस लेता है।

"क्या करें?" वह औरत से पूछता है।

"क्या कर सकते हैं?" औरत जवाब देती है।

"कुछ नहीं किया तो वे लोग क्या सोचेंगे?" आदमी कहता है।

औरत कुछ नहीं बोलती और सिर झुका लेती है।

"देखो, क्या होता है!" कहता हुआ वह आदमी चिट्ठी लेकर उसी अलमारी में डाल पहले कमरे में आ जाता है। चिट्ठी पढ़ने के बाद उसके चेहरे पर फ़िक्र के

निशान बढ़ जाते हैं। वह मेज़ पर एक किताब उठाता है और उसका निश्चित पृष्ठ खोल पढ़ने लगता है। एक घड़ी भर तक वह पुस्तक को पढ़ता रहता है और तभी भय और घबराहट के कारण उसका बदन सुन्न हो जाता है। तिलस्मी शैतान ने बेहोश पड़े प्रभाकर सिंह और चीख़ मार कर बेसुध हो गई मालती को अपने कन्धे पर लाद लिया है और सिंहासन वाले रास्ते से उस जगह पहुँच गया है जहाँ चारों तरफ़ मनुष्यों और पशुओं की हड्डियाँ बिखरी हैं। चारों ओर चार मनुष्यों के कंकाल ठीक उसी सूरत के खड़े थे जैसी कि ख़ुद शैतान की थी। एकाएक चारों कोनों में खड़े वे हड्डी के ढाँचे कुछ अजीब तरह से हिलने लगे और उनके जबड़े हरकत करने लगे। कुछ देर बाद वे नर कंकाल हिलते-डुलते लड़खड़ाते आगे बढ़े। उन्हें आगे बढ़ता देख तिलस्मी शैतान ज़ोर से हँसा और बोला–"लो आज तुम्हारे लिए ख़ुराक।"

एक ढाँचे के मुँह से भयानक स्वर में निकला–"क्या इन लोगों को हमारे भोजन के लिए ही लाए हैं?"

तिलस्मी शैतान ने जवाब दिया, "हाँ"।

तिलस्मी शैतान आग के कुएँ के पास आया और वह सिक्कड़ खोला जिसमें देग बँधा हुआ था। इसके बाद वह मालती और प्रभाकर सिंह के पास आया और बारी-बारी से एक-एक को उठा कर उसने उसी देग में डाल दिया। तिलस्मी शैतान ने अब सिक्कड़ पकड़ लिया और देग को धीरे-धीरे उसी अग्निकुंड में उतारने लगा तथा बाकी के ढाँचों ने हड्डियाँ उठा-उठा कर कुएँ में फेंकनी शुरू की जिसके साथ लपटों ने देग को चारों तरफ़ से घेर लिया। चिरौंयध मिली हुई बदबू से वह कोठरी भर गई और वहाँ इतनी गर्मी हो गई कि खड़ा रहना मुश्किल हो गया।

उस शख़्स ने घबराकर किताब रख दी। उससे आगे पढ़ा नहीं गया। उसके चेहरे पर पसीना आ गया। उसे लगा, यह सारा मकान किसी तिलस्मी शैतान की देग है और वे लोग प्रभाकर सिंह और मालती की तरह उसमें डाल दिये गए हैं। इस कल्पना से वह घबरा गया और वह सिकुड़ कर बैठ गया। घर की हर चीज़ अब तिलस्मी हो गई थी। यह परदा क्यों हिल रहा है? इसके पीछे कोई नक़ाबपोश तो नहीं! अभी परदा हटेगा और कोई उस पर आक्रमण करेगा।

तभी कोई दरवाज़ा खटखटाता है। कोई ख़तरा है। जब दरवाज़ा खुलता है, एक नई मुसीबत अन्दर प्रवेश करती है। वह दरवाज़ा हिलने से घबराता है। वह दरवाज़ा खोलता है। इस बार उसके बच्चे हैं, खेल कर लौटे हैं। वे सीधे उसके पास से अन्दर चले जाते हैं। वह हँस देता है। नक़ाबपोश खंजर उठा कर वार करना चाहता है कि उसने देखा कि हाय, यह तो कमलिनी है!

घर सड़क की तरफ़ खुलता है। वह गैलरी में आकर चुपचाप खड़ा हो जाता है, जैसे किसी की टोह ले रहा हो! सामने सड़क के उस पार चौमुहानी के पास आग जल रही है और तीन आदमी घेरकर बैठे हैं। दो आदमियों की उसकी तरफ़ पीठ है,

इस कारण वह पहचान नहीं पाता। एक आदमी, जिसका चेहरा सामने है और आग के कारण चमक रहा है, वह ब़खूबी पहचानता है। वह आदमी मूँगफली वाला है। यह आग मूँगफलियाँ सेंकने के लिए लगाई गई है, यह स्पष्ट है। उसने सोचा–जाकर मूँगफलियाँ ख़रीदे, पर फिर वह गर्दन घुमा कर दूसरी ओर देखने लगा। शाम में डूबी पहाड़ियाँ और कहीं भी पहुँचाने में असमर्थ रास्ते।

सहसा उसे लगा कि उसके पीछे कोई खड़ा है और पीठ पर आक्रमण करना चाहता है। वह वार बचाने की फुर्ती से घूमा। पत्नी थी और पीठ पर हाथ रखना चाहती थी। पाठक अब भली भाँति समझ गए होंगे कि यह औरत इस शख़्स की पत्नी है। जो हाथ पीठ छूना चाहते थे, अब कमीज़ पकड़े हुए थे।

"यहाँ क्या चुपचाप खड़े हो, अन्दर चलो!" वह बोली।

आदमी ने कोई जवाब नहीं दिया। सिर झुकाया और सीटी बजाने की तरह अपने होंठों को सिए रहा, फिर बोला–"मैं दिल्ली चला जाऊँ?"

"क्यों।"

"वहाँ कोई नौकरी खोज लूँगा, छोटी-मोटी। मुझे लगता है, कोशिश करने पर मिल जाएगी। फिर तुम्हें ले जाऊँगा।"

"कैसे जाओगे? रुपया तो चाहिए। जब तक नौकरी न मिले, दिल्ली में ख़र्च के लिए चाहिए। फिर इस घर के ख़र्च के लिए भी तो चाहिए।"

आदमी ने औरत की तरफ़ देखा और ख़ामोश रह गया।

क़ैदी ने दीवार को हर जगह से बजा कर देखा कि शायद कहीं से पोली हो मगर वह निराश हो गया। तिलस्म् के सब दरवाज़े बन्द थे। हर जगह कोई पेंच है जिसे वह खोल नहीं पाता। वह बारहदरी से निकला और बाग़ में आ गया! बाग़ से निकला और झरने के पास पहुँचा। वहाँ से उठा तो फिर बारहदरी में आ गया। अजब ज़िन्दगी है–हवा, सूरज, पानी और मेवे के दरख़्त। अगर नहीं कुछ तो एक दरवाज़ा नहीं। दरवाज़ा है पर कोई पेंच है, कोई कल जिसकी ताली उसके पास नहीं। वह ताली किसी उल्लू के पेट में बन्द है और भूतनाथ हर बार निराश होता है।

यह शख़्स अजब तिलस्मी हरकत कर रहा है। रात हो गई है और चन्द्रदेव अपनी शीतल किरणों से सकल पृथ्वी को शीतल करना चाहते हैं। हाय, वह कहाँ जाए? वह एक कमरे से निकलता है और दूसरे में चला जाता है। एक परदा हटाता है पर फिर भी कोई रहस्य उसे पीछे नज़र नहीं आता। वह अलमारी खोलता है, बक्से टटोलता है, औरत से बातें करता है। बच्चे सो गए हैं, बेहोश से हैं, उसकी तबीयत करती है कि इन्हें लखलखा सुँघाकर पूछे कि तुम कौन हो। वह चाहता है कि इस औरत की एक पोटली बाँधे और कन्धों पर रख जंगल में जाकर किसी चट्टान पर बैठ जाए।

वह खाना खा चुका। उसमें कोई बेहोशी की दवा नहीं मिली। अगर होती तो ठीक था। वह होश खोना चाहता है। वह औरत का हाथ पकड़ता है। वह चाहता

है कि वह तिलस्म् की रानी की तरह अपने आशिक के गले में हाथ डाले, पर वह ऐसा नहीं करती। वह चुप रहती है उस पुतली की तरह, जो जमानिया के तिलस्म् के चौथे दर्जे में शायद आज भी चुप खड़ी हो।

वह एक खटका दबाता है और सारे तिलस्म् में अन्धकार हो जाता है। उसे लगता है कि यह औरत अभी 'ही-ही' करती हुई पागलों की तरह हँसेगी और खम्भों के उस तरफ़ जाकर छुप जाएगी। मगर ऐसा नहीं होता।

वह एक कुर्सी पर बैठ जाता है इस उम्मीद में कि फर्श का यह टुकड़ा खुल जाएगा और वह कहीं गहरे उतर जाएगा। तिलस्म् की पुतली उसकी तरफ़ देख मुस्कुरा देती है। वह आदमी उस कुर्सी पर बैठ कर पत्थर का हो जाता है, हिल-डुल नहीं पाता और देखता है कि बस्ती के सारे घर एक तिलस्म् के हिस्से हैं और हर जगह एक पत्थर की मूरत सिर झुकाए कुर्सी पर बैठी है।

पाठकगण, अब इस बयान को हम यहीं समाप्त करते हैं और चुनारगढ़ के रास्ते पर जाते हैं जहाँ चाँदनी रात में एक घुड़सवार कहीं तेज़ी से चला आ रहा है।

अपनी-अपनी मछली : एक काल्पनिक संवाद

एक काल्पनिक बातचीत है यह मध्यप्रदेश के मुख्यमन्त्री श्री अर्जुन सिंह व तथाकथित दस्यु सुन्दरी फूलन देवी के बीच की।

अर्जुन सिंह फूलन देवी की तरफ़ देख मुस्कुराए, फूलन देवी अर्जुन सिंह की तरफ़ देख मुस्काई। अर्जुन सिंह तो मुस्कुराते ही रहते हैं, फूलन देवी का किसी नेता की तरफ़ देख मुस्कुराने का यह पहला मौक़ा था। वह समर्पिता थी अब उसके भाग्य में नेताओं की तरफ़ देख कर मुस्कुराना ही बदा था।

''कैसी हो?'' मुख्यमन्त्री ने पूछा।

''ठीक हैं।'' फूलन देवी ने कहा।

''तुम्हें यहाँ कोई तकलीफ़ तो नहीं?''

''अब हमरी तकलीफ़ हम ही भुगतेंगे, ऊ में तुम क्या कर लोगे....'' फिर फूलन देवी ने कहा—''नहीं, कोई तकलीफ़ नहीं।''

''हमारे ख़्याल से समर्पण कर तुमने बहुत समझदारी का काम किया है फूलन!''

''हम को फूलन-वूलन ना कहो, हम तुम्हारी कोई लगती ना!''

''हाँ, फूलन देवी जी, मैं कह रहा था कि समर्पण कर आपने बहुत समझदारी का परिचय दिया है।''

''हम कोई परिचय-वरिचय ना दें, जिसको गरज होगी वोई परिचय देगा।'' फूलन देवी फिर तमक गई।

''हाँ, मेरा मतलब, आपने बहुत अक़्लमन्दी का काम किया।''

''अब जे तो आगे चलकर पता पड़ी है कि हमने ठीक किया कि गलत किया। अब ही तो फँस गए तुम्हारे चंगुल में।''

''नहीं, फूलन देवी, तुम्हें सरकार पर विश्वास करना चाहिए। वो जो करेगी तो तुम्हारे भले के लिए करेगी।''

फूलन देवी कुछ देर सोचती रही, फिर बोली—''यही हम भी सोचत हैं। आजकल की तुमरी सरकार पर हम चोर-डाकू भरोसा ना करेंगे तो कौन करेगा?''

मुख्यमन्त्री मुस्कुराए। उन्हें यह जानकर प्रसन्नता हुई कि फूलन देवी के मन में मध्यप्रदेश शासन की अच्छी छवि है।

"एक बात पूछें फूलन देवी?" मुख्यमन्त्री ने कहा।

"वही पूछोगे जो दूसरे पूछते हैं या कछु दूसरा पूछोगे?...हाँ, पूछो।"

"सच-सच बताना फूलन, तुमने और तुम्हारी गैंग ने अब तक कितनों को मारा, कितनों को लूटा, कितनों को तकलीफ़ पहुँचाई?"

फूलन देवी सकुचाई, फिर शरमाई, फिर बोली—"अब आप भी कैसी बातें करते हैं मुख्यमन्त्री जी? अब ये बात भी कोई याद रखने की है!"

"नहीं, नहीं, बताओ, हम जानना चाहते हैं।"

"अब जे तो ऐसा है मुख्यमन्त्री जी, कि आपने कितनों के तबादले करवाए, कितनों को बेघर बार करवाया, कितनों पर मामले-मुकदमे करवाए, नौकरी से अलग किया, सजा कराई, तो आपको थोड़ेई याद होगा! तुम हमारी गैंग की पूछो, अरे तुमरी गैंग के पुलिस वालों ने कितनी महिलाओं को बेज्जत किया, कितनों को पीटा और कितनों को बेघर किया। हमरे पास बन्दूक थी, तुमरे पास कुर्सी, जो हमसे बन गया वो हम कर गए, जो तुमसे बना वो तुम कर रहे हो।" फिर कुछ रुककर बोली—"हमने तो समर्पण कर दिया, कोई तुम कुछ थोड़े ही करोगे?"

बेचारी फूलन देवी अपढ़ ठहरी—उसे क्या पता कि अपराधी पहले अपराध करते हैं, फिर देवी के चरणों में समर्पण करते हैं और नेता पहले देवी के चरणों में समर्पण करते हैं, फिर अपराध करते हैं।

मुख्यमन्त्री चुप थे, फिर बोले—"आगे क्या इरादा है?"

"इरादा! कैसा इरादा? कुछ करने को रह गया जो इरादा पूछते हो? जो काम सात जनम में न कर पाए वो हमने कर दिया। अब कैसा इरादा?"

"मेरा मतलब था फूलन देवी, कि सज़ा भुगतने के बाद तुम क्या करना चाहोगी? क्या बनना चाहोगी?"

फूलन देवी कुछ देर सोचने लगी, भविष्य के शून्य में खो गई, फिर बोली—"अब क्या बताएँ मुख्यमन्त्री जी, देश में मूक प्राणियों की संख्या बहुत बढ़ गई है। अत्याचार करने वाले बहुत बढ़ गए हैं। सजा भुगतने के बाद सोचते हैं कि फिर से बन्दूक हाथ में ले लें, ठाँय-ठाँय कर सारे बदमासन को मार दें। फिर सोचकर रह जाते हैं कि ऐसा करेंगे तो इस देश के सारे बड़े लोग मारे जाएँगे, कितने अफ़सर मारे जाएँगे, कितने नेता मारे जाएँगे। सबका मरना ठीक नहीं, परजातन्तर भी तो चलाना है इस देश में!"

मुख्यमन्त्री ने घड़ी देखी व धीरे से उठ खड़े हुए।

"एक अरज है हमरी," फूलन देवी ने कहा।

"कहो।"

"हमरे बाप मछुआरे हैं। हम भी बचपन से मछली पकड़ती रही, और दुई टाइम की रोटी जुटाती रही। अब आप एक काम करो, कोई नदी-तालाब के पास हमें थोड़ी-सी ज़मीन दे दो। मछली बेचकर चार पैसे कमा ज़िन्दगी गुजार देंगे।"

और कुछ बरस बाद यही हुआ। सज़ा भुगतने के बाद फूलन देवी एक तालाब के पास घर बना कर रहने लगी। सारा दिन मछली पकड़ती, शाम को बाज़ार में बेचती और जीवन बिताती। कुछ दिनों बाद तालाब के पास एक बगुला आकर बैठने लगा। फूलन देवी बगुले को देखती तो बस, देखती रह जाती।

एक दिन माँ ने पूछा—"फूलन, तू का उस बगुले को एकटक देखती रहती है?"

फूलन हँसी, फिर बोली—"याद है माँ, वे कौन नेता थे जो हमरा समर्पण कराने आए थे? ऐसे ही बगुला जैसे झक कपड़े पहने थे, ऐसा ही ख़ामोश सान्त भाव से हमरे पास खड़े थे। का नाम था उनका....?"

"अर्जुन सिंह।"

"हाँ, अर्जुन सिंह। कहाँ हैं आजकल बे? सुनाई नहीं देतो उनका नाम।"

"वे भी कहीं तेरी तरह मछरियाँ पकड़ रहे होंगे बेटा।" माँ ने कहा और वह अन्दर चली गई।

फूलन देवी फिर उसी तरह मुस्कुराती हुई बगुले को देखती रही।

मौत की बाँहों में भोपाल

यूनियन कार्बाइड का कारख़ाना भोपाल शहर के एक छोर पर राक्षस की तरह खड़ा दूर तक फैली बस्ती की ओर देख रहा है। रविवार की उस ठंडी रात कुछ कोहरा था। सरकारी लट्टुओं से जो आभा फैल रही थी। वह अँधेरे को दूर नहीं कर पा रही थी। लोग ठंड में दुबके सो रहे थे। कारख़ाने के ठीक सामने सड़क के उस पार कोई हज़ार ग़रीब परिवारों की बस्ती जयप्रकाश नगर के लोग उस ठंड में कैसे सो पा रहे होंगे, समझना मुश्किल है। लकड़ी की कमज़ोर पटियों, जिन्हें भोपाल की बोली में 'फर्रे' कहा जाता है, से बने वे झोंपड़े। वहीं से एक रास्ता, जो बस स्टैंड हमीदिया रोड तक जाता है। रोड के एक छोर पर है रेलवे स्टेशन का इलाक़ा और दूसरे पर ताजमहल कहलाने वाली इमारतें, ताजुल मसजिद और शाहजहाँबाद। अगर उस रात कुछ हलचल होगी तो इस सड़क पर। रेलवे स्टेशन पर लखनऊ से आने वाली किसी ट्रेन का इन्तज़ार था। कुली यहाँ-वहाँ बिखरे बैठे थे। ऊँघते सुस्त यात्री। यहाँ-वहाँ आग ताप शरीर की कँपकँपी दूर करने का प्रयत्न करते समूह।

वह भोपाल के जीवन की सामान्य-सी रात थी। किसी को ख़्याल नहीं था कि बहुत क़रीब बेरसिया रोड पर काली परेड के नाम से जाने जाते उस क्षेत्र पर बना कारख़ाना यूनियन कार्बाइड उनकी ओर राक्षसी आँखों से घूर रहा है और बड़ी जल्दी मौत अपनी काली परेड शहर में आरम्भ कर देगी। वे नहीं जानते थे कि झीलों के इस शहर पर ज़हरीली गैस का एक झरना आज रात फूट पड़ने की तैयारी में है।

उस समय कारख़ाने के अन्दर क्या हो रहा था, ठीक से बयान नहीं किया जा सकता। भीषण नर-संहार के बाद से राक्षस ने अपने होंठ बन्द कर लिये हैं। वह चुप है, कुछ नहीं बताता। हम नहीं जानते, हत्यारा कब बोलेगा; और जब बोलेगा, क्या सच बोलेगा? स्थिति का वर्णन 'बताया जाता है', 'कहा जाता है', आदि वाक्यांशों के सहारे ही किया जा सकता है। चश्मदीद गवाह, और गैस का विस्फोट रोकने की कोशिश में बड़ी हद तक हिस्सेदार, शक़ील अहमद क़ुरेशी कस्तूरबा अस्पताल के एक वार्ड में ज़िन्दगी और मौत के बीच झूल रहा है। पुलिस उसे ऐसे घेरे है, जैसे वह कोई सतवन्त सिंह हो! उसका बयान लाखों डॉलर का है, वह बहुतों की छवि धूमिल

कर सकता है; उसकी आवाज़ ख़रीदी और बेची जा सकती है। इसलिए उसे सुरक्षित और छुपाकर रखा जा रहा है।

अफ़सर रज़ाइयों में दुबके रहे

अतः बताया जाता है कि आधी रात को कारख़ाने के एक ऑपरेटर ने पहली बार यह महसूस किया कि गैस रिस रही है। सड़े बादाम की सी गन्ध, जिसे ठीक से बयान नहीं किया जा सकता पर जिसे वे जानते हैं, वो वहाँ काम करते हैं। जो इस गुण में प्रशिक्षित हैं कि कैसे सायरन बजते ही हवा की उलटी दिशा में दौड़ना चाहिए। उनमें से एक प्लांट ऑपरेटर ने देखा कि रह-रहकर 'मिक' (मिथाइल आइसोसाइनेट) गैस—यदि वह गैस वही हो तो—पानी के साथ रिस रही है। शायद वहाँ ऐसा प्रायः होता हो! मिक या एम.आई.सी. गैस का यह रिसना तापमान बढ़ जाने से सम्भावित है और पानी की तेज़ धारा से उसका शमन किया जा सकता है। ऑपरेटर महोदय ने वही किया, पर टंकी का दबाव बताने वाला पैमाना काम नहीं कर रहा था—इसलिए बात उनके वश की नहीं थी। उन्होंने शक़ील क़ुरेशी को बताया। शक़ील ने जाकर देखा कि गैस बड़ी तेज़ी से स्क्रबर से बाहर आ रही है—अर्थात् वह हिस्सा, जहाँ अनुपयोगी गैस को कास्टिक सोडे के घोल से गुज़ारकर नाक़ाम किया जाता है। इसके बाद जो बच जाती है, उसे एक चिमनी से निकाल कर जला दिया जाता है।

कीड़ों के लिए सेविन नामक ज़हर बनाने वाले इस कारख़ाने में उत्पादन एक-डेढ़ माह से रुका पड़ा था, अतः कोई साठ टन गैस टंकी में जमा थी, स्क्रबर अनुपयोगी पड़ा था, और ख़र्च बचाने के चक्कर में चिमनी से मुँह पर जो लौ जलती रहती थी, वह भी बुझा दी गई थी। शक़ील क़ुरेशी समझ नहीं पा रहा था कि क्या उपाय करे। तभी खटके के साथ सीमेंट का एक टुकड़ा गिरा और लगा कि टंकी फटेगी। उसने सुपरिंटेंडेंट को रपट की। सुपरिंटेंडेंट ने कहा, मैनेजर से बात करो। मैनेजर ने कहा, चिमनी के पास लौ जला दो ताकि अतिरिक्त निकल रही गैस जल जाए। शकील ने साहब की आज्ञा सुन ली। पर वह जानता था कि वातावरण में फैल रही तीव्र ज्वलनशील गैस को अब आग छुआने का अर्थ होगा—एक ज़ोरदार धमाके के साथ भीषण अग्निकांड। आज्ञा की उपेक्षा कर बार-बार गैस मास्क लगा रिसती गैस के पास जा उसका प्रवाह रोकने की चेष्टा शक़ील तथा अन्य कर्मचारियों द्वारा की जाती रही, पर गैस के उस प्राणलेवा कुहासे में वे रिसना बन्द नहीं कर पा रहे थे। इसी कोशिश में शक़ील क़ुरेशी बेहोश हो नीचे गिर पड़ा। शेष जितने थे, उल्टे पाँव हवा से उल्टी दिशा में भागने लगे। हज़ारों की जानें जाने वाली थीं, पर अपनी भी तो बचानी थी। बड़े अफ़सर और बड़े इंजीनियर वगैरह घर पर सो रहे थे।

कारखाने में मौत की उस भोपाली रात क्या घट रहा था, कोई नहीं जानता। ऊपर की यह कहानी भी सरासर बनावटी और गढ़ी हुई हो सकती है। क्योंकि दूसरे दिन भोपाल में जो परस्पर कहा जा रहा था, वह दूसरा क़िस्सा है। उसके अनुसार गैस की रिसन के प्राथमिक लक्षण दिन में ग्यारह बजे के लगभग प्रकट होने लगे थे। शक़ील क़ुरेशी तथा अन्य कर्मचारी उसे बन्द नहीं कर पा रहे थे। चार बजे के क़रीब वे लिखित में अपने अफ़सरों को आगाह कर चुके थे। पर पाँच बजे बिना समस्या का निदान निकाले सब बड़े अधिकारी अपनी कारों और स्कूटरों से कारखाने से बाहर आ गए। किसी को न चिन्ता थी और न कल्पना कि यह रोज़मर्रा की हल्की-फुल्की रिसन आज क्या रंग लाएगी। कहते हैं कि रात को फ़ोन करके बुलाने पर भी बड़े इंजीनियर या मैनेजर कारखाने तशरीफ़ नहीं लाए। लापरवाही का नमूना पेश करते हुए वे अपनी रज़ाइयों में दुबके हुए थे।

गली-गली मँडराती गैस

सायरन बाद में बजा होगा, रिसन रोकने के ज़िम्मेदार पहले अहाते से बाहर हो गए और लगे दौड़ने बेरसिया रोड पर। और उस क्षण से वह जानलेवा गैस हवा के रुख़ के साथ भोपाल नगर की दिशा में बढ़ने लगी। मौत की लम्बी जीभ ने सबसे पहले झोंपड़ियों में सोए लोगों के प्राण चाटने शुरू कर दिए। भोपाल मौत की बाँहों में सिमटने लगा। गैस ऊपर आकाश में नहीं जा रही थी। वह दो मंज़िला घरों तक की ऊँचाई वाले गुबार की तरह सड़क-सड़क, गली-गली चल रही थी, फैल रही थी। शुरू में बहुत तेज़ और बाद में धीमे-धीमे टहलती हुई वह यहाँ-वहाँ से भोपाल को लील रही थी। सारा शहर धीरे-धीरे एक विराट गैस चेम्बर में बदल गया था। जयप्रकाश कॉलोनी, छोला, रेलवे कॉलोनी, टोला जमालपुर, काजी कैम्प, चाँदबड़, विजयनगर, सिन्धी कॉलोनी, कपड़ा मिल कॉलोनी पर गैस होश सँभलने के पहले छा गई थी। दरवाज़े-खिड़कियाँ बन्द करके सो रहे लोग नहीं जानते थे कि बाहर गली में मौत गैस बनकर मँडरा रही है, उनके उजालदानों और दरारों से गैस घर के अन्दर पैठ रही है। वे समझ नहीं पाए कि यह जो सोते-सोते हल्की-सी घुटन और परेशानी वे महसूस कर रहे हैं, यह मृत्यु की पहली दस्तक है उनके शरीर के दरवाज़े पर। आँखों में जलन-सी महसूस करने वाले माँ-बाप पहचान नहीं रहे थे कि मौत इस समय उनके आसपास लेटे बच्चों को थपथपी दे अन्तिम नींद सुला रही है।

फिर सबको अहसास होने लगा कि वे इस समय किसी भयावह स्थिति से गुज़र रहे हैं। जब शुद्ध हवा का झोंका पाने के लिए उन्होंने दरवाज़ा खोला, तब गैस और अन्दर धँसी। देखा कि सड़कों पर लोग अपने प्राण बचाने के लिए दौड़ रहे हैं। वे भी निकले और दौड़ने लगे। पर कइयों के लिए यह दौड़ लम्बी नहीं हो सकी। वे

साँस लेने का प्रयत्न करते हुए यहाँ-वहाँ गिरने लगे। वे सब मृत्यु की लपेट में थे, दिशा अस्पष्ट थी, कोई अपना-पराया रह नहीं गया था। सब प्राण बचाने को भाग रहे थे। पुराने भोपाल से नए खुले भोपाल की तरफ़, पुराने शहर से टी.टी. नगर की तरफ़, घुटन से हवा की तरफ़। भागते, लड़खड़ाते, गिरते, मरते, अँधेरे में रास्ता पहचानते वे मृत्यु से जीवन की ओर दौड़ रहे थे। यह अन्तिम प्रयत्न था, अन्तिम दौड़ थी। ज़हरीली गैस के कारण फेफड़ों में दम नहीं रह गया था। धीरे-धीरे, देखे-अनदेखे शहर लाशों और बेहोश पड़े लोगों से पटने लगा।

अब किसी से पूछो कि गैस की गन्ध कैसी होती है तो वह अपने अनुभव को शब्द नहीं दे पाता। कहेगा—ऐसा लगता था कि जैसे गले में मिर्ची की धाँस समा गई हो! (एम.आई.सी. से सिर भारी होता है, जबड़े कस जाते हैं। फॉसजीन से छाती में जलन हो मृत्यु हो जाती है।) गला रुँध गया। कंठ में एक गोला-सा बनकर श्वास-प्रक्रिया को रुद्ध करने लगा। आँखों में जलन, आँसू, उल्टियाँ, मुँह में झाग। हर शख़्स दमा के पुराने मरीज़ की तरह साँस लेता हुआ। पूरे शहर को ताज़ी हवा की तलाश थी! भोपाल में जिसकी कभी कमी नहीं रही, उसकी ऐसी कोताही कभी न हुई। पुराने भोपाल का हर घर मौत की काल-कोठरी बन गया था। गैस चेम्बर, आँखों से सूझता न था, साँस घुट रही थी, जान बाकी थी। पर आसपास पड़ी लाशें देख कर यह विश्वास टूट गया था कि हम जीवित रह पाएँगे। उस दिन शुद्ध हवा बैरन बन कहीं ग़ायब थी। वायु मंडल में दबाव ऐसे थे कि गैस को उड़ना नहीं था। वहीं रहकर सबके प्राण लेना था।

कीड़े मारने की दवाई में जो गैस उपयोग में आती थी, वह उन्हें कीड़ों की मौत मार रही थी। कुछ जो गहरी नींद सोए थे, इतनी गैस फेफड़ों में ले चुके थे कि वे सोते ही रहे। फिर नहीं उठे। पूरे परिवार मौत के मुँह में समा गए थे। लाशें बिछ रही थीं। उजाला फूटने तक सब उस हाहाकारी दृश्य से परिचित हो चुके थे। अवाक् थे। किंकर्तव्यविमूढ़ थे। उन्होंने अपने जीवन में इतनी मौतें एक साथ नहीं देखी थीं। मृत्यु का साधारण-सा फ़ार्मूला था कि जैसे ही गैस शरीर में जा शरीर के पानी के सम्पर्क में आती थी, एक दुष्ट रासायनिक प्रक्रिया इनका प्राणान्त कर देती थी। बस्तियाँ चसनाला हो रही थीं। प्रत्येक के मरने की कहानी शायद दूसरे से कुछ भिन्न है। कोई इसलिए मरा चूँकि उसने भागते हुए तेज़ श्वास-क्रिया द्वारा ज़हरीली गैस अधिक मात्रा में ले ली थी; और कोई इसलिए बचा क्योंकि वह भागा था। कुछ घर में मुँह ढककर सोने से बच गए थे और कुछ मुँह ढके सोए ही मर गए। मरने वालों में बच्चों की गिनती सबसे ज़्यादा थी। कहते हैं, गैस नसों में प्रवेश कर उन्हें फाड़ देती है। कारण जो भी हो, सुबह होते-होते भोपाल के पास अनगिनत लाशें थीं, आदमी, औरत, बच्चे, गाय, भैंसें, कुत्ते, बिल्ली।

देर रात स्टेशन पर सवारी का इन्तज़ार करने वाले ताँगे का घोड़ा भी मरा और उस पर बैठा ताँगाचालक भी। टिकट बाबू टिकट बेचते-बेचते चल बसा। देर रात

जब रेल भोपाल आई, तब यात्रियों ने गैस को अनुभव किया और प्राण बचाने को आतुर भीड़ के संकट को समझा। सारा स्टेशन काल के गाल में था। आती हुई रेलों को भोपाल आने से रोकने की सूचना आसपास के स्टेशनों को देते हुए स्टेशन मास्टर हरीश धुर्वे चल बसे। सब कुछ बड़ी तेज़ी से एकाएक घटा। गैस का दायरा बढ़ रहा था। अब गैस पुराना भोपाल पार कर प्रोफ़ेसर कॉलोनी से होती बाणगंगा क्षेत्र में उतर सरकारी कर्मचारियों की बस्ती तात्या टोपे नगर में प्रवेश कर रही थी। उसका कुछ प्रतिशत भोपाल के तालाबों में घुल रहा था। बाणगंगा की हवा में वह कुछ बिखरी, बँटी, कम हुई। उसका दूसरा रेला शायद एम.एल.ए. रेस्ट हाउस के पीछे से अरेरा कॉलोनी की तरफ़ बढ़ा। समूची त्रासदी में प्रकृति का इतना ही योग था कि हवा ने कारख़ाने से शहर की तरफ़ रुख़ लिया। इसके अतिरिक्त जो कुछ था, मनुष्य का किया-कराया था। हवा के रुख़ को बनाने में, हो सकता है, भोपाल की पहाड़ियों का हाथ रहा हो। मध्यप्रदेश सरकार और यूनियन कार्बाइड को दोषी न ठहराने में लगे व्यक्ति चाहें तो इस तथ्य पर ज़ोर दे सकते हैं। वे मृतकों की नासमझी को तो दोषी ठहरा ही रहे हैं।

जनता का आत्मनिर्णय

सुबह। अस्पतालों के बाहर, अन्दर, गलियारों, बरामदों, मैदान और सड़क पर बीमार और मृत पड़े थे। इतनी मृत्यु आँसुओं को सुखा देती है। चारों ओर एक भौंचक ख़ामोशी नज़र आ रही थी। किसी के माँ-बाप गए, किसी के बच्चे। जो बिछुड़ गए थे, वे परस्पर तलाश में लग गए। लोग लाशों के समुदाय में क़फ़न उठा-उठा कर अपने वालों को पहचान रहे थे। खीज रहे थे, झींक रहे थे, आक्रोश में थे। उस ज़िन्दादिल शहर ने कभी सोचा न था कि उसके इतिहास में एक दिन ऐसा भी होगा। ऐसे में व्यवस्था ग़ायब थी। वे छुटभैये नेता ग़ायब थे जो कल रात तक वोटों की खींचतान में सरगना बने हुए थे। तभी एकाएक मृत्यु के उस कुहासे में मनुष्य की चेतना जागी। उसका मनुष्यत्व जागा। माँ-बाप के रोके भी भोपाल के लड़के-लड़कियाँ अपने घरों, अपने कमरों, अपने हॉस्टलों से निकल पड़े। जिससे जो बना, वह वही करने लगा। एकाएक भोपाल ने उस भारतीय आत्मा के दर्शन किए, जो गहराते संकट में आँसू पोंछकर चुनौती से जूझ जाना जानती है। वे अपनी आत्मा द्वारा अनुशासित हो एक-दूसरे से पूछते, एक-दूसरे की बात मानते, कामों में लग गए। बीमार बच्चों को रात से दूध नहीं मिला था। जिससे जितना बन पड़ा, दूध की थैलियाँ, ब्रेड आदि ले अस्पतालों में पहुँचने लगा। जिससे जो माँगा, वह लेने दौड़ पड़ा। निजी वाहन समाज सेवा में आ गए। इन्तज़ार करती लाशों को अपरिचित ही सही, पर कन्धे मिलने लगे। बीमारों के आसपास पूछने वाले जुटने लगे। युवा डॉक्टरों से लेकर

मेडिकल कॉलेज के फर्स्ट ईयर की छात्राओं तक सभी डॉक्टर बन गए थे। इंजीनियरिंग कॉलेज क़े छात्र वालंटियर हो गए। घर-घर में मरीज़ों के लिए अतिरिक्त भोजन बनने लगा। लोगों ने जेब से नोट निकाल, आइ-ड्रॉप्स से लेकर गुलाब-जल की बोतलों तक जो भी ख़रीद सके, ख़रीदा और अस्पतालों में जाकर दिया। वह भोपाल की जनता का आत्मनिर्णय था। उसमें नेतृत्व नहीं था, व्यवस्था नहीं थी और आज लोग कहते हैं, यही उसका शुभ पक्ष था। क्योंकि जब से व्यवस्था और सरकार कार्यरत हुई, अनेक घोटाले, विसंगतियाँ और पाखंड आरम्भ हो गए।

इधर मरीज़ों के इर्द-गिर्द तीमारदारों की संख्या बढ़ रही थी, पर मृत्यु की संख्या कम नहीं हो रही थी। सरकारी आँकड़े जब पाँच सौ के आसपास थे, तब वास्तविकता यह थी कि हज़ार से ऊपर मर चुके थे। सरकारी मुँह जब दो हज़ार क्रॉस नहीं कर पा रहे थे, तब भोपाल पाँच हज़ार से ज़्यादा बता रहा था। मृत्यु का क्रम जारी था। आज सरकार पाँच हज़ार कहती है, विरोधी छह हज़ार और लोग दस हज़ार। सरकार की गिनती करने का तरीक़ा होता है। पर जाने कितने अनजाने परदेशी, भिखारी, कोढ़ी, ग़रीब, अपंजीकृत कुली रेलवे के—उनके मरने पर किसने गिनती की? प्रश्न यह भी है कि गिनती बताने के परस्पर दावों से होता क्या है? हम मुद्दे से हटते हैं। त्रासदी की भयावहता का वर्णन करने से जो करुणा निस्सारित होती है, वह प्रायः अपराधियों को सिर छुपाने में मदद करती है। हत्यारे आपके आँसुओं का लाभ लेने लगते हैं। आपके साथ वे भी रोने लगते हैं। उस दिन मध्यप्रदेश शासन मगर के आँसू रोया।

पर भोपाल के यूनियन कार्बाइड नामक बहुराष्ट्रीय अपराधी कारखाने ने अपेक्षाकृत बेशर्मी से काम लिया। जब पुलिस कंट्रोल-रूम में ज़हरीली गैस प्रवेश कर रही थी और कर्मचारी खाँसने-कराहने लगे थे, तब पूछे जाने पर यूनियन कार्बाइड वालों ने फ़ोन पर जवाब दिया कि नहीं, गैस का कोई रिसन यहाँ से नहीं हुआ। जब अल्ल सुबह कुछ पत्रकार कार के शीशे चढ़ा कारख़ाने में पहुँचे तो अधिकारी हँसकर बोले—गैस से कोई मर कैसे सकता है? देखिए, हम तो गैस के सबसे पास होकर भी ज़िन्दा हैं! ही...ही...! यह मग़रूर और सीनाज़ोर तरीक़ा उनका चरित्र और पुराना स्वभाव रहा है। सुबह हो रही थी। अपराधी हत्यारा जानता था कि उसकी मदद और रक्षा के लिए दूसरा अपराधी आ जाएगा। वह थी व्यवस्था, सरकार बहादुर या सत्ता, जो इतने सालों से इस ज़हर को अपने काग़ज़ी और शाब्दिक आँचल से ढके हुए हैं।

'जनसत्ता' दिल्ली के 16 जून, 1984 के अंक में राजकुमार केसवानी के लेख 'भोपाल ज्वालामुखी के मुहाने पर' में यह साफ़ लिखा था कि किस तरह यह संस्थान देश को धोखा देते हुए भोपाल के ग़रीबों की जान से खेल रहा है। यह तो हो ही नहीं सकता कि ख़रीदे हुए बुद्धिजीवियों द्वारा 'पारदर्शी शासन' के नाम से अभिनन्दनित सरकार के संवेदनशील बजने वाले नेता और मुख्यमन्त्री अर्जुन सिंह ने वह लेख पढ़ा न हो उस पत्र को भी न पढ़ा हो जो स्थिति की गम्भीरता को दर्शाते

हुए राजकुमार केसवानी ने उन्हें भेजा था। विधान सभा में उठाए सवाल के आड़े-टेढ़े पेंचदार जवाब को लाजवाब तरीक़े से पेश कर कारख़ाने को बचाने की बात उन्हें याद होगी। उन्हें पता होगा कि उनकी ही सरकार के निष्ठावान आई.ए.एस. अधिकारी एम.एन. बुच ने जब यूनियन कार्बाइड को शहर से हटाने का नोटिस दिया था, बजाय कारख़ाना हटाने के एम.एन. बुच को हटाया गया था। इसी संवेदनशील सरकार के श्रममन्त्री ने कुछ दिन हुए, कहा था कि आख़िर यूनियन कार्बाइड 25 करोड़ की सम्पत्ति है; कोई पत्थर का टुकड़ा नहीं, जिसे मैं इधर-से-उधर रख दूँ। उस रात वह पच्चीस करोड़ का अमेरिकी पत्थर भोपाल के सिर पर पड़ा था। लोगों ने संवेदनशीलता के पाखंड को अन्तिम बार पूरी तरह पहचान लिया था कि यह पारदर्शी परत वास्तव में कितनी ठोस रूप से जालिम और बेशर्म है।

अपने अपराध को ढकने के लिए सरकार ने रुख़ लिया कि वह जनता के हित में मुआवज़े की लड़ाई लड़ेगी। कारख़ाने से शत्रुता प्रदर्शित करने का नाटक रचेगी। वह पीड़ा को नारों में बदल परिस्थितियों को भुनाएगी। सत्ता के नेताओं की नज़र लोकसभा चुनाव के वोट पर थी। सारी सरकारी मशीन इस काम में जुट गई कि जनाक्रोश, बजाय उनके, कारख़ाने के खिलाफ़ पूरी तरह मुड़ जाए, मुड़ा ही रहे; और यह काम इस सिफ़्त से हो कि सरकार के साथ कारख़ाने का भी कुछ न बिगड़े। जहाँ तक भोपाल के सामान्य जन का सवाल था, उसने लाशों के ढेर के साथ यह भी देख लिया था कि सरकार यहाँ कुछ पहले ही मर गई है।

मुर्दाघर से जीवित लौटे 'मृत'

इधर अस्पतालों की हालत यह थी कि सारे एलोपैथ होमियोपैथ हो रहे थे; अर्थात् लक्षणों के अनुसार दवा दे रहे थे। दवा का रोग से कोई सम्बन्ध नहीं था। चिन्ता केवल रोगी से जुड़ने की थी, जो मौत के कगार पर बैठा था। आँख का दर्द कहो तो ड्रॉप मिल गया, सीने में जलन बताई तो डायजीन दे दी। जैसे दिल के मरीज़ गैस से नहीं, उस तेज़ दवा से मर गए, जो दी गई थी। इसी तरह बहुतेरे, जिन्हें मृत घोषित कर दिया था, बाद में जीवित पाए गए। कुछ मृत घोषित किए जाने के बाद मरे। इलाज करने वालों के अगुआ डॉक्टरों ने यह रहस्य की बात दो दिन बाद बताई कि चूँकि इस गैस को अपनी साँसों में समाहित कर लेने वाले मरीज़ का एक लक्षण यह है कि उसकी नाड़ी ग़ायब हो जाती है पर प्राण शेष रहते हैं, धड़कन बकाया रहती है, इसलिए उसे नाड़ी देख कर मृत घोषित नहीं करना चाहिए।

मैं स्वयं एक महिला से मिला हूँ जो मृत घोषित की जाने के बाद मुर्दाघर में पहुँचाई जा चुकी थीं, जिनके पति उन्हें मृत मानकर अपनी भी मृत्यु की प्रतीक्षा कर रहे थे, क्योंकि वे भी गैस के उतने ही शिकार थे। पर तभी मुर्दाघर में एक रिश्तेदार

डॉक्टर लड़की की नज़र उस महिला के चेहरे पर पड़ी और चौंकी कि बुआ यहाँ कैसे? जाँच करने पर पता चला कि प्राण शेष हैं और पाँच-छह घंटे के प्रयत्न से वे बच गईं। पर ऐसे सौभाग्य बहुतों के नहीं थे। एक बार मृत घोषित किए जाने के बाद चिता ही उनकी दिशा थी। उनकी दशा क्या है, यह प्रश्न निरर्थक था। कोई एक लाख लोगों पर असर था। मरीज़ों का ताँता लगा हुआ था। इलाज को लेकर डॉक्टरों और विशेषज्ञों में मतभेद था। सब जानते थे कि एम.आई.सी. का कोई एंटीडोट नहीं है। बहस इस पर भी थी कि गैस कौन-सी है। कारखाना चुप था। सरकार एम.आई.सी. बता रही थी। जिस तेज़ी से भोपाल गैस चेम्बर साबित हुआ था, उसे देख कर सभी कह रहे थे कि वह फॉसजीन गैस थी, जो अधिक भयानक होती है। एक सूत्र का कयास था कि विदेशी कारखाना मालिक ने किसी नई प्रायोगिक रूप से तैयार की गई ज़हरीली गैस को एम.आई.सी. के नाम पर यहाँ उसी लाइसेंस के अन्तर्गत भेज दिया है, ताकि तीसरी दुनिया के इस ग़रीब इलाक़े में उनके असर की जाँच-पड़ताल की जा सके। भोपाल के जयप्रकाश नगर, छोला और चाँदबड़ क्षेत्र में 'गिनीपिग' बसते हैं न! उनके मरने से पता चल जाएगा अमेरिका को कि गैस कितनी असरदार है और मानव सभ्यता को नष्ट करने में उसकी कितनी उपयोगिता है।

घटना हो जाने के दो-तीन दिन बाद कुछ अमेरिकी विशेषज्ञों ने जिन दवाइयों के नाम लिये, वे भारत में नहीं मिलतीं। हमारे देश में जनसंख्या अधिक है, विकास और उत्पादन कम है; इसलिए हम उनसे कारखाना खुलवाते हैं, गैस मँगवाते हैं, पर दवाई नहीं। पश्चिम जर्मनी से जो दवाई आई, वह केवल एक हज़ार लोगों के लिए थी। उसका अधिकांश भावी ख़तरे से सुरक्षा के लिए भोपाल के विशिष्ट वर्ग ने बाँट लिया। इस तरह इलाज के मामले में इस हादसे का गौरवशाली अध्याय यह है कि प्रयत्न जारी रहे, लोग मरते रहे। जो जीवित रह गए, यह उनका भाग्य। मृतकों में बच्चों की संख्या सबसे ज़्यादा थी। बिन खिले मुरझा गए उन बच्चों को देख कर लगता था, मीठी नींद सो रहे हैं। अभी-अभी कुनमुनाकर उठेंगे और दूध माँगेंगे।

भोपाल के एक छोर पर सेना का पड़ाव रहता है। गैस का झोंका उस तरफ़ भी गया। वहाँ ड्यूटी पर तैनात सैनिक अधिकारियों ने सड़क पर बेहोश होकर गिरते-मरते लोगों को देखा और बिना ऊपरी आदेश का इन्तज़ार किए अपना कर्तव्य तय कर सेवा में जुट गए। बहुतों की जान उनके प्रयत्नों से बची। यह एक अलग अध्याय है।

भागो, भागो, फिर गैस निकली!

दोपहर के बाद छुटभैये नेता नज़र आने लगे थे कि तभी एक अजीब घटना घटी। हुआ यह कि लोगों की बड़ी भारी संख्या यूनियन कार्बाइड के अपराधी कारखाने के

इर्द-गिर्द जमा हो रही थी। नाराज़ी तीव्र थी और लोगों का मूड कारख़ाने को नष्ट कर देने का था। कहा जाता है कि उस भीड़ से कारख़ाने को बचाने के लिए यह ख़बर उड़ाई गई कि टंकी फूट गई है और गैस निकल रही है। भागो, भागो, फिर गैस निकली, भागो! जिसने सुना, वही भागा। रात को शहर में मौत का तांडव हो चुका था। दिल से दहशत गई नहीं थी। सब भागने लगे। सिर्फ़ पुराना शहर ही नहीं, नया शहर भी। घरों को बिना ताला लगाए, अपने-परायों को सँभालते या छोड़ते, जो जैसे बना, भाग रहा था। बुरक़े वाली औरतें, बच्चे, बूढ़े, समझदार, ज़िम्मेदार, जवान लड़के-लड़कियाँ, सरकारी प्यादे, अफ़सर, वज़ीर, नेता। रात को वे सो रहे थे, पर इस समय वे होश में थे। सारा भोपाल घर से बाहर निकल गया। डॉक्टर और कलक्टर सभी भागने लगे। नेता भागने लगे। गैस उनका मानो तेज़ी से पीछा कर रही हो! सड़कों पर सैलाब-सा उमड़ने लगा, डरे हुए परेशान लोगों का।

बाद में अफ़वाह का ज़ोरदार खंडन किया गया, पर सभी बताते हैं कि ख़ुद मुख्यमन्त्री उस समय केरवा बाँध के डाक बँगले की तरफ़ भाग गए थे। भगदड़ मच गई तो रोकना मुश्किल हो गया। रेडियो ख़बर का खंडन कर रहा था, पर भागने वाले ट्रांज़िस्टर तो लेकर दौड़ नहीं रहे थे। भागने और घबराने का यह दृश्य बहुत दर्दनाक था। गैस नहीं थी, पर गैस का भय पीछा कर रहा था। यह घटना भी भोपाल के मानस से कभी नहीं हटेगी। पति अपनी पत्नी को छोड़ और माँ-बाप अपने बच्चों को छोड़ भाग लिये थे। इतने कम समय में बहुत अधिक अनुभव लिये थे भोपाल की जनता ने।

पर इसी सिलसिले में अब तक निष्क्रिय पड़ी व्यवस्था को पुनः लोगों पर छा जाने का अवसर मिल गया। वे जो घृणा के पात्र होकर समाज से तिरोहित हो चुके थे, 'अफ़वाहों से सावधान रहिए, कोई डरने की बात नहीं है, स्थितियाँ पूरी तरह से नियन्त्रण में है और सामान्य हैं, ज़रूरत पड़ने पर कंट्रोल-रूम को फ़ोन कीजिए' आदि घोषणाओं के साथ वापस लोगों के सिर पर छाने लगे। सबके दर्द के मसीहा बनने लगे। नेतागीरी लौट आई। उसकी छाया तले अफ़सरशाही। फ़ोन जुड़ने लगे। सरकारी गाड़ियाँ दौड़ने लगीं। आदेश देने वालों ने आदेश दिये। जिन्हें आदेश दिये गए, उन्होंने और आदेश दिये। ड्यूटी लगने लगी। मानव सेवा के लिए कुर्सियों का यथोचित पदक्रमानुसार बँटवारा होने लगा। अमला अटेंशन में आया। स्थिति की गम्भीरता सरकारी तौर पर स्वीकार की गई। हुकुम चलने लगे—"भई, ये लड़कों की भीड़ अस्पताल में बहुत ज़्यादा है। इन लोगों ने सब मेस कर रखा है। डॉक्टरों को इलाज करने में तकलीफ़ होती है। हटाइए इन्हें।"

जो छात्र सेवा में दिन-रात एक किए थे, भगाए जाने लगे। तीमारदारी करने वाली सामाजिक संस्थाएँ हटाई जाने लगीं। "यह आप लोगों ने अपना तम्बू अस्पताल के कम्पाउंड में कैसे लगा रखा है? हटाइए इसे!" अभी तक जो क्रियाएँ और

अन्तर्क्रियाएँ मानवीय स्तर पर चल रही थीं, अब उनका निपटारा सरकारी अन्दाज़ से होने लगा। "सर, मरीज़ों को ठंड लग रही है। सुना है, इन्दौर से दो ट्रक कम्बल आए हैं। अगर उनमें से कुछ कम्बल मिल जाएँ तो मरीज़ों को दे दें। बेचारे ठंड से मर रहे हैं।" निवेदन सुन कर सरकार बहादुर ने पहला सवाल तो पूछा कि आप कौन मरीज़ों की तरफ़ से कम्बल माँगने वाले? दूसरे यह कि कम्बल इश्यू करने के बाद वापस जमा करने की ज़िम्मेदारी कौन लेगा? तीसरे, इस बात का क्या सबूत कि उस मरीज़ के नाम पहले कम्बल इश्यू नहीं हुआ? चौथे, यह कि कम्बल मेरे चार्ज में नहीं हैं और जिसके चार्ज में हैं, मुझे पता नहीं, इसलिए सुबह आइए। और किसी अस्पताल में अफ़सर की कृपा से कम्बल बँट भी गए।

सरकारी पैसा : मुंशी नज़रिया

डॉक्टरों पर ज़ोर डाला गया कि मरीज़ों की भीड़ कम करो, ताकि सरकार की तरफ़ से यह घोषणा की जा सके कि अथक प्रयासों से स्थिति नियन्त्रण में है और मरीज़ स्वस्थ होकर लौट रहे हैं। दवाइयाँ (जो कि वास्तव में दवाइयाँ थीं ही नहीं, इसमें सन्देह है) थमाकर मरीज़ों से तम्बू ख़ाली कराए जाने लगे। जाइए-जाइए, घर जाइए। इधर वी.आई.पी. मरीज़ के आगमन की अपेक्षा से प्राइवेट वार्ड ख़ाली कराए जाने लगे, उधर जनरल वार्ड और तम्बुओं से मरीज़ों की छुट्टी की जाने लगी। बदनामी के दौर में लोकप्रियता अर्जित करने के लिए सरकार ने घोषित कर दिया कि पीड़ितों को मुआवज़ा दिया जाएगा। कम कष्ट होने पर एक हज़ार तक, ज़्यादा पर दो हज़ार तक, और इससे ज़्यादा पाँच हज़ार तक। अब यह 'तक' का निर्णय करने का काम अफ़सरों के स्वविवेक पर छोड़ दिया गया। सरकारी पैसा बाँटने में मुंशी नज़रिया काम में लिया गया। जनता की गाढ़ी कमाई के तेल के मालिक तेलियों के आदेश के बावजूद मशालचियों के जी जलने लगे, समान रूप से पीड़ित होने के बावजूद किसी को उसके नेता ने दो हज़ार दिलवा दिये और किसी बीमार के हाथ सौ रुपए का नोट थमा कहा—चलो, फूटो यहाँ से।

इधर मरीज़ों में बात फैल गई कि पाँच दिन पलँग से चिपके रहो तो दो हज़ार मिलेंगे। तीन दिन हो चुके थे। इधर डॉक्टर और अफ़सर मरीज़ से कहें कि भागो अस्पताल से। उधर कार्यकर्ता मरीज़ से कहें कि जाना मत, नहीं तो समझना—डूबे दो हज़ार। खींचतान मचने लगी, कार्यकर्ताओं और डॉक्टरों में तू-तड़ाक शुरू हुई। नौबत हाथापाई और मारपीट तक आ गई। इस सबका अन्तिम हश्र हुआ डॉक्टरों की हड़ताल। यह था एक मानवीय त्रासदी के निराकरण में व्यवस्था और नेतृत्व का सक्रिय योगदान। जब राजीव गाँधी आए, अस्पताल में चुनाव का बिल्ला लगाए श्वेत वस्त्रधारी कार्यकर्ताओं की भीड़ लग गई। राजीव गाँधी के जाने के

साथ वे भी चले गए। जाने वे सब कार्यकर्ता थे या सादे कपड़ों में सी.आई.डी. और अंगरक्षक!

एंडरसन की गिरफ़्तारी का नाटक

इधर एक ओर चाहिए थे मुर्दों के लिए कफ़न। चिता के लिए लकड़ी, क़ब्र खोदने वाले और नए क़ब्रिस्तान के लिए ज़मीन। उधर हर भोपाल वासी मौक़ा लगते ही शहर छोड़ने की सोच रहा था। स्टेशन पर जाने वालों की भीड़ रेल-दर-रेल बढ़ रही थी। मृत्यु निरन्तर आसपास मँडराती-सी लगती थी और सब भाग रहे थे। स्टेशन पर उतरने वालों की भीड़ भी कम नहीं थी। टेलीफ़ोन लगते नहीं थे। तारों के जवाब नहीं मिलते थे। भोपाल स्थित प्रियजनों और रिश्तेदारों की ख़बर पूछने लोग चले आ रहे थे। गैस से बचे तो गेस्टों ने मारा। चौपट धन्धे में लुटे हुए लोग बातें करते बैठे थे।

इधर राज्य सरकार नए स्टंटों में अपने को चमकाने की कोशिश में लग गई। कारखाना बन्द कर दिया गया। भारी हर्जाने और बड़े दावे की बातें हवा में थीं। हादसे को लेकर अटकलें जारी थीं, क्योंकि घटना की वास्तविकता का कोई सही चित्रण देना यूनियन कार्बाइड ने अपना कर्तव्य नहीं समझा। इसी बीच अमेरिका से कारखाने के मालिक एंडरसन आए। वे बम्बई से दो भारतीय व्यवस्थापकों को लेकर भोपाल पहुँचे। इस मौक़े का लाभ ले सत्ता ने अपनी प्रगतिशील साहसी छवि उभारने का प्रयत्न कर अपनी पूँजीपरस्ती को उजागर कर दिया। उसी यूनियन कार्बाइड के भोपाल स्थित गेस्ट हाउस को बरसों से निजी ऐशगाह की तरह उपयोग करने वाले मुख्यमन्त्री ने यात्री हवाई जहाज़ के चारों ओर पुलिस फैला अरबपति मालिक एंडरसन को गिरफ़्तार करने का नाटक रचाया। गिरफ़्तारी के बाद अरबपति अपराधी को ससम्मान उसी ऐशगाह में लाया गया; और एक उपयुक्त धारा खोजी गई, जिसके अन्तर्गत एंडरसन साहब जमानत पर छोड़े जा सकें। अदालत से निवेदन किया गया कि चूँकि एंडरसन साहब अदालत तक नहीं आ सकते, इसलिए अदालत स्वयं गेस्ट हाउस तक चली आए। अदालत आई और शाम तक राज्य शासन के हवाई जहाज़ से हत्यारे कारखाने के मालिक अरबपति एंडरसन साहब मात्र पच्चीस हज़ार रुपयों की जमानत पर उस स्वागत-सत्कार भरी गिरफ़्तारी से रिहा किए गए और बजाय बम्बई के दिल्ली की दिशा में विदा कर दिये गए। राज्य के मछुआरे ने केन्द्र के मछुआरे से कहा, बड़ी मछली फँस गई है गुरु। हमरे बस की नहीं। इससे तो तुमही सुलझो।

सुना, दिल्ली में भी सचिव स्तर पर एंडरसन साहब से भोपाल में हुई असुविधा के लिए माफ़ी माँगी गई। एंडरसन साहब से पत्रकार सवाल भी नहीं पूछ सके और न एंडरसन ने मुआवज़े या कारखाने के भविष्य या घटी त्रासदी पर कुछ कहा। यह समझ ही नहीं आया कि वे जनाब यहाँ आए क्यों थे? और गैस से मरे और बीमार

हुए ग़रीब भोपालियों की ओर से इस प्रगतिशील कहलाने वाली सरकार ने उनसे समझौता क्या किया? समझौता न किया तो लड़ाई क्या लड़ी? बहस क्या की? यह सब नाटक हुआ क्यों? एंडरसन के साथ आए कारख़ाने के वे दो भारतीय व्यवस्थापक कुछ दिनों भोपाल की उसी आरामगाह में गिरफ़्तारी फ़रमाने के बाद बम्बई पधार गए हैं। राज्य सरकार, पीड़ित जनता की प्रतिनिधि, 'सर, जी सर' करती, कहते हैं, उनके आगे-पीछे डोलती रही है इतने दिनों।

विरोधी दलों के नेताओं को इतनी फुरसत तो नहीं थी कि वे लोकसभा चुनाव की भागदौड़ से समय निकाल भोपाल आ सकें और आते भी तो वे सिवाय बयान देने के क्या कर लेते? चुनाव यों भी आरम्भ हो गए थे। विरोधी कह रहे थे कि मुख्यमन्त्री अर्जुन सिंह को त्यागपत्र दे देना चाहिए और कांग्रेस (इ) वाले कह रहे थे कि सखलेचा को गिरफ़्तार किया जाना चाहिए, जिनके मुख्यमन्त्रित्व काल में ज़हरीली गैस बनाने की इजाज़त दी गई।

भ्रष्ट अन्तर्सम्बन्धों की कथा

सच्चाई यह थी कि जब से यूनियन कार्बाइड का यह कारख़ाना बना है, तब से हर मुख्यमन्त्री के काल में उसके उत्पादन में आत्मनिर्भरता के नाम पर थोड़ा विकास ही हुआ। इधर पिछले कुछ समय से कारख़ाने की हालत खस्ता थी। कीटनाशक ज़्यादा मात्रा में उठ नहीं पा रहे थे। इसलिए उस पूरे विभाग में सुस्ती थी। वहाँ नीति यह थी कि नियमित ख़र्च में कमी की जाए। अनेक प्रशिक्षित और अनुभवी कर्मचारियों को तबादला कर कार्बाइड के उस कारख़ाने में भेज दिया गया था, जिसमें बैटरी बनती है। काफ़ी अनुभवी अफ़सर नौकरी छोड़ कर जा चुके थे। अप्रशिक्षित और कुछ नए कर्मचारी कीटनाशक संयन्त्र की व्यवस्था में थे। इस कारख़ाने की अपनी आन्तरिक राजनीति और अपनी अफ़सरशाही है। कई महत्त्वपूर्ण पदों पर राज्य के बड़े अफ़सरों के रिश्तेदार अथवा रिटायर्ड ऊँचे अफ़सर बैठे हैं। शासन और कारख़ाने के बीच एक भ्रष्ट अन्तर्सम्बन्ध बरसों से चला आ रहा है। पता नहीं कितने मामलों में कितनी बार कितना चन्दा दिया होगा यूनियन कार्बाइड वालों ने। सवाल यह है कि क्या सरकार में प्रदूषण फैलने से रोकने वाले अधिकारी नहीं बैठे? फैक्टरी इंस्पेक्टर किस मर्ज की दवा है? और यूनियन कार्बाइड में गैस की रिसन होने की बात और भय तो जगजाना है, कोई गुप्त रहस्य तो नहीं, फिर इतने बरसों से उस बात को अनदेखा क्यों किया जा रहा था?

एंडरसन ने अमेरिका में एक पुरानी रिपोर्ट की प्रति पत्रकारों को बाँटी, जिसमें कहा गया था कि भारतीय कारख़ानों में रख-रखाव सम्बन्धी कई दोष थे; जिस विषय में वे पहले ही भारतीय कारख़ाने को आगाह कर चुके थे। एंडरसन की यह सफ़ाई

विचित्र है, क्योंकि मालिक अपने अपराध से यह कहकर बरी नहीं हो सकता कि मैंने नौकरों से ठीक काम करने को कह दिया था। जो भी हो, मध्यप्रदेश शासन क्या अमेरिकी विशेषज्ञों की भोपाल कारखाने के सम्बन्ध में दी गई रिपोर्ट से अनभिज्ञ था? यह मान भी लें कि भोपाल में रहने वाले एक साधारण नागरिक और पत्रकार राजकुमार केसवानी के लेख और पत्र को अपनी ठसक में राज्य शासन नज़रअन्दाज़ कर गया, तो सवाल यह है कि क्या वह उन विशेषज्ञों के मन्तव्य को भी गम्भीरता पूर्वक नहीं ले सकता था जो कारखाने की व्यवस्था से असन्तुष्ट थे? क्या वह उन मौतों को भी नज़र अन्दाज़ कर सकता है जो पिछले वर्षों इस कारखाने के कारण हुईं? शक-शुबहे के इस सारे सन्दर्भ में एंडरसन की गिरफ़्तारी और रिहाई का नाटक क्या एक अपराधी की दूसरे अपराधी को मदद नहीं है? इस पूरे सन्दर्भ में जाँच-पड़ताल के सारे वादे दिखावा और आँखों में धूल झोंकना-सा लगता है।

पिछड़े राज्य हिरोशिमा बनते रहेंगे?

मध्यप्रदेश पिछड़ा राज्य कहलाता है। इस राज्य के उद्योगमन्त्री और मुख्यमन्त्री कटोरा हाथ में लिये बम्बई और दिल्ली में राज्य के विकास के नाम पर सारी सुविधाओं का लालच दे कारखाने माँगते फिरते हैं। बहुराष्ट्रीय उद्योगों के इस युग में एक पिछड़े आदिवासी-बहुल राज्य को गिड़गिड़ाने पर ऐसे सारे उद्योग अवश्य मिल जाएँगे, जिन्हें प्रदूषण या अन्य कारणों से दूसरे देशों या अन्य राज्यों ने अस्वीकृत कर दिया है। ऐसे कई कारखाने मध्यप्रदेश में हैं भी। क्या पिछड़े राज्यों की परिभाषा यही है कि वहाँ के लोग ऐसी दुर्घटनाओं के निरन्तर शिकार होते रहें? ऐसे कई प्रश्न हैं जो भोपाल तथा मध्यप्रदेश के निवासियों के मन में आज उठ रहे हैं।

फिर भी सरकार की अपनी नित नई चालबाज़ियाँ जारी हैं। कारखाने के अन्दर इन दिनों कई वैज्ञानिक और अधिकारी हैं, पर रिसन हुई गैस की रचना कैसे और किन तत्त्वों से हुई, यह पता नहीं लग रहा है। संसार के कई कारखाने जिस सच्चाई को समझना-जानना चाहते हैं, वह न्यायिक या सी.बी.आई. की जाँच का मामला भर नहीं है।

क्या मध्यप्रदेश के सत्ताधारियों की छवि की रक्षा और कारखाने के हित में कार्यरत लॉबी के दबाव में आकर हम सम्पूर्ण मानवजाति के सामने अनुभव की सच्चाई प्रस्तुत नहीं करेंगे? यह मामला हिरोशिमा-नागासाकी की तरह है और आज अपने कुर्सी-स्वार्थों के कारण इसके तथ्यों में फेरबदल करने की चतुराई बरतने वाले मनुष्य-जाति के शत्रु हैं।

भोपाल में गैस कांड के विरोध में बुद्धिजीवियों और तथाकथित बुद्धिजीवियों ने एक सार्वजनिक प्रदर्शन किया। पर बड़ी जल्दी इनमें दो खेमे नज़र आने लगे। एक

बड़े वर्ग ने, जो सरकार के हाथों बिक चुका है, यह कोशिश की कि सारा आक्रोश राज्य शासन से हट कर केवल बहुराष्ट्रीय कम्पनी को कोसने पर केन्द्रित हो जाए और सत्ता और उसके नेता बच जाएँ। नैतिकता का तकाज़ा यह है कि अपराधी सरकार अपनी ग़लती फ़ौरन मान ले और मुख्यमन्त्री त्यागपत्र दे दें। इसका ज़ोरदार आग्रह अनेक क्षेत्रों से हुआ है, पर जो संवेदनशील होते हैं, वे कुर्सी से अधिक ही चिपकते हैं। जब तक भोपाल गैस कांड की वास्तविकता पूरे विश्लेषण के साथ प्रकाश में नहीं आएगी, हम मानव-जाति को अन्धकार में रखने के दोषी होंगे।

भ्रामक सरकारी घोषणाएँ

भोपाल का निवासी जीवन भर इस हादसे को भुला नहीं सकता। पिछले कई दिन उसके लिए मुसीबत के रहे हैं। यह आमन्त्रित मुसीबत थी। आकस्मिक थी, पर अकारण नहीं। भोपाल का आम आदमी सरकारी नीतियों के कारण अपना विश्वास खो बैठा। गैस कांड के बाद भोपाल छोड़ने का कारण यही मानसिक स्थिति है। कहा गया है कि पानी साफ़ है और पीया जा सकता है, पर साथ ही कहा गया कि मछली मत खाइए। कहा गया कि गैस से मुर्ग़ियाँ नहीं मरीं, पर गोश्त मत खाइए। लोग अपनी आँखों से देख रहे थे कि पेड़ काले हो गए थे, पत्ते पीले होकर गैस के प्रभाव से झर रहे थे, पर सरकार चिल्ला-चिल्ला कर कह रही थी, सब्ज़ियों को कोई नुकसान नहीं पहुँचा। लोग सरकारी प्रचार के कारण जब सब्ज़ियाँ लेने लगे, तब ख़बर छपी कि बड़े अफ़सर और मन्त्री अपने लिए दूर पंचमढ़ी और मटकुली ग्राम से ट्रकों में सब्ज़ियाँ मँगा रहे हैं और हबीबगंज में उनके पैकेट बनकर बँगलों में वितरित हो रहे हैं।

शासन ने अपनी तुर्ती-फुर्ती दिखाने के लिए इस बात का बहुत ढोल पीटा कि परिस्थिति से निपटने के लिए बम्बई, दिल्ली, इन्दौर आदि से डॉक्टरों के दल आए हैं। आए भी होंगे, पर साथ ही सब जानते थे कि दवाइयाँ नहीं हैं, दवाई क्या दी जाए, यह किसी को पता नहीं है। जब कहा जाता है कि यूनियन कार्बाइड कारख़ाने के अहाते में ही एक अस्पताल है जो गैस की रिसन से पीड़ित मज़दूरों का फ़ौरन इलाज करने के लिए खोला गया है, तो ऐसी स्थिति में गैस के मरीज़ों को क्या दवाई और पथ्य लेना चाहिए, रहस्य नहीं होना चाहिए था। लोगों का यह सन्देह सही था कि गैस कोई और लीक हुई है और नाम किसी और गैस का लिया जा रहा है। शायद फॉसजीन लीक हुई और एम.आई.सी. बोल रहे हैं।

ऐसे ही एक सुहानी शाम शासन ने यह घोषणा कर दी कि स्कूल और कॉलेज बन्द रहेंगे। पूछने पर बताया गया कि बच्चों की उपस्थिति कम हो रही है, अतः छुट्टी कर देना ही उत्तम है। लोगों को यह समझने में देर नहीं लगी कि कोई भारी विपत्ति सम्भावित है और सरकार बिना अपनी ओर से कहे हमें भोपाल से भागने का संकेत

दे रही है। तभी घोषणा हुई कि बाहर से 80 बसें बुला ली गई हैं। प्रश्न था, क्यों बुला ली गई हैं? जवाब था कि भोपाल के ड्राइवर गैस से पीड़ित हैं, इसलिए। तो बाहर से ड्राइवर बुलाइए और यह स्पष्ट बताइए कि सरकारी रोडवेज़ के कितने ड्राइवर पीड़ित हैं। कहा गया कि ये बसें भोपाल छोड़ने के इच्छुक व्यक्तियों की व्यवस्था के लिए हैं। साथ ही पुलिस की गाड़ियों पर माइक लगा यह प्रचार भी जारी है कि भोपाल मत छोड़िए, घबराने की कोई बात नहीं है।

और लोग भोपाल छोड़ने लगे

इधर यह प्रचार कि भोपाल मत छोड़िए, उधर यह घोषणा कि उपस्थित वैज्ञानिकों की मदद से उस कारख़ाने में सेकिन नामक कीटनाशक का उत्पादन आरम्भ किया जाएगा, जिससे बची हुई गैस का उपयोग करके उसे ख़त्म किया जा सके। और यह कि इसके लिए पुराने भोपाल के सारे क्षेत्र ख़ाली करा लिए जाएँगे, फ़ौज को तैयार रहने के लिए सूचित कर दिया गया है; सरकार ख़तरे से ख़ुद निपटेगी। यह घोषणा उन लोगों के लिए, जो भोपाल छोड़ने के मामले में अनिर्णय की स्थिति में थे, पर्याप्त थी। लिहाजा जाने वालों की भीड़ बढ़ने लगी। बहुत-से लोगों ने अपनी पत्नी-बच्चों को फ़ौरन भेज दिया। बैंक में लॉकर खोलने वालों की भीड़ जमा होने लगी। पेट्रोल पम्प पर क्यू लगने लगे। तालों की बिक्री लाखों में होने लगी। जुमेराती दरवाज़े के पास खड़े हो ताला बेचने वाले ने डेढ़ दिन में बीस हज़ार के ताले बेचे।

वातावरण में उदासी थी और चुप्पी। जिसके पास पैसा था, वह भोपाल से बाहर जाने की व्यवस्था कर रहा था। पर ग़रीब कहाँ जाए? उसके लिए सरकार ने जो शिविर बनाए, वहाँ ख़ुद मुख्यमन्त्री अर्जुन सिंह ने अपने लिए साहसी घोषणा की—मैं पूरे समय कारख़ाने के अन्दर रहूँगा। इस बात का पूरा भोपाल शहर मज़ाक बना रहा था कि ख़ुद तो मियां उस जगह रहेंगे, जहाँ कोई ख़तरा नहीं और हम भागें यहाँ से। क्या बहादुरी है!

पलायन आरम्भ हो गया। भय से नहीं, उस अनिश्चितता के कारण, अविश्वास के कारण, और ऐसी स्थिति जानबूझकर उत्पन्न की गई। जिस दिन यह घटना हुई, उस दिन से कांग्रेस (इ) को यह चिन्ता हो गई थी कि भोपाल लोकसभा सीट कांग्रेस को मिलना कठिन है। मुख्यमन्त्री ने, कहते हैं, चुनाव आयोग से निवेदन किया कि परिस्थितियाँ देखते हुए भोपाल सीट के लिए लोकसभा चुनाव फ़िलहाल स्थगित करवा दिए जाएँ, पर चुनाव आयोग ने उस समय मध्यप्रदेश शासन के प्रस्ताव को नहीं माना। फिर मुआवज़ा बाँटने की घोषणा हुई और शोर-शराबे से एंडरसन की गिरफ़्तारी का नाटक हुआ। दोनों ही दृश्य अशोभनीय, निरर्थक और सत्ता की छवि बिगाड़ने वाले साबित हुए।

मुख्यमन्त्री की मूल चिन्ता सब भाँप गए। कुर्सी की रक्षा, कारख़ाने तथा कारख़ाने के मालिकों से अपने सम्बन्धों की रक्षा, और तीसरे, अपनी-अपनी पार्टी और सरकार की गिरी हुई साख को बनाना। जो राज्य वैज्ञानिकों को इनाम बाँटने का यश लूटता हो, वह ज़हरीली गैस के रिसन के प्रति वर्षों तक लापरवाह रहे। जो संस्कृति की रक्षा और विकास के यश लूटता हो, उसकी संस्कारहीनता और संवेदनशून्यता की चर्चा हर ज़ुबान पर हो। ऐसे शासन को अपनी छवि की रक्षा के लिए कोई स्टंट तो करना ही था। स्टंट का नाम था–'ऑपरेशन फेथ' अर्थात् उखड़ी आस्था की पुनः स्थापना का प्रयास। शासन यह सफ़ाई दे सकता है कि उसने भोपाल नगर ख़ाली करने के लिए नागरिकों को हर तरह से रोका, पर समान्तर रूप से उसने ये भरपूर परिस्थितियाँ उत्पन्न कीं और व्यवस्था की कि लोग चले जाएँ–ताकि चुनाव आयोग भोपाल सीट के लिए लोकसभा चुनाव स्थगित कर दे। अपने इस प्रयास में उसे सफलता भी मिली। अब यह चुनाव 28 जनवरी को होगा।

लाखों डॉलरों के दावे

पत्रकारों का अनुमान है कि कोई दो लाख लोग अपनी जमापूँजी सँभाल कर भोपाल से बाहर निकल चुके थे, देश के हर शहर की ओर। उन्हें अकारण ही शरणार्थी बनाया गया। इधर इन्तज़ाम का भारी ख़र्च उठा कर मध्यप्रदेश शासन ने यूनियन कार्बाइड के लिए कीटनाशक सेविन बनाया। फिर इस ज़हरीले सेविन को सरकार ख़रीदेगी या हम ख़रीदेंगे। कीटनाशक के नाम पर हम बरस-दर-बरस यही ज़हर अपनी मिट्टी में मिला रहे हैं। ग़लत विदेशी मूल्यों के शिकार हम भारतवासी अधिक अन्न-उत्पादन के नशे में यह क्या कर रहे हैं? ये हमारे नेता हैं या बहुराष्ट्रीय कारख़ाने के एजेंट और सेल्समैन?

भोपाल का आदमी बड़ी नीच ट्रेजेडी में फँस गया है। शासन एक अपराधी है और वही व्यवस्थापक। जनता के दुख-दर्द का वही प्रतिनिधि। लड़ाई केवल यूनियन कार्बाइड से छेड़ी जा सकती है; शासन जिसका मित्र है। मुआवज़ा वे तो नहीं माँगेंगे जो मर गए। मगर जो जीवित हैं, वे ठीक तरह से सूचीबद्ध नहीं हैं और उन पर शक करके हकाला जा सकता है। जैसे ही देश-विदेश में यह ख़बर फूटी कि मुआवज़ा अरब-खरब रुपयों तक जा सकता है, मध्यप्रदेश शासन ने उछल कर कहा कि वे इस ट्रेजेडी के तटस्थ दर्शक नहीं रहेंगे। यह अपने बचाव व भावी स्वार्थों की पूर्ति के लिए एक चालाक मुद्रा है। होना तो यह चाहिए था कि भोपाल के नागरिकों की एक समिति गैस पीड़ितों की ओर से अदालत का द्वार खटखटाती और कठघरे में अपराधी के रूप में यूनियन कार्बाइड और मध्यप्रदेश शासन दोनों खड़े रहते। पर हो यह रहा है कि एक अपराधी दूसरे अपराधी पर मुक़दमा चलाने का नाटक कर कोर्ट के बाहर शायद समझौता कर ले!

जयप्रकाश कॉलोनी और छोला बस्ती के पीड़ित लोग झोंपड़ी का पट्टा चिपकाए उसी तरह ठंड की रातों में गैस के भावी झोंकों का भय लिए सोये रहेंगे। थोड़ी-बहुत रक़म लम्बी अवधि में सरकारी ख़जाने से शायद बँट भी जाए, पर उनकी ओर से करोड़ों डॉलरों का सौदा मौत के ये सौदागर करेंगे। उन हज़ारों लोगों ने दिन-रात जागकर पानी पिलाने, अस्पताल लाने, खाना देने, मुर्दा ढोने, चिता बनाने की जो सेवा की है, वह भुला दी जाएगी और काले-पीले रंग पोतकर कोई चित्रकार भारत भवन में मानवीय पीड़ा के चित्रण के नाम पर सरकार से लाख रुपया झटक लेगा। भोपाल में संवेदनशीलता का प्रदर्शन एक लाभकारी व्यवसाय है।

भोपाल की यह त्रासदी औपन्यासिक गहराई और विस्तार लिए हुए है। एक अमेरिकी पूँजीपति के स्वार्थों की पूर्ति के लिए ग़रीब देश के भ्रष्ट राजनीतिक दलालों के माध्यम से ज़हरीली मारक गैस की बिक्री—और निर्यात के षड्यन्त्र से लेकर भोपाल की फर्रे की झोंपड़ियों में सो रहे बेगुनाह लोगों के साथ उनके ही देश के होशियार राजनीतिज्ञों द्वारा किए गए खिलवाड़—तक कितने परिच्छेद पिछले कई वर्षों के इतिहास के साथ इस त्रासदी के सन्दर्भ में लिखे जा सकते हैं। सत्ता के गलियारों, कम्पनी के गेस्ट हाउस में बहती शैम्पेन, बिके हुए बुद्धिजीवी जो इन भ्रष्ट नेताओं और उनकी चालों को शब्द और रंगों की हाट लगा छुपाते हैं, संगीत और नृत्य से जो कटु वास्तविकताओं और सही संघर्ष से ध्यान बँटाते हैं, वे उच्च अधिकारी जो नियन्त्रण, व्यवस्था, अनुशासन के नाम पर इस साजिश में मददगार हैं—एक ही विषवृक्ष के डाल, पत्ते, जड़ें हैं।

एक ऐसी टंकी से, जिसमें साठ-सत्तर टन गैस भरी जाती है और अब जिसमें केवल पन्द्रह टन बची है, पूरे तामझाम, पत्रकारों और टेलीविज़न की ग्लैमर-भरी उपस्थिति में सेविन बनाने का नाटक ये पंक्तियाँ लिखे जाने तक जारी है। ऊपर हेलीकॉप्टर पानी छिड़क रहे हैं। नीचे मुख्यमन्त्री सपत्नीक कार से उतर रहे हैं। 'ऑपरेशन फेथ' चल रहा है, दिखाया जा रहा है। इस जयजयकार बटोरने के माहौल में खोकर भोपाल के ग़रीब क्या उस ज़हरीली रात को भूल जाएँगे? अपने मृत बन्धु, रिश्तेदार, मित्रों को भूल जाएँगे? संस्कृति के इतिहास में करोड़ों ख़र्च कर नाम लिखवाने की कोशिश में लगी व्यवस्था का जिक्र 'रासायनिक प्रदूषण से अकाल मृत्यु वाली औद्योगिक सभ्यता' के इतिहास के काले पन्नों पर नहीं आए, इसकी कोशिश जारी है। तमाशा जारी है। भोपाल वीरान है, सुनसान है। सरकारी सर्कस के चारों ओर भीड़ है। लोग फटी आँखों से देख रहे हैं।

हमारा मध्यप्रदेश उर्फ़ नई मध्यप्रदेश गाइड

हमारे मध्यप्रदेश का नाम मध्यप्रदेश है। इसके दो कारण हैं। पहला तो यह कि यह मध्य में है और दूसरा यह कि प्रदेश है। यदि यह मध्य में न होकर उत्तर में होता तो इसका नाम हरियाणा या पंजाब होता। उत्तरप्रदेश तो हो नहीं सकता था, क्योंकि फिर उत्तरप्रदेश का क्या नाम होता? मध्यप्रदेश को देश का हृदय कहते हैं। नामकरण करने वालों का ख़्याल था कि हृदय मध्य में होता है यानी हमारा प्रदेश है तो पेट, पर उसे हम कहते हैं दिल। इसे दिल वाला पेट या पेट वाला दिल भी कह सकते हैं। वाकई में है पेट और वह भी भूखा। आज़ादी के पहले इस क्षेत्र को सेंट्रल इंडिया, सेंट्रल प्राविंस वगैरह कहते थे। आज़ादी की सबसे बड़ी उपलब्धि हमारे लिए यही है कि हमने अंग्रेज़ी शब्द का हिन्दी अनुवाद कर लिया। अब यह मध्यप्रदेश है और हमें इस पर गर्व है।

अब गर्व की बात चल पड़ी तो बता दें कि हमारे राज्य में ऊँचे पहाड़ हैं। मध्यप्रदेश सम्बन्धी सारी किताबों में मैंने पढ़ा कि यहाँ ऊँचे पहाड़ हैं। हमारे पहाड़ उन पहाड़ों में से नहीं जो ऊँचे नहीं होते बल्कि गहरे एकदम ज़मीन के अन्दर धँसे या समतल होते हैं। हमारे मध्यप्रदेश के पहाड़ ऊँचे हैं। दूसरी बात है नदियाँ। हमारे यहाँ पहाड़ों के अलावा नदियाँ भी हैं। ये नदियाँ पहाड़ों से निकलती हैं और मैदानों में बहती हैं। यह कितने सन्तोष की बात है और ऊपर वाले की कृपा है कि वे मैदान से निकल कर पहाड़ों पर तो नहीं बहतीं। दुख की बात यही है कि मध्यप्रदेश के चारों ओर समुद्र नहीं है, अन्यथा आज उन राज्यों के सामने जिनके पास समुद्र है नीचा नहीं देखना पड़ता और हमारे राज्य की नदियों को डूबने के लिए इतनी दूर भी नहीं जाना पड़ता। कोई बात नहीं यदि समुद्र नहीं है। हमें अपने तालाबों पर गर्व है। जब गर्व ही करना है तो तालाब पर भी कर सकते हैं।

मध्यप्रदेश का अधिकांश भाग वनों से आच्छादित है। आच्छादित शब्द इसी सन्दर्भ में हमारे राज्य में उपयोग होता है। जंगल कटते जा रहे हैं, शब्द ज्यों-का-त्यों आच्छादित है। जंगल हमारी सबसे बड़ी सम्पत्ति है। इस सम्पत्ति को जुटाने के लिए हमारे पूर्वज कितने वर्षों हाथ पर हाथ धरे बैठे रहे, तब कहीं चारों ओर जंगल उगा। हमारा राज्य वनों से आच्छादित हो गया। हमारे राज्य के वनों से लकड़ियाँ प्राप्त

होती हैं। पता नहीं और राज्यों को वनों से क्या प्राप्त होता है, हमें तो लकड़ियाँ प्राप्त होती हैं। दूसरी बात यह कि मध्यप्रदेश के वनों में आदिवासी रहते हैं।

मध्यप्रदेश की जनसंख्या दो भागों में विभाजित है। एक कान्यकुब्ज ब्राह्मण और दूसरे आदिवासी। जो कान्यकुब्ज नहीं हैं, वे सब आदिवासी हैं। आदिवासी वनों में रहते हैं। अब वनों में रहते हैं, इस कारण आदिवासी हैं या आदिवासी हैं इस कारण वनों में रहते हैं, यह प्रश्न विचारणीय है। जंगल कटने पर इनके शहरवासी हो जाने का ख़तरा है, इसलिए राज्य शासन वनों की सुरक्षा एवं विकास के मामले में चिन्तित रहता है। आदिवासियों के विषय में कहा जाता है कि जंगल ही उनका घर है और वे अर्धनग्न रहते हैं। अब अपने घर में कोई कैसे ही रहे, हमें क्या करना! मगर यह बात सारे संसार में मशहूर है कि मध्यप्रदेश की जनसंख्या का बड़ा भाग अर्धनग्न आदिवासियों का है। यहाँ की मिट्टी काली है, कपास के लिए उपजाऊ है। राज्य में कपड़े की कई मिलें हैं, यहाँ से कपड़ा विदेश तक जाता है पर आदिवासी क्षेत्रों तक नहीं जाता। वह क्षेत्र तो पहले से आच्छादित है।

हमारे राज्य की मिट्टी उपजाऊ है और राज्यों की मिट्टी कैसे पलीद हो रही है, वे ही जानें, पर हमारी तो उपजाऊ है। यहाँ चावल और गेहूँ पैदा होता है। इसके अलावा मक्का, जुआर, बाजरा, कोंदो, तुअर, अंगूर, नारंगी, झड़बेरी, सीताफल, इमली, आम भी होते हैं। अमरूद हमारे पड़ोसी के यहाँ सबसे अच्छा होता है, जिसकी एक डाली हमारे आँगन में झुक गई है। मैंने सब्ज़ी-मार्केट में अक्सर भटे बिकते देखे हैं। ग़ौर से देखने पर वे भी मध्यप्रदेश के ही लगते हैं। कद्दुओं के बारे में पक्की ख़बर है कि मध्यप्रदेश में इफ़रात से होता है। चूँकि मध्यप्रदेश में नदियाँ बहती हैं, इसलिए लोग उनके किनारे ख़रबूज-तरबूज़ पैदा कर लेते हैं। अगर नदी बह रही हो तो सिवाय इसके कि किनारों पर ख़रबूज उगाएँ, आप क्या कर सकते हैं! नदियाँ होने का सुखद नतीजा यह है कि पुल-निर्माण हमारे यहाँ प्रमुख घटना है। सरकार पुल बनाती है ताकि उसके नीचे से नदियाँ निकल सकें। यदि पुल न होते तो नदियाँ किसके नीचे से निकलतीं? हमारे मध्यप्रदेश में सड़कें मीलों लम्बी चली गई हैं। मीलों लम्बी चली जाने के अलावा वे क्या कर सकती थीं?

कुछ लोगों को यह भ्रम है कि हमारे मध्यप्रदेश में विश्वविद्यालयों की संख्या प्राथमिक शालाओं से अधिक है। ऐसा नहीं है। प्राथमिक शालाओं की संख्या ही विश्वविद्यालयों से अधिक है। यदि कमी है तो शिक्षकों और छात्रों की। शिक्षक नहीं हैं, अथवा छुट्टी पर रहते हैं जब तक उनका तबादला नहीं हो जाता। प्राथमिक शालाएँ तो केवल वहीं पर नहीं हैं जहाँ छात्र और शिक्षक पूरी संख्या में हैं। जहाँ शाला, छात्र और शिक्षक तीनों होते हैं तो लोग उसे कॉन्वेन्ट कहते हैं। रिवाज यह है कि भवन पुराना हो जाने पर स्कूल खोलने के लिए दे दिया जाता है। भवन बड़ा हो तो लोग वहाँ कॉलेज खोल देते हैं। वास्तव में क्या खोला जाए, यह भवन की साइज पर

निर्भर करता है। प्राथमिक शाला या महाविद्यालय खोल लेने के बाद कक्षाएँ पेड़ों के नीचे लगाई जाती हैं, क्योंकि छत गिरने का अन्देशा रहता है। जब तक संस्था विकसित होती है, भवन खँडहर हो जाता है तब उसे किसी नए खँडहर में स्थानान्तरित कर देते हैं। शिक्षक हो जाना हमारे राज्य का प्रिय व्यवसाय है। कहीं नौकरी न मिले तो लोग शिक्षक हो जाते हैं। मिल जाए तो पत्नी को शिक्षिका बना देते हैं। हमारे यहाँ दूल्हा-दुल्हन सुहागरात को भी एजुकेशन डिपार्टमेंट के बारे में बात करते हैं।

मध्यप्रदेश के विश्वविद्यालयों से जितने लोगों को डॉक्टरेट दी जा सकती थी, दी जा चुकी, फिर भी विश्वविद्यालयों की उपयोगिता अभी समाप्त नहीं हुई है। शोध-कार्य जारी है। अभाव है तो टाइपिस्टों का। थीसिस टाइप करने को टाइपिस्ट नहीं मिलते। इसका कारण यह है कि अधिकांश जिन्हें टाइपिस्ट होना था, ख़ुद थीसिस लिख रहे हैं।

विश्वविद्यालय के अतिरिक्त मध्यप्रदेश के हर नगर में नगरपालिकाएँ हैं जो नगर में कचरे-गन्दगी का समुचित वितरण करने वाली दूसरी सक्रिय संस्थान हैं। नल हैं, जिनमें से प्रायः पानी गुज़र जाता है। लोग सारा दिन पानी के लिए परेशान हो जब थक जाते हैं, तब सायंकाल नदी या तालाब के किनारे बैठ प्रकृति की शोभा निहारते हैं। पनचक्की लगाना, आरा मशीन डालना, मकान बना किराए से उठा देना, जहाँ सिनेमा न हो वहाँ सिनेमा बना देना, होटल-रेस्तराँ खोलना राज्य के प्रमुख उद्योग हैं। उनसे जो बचते हैं, वे पान की दुकान लगा लेते हैं। उनसे जो बचते हैं, वे सरकारी नौकरियों में चले जाते हैं। पुलिस की नौकरी युवकों को बहुत आकर्षित करती है। जिन्हें नहीं मिलती, वे मोहल्ले के दादा हो जाते हैं।

आम तौर पर मध्यप्रदेश वासियों का स्वास्थ्य अच्छा होता है। बीमार होने पर लोग अस्पताल जाने पर विश्वास नहीं करते। एक तो इसलिए कि अस्पताल दूर पड़ते हैं, दूसरे उन्हें पता नहीं चलता कि वे बीमार हैं। आपस में सलाह कर दवाई लेना डॉक्टर के पास जाने से बेहतर माना जाता है। अनुभवी मरीज़ों का सम्मान डॉक्टरों से अधिक है। नसबन्दी आन्दोलन के प्रति वातावरण में बड़ा उत्साह रहा। हर शख़्स चाहता था कि दूसरे की हो जाए।

मध्यप्रदेश के चारों ओर समुद्र न होने के कारण यहाँ कोई बन्दरगाह नहीं है। लोग इटारसी जंक्शन से काम चलाते हैं। हर ट्रेन की मजबूरी है कि उसे मध्यप्रदेश से गुज़रना पड़ता है। दो-तीन हवाई अड्डे हैं जहाँ छोटे-छोटे हवाई जहाज़ बम्बई से दिल्ली जाते हुए थक कर ठहर जाते हैं। आवागमन का प्रमुख साधन मोटर-बसें हैं, जिन्हें सड़क के किनारे खड़े हो रोकने का प्रयत्न राज्य के निवासी करते रहते हैं। कंडक्टर का पद हमारे राज्य में ज़िम्मेदार और गम्भीर पद माना जाता है। राज्य की भाषा हिन्दी है, क्योंकि लोगों को अंग्रेज़ी आती नहीं या बोलने पर उच्चारण ग़लत हो जाने का डर लगता है। जिनके उच्चारण अच्छे हैं, वे अंग्रेज़ी ही बोलते हैं।

मध्यप्रदेश में चिन्तन का भार अफ़सरों पर है। स्वागत, भाषण आदि नेताओं के होते हैं, परिवर्तन की ज़िम्मेदारी छात्रों ने ले ली है। मध्यप्रदेश का भविष्य उज्ज्वल है, लोग महत्त्वाकांक्षी हैं, हर शख़्स स्कूटर ख़रीदने की सोचता है, प्रमोशन के चक्कर में रहता हैं। प्लॉट ख़रीद, मकान बना लेना उसके जीवन का परम लक्ष्य है जो पूरा हो जाता है। तबादलों की सूचना से लोगों को रहस्य-कथा-सा आनन्द आता है, मन्त्रि मंडल के परिवर्तन की ख़बर से शरीर में सनसनी हो आती है। लोग चाहते हैं, कुछ-न-कुछ होता रहे। होता भी रहता है। अभी पिछले दिनों एक फ़िल्म का कुछ भाग मध्यप्रदेश में शूट हुआ। हेमा मालिनी आई थी।

राज्य का प्रमुख पेय बीड़ी है। प्रमुख खाद्य वही जो भी वक़्त पर मिल पाए। उबली चाय की कई क़िस्में पसन्द की जाती हैं। रतलाम में सेव, इन्दौर में चिवड़ा अच्छा बनता है। भोपाल के लोग अंडा ठीक उबाल लेते हैं, ख़्याली पुलाव भी वहीं बेहतर पकते हैं।

भाषणों, लेखों और प्रकाशनों में यह बात अत्यन्त गर्व से कही जाती है कि मध्यप्रदेश पिछड़ा हुआ राज्य है। हम पिछड़े हुए हैं। रौब यह है कि तुम हमारा क्या बिगाड़ लोगे, हम पिछड़े हुए हैं। नंगे से ख़ुदा डरता है—यह तर्क काम कर जाता है और सब हमारा सम्मान करने लगते हैं। पिछले दिनों मध्यप्रदेश का सम्मान देश में काफ़ी बढ़ा है। शायद यही वजह हो। मैं कहीं जाता हूँ तो मुझसे मध्यप्रदेश वासी होने के नाते डाकुओं के बारे में पूछताछ करते हैं। नेताओं और अफ़सरों के अतिरिक्त मध्यप्रदेश की जनसंख्या के एक छोटे से प्रतिशत ने दस्यु प्रवृत्ति अपनाई है। पर जो डाकू हैं, वे बड़े समर्पित प्रकृति के हैं। उनके क्षेत्र से कोई सर्वोदयी गुज़रता है तो वे बन्दूक चरणों में रख देते हैं। अब कोई सर्वोदयी न गुज़रे तो मजबूरी है, डाकू बने रहना पड़ता है।

इतना जानने के बाद किसी की इच्छा मध्यप्रदेश देखने की हो तो हम वहाँ पहुँचने का मार्ग बता दें। आप यों करें कि देश के एक छोर से दूसरे छोर का रेल टिकट ख़रीद लें और बीच रास्ते में कहीं उतर जाएँ। बस, वही जगह मध्यप्रदेश होगी। एक बार आ जाएँ, फिर आप हमारे मालिक हैं और आपका भगवान मालिक है। मध्यप्रदेश पर्यटकों का स्वर्ग है, आप स्थायी रूप से यहाँ स्वर्गवासी हो सकते हैं। बाद में जाना न पड़े, इसलिए हमने तो यहीं जनम ले लिया। अब सारी ज़िन्दगी इसी सोच में गुज़र रही है कि कहाँ जाएँ! आज़ादी के बाद मध्यप्रदेश के नगरों में श्मशान की व्यवस्था सँभालने वाली कमेटियों ने बड़ी लगन से काम कर राज्य का गौरव बढ़ाया है। हमारे श्मशानों की व्यवस्था सुधरी है। अतः सोचते हैं कि अब बाकी जीवन भी यहीं बिता दें। विकास-कार्यों का कुछ लाभ आख़िर हमें भी तो मिले!

●●●